Westrussland in Seiner Bedeutung für die Entwicklung Mitteleuropas, mit Einer Einleitung

M. Sering

BIBLIOLIFE

Westrußland
in seiner Bedeutung
für die Entwicklung
Mitteleuropas

Mit einer Einleitung von

M. Sering

Verlag und Druck von B. G. Teubner in Leipzig und Berlin 1917

Inhaltsverzeichnis.

Einleitung.

Die baltischen Provinzen.

Polen.

Die Ukraine.

Einleitung.

Wir sind nicht in den Krieg gezogen, um Eroberungen zu machen, sondern unsere Heimat zu verteidigen, unserem Volke die Freiheit zur friedlichen Entwicklung seiner Kräfte und die ihm versagte Gleich= berechtigung unter den Großstaaten zu erkämpfen. Aber der Sieg des Geistes über die Masse hat unsere Truppen weit in Feindesland geführt und unser Landgebiet verdoppelt. Allein im Osten haben wir eine Fläche im ungefähren Umfang von ⅗ des Deutschen Reiches erobert und vertrauen, das weite Gebiet gegen das Aufgebot der ganzen Welt behaupten zu können. Wie ist seine Zukunft zu gestalten?

Das erste Ziel ist unsere und unserer Verbündeten Sicherung gegen erneuten Angriff; deshalb hat zunächst der Stratege ein entscheidendes Wort zu sprechen. Aber es wäre nicht deutsche Art, Völker und Länder lediglich als Festungsgelände zu behandeln, eine erweiterte Staatseinheit herzustellen, der die innere Festigkeit fehlt, weil die Teile auseinander streben. 20 Millionen Einwohner lebten vor dem Kriege in den von uns besetzten westrussischen Gebieten und erwarten nun die Bestimmung über ihr Schicksal. Wird das Gebiet endgultig von Rußland getrennt, so gilt es schöpferische und Leben spendende Formen zu finden, welche die Bewohner innerlich mit uns verbinden.

Hier das Rechte zu finden, setzt eine genaue Kenntnis des Landes und seiner Bewohner voraus, und dazu will dieses Sammelwerk bei= tragen. Doch ist die Zukunft von Westrußland ein Teil des großen Problems der Neuordnung, welche der ungeheure Krieg der euro= päischen Menschheit bringen muß. Die notwendigen weiteren Gesichts= punkte vermag deshalb nur zu gewinnen, wer den Sinn der gewaltigen Katastrophe erkannt hat, indem er sie in die weltgeschichtlichen Zusam= menhänge einordnete.

Der jetzige Weltkrieg ist nach seiner Bedeutung für die Entwicklung der Menschheit vergleichbar den Kämpfen, welche aus den örtlich ge= bundenen Gemeinschaften des Mittelalters die europäischen National= staaten emporwachsen ließen und in der Errichtung des italienischen Königreichs, des Deutschen Reichs, der Balkanstaaten ihren letzten starken Ausklang fanden. In die Kämpfe um die politische Neuord= nung in Europa ist jetzt wie in den ersten Jahrhunderten des modernen

Staats der ganze Erdball einbezogen, doch sind die Rollen anders
verteilt, und die veränderte Technik hat die kriegerische Auseinander=
setzung örtlich und zeitlich zusammengedrängt. Auf der Grundlage
des Nationalstaats sind Mittel= und Westeuropa zu der reichen
Entfaltung ihrer Kräfte gelangt, welche sie zum Sitz der höchsten
Kultur erhoben. Daß diese Ordnung beherrschende Prinzip der freien
Entfaltung nationaler Eigenart machte auch Mittel= und Kleinstaaten
zu fruchtbaren, weil selbständigen Gliedern der Kulturgemeinschaft.
Denn die starken und aktiven Träger der auswärtigen Politik, die
Großstaaten, hatten aus langen Kämpfen eine ungefähr gleiche Aus=
stattung mit ansiedlungsfähigem Boden, damit an physisch=militä=
rischer Kraft davongetragen, und ihre Interessen gingen soweit aus=
einander, daß sie sich gegenseitig in Schach hielten. Der große Terri=
torialbesitz Rußlands war vor dem späten Ausbau seiner Eisenbahnen
eher ein Hindernis als der Nährboden staatlicher Machtentfaltung.
Nur England nahm eine Sonderstellung ein durch die unbeschränkte
See= und Kolonialherrschaft, die es in wenig unterbrochenen Erobe=
rungskriegen mehrerer Jahrhunderte unter geschickter Benutzung der
Gegensätze unter den Festlandsstaaten errungen hatte. Nach dem
Schlußakt jenes Eroberungszuges, den napoleonischen Kriegen, er=
streckte sich sein Kolonialreich über alle Erdteile und war an allen
Küsten vom meerbeherrschenden Mutterlande aus zugänglich. Durch
Ausbeutung der farbigen Bevölkerung in den Tropen, den Handel
mit Kolonialwaren und die auf weltweiter Grundlage erwachsene Groß=
industrie wurde England zum reichsten Lande der Erde. Aber seine
militärischen Kräfte wuchsen nicht über das Ausmaß der anderen euro=
päischen Großmächte hinaus, weil die kühleren Wohngebiete der neuen
Welt mit der Technik des Frachtwagens und Ruderbootes nur an den
Küsten und den Wasserläufen besiedelt werden konnten, und Englands
einzige große Siedlungskolonie der älteren Zeit in Nordamerika ver=
loren ging.

Das Gleichgewicht unter den Landmächten auf der einen, das
absolute Übergewicht der britischen See=, Kolonial= und Kapitalmacht,
sein Monopol der Handelsschiffahrt und Großindustrie auf der anderen
Seite bildeten die Voraussetzungen für jenes unter Englands Führung
entstehende System der Handelsfreiheit und friedlichen Annäherung,
das England den größten Vorteil brachte, aber auch das Interesse der
europäischen Festlandsstaaten wahrte, die damals England mit Er=

zeugnissen des Ackerbaues versorgten und von ihm Industriewaren
bezogen. Das System berührte sich eng mit dem Ideenkreis des
politischen Liberalismus und seiner Lehre vom Selbstbestimmungs=
recht der einzelnen wie der Völker. England hat in dieser Zeit seine
Eroberungen draußen fortgesetzt und seine Kolonien ausgebaut, aber
es kam dadurch nur mit einer europäischen Macht in Streit, als es
im Bunde mit Frankreich dem Vordringen der Russen zum Mittelmeer im
Krimkriege erfolgreich Widerstand leistete. Es konnte damals die Theorie
aufkommen und Glauben finden, daß aller kollektive Kampf um Macht
und Reichtum dem friedlichen Wettbewerb der einzelnen weichen müsse.

Aber die moderne Verkehrstechnik hat im Laufe der beiden letzten
Menschenalter die Machtverteilung auf dem Erdball und die inter=
nationalen Beziehungen durchaus verändert. Die Eisenbahnen er=
schlossen die kulturlosen Teile der gemäßigten Zone. Die größte Völ=
kerwanderung aller Zeiten überspann sie in der nordamerikanischen
Union und Kanada, im östlichen Rußland und Sibirien, in Austra=
lien, am La Plata, in Süd= und Nordafrika mit einem in sich jeweils
eng verknüpften Netz von europäischen Ansiedlungen. So entstanden
Volkswirtschaften und Staaten europäischer Zivilisation vom Umfange
ganzer Kontinente. Rußland und die Vereinigten Staaten wuchsen
mit ihrem wirtschaftlichen und sozialen Körper in den bisher allzu=
weiten staatlichen Mantel hinein. Sie stehen dem britischen Reiche
an Mannigfaltigkeit ihrer Hilfsmittel wenig nach und übertreffen es
weitaus durch die Zahl ihrer weißen Bewohner und die Geschlossen=
heit ihres Besitztums. Den drei Riesenreichen gegenüber erscheinen
die anderen europäischen Großstaaten nach ihrer territorialen Aus=
stattung nur noch wie Mittelstaaten. Ist doch das britische Reich
dreimal, Rußland doppelt, die nordamerikanische Union ebenso groß
wie ganz Europa. Nur noch das kinderlose Frankreich hat unter Förde=
rung durch Deutschland seit 1871 wieder ein Kolonialreich zu erwerben
vermocht, welches an Ausdehnung dem europäischen Kontinent gleich=
kommt und neben heißen auch kühlere Gebiete in Nordafrika umfaßt,
die zur Ansiedlung von Weißen geeignet sind. Alle anderen Fest=
landsstaaten sind mit ihrem Siedlungsgebiet auf den alten engen
Raum beschränkt geblieben; abgesehen vom belgischen Kongostaat,
fiel jedoch Deutschland und Italien ein bescheidener Anteil an den
Tropen Afrikas oder der Südsee zu.

Die Konsolidation der Weltreiche und ihr Imperialismus gaben

dem Zeitalter der Eisenbahnen das politische und wirtschaftliche Gepräge. Die planmäßige Entwicklung ihrer wirtschaftlichen Hilfsquellen
durch eine entschlossene Verkehrs-, Siedlungs- und Produktionspolitik
machte die neuen Kolonialgebiete zu Lieferanten von Nahrungsmitteln
und Rohstoffen nicht nur für England, sondern auch für die dicht bevöl-
kerten Staaten des europäischen Festlandes, und erhob diese nach Maßgabe der wirtschaftlichen Energie ihrer Bevölkerungen, in erster Linie
Deutschland, zum Schauplatz einer großartigen Entwicklung der Industrie und Seeschiffahrt. Unter allmählicher Lösung vom britischen Um-
schlag verbreitete und verzweigte sich der Warenstrom, der die engräumigen Gebiete intensiver Kultur mit den weiträumigen einer extensiven
Wirtschaft verbindet. Auf der anderen Seite gelangte in jedem der großen Reiche und Siedlungskolonien — ganz wie in den Nationalstaaten
zur Zeit ihrer Bildung — das Ideal der wirtschaftlichen Autarkie
mehr oder weniger zur Herrschaft: Man suchte die Abhängigkeit von
fremder Industrie, Schiffahrt und Gläubigerschaft abzustreifen und
große Stapelindustrien zu entwickeln, um die Rohstoffe des eigenen
Landes zu Gegenständen des Massenverbrauchs zu verarbeiten, statt
sie auszuführen. Die Vereinigten Staaten, Rußland und Frankreich
errichteten hohe Zollmauern zum Schutz ihres industriellen Absatzes,
nicht weniger Kanada und Australien. Auch England hat mit dem
Prinzip des Freihandels insofern gebrochen, als es seine heimische
Industrie in den Kolonien unter einen Sonderschutz stellen ließ.

Mit der Konsolidation im Innern und dem Abschluß nach außen
verbanden die Riesenreiche eine mehr oder weniger gewaltsame Politik
der politischen und wirtschaftlichen Expansion.

Sobald das Bewußtsein der Macht aus den unbegrenzten Möglichkeiten der weiträumigen Staaten erwachte, ist jeder von ihnen darauf
aus gewesen, die eigene, schon übergroße Herrschaft durch neue Eroberungen auszuweiten oder durch politisch-wirtschaftlichen Druck neue
Interessengebiete zu erwerben. In echten Eroberungskriegen hat Nordamerika die ungeheuren mexikanischen Gebiete von Texas und dem
südlichen Felsengebirge bis zum Stillen Ozean 1845—47 und den
Rest der spanischen Kolonien im Jahre 1898 erworben. Mit List und
Gewalt bemächtigte sich die Union 1903 des Territoriums, dessen sie
zum Bau des Panamakanals bedurfte, und ist im Begriff das Kari-
bische Meer zu ihrem eigenen Mittelmeer zu machen. Die abgewandelte
Monroedoktrin verkündet in kaum noch verhüllter Weise die Hegemonie

der nordamerikanischen Republik über die mittel= und südamerikanischen
Länder. Rußland dehnte seine Herrschaft über Mittel= und Ostasien
aus. Aber beide Länder wurden in Schatten gestellt durch den Er=
oberungszug der Engländer, die seit den 80er Jahren in Ägypten,
Hinterindien, im tropischen Afrika und durch Unterwerfung der Buren=
republiken nicht weniger als 8,5 Mill. qm dem britischen Reiche ein=
gliederten.

So lange die großen Reiche getrennt voneinander vorgingen und
ihre Interessen sich kreuzten, entstand für die europäischen National=
staaten aus der veränderten Machtbilanz keine unmittelbare Gefahr.
Aber es ist in aller Erinnerung, wie es Eduards VII. staatsmännischer
Kunst und dem von England geleiteten internationalen Großkapital
gelang, die Gegensätze unter den erobernden Weltreichen auszugleichen
und eine Gruppierung zustande zu bringen, welche die Staaten der
europäischen Mitte matt zu setzen bestimmt war.

Nachdem England die Franzosen auf ihrem Vormarsch gegen den
Sudan bei Faschoda (1898) und durch das verbündete Japan (1905)
die Russen bei ihrem Vordringen zum Gelben und Japanischen Meere
gedemütigt hatte, warf es mit großem Geschick das Steuerruder seiner
Politik herum, um sich gegen den deutschen Rivalen zu wenden. Wir
hatten uns seit der Herstellung der politischen Einheit mit friedlicher
Arbeit begnügt und an der allgemeinen Jagd nach kolonialem Er=
werb in den kulturlosen Gebieten nur insoweit beteiligt, als es ohne
Streit mit anderen zivilisierten Mächten möglich war. Statt durch
Eroberungen haben wir durch fleißige und kühne Entwicklung der In=
dustrie, des Außenhandels, der Schiffahrt und durch auswärtige
Unternehmungen einen gerechten Anteil an den Bodenschätzen der
Erde in unsere Häfen und Städte zu lenken verstanden. Der deutsche
Mitbewerb aber störte die Ruhe der im alten Besitz bequem gewor=
denen Engländer, und die offene Feindschaft gegen uns erwachte,
als wir es wagten eine Kriegsflotte zu bauen, welche nur halb so
groß wie die britische, zu einem Angriff gegen England ungeeignet,
doch unsere weltweiten Interessen nachdrücklich schützen, einen Angriff
zu einem gefährlichen Unternehmen machen und unsere Gleichberech=
tigung als Großstaat zum Ausdruck bringen sollte. England hat von
jeher die nächst starke Seemacht als zu vernichtenden Feind angesehen,
hat im Laufe von drei Jahrhunderten nacheinander Spanien, Hol=
land, Frankreich in Gemeinschaft mit deren kontinentalen Gegnern

niedergekämpft, sie ihrer Schiffe und besten Kolonien beraubt. Es folgte seiner Überlieferung aus der merkantilistischen Zeit, als es die Politik der kontinentalen Bündnisse wieder aufnahm, zunächst in tastender Weise, um allmählich das Band zu festigen und im kritischen Moment die Schlinge zuzuziehen.

Die Grundlage für die Entente wurde die Verständigung über die „politischen Depressionsgebiete" einer alten, aber minderen Kultur, die sich von Marokko bis China erstrecken. Wir vertraten den Grund-satz der offenen Tür, des freien Wettbewerbs aller Fremden in diesen Gebieten bei Aufrechthaltung ihrer politischen Unabhängigkeit und forderten als gleichberechtigte Macht zugezogen zu werden, wo man es unternahm, zur Liquidation des einen oder anderen der bisher freien Staatswesen zu schreiten. Die Ententemächte aber teilten weite Gebiete trotz erheblicher dort bestehender deutscher Interessen unter sich auf, als gäbe es nur noch Engländer, Russen und Franzosen auf unserm Planeten. Schon anläßlich des Marokkostreites drohte England mit der Anwendung von Gewalt, doch gelang es, ein Kompromiß zu schließen, weil Frankreich noch nicht fertig und die deutsche Regierung der Ansicht war, daß ein Krieg um Marokko dem deutschen Volkswillen nicht entspräche. Die Spannung blieb, die Hetze gegen Deutschland ging weiter; was sich vorbereitete, war klar, als Frankreich 1913 den Entschluß faßte, jeden halbwegs waffen-fähigen Mann für drei Jahre in die Kaserne zu kommandieren. Der immer deutlicher in Aussicht gestellte englische Beistand — 1912 wurde die Art der Kriegshilfe festgelegt, die England Frankreich in einem Kriege leisten wollte — entfachte die französischen Revanchegelüste zur Siedehitze. Sie waren im französischen Erziehungswesen, in der Presse und Literatur zu einem haßerfüllten Glauben geworden, an dem sich das alternde Volk aufrichtete: Wiederherstellung der 1870 gekränkten Ehre durch Wiedereroberung der alten deutschen Terri-torien an Oberrhein und Mosel. Nicht minder ermunterte England die tiefeingewurzelten Expansionsgelüste, die die Bewohner der groß-russischen Ebenen erfüllen, indem es den Eroberungsdrang von Osten ab auf das alte Ziel der Rechtgläubigen ablenkte, auf Konstantinopel und den Weg dorthin über Galizien und den Balkan. Das Vor-dringen Rußlands zum Mittelmeer erschien ungefährlich, wenn es gelang, den seit Eduards VII. Thronbesteigung immer sichtbarer hervor-tretenden Plan zu verwirklichen: ein geschlossenes Reich, das sich vom

Nil über Arabien, Mesopotamien und Südpersien nach Indien erstreckt. So wurde die Zertrümmerung Österreich-Ungarns und die
Aufteilung der Türkei allmählich zum gemeinsamen Programm Rußlands und Englands. Die Gruppe, die eine Verständigung mit Deutschland wollte, verlor an Einfluß, das Versprechen der britischen Flotten-
hilfe (1914) entfesselte schließlich den Krieg, als Serbien es wagte, gegen unseres Bundesgenossen staatliche Existenz durch Aufhetzung und
Mord anzugehen, und nun Rußland für seinen Vasallen einsprang.

Aber die weltgeschichtliche Bedeutung des Krieges tritt in ihrer
ganzen Größe erst hervor durch das Verhalten des vierten der Weltreiche, der Nordamerikanischen Republik. Sie hat sich von Anfang
an unseren Gegnern zugesellt, die Neutralität durch die Umstellung
ihrer Industrie auf riesenhafte Waffen- und Munitionslieferungen
an unsere Feinde gebrochen und ist nun vom versteckten in den
offenen Krieg übergegangen, indem sie uns das Urrecht jedes Menschen, die Notwehr, gegenüber der britischen Seesperre abspricht, die
Nordamerika selbst durch seine formalen Proteste als völkerrechts-
widrig anerkannt hat. Die Notwehr würde den deutschen Tauchboot-
krieg rechtfertigen, wenn er nicht durch die generelle Warnung ohne-
hin legale Formen wahrte. Die hochtönenden Phrasen von Recht, Freiheit und Humanität verhüllen nur schlecht das Wesen des Vorgangs.

Das Bündnis, dem Nordamerika als Elfter oder Zwölfter mit einem
recht geringen Aufwand von ritterlichem Empfinden beitritt, ist bestimmt,
die absolute Weltherrschaft der Riesenreiche zu vollenden. Setzen wir
theoretisch den Fall, daß die Mittemächte geschlagen werden, so trifft
die Niederlage nicht nur uns, sondern die sämtlichen Staaten der
Erde, welche an militärischer Macht der unseren nicht gleichkommen.
Die europäischen Küstenstaaten werden nach dem Muster von Portugal
und Belgien zu Trabanten Englands, die mehr kontinentalen Rußlands; die Republiken von Mittel- und Südamerika sind rettungslos
der Befehlsgewalt der Nordamerikanischen Union verfallen. Das
Schicksal der asiatischen Länder ist vollends besiegelt, auch derjenigen, die jetzt gezwungen Gefolgschaft leisten. So ist der Bund der
Riesenreiche ein Syndikat zur Unterdrückung der europäischen Nationalstaaten und der kleineren oder schwächeren Völker überhaupt.
Wegen der geringen Zahl der Teilnehmer — denn die Mitläufer
spielen eine bloße Bedientenrolle — wird das Syndikat verhältnismäßig leicht aufrecht zu erhalten sein und sein Ziel um so vollstän-

diger erreichen. Von seinen Absichten und Wünschen gab die Pariser
Wirtschaftskonferenz ein deutliches Bild. England und seine Ver=
bundeten haben von Anfang an den Krieg nicht nur gegen Heer und
Flotte, sondern unter Verletzung aller Grundsätze des bisherigen
Völkerrechts, gegen die einzelnen deutschen Ansiedler, Kaufleute,
Reeder und Industriellen geführt, sie aus ihrem Besitztum vertrieben,
ihrer Habe beraubt und ihre Handelsbücher verbrannt. In diesem
Geiste des brutalsten Merkantilismus soll die Wirtschaftspolitik weiter=
geführt, das Privileg des Bodenbesitzes von den landreichen Völkern
gegen die landarmen durch Handels= und Preispolitik ausgebeutet,
sollen die Bewohner Mitteleuropas durch schwerste Belastung und all=
gemeinen Boykott zu Heloten der Herrschervölker gemacht werden.

Aber auch wenn es nicht gelänge, diese Absichten in vollem Um=
fange zu verwirklichen: Schon die Ausschaltung der kräftigeren
Kernstaaten Europas aus der aktiven Teilnahme an den großen
Fragen der auswärtigen Politik, die daraus folgende faktische
Herabdrückung aller mittel= und westeuropäischen Länder in die Ge=
folgschaft der Weltreiche würde ihre Lebenskräfte an den Wurzeln
treffen. Die volle Entfaltung der geistigen Individualität eines Volks=
tums ist nur in Staaten möglich, die ihre Ansprüche und Interessen
als gleiche unter gleichen zur freien Geltung bringen. Ginge die aus=
schließliche Führung auf die Riesenreiche über, so gäbe es nur noch
zwei souveräne Sprachgemeinschaften europäischer Wurzel, die eng=
lisch=amerikanische und die russische. Die französische fände zwar noch
ein Ausbreitungsfeld bei den Farbigen Afrikas vom Mittelmeer bis
zum oberen Zambesi. Aber sie bleibt an einen Staat gebunden, dessen
Bevölkerung sich nicht vermehrt und dessen leidenschaftliche Politik es
schon jetzt zum Vasallen Englands gemacht hat.

Die Vereinigung von politisch=territorialer und wirtschaftlich=kapi=
talistischer Macht in den drei Weltreichen würde alle schwächeren
Staaten zwingen, sich den Herrenvölkern mehr und mehr auch inner=
lich unterzuordnen und anzugleichen. Gewiß wurden in den nach=
geordneten Ländern noch große Forscher, Erfinder und Künstler ge=
boren werden, aber der freudig aufwärtsstrebende Mut, der aus dem
innersten Eigentum ans Licht schafft, was in des eigenen Volkes
Seele weiterschwingt, wäre gebrochen, weil mit der Freiheit das
Volkstum selbst zerbrochen wäre.

Der Niedergang des national=gegliederten europäischen Geistes=

lebens würde in den Imperien keinen Ersaß finden. Herrscht in den
engräumigen Staaten Europas jene Mannigfaltigkeit der Nationen,
Stämme, Sprachen und Dialekte, die den Reichtum europäischer
Kultur bedingt, so in jedem der großen Reiche die äußerste Uni=
formität des Lebens und aller seiner Formen.

Jenseits der litauischen oder polnischen Grenze durch ganz Ruß=
land bis an die Küste des Stillen Ozeans schließt sich ein holzgraues
Reihendorf mit seinen gleichmäßig vermessenen Fluren an das andere,
überall die gleiche byzantinische Kuppelkirche und überall derselbe
Bahnhof. Der Stamm der Großrussen hat alle anderen unterjocht,
mit den härtesten Mitteln ihre Eigenart auszutilgen versucht und,
abgesehen von den Ländern germanischer Kultur an der Ostsee, überall
dasselbe trostlose Einerlei des Mangels an Schulen, Wegen, gesund=
heitlichen Einrichtungen hervorgerufen.

Anderer Mittel und Formen bedient man sich in den Reichen
englischer Zunge, aber die nivellierende Wirkung war noch stärker als
in Rußland, wo die geschlossen angesiedelten Fremdstämme des
Westens und Südens ihr eigenes Gepräge nicht ohne Erfolg zu ver=
teidigen vermochten. In den britischen Siedlungskolonien kennt man
wohl Rechte der Individuen, nicht aber Rechte einer fremden Natio=
nalität, abgesehen von den Konzessionen, die mit dem Bewußtsein
ihrer geringen Wirksamkeit den Franzosen am St. Lorenz und den vor
kurzem unterworfenen holländischen Bauern Südafrikas notgedrungen
gemacht wurden. Fast noch schlimmer sieht es in den Vereinigten
Staaten aus. Wohl gibt es zahlreiche deutsche oder skandinavische
Schulen und Kirchen, aber ein starkes Eigenleben vermochten die
nationalen Minderheiten nirgends zu entfalten. Denn man hat die
Entstehung geschlossener fremdsprachiger Gemeinwesen in der Union
wie in Kanada durch die Art der Verteilung des öffentlichen Landes
planmäßig unterbunden. Auf dem Lande Einzelhofe derart, daß der
fremde Ansiedler überall sich einer Mehrheit von Eingeborenen gegen=
übersieht, welche in Staat und Gemeinde, in Gesellschaft und Wirt=
schaft schon deshalb den Ton angeben, weil sie zuerst da waren. Die
Nivellierung wird gesteigert durch die Lebensformen der amerika=
nischen Demokratie mit ihrem Zweiparteiensystem, das alle feineren
Unterschiede auslöscht und die Minderheiten ausschaltet, durch die alle
menschlichen Beziehungen durchdringende unduldsame Gewalt der
gesellschaftlichen Konvention und die Tatsache, daß die Kultur erst

mit den Eisenbahnen in das Binnenland eindrang. An den Verkehrs-
zentren Riesenstädte und Riesenunternehmungen, in denen das Ober-
kommando Großunternehmern und Berufspolitikern zufällt, die die
Presse, die Massenversammlungen und durch sie auch das platte Land
beherrschen. Die sozial und geistig unabhängigste Klasse, das wertvollste Element der ganzen Bevölkerung, die Farmer, klagen in den
Vereinigten Staaten nicht weniger als in Frankreich über das ver-
ständnislose Regiment der städtischen Advokaten. In diesem Lande,
sagte mir ein alter hochgebildeter deutscher Farmer, der seit 50 Jahren
im Staate Ohio hauste, wird kein Gedanke zu Ende gedacht. Alles
ist zugeschnitten auf das oberflächliche Verständnis der Masse, die
Zeitungen, die Kirche und selbst die Universitäten.

Nirgends habe ich den Wert deutschen Wesens tiefer empfunden,
als in Nordamerika. In jeder deutschen Landschaft eine eigene Stamm-
esart, geschützt durch ein eigenes Agrarrecht, ein freies Gemeinde-
leben und bundesstaatliche Einrichtungen. Welcher Reichtum der
ländlichen und städtischen Bauformen, des geistigen und künstlerischen
Lebens in den Hauptstädten der Provinzen, in den großen und kleinen
Residenzen; welche Buntheit und Kraftfülle in der Gesellschaft mit
ihrer starken, freien Bauernschaft, den stolzen und aufstrebenden Ge-
werkschaften der Arbeiter, dem unternehmenden Großbürgertum und
den berufstreuen Handwerkern, der mannhaften Landaristokratie, den
Künstlern und den Gelehrten in den höchsten Stätten geistiger Bildung,
die sich einer im freien Amerika unbekannten Selbständigkeit erfreuen.
An inneren Werten und echter Freiheit ist unser Land reicher als das
unifizierte Frankreich, reicher als Altengland und vollends reicher als die
Riesenstaaten des Ostens und des Westens. Die demokratischen Formen,
mit denen jene sich brüsten, geben als solche nur dürftige Bürgschaft der
Freiheit des einzelnen. Die Erfahrungen des letzten Jahrhunderts zeigen
in allen hier beteiligten Großstaaten die Entartung der Demokratie in ein
oligarchisches Klassenregiment und bestätigen das Urteil Montesquiens,
daß die Demokratie ihrem Wesen nach kein freies Staatswesen sei.

Der Einklang zwischen dem Staats- und dem Volkswillen ist in
der inneren Gesetzgebung bei uns ebenso gut, in den großen Fragen
der auswärtigen Politik aber besser gesichert als in den demokratisch
regierten Ländern — nicht, weil ohne Bewilligung der Mittel durch
den aus dem volkstümlichsten Wahlrecht hervorgehenden Reichstag
kein Krieg geführt werden kann, sondern weil die Regierung weiß,

daß unser Volksheer sich nur für eine Sache gut schlägt, die es als gerecht erkannt hat, und weil keines der großen Völker und Volks= heere dem deutschen an geistiger Bildung und individueller Freiheit des Gewissens gleichkommt. Das deutsche ist das kritischste Volk der Erde: Phrasen, mit denen jeder Schwätzer die romanische oder die englisch=amerikanische Seele zu bewegen vermag, erregen leicht Miß= trauen oder Heiterkeit. Die gesellschaftliche Konvention hat geringes Gewicht, wo jeder Stamm seine eigene Geschichte und politischen Ein= richtungen besitzt, das Volk in zahlreiche Parteien und Gruppen zer= splittert ist. Eine einheitliche öffentliche Meinung läßt sich schwer her= stellen, ein großer Krieg nur entfesseln, wenn überwältigende Gründe der Selbsterhaltung alle Gegensätze überbrücken. Daß ein Minister wie Mr. Grey ohne Fühlung mit dem Parlament Bündnisverpflichtungen für einen Angriffskrieg übernimmt, wäre in Deutschland kaum denkbar.

Letztlich sind alle diese Unterschiede darin begründet, daß der Frei= heitsbegriff und das Verhältnis des einzelnen zum Staate andere sind als bei den westeuropäischen Völkern oder den Amerikanern. Deshalb versteht man uns dort auch nicht. Das starke, aus innerstem Empfinden erwachsene Pflichtverhältnis zum Staate bedeutet uns keinen Abbruch an der Freiheit, wohl aber die Verlumpung breitester Volksmassen, die man neben aufgehäuften Reichtümern in England oder gar Irland, in den großen Städten der nordamerikanischen Union und durch ganz Rußland findet — eine Folge der Vernachlässigung der Pflichten, die wir dem öffentlichen Gemeinwesen auferlegen. Uns ist der Staat nicht wie in den westeuropäischen oder amerikanischen Demokratien eine Anstalt zum Schutz der individuellen Interessen, sondern Träger selbständiger Aufgaben von Ewigkeitswert. Stärker als dort durchdringen pflichtmäßige Verantwortlichkeiten der Volks= genossen gegenüber der Gesamtheit, der staatlichen Funktionäre gegen= über dem Volke unser öffentliches und privates Leben. Die Freiheit ist uns nicht „Willkür, tun und lassen zu dürfen, was uns gefällt, sondern Kraft und Gelegenheit wachsen zu dürfen nach den Anlagen, die in uns sind." Deshalb ist auch nirgendwo der Boden besser als in Deutschland bereitet für den echt kosmopolitischen Gedanken, daß jedes Volkstum auf seine Art dem Ziel der Entfaltung unserer Gattung zustrebt (Maurenbrecher). Und gegen uns wagt man den Kampf mit dem Motto der Freiheit und des Rechts der kleineren Völker zu führen.

Österreichs Zertrümmerung wird gefordert, weil es die Nationali=

täten unterdrücke. Dort, wo sie durcheinander wohnen, wie nirgendwo sonst, hat sich eher ein Exzeß der Nationalitätenpolitik herausgebildet, sofern man über der sorgfältigen Pflege jeder Eigenart die Macht= grundlagen des Staates durch Ausschaltung der Staatssprache und Lockerung des Heeresgefüges gefährdete.

In dem Krieg um die eigene Selbstbehauptung kämpfen also die europäischen Kernvölker um wahrhaft freie Lebensformen im Sinne der Philosophie des deutschen Idealismus, Formen, welche der Eigen= art des einzelnen wie der Stämme und Nationen die selbständige Ent= faltung gestatten. Aus solcher Freiheit sind die großen Schöpfungen europäischen Geistes entsprungen; deshalb gilt unser Krieg auch der Zukunft der europäischen Menschheit.

Das Ziel ist die Aufrichtung einer Macht, welche sie vor der Er= drückung durch die Riesenreiche zu schützen vermag.

Jetzt ist die letzte Gelegenheit gekommen, die Gefahr zu beschwören. Wohl haben wir einer fünffachen Übermacht im Bunde mit drei tapferen Staaten der Mitte siegreich standgehalten und hoffen auch der neun= fachen gewachsen zu sein. Doch der Unterschied des in den Riesen= reichen verfügbaren Raumes ist so groß, daß in der Zukunft ein Staat wie das Deutsche Reich seine Freiheit erst recht nicht für sich allein zu verteidigen vermag. Noch sind große Teile der Weltreiche wirtschaftlich unentwickelt, und die inneren Kräfte des großrussischen Volkes durch die Nachwirkungen der kommunistischen Agrarverfassung niedergehalten. Aber im Jahre 1950 wird Rußland gegen 290 Millionen, die Nord= amerikanische Union 180 Millionen, das britische Reich statt 66 etwa 100 Mill. weiße Einwohner, neben den Farbigen (schon jetzt 385 Mil= lionen) zählen. In Rußland hat die unten zu behandelnde Agrarreform mit großer Energie begonnen, die gebundenen Kräfte durch Herstel= lung des Privateigentums der Bauern am Ackerlande zu lösen, und für Rußlands großkapitalistische Organisation werden die Entente= freunde sorgen, die den Krieg benutzt haben, um die Hand auf die mineralischen Schätze des Landes mehr noch als bisher zu legen.

Es gibt keine andere wirkliche Sicherung gegen die sich entwickelnden Imperien und keine andere Bürgschaft zur friedlichen Wahrung der Gleichberechtigung als die Herstellung eines dauernden wirtschaftlichen, militärischen und maritimen Gleichgewichts. Doch widerspräche es un= serem und unserer Nachbarn innerstem Wesen, ein Imperium nach Art der drei anderen anzustreben, vielmehr gilt es, die Staaten der euro=

päiſchen Mitte um den durch den Krieg gefeſtigten Kern zur gemein=
ſamen Wahrung ihre Unabhängigkeit zuſammenzuſchließen. In ſol=
chem Wehrverbande iſt die Grundlage für die gleichberechtigte An=
teilnahme und freie Entfaltung auch der kleineren Völker gegeben,
weil die ſtärkſten Bundesgenoſſen, wie ſie ſelbſt, ihre Zukunft an
ein kleineres Territorium gebunden ſehen, während jede Anlehnung
an eins der Imperien vermöge des quantitativen Unterſchieds der
Territorien und Bevölkerungen, die Gefahr der Unterdrückung und
Unifizierung verewigen würde. Der Wehrverband wird durch ein
wirtſchaftliches Bundnis für diejenigen Völker zu ergänzen ſein,
welche durch Nachbarſchaft und dichtere Verkehrsbeziehungen die
Vorausſetzungen für ſolch engere Gemeinſchaft beſitzen. Freilich gilt
es im einen wie im anderen Falle vorſichtig und ſchrittweiſe vor=
zugehen, viel Takt und Geduld zu betätigen. Denn jeder der Teil=
nehmer muß die Notwendigkeit des Zuſammenſchluſſes fur ſich
ſelbſt deutlich erkannt haben. Viel wird durch die elaſtiſchen For=
men freier Wirtſchaftsverbände zu erreichen ſein. Das Hauptmotiv
für eine handelspolitiſche Gemeinſchaft liegt in der Kraft der Ab=
wehr von Schädigungen durch Länder, die übergroße Teile der Erd=
rinde für ſich monopoliſierten. Die Verhandlungen uber einen Handels=
vertrag mit der Nordamerikaniſchen Union haben uns gelehrt, wie
ſchwer es fur einen Induſtrieſtaat iſt, ſeine Rechte gegenuber den
großen Rohſtoffgebieten zu wahren. Mitteleuropa aber iſt reich an
fruchtbarem Boden und Mitteln zu ſeiner kunſtlichen Befruchtung,
und die wunderbar entwickelte Kunſt des Landbaues wird uns in
bezug auf die Nahrung ziemlich ſelbſtändig machen können. An
wichtigſten Rohſtoffen wie Kohle und Eiſenerz fehlt es nicht. An=
dere Rohſtoffe oder Erſatz dafur hat die Not des Krieges auf=
zufinden gelehrt. Vorderaſien vermag unſeren Bedarf an Baum=
wolle allein unter allen Ländern der Erde dereinſt zu befriedigen.
Doch bedürfen wir für uns und den Bund der Ergänzung durch tro=
piſche Kolonien. Gewiß wird Mitteleuropa ſo wenig wie die großen
Weltreiche jemals eine vollſtändige Autarkie beſitzen oder herbeiführen
wollen. Aber die Unabhängigkeit in den wichtigſten Lebensnotwendig=
keiten wird den Bund der Mitte vor der Vergewaltigung in Krieg
und Frieden ſchützen.

Nun ſind die Geſichtspunkte gewonnen, unter denen die im Oſten
beſetzten Gebiete betrachtet werden müſſen.

Es handelt sich um die Befreiung von der ihnen gewaltsam auf=
erlegten großrussischen Herrschaft und ihre Einbeziehung in das mittel=
europäische Schutz= und Trutzbündnis. Diese Aufgabe wird durch
die Demokratisierung des benachbarten Reiches nicht berührt. Denn
die veränderte Verfassung wird schwerlich seine Eroberungslust
dauernd zum Verschwinden bringen. Das Ausdehnungsverlangen
war von jeher nicht allein vom Zaren und seiner Armee, sondern
— ganz wie in den Vereinigten Staaten — gerade auch von der
breiten Masse der Bauernschaft und seit seinem Aufkommen vom
Großkapitalismus getragen. Die edelmütige Anerkennung der von den
siegreichen Mittemächten verkundeten staatlichen Selbständigkeit Po=
lens durch die provisorische Regierung ist von geringer Tragweite,
da jede Aussicht auf Polens Wiedereroberung in diesem Kriege ge=
schwunden ist. Auch weiß niemand, wie sich die politischen Verhält=
nisse in Rußland nach dem Kriege gestalten werden. Das heutige Ruß=
land hat 170 Millionen Einwohner gegen 116 der beiden verbündeten
Kernmächte. Bleibt die Grenze unverändert, so wird Rußland 1930
2½ Millionen 20jähriger Männer zählen gegen 1,3 Millionen in
Deutschland und Österreich=Ungarn — eine Übermacht, welche die
schwerste Versuchung zur Unterdrückung der Nachbarn einschließt.
Werden die eroberten Gebiete von Rußland abgetrennt, so ergibt
sich eine ungefähre Verminderung seiner Bevölkerung um ⅛ und bei
Anschluß der Trenngebiete an Mitteleuropa eine Schwächung der
russischen Militärmacht um ¼. Es wird ein ungefähres Gleichgewicht
erreicht.

Für die Eingliederung der besetzten Gebiete in Mitteleuropa sind
alle Bedingungen gegeben. Sie sind ganz überwiegend von „Fremd=
stämmigen" bewohnt und gehören nach ihrer Geschichte und der Eigen=
art ihrer Bewohner durchweg dem westeuropäischen Kulturkreise an.
Kurland hat vom deutschen Orden ebenso deutsches Gepräge erhalten,
wie das benachbarte Livland und Estland, die in russischer Gewalt
blieben. Das übrige Besatzungsgebiet gehörte einst zu den vereinigten
Königreichen Litauen und Polen. Aus diesen Gründen bildet von
der Ostsee bis zu den Karpathen schon vom Mittelalter her das
Privateigentum am Ackerlande die Grundlage der gesellschaftlichen
Verfassung und gab ihr den individualistischen Zug, der Westeuropa
von Großrußland scheidet. In Kurland herrscht die evangelische, in
Litauen und den Stammsitzen der Polen westlich des Bug die römisch=

katholische Kirche. Sie fand aber auch bei den Weißruthenen östlich und nördlich des Flusses einen breiten Anhang und hat traditionelle Neigungen auch dort hinterlassen, wo die russische Regierung die mit Rom „unierte" Kirche gewaltsam ausrottete. Rom und Byzanz bildeten tiefe Gegensätze der Lebensanschauung und Lebensführung aus. In dem ganzen Gebiet ist die russische Herrschaft nicht älter als 100—140 Jahre. Sie hat trotz aller Verfolgungen und Unterdrückungen das westeuropäische Wesen nicht auszulöschen vermocht, ihr Wegfall würde keine zivilisatorische Lücke hinterlassen und nur von wenigen bedauert werden, obwohl es die Russen verstanden haben, nach dem Grundsatze „Teile und Herrsche" die Interessen der unteren Klassen auf dem Lande gegen die Oberschichten wahrzunehmen.

Über die Formen der Angliederung läßt sich vor dem Abschluß des Krieges nichts Endgültiges sagen. Nur die objektiven Grundlagen lassen sich feststellen. Doch will ich mit meiner persönlichen Auffassung nicht zurückhalten. Die Voraussetzungen für die Bildung eines selbständigen Nationalstaates sind nur in dem alten Wohngebiet der Polen an der Warthe und Weichsel mit dem Bug und dem Narew gegeben. Nur dort herrscht eine annähernde nationale Geschlossenheit; abgesehen von dem litauischen Hauptteil des Gouvernements Suwalki, dessen Vereinigung mit dem neuen Polen nicht in Frage kommen kann, sind ³/₄ der Bewohner polnisch. Die tausendjährige Geschichte des einst mächtigsten Staatswesens von Osteuropa hat ihnen ein festes Gepräge gegeben; sie haben ein eigenes reiches Geistesleben entfaltet und um die Wiedererlangung der polnischen Selbständigkeit in zwei blutigen Revolutionen gekämpft. In den Universitäten Lemberg und Krakau fanden sie auch in der russischen Zeit die in der Heimat versagten nationalen Bildungsstätten. Als sozialer Körper ist Kongreßpolen am höchsten entwickelt unter allen Gebieten nicht bloß des alten litauisch-polnischen, sondern des ganzen russischen Reiches, abgesehen von den baltischen Provinzen. Das Land ist im inneren Weichselbogen so dicht besiedelt wie Württemberg oder Schlesien, im äußeren wie Posen. Die Mehrzahl der Bevölkerung treibt Landwirtschaft. Doch hat sich über die agrarische Gesellschaft im Laufe des letzten halben Jahrhunderts eine großkapitalistische Organisation der Industrie, des Bankwesens und des Großhandels erhoben und Polen die ihm bisher fehlende bürgerliche Ober- und Mittelschicht gegeben.

Die einst allmächtige Landaristokratie besitzt noch ³/₁₀, mit Einschluß
des verbauerten Kleinadels ⁴/₁₀ der Gesamtfläche. Die Bauernschaft
hat ihren Anteil durch Ankauf von parzelliertem Gutsland rasch ausgedehnt; sie wird bald zu einer tüchtigen Mittelklasse werden, wenn
sie durch eine pflichtgetreue Regierung der Unbildung entzogen wird.

Aus solchen Elementen läßt sich ein lebensvolles Staatswesen aufbauen. Was Polen zu einer kräftigen Entwicklung fehlt, ist eine gute
Regierung und Kolonialland. Die Bauernschaft leidet unter der Überfüllung vieler Landgebiete und großer Zersplitterung des Grundbesitzes. Denn das Land gibt bei unvollkommenem Anbau nicht genug
aus, und bis 1905 war allen Personen polnischer Herkunft, ja allen
Katholiken der Erwerb von Grundbesitz in den an Kongreßpolen
grenzenden Ostgebieten verboten. Die polnische Industrie war ebenfalls in ihrer Entwicklung durch die russische Wirtschaftspolitik eingeengt und vermochte den zahlreichen Nachwuchs nicht aufzunehmen.
Sie gewann zwar in einem Zweige (Webstoffindustrie) eine treibhaus-
mäßige Entwicklung, wurde aber im Interesse der russischen Konkurrenz gerade in der Ausnutzung der eigenen mineralischen Bodenschätze
unterbunden. Dies alles zwang die Kinder der Kleinbesitzer ihr Brot
als Wanderarbeiter in Deutschland zu suchen. Zu einer stattlichen
Erweiterung der territorialen Grundlage Polens wäre in dem besetzten Gebiet östlich vom Bug Raum gegeben. Aber auch dann wäre
Polen mit 14—15, künftig 20 Mill. Einwohnern nicht groß genug,
um sich selbst zu verteidigen und eine eigene Volkswirtschaft aus-
zubilden. Es bliebe zu schwach, selbst wenn es alle Polen (jetzt etwa
20 Mill.), auch der gemischtsprachigen deutschen Provinzen vereinigte
— eine für uns unmögliche Aussicht, weil ihre Verwirklichung die
Verbindung von Preußen und Schlesien zerreißen und des Reiches
Bestand erschüttern würde. Polen bedarf der Anlehnung an einen
mächtigen Nachbar. Wir Deutschen haben in Polen nur ein wirk-
liches Lebensinteresse: die absolute Sicherung gegen den Osten, und
darauf haben wir durch die mit dem Blut von Hunderttausenden
unserer Söhne erkaufte Befreiung Polens von der russischen Herrschaft und seine Verselbständigung ein Recht erworben. Die Sicherung schließt die Gewähr dafür ein, daß Polen nie die Waffen gegen
seinen Befreier erhebt und dessen eigenen Besitzstand bedroht. Es
ergibt sich also die Forderung eines dauernden, eines verfassungsmäßigen Wehrverbandes zwischen Deutschland und Polen. Solcher

Wehrverband läßt dem Lande eine größere Selbständigkeit als sie irgendein Staat des Deutschen Reichs, der Nordamerikanischen Union oder der Schweizer Eidgenossenschaft besitzt und sichert den Bestand des polnischen Staates und Volkstum vollkommener als die Bünd= nislosigkeit oder gar die Angliederung an den russischen Koloß, dessen Zukunft überdies noch im Dunkeln liegt. Daß die Rechte der natio= nalen Minderheiten gewahrt, den mehr als 0,5 Mill. Deutscher in Polen die Erhaltung ihrer nationalen Eigenart gesichert werden muß, bedarf keiner Begründung. Gewiß haben wir auch erhebliche wirt= schaftliche Belange in Polen. Aber die anzustrebende Wirtschafts= gemeinschaft liegt mehr noch im polnischen als im deutschen Interesse.

Die Bedingungen für die Ausbildung von geschlossen nationalen Staatswesen liegen außerhalb des polnischen Hauptwohngebietes durchaus ungünstig. Die Bevölkerung der östlich von Polen und Preußen besetzten Landschaften ist ethnographisch stark durchein= ander gewürfelt und besteht aus kleinen Stämmen oder Volks= teilen, die eine eigene Kultur nicht zu entwickeln vermochten. In Kurland hausten vor dem Kriege 7—800 000 Letten auf einem Ge= biet, so groß wie die Rheinprovinz. In den übrigen Gebieten be= steht die Menge der Bevölkerung im Norden aus Litauern (etwa 2 Millionen), in der Mitte Weißruthenen (etwa 1¾ Millionen), im Süden aus (weniger als 1 Millionen) Ukrainern oder „Klein= russen". Dazu kommen gegen 800000 Polen, weniger als 300000 Großrussen und etwa 200000 Deutsche. An vielen Stellen gehen die Wohngebiete ineinander über und haben sich Inseln fremder Nationalitäten gebildet. Zu der nationalen Differenzierung in hori= zontaler tritt eine solche in vertikaler Richtung. Über die lettische Bevölkerung in Kurland erhebt sich ein deutsches Herrentum auf dem Lande und eine kräftige deutsche Bürgerschaft in den Städten. Ähnlich ist der Aufbau in dem Gebiete des alten polnisch=litaui= schen Reiches: eine zahlreiche Klasse von polnischen oder poloni= sierten Großgrundbesitzern, und an Stelle der deutschen Bürger= schaft des Nordens Juden mit etwa 1 Million Köpfen. Die fremd= sprachige Oberschicht bringt zum Ausdruck, daß keine der Bevölke= rungen des Ostens eine selbständige Geschichte zu gestalten vermochte, oder daß die eigene Geschichte — wie die an Kriegsruhm reiche der Litauer seit der Vereinigung mit Polen — abgerissen ist. Durchweg ist das Land fast rein agrarisch und mit 40—47 Menschen auf dem

Quadratkilometer überaus dünn besiedelt. Die größeren Städte Wilna, Grodno, Kowno sind bis zur Gegenwart mehr Zentren der staatlichen und kirchlichen Verwaltung, als solche von Handel und Gewerbe. Nur in Bialystok hat sich ein Mittelpunkt der Textilindustrie gebildet. Im übrigen herrscht der Typus der kleinen, schmutzigen und elenden Judenstädte mit ihrer Überfüllung des Klein= und Hausierhandels und einem jämmerlichen Handwerk. Der agrarische Charakter wird sich auch kaum ändern, da Steinkohle und Erz fehlen. Der Landbau ist im ganzen überaus rückständig geblieben.

Die Voraussetzung aller höheren Entwicklung ist die dichtere Be= siedlung des Landes durch eine Bevölkerung, welche mit den Methoden intensiveren Ausbaus vertraut ist. Das Bedürfnis des Landes kommt deshalb dem ihrer westlichen Nachbarn entgegen, der Polen im Sü= den, der noch viel dichter gesiedelten Deutschen im Norden: die agra= rische Grundlage ihres Volkstums auszuweiten. Die Gewinnung von Siedlungsboden ist uns aber auch eine heilige Pflicht gegen die nach Hunderttausenden zählenden deutschen Kolonisten in Ruß= land, die man zum Dank für ihre treue Arbeit und zuverlässige Gesinnung während des Krieges von ihren Höfen vertrieben und ihres Eigentums beraubt hat. Ich halte keinen Friedensschluß für denkbar, der nicht diesen Leuten eine reichliche Entschädigung aus= bedingte und jedem der 2 Millionen Deutschen Gelegenheit gäbe, das ungastliche Land mit einer gesicherten Heimat zu vertauschen.

Schon die russische Regierung hat es unternommen, Kolonisten be= sonders in Litauen und Kurland in bedeutendem Umfange anzusie= deln. Es waren aber Leute, die besser der natürlichen Richtung in den kulturaren Osten gefolgt wären. Sie waren nach Wirtschaftsweise und Bildungsstand keineswegs berufen, den Eingeborenen ein Vor= bild zu geben, und fielen deshalb der allgemeinen Mißachtung anheim.

Die Kolonisation wird in der Hauptsache Besiedlung von Guts= land sein. Schon hat sich der kurische Großgrundbesitz bereit erklärt, einen großen Teil seines Landes für Besiedlungszwecke herzugeben. Auf keine andere Weise läßt sich auch der soziale Gegensatz beseitigen, der bisher das ganze Ostland durchzog und beunruhigte.

Das Bedürfnis der Kolonisation bedingt einen engeren politischen Anschluß nach Westen. Während aber Rußland seine Kolonisation in Litauen mit der abscheulichsten Unterdrückung des heimischen Volks= tums verband, wird Deutschland den Eingeborenen die Gelegenheit zur

Pflege und Entfaltung ihres Volkstums in den Schulen, im Vereins=
leben, in der Presse usw. gewährleisten.

Die engere politische Anlehnung schließt die Einbeziehung in das
Verkehrssystem und Wirtschaftsgebiet des Hauptlandes ein. Die
litauische Bauernschaft weiß auch sehr genau, welche außerordent=
lichen Vorteile ihr aus solcher Öffnung des deutschen Marktes er=
wachsen würden. Deutschland aber böte die Verbindung mit dem
weiten im Osten besetzten Gebiete nicht bloß Siedlungsland und
Stärkung der militärischen Sicherung, sondern auch die bessere Ver=
sorgung mit Brotgetreide, Futtermitteln (Hafer, Gerste), Flachs und
Hanf, Erzeugnissen der Viehzucht und Waldwirtschaft.

Auch die polnische Landwirtschaft würde bei rechter Pflege auf er=
weitertem Territorium wieder exportfähig werden und des deutschen
Marktes bedürfen. Andererseits hat die polnische Industrie von jeher
einen erheblichen Absatz nach Litauen und Kurland gehabt, er würde
sich mit den Erträgen und der Bevölkerung rasch verdoppeln und
verdreifachen. Die oberschlesischen und polnischen Mineralschätze er=
gänzen einander, ihre Gewinnung und Verarbeitung würde auf bei=
den Seiten der Grenze durch Wegfall der künstlichen Schranken einen
bedeutenden Aufschwung nehmen. Endlich bedarf die polnische In=
dustrie der gesicherten Verbindung mit dem Weltmarkt, und dorthin
geht der Weg über die Häfen der Ost= und Nordsee, aus denen Polen
schon jetzt die große Menge seiner industriellen Rohstoffe bezieht. Die
besten Kenner der polnischen Industrie nehmen an, daß sie durch die Ent=
wicklung der Hilfsquellen im eigenen und den benachbarten Gebieten,
den Absatz auf dem Weltmarkt und durch die wirtschaftliche Verflech=
tung mit dem starken und unternehmungsfrohen Deutschland nach
einer Zeit des Überganges einen reichlichen Ersatz für den teilweisen
Verlust des russischen Marktes finden werde.

So drängt alles auf die Herstellung einer Wirtschafts= und Ver=
kehrsgemeinschaft, welche allerdings Zwischenzölle zum Schutze schwäche=
rer polnischer Industrien nicht ausschließen dürfte. Der Wehr= und
Verkehrsverband stellt allen beteiligten Völkern und Stämmen eine
glückliche Entwicklung in sichere Aussicht.

Die tiefsten Quellen der Kraft liegen freilich nicht in äußeren Ver=
anstaltungen, in Bodenbesitz und Volkszahl, sondern in den Men=
schen und Völkern selber. Sie sollen sich stets die Worte Fichtes
(13. Rede an die deutsche Nation) zur Richtschnur nehmen:

„Die geistige Natur vermochte das Wesen der Menschheit nur in
höchst mannigfaltigen Abstufungen an Einzelnen und ... im großen
und ganzen an Völkern darzustellen. Nur wie jedes dieser letzten,
sich selbst überlassen, seiner Eigenheit gemäß ... sich entwickelt und
gestaltet, tritt die Erscheinung der Gottheit in ihrem eigentlichen
Spiegel heraus".

Ich habe hier nur für mich selbst gesprochen, wie jeder der Ver=
fasser dieses Sammelwerkes. Es fehlt dem Werke die volle Einheit=
lichkeit der politischen Auffassung. Einig waren wir nur in dem Be=
streben, die Verhältnisse wahrheitsgemäß darzulegen. Daß wir über
die besetzten Gebiete hinausgriffen, ergab der sachliche Zusammen=
hang. Denn es ist nur ein Teil der von Rußland unterworfenen Ge=
biete westeuropäischer Kultur von unserem Heere erobert worden.
Finnland besitzt so gut wie Polen die Bedingungen für einen selb=
ständigen Nationalstaat. Wir bringen seinem Freiheitsstreben die=
selbe Sympathie entgegen wie dem der Ukrainer und gedenken mit
Sorge des Schicksals der Deutschen im Baltikum, im Innern Ruß=
lands. Wir wollten aber auch an der großen Agrarreform, die Ruß=
lands Bauernschaft in höhere Lebensformen versetzt, nicht achtlos
vorübergehen.

Seitdem das Vorhergehende geschrieben wurde, hat die auf Ver=
langen des Rates der Arbeiter und Soldaten erlassene Erklärung
der provisorischen Regierung eine neue Lage geschaffen. Unzweifel=
haft wird das englisch=amerikanische Unterdrücker=Syndikat den ge=
forderten Verzicht auf Eroberungen und Entschädigungen nicht leisten.
Dann wird sich zeigen, ob es den Russen Ernst ist mit ihrem Friedens=
programm. Haben sie die Kraft, die Fesseln ihrer Geldgeber und
Ausbeuter abzustreifen, so wird eine Verständigung auf Grundlage
der Gleichberechtigung der Nationalitäten unschwer zu erzielen sein
und ein mitteleuropäisch=russisches Bündnis entstehen, das dem
„angelsächsischen" Weltherrschaftsblock die Wage halten, der Mensch=
heit dauernd Freiheit und Frieden geben würde. Ziehen sie aber
vor, in der Knechtschaft zu verharren, so wird die Neuordnung gegen
sie durchzuführen sein.

Finnland.

Von Richard Pohle in Berlin.

I. Die geographischen Grundlagen.

Das politische Finnland (schwed. Finland, finn. Suomi) liegt
zwischen 59° 48′ und 70° 6′ nördlicher Breite; in langgestreckter Form
dehnt es sich, aus breiter Basis allmählich schmäler werdend, weit nach
Norden hinaus. Die wichtigsten geographischen Charakterzüge — felsiger
Untergrund von Urgestein mit vielfach steinigen Böden, ein ungemeiner
Reichtum an Seen, Nadelwälder und Birkenhaine, Moore, häufig
in Gestalt weiter Moosmoräste, — verleihen der Landschaft ihr eigen=
artiges Gepräge, das im Süden sowohl wie im Norden wenig von=
einander abweicht. Gewisse Unterschiede zeigen sich in der Höhen=
schichtung: das Land steigt allmählich nach Nordosten, mehr noch nach
Norden hin — bis zu 700 m — an, um mit seiner äußersten Nord=
westspitze, dort, wo es sich norwegischen Fjorden auf etwa 30 km
nähert, die größte Höhe von ungefähr 1350 m zu erreichen, während
Süd= und Mittelfinnland im allgemeinen unter 250 m bleiben. Be=
deutendere Unterschiede weist natürlich das Klima auf. In den am
Finnischen Meerbusen liegenden, südlichen Teilen des Landes herr=
schen Julitemperaturen von 16—17° C; hier gedeihen edle Laub= und
Obstbäume. Die mitten in der Ostsee liegenden Ålandsinseln be=
herbergen sogar einen Baum des atlantischen Klimas — die Eibe —,
der zu seinem Fortkommen langer Sommer und kurzer, milder Winter
bedarf. Im äußersten Norden dagegen gibt es — ganz abgesehen von
den eigentlichen Bergen — schon bei geringer Höhe über dem Meere
waldlose, oder mit Birkenbuschen bestandene Höhen, die Fjelde (finn.
tunturi).

Indessen, das politische Finnland mit seinen 373600 qkm bildet
nur den Teil einer größeren, klar und scharf umgrenzten geographischen
und ethnographischen Einheit, die sich vom Bottnischen Meerbusen

bis an das Weiße Meer erstreckt und mit der felsigen Küste der Halbinsel Kola in das Nördliche Eismeer hineintaucht. Es gibt also ein größeres Finnland[1]), dessen Flächeninhalt 560000 qkm beträgt; mit der skandinavischen Halbinsel fest verwachsen, stellt es das öst= liche Glied jenes Ländergebietes dar, das die skandinavischen Ge= lehrten „Fennoskandia" nennen. Überall in Großfinnland finden wir gleichartigen geologischen Bau, die Übermenge von Seen, die gleichen, meist aus Gneisfelsen oder =blöcken bestehenden Küstenbildungen. In dem gesamten nach der Schattenseite zum Weißen Meer hin ab= fallenden Landstreifen, der sich vom Onegasee nach der Murmanküste hinzieht, und politisch zur Zeit den russischen Provinzen Olonez und Archangel zugehört, wohnen blondhaarige Finnen. Dort wird die gleiche karelische Sprache geredet, wie im größeren Teil des poli= tischen Finnland; auf Kola wandern dunkeläugige Lappen mit ihren Renntieren von Fjeld zu Fjeld, ebenso wie in den benachbarten skan= dinavischen Gebirgen; Russen dagegen leben nur in kleinen, weit auseinander liegenden Ansiedelungen unmittelbar an den Ufern des Meeres. Wir werden weiterhin sehen, wie wichtig es ist, den Be= griff „Großfinnland" ein= für allemal festzuhalten. Auch die Südgrenze bildet eine scharfe Trennungslinie; sie läuft vom Ostufer des Finni= schen Meerbusens quer durch die Seen Ladoga und Onega im Bogen zum Weißen Meer, indem sie die dazwischenliegenden Landengen durchschneidet. Sie scheidet ein Land skandinavischer Natur von der im Süden anstoßenden russischen Tafel, die mit ihren Sedimentär= gesteinen, ihren großen, langsam dahinströmenden Flüssen, ihrem Mangel an Seen einen gänzlich anderen Charakter trägt, den man im nördlichen Teil (in Hinsicht auf die Pflanzenwelt) sibirisch nennen kann. Die Südgrenze von Großfinnland wird voraussichtlich in Zu= kunft in politischer und militärischer Beziehung eine wichtige Rolle spielen.

Wenn man eine Linie vom Ostufer des Ladoga bis hinauf zu den jetzt so wichtigen Grenzstädten Haparanda und Torneå zieht, so schneidet man vom Gesamtkörper ein Dreieck ab, das an den beiden Seiten von der Ostsee (auch der Ladoga war ja einst ein Teil derselben) bespult wird. Auf dieser Landfläche hat sich eigentlich das wirtschaft=

---

1) Vgl. Hettner, Grundzüge der Länderkunde I, Seite 178: „Finnland mit Lappland und Kola".

liche, kulturelle und politische Leben abgespielt; von ihr wollen wir reden, denn das übrige Finnland ist Zukunftsland. Vergleicht man das Dreieck mit den auf gleicher Breite liegenden Teilen der Nachbar= länder, so fällt des Günstige von Lage und Beschaffenheit unmittelbar ins Auge. Zwar sind Norwegens Küsten warm, aber das Hinterland ist Hochgebirge und arm an „Böden"; Nordschweden liegt — mit landeinwärts gebogener Küstenlinie — auf der Schattenseite; Nord= rußland fällt zum kalten Meere ab und wird von vorherrschend nörd= lichen Winden bestrichen. Im Gegensatz hierzu genießt das finn= ländische Dreieck von Natur mannigfache Vorteile. Das Gefälle des Landes ist nach Südwesten, nach der Sonnenseite, gerichtet; von Westen und Süden kommen die vorherrschenden Winde als wichtigste klimatische Faktoren. Das Land ist also nach Süden geöffnet. Wenn man den Lauf seiner Küstenlinien verfolgt, so weisen auch sie nach Südwesten. Dorthin wendet Finnland sein Gesicht. Durch diese geographischen Momente entsteht eine Tendenz, ein Zug nach Mittel= europa, der maßgebend gewesen ist — für die gesamte Entwickelung des Landes.

Mit seiner vorspringenden Landmasse ragt Finnland tief in die Ostsee hinein. Dabei zeigen seine Küsten die Eigenart, daß ihnen zahllose Klippen, Riffe und Inseln, die Schären (schwed. skar) in Reihen, Ketten oder ganzen Schwärmen vorgelagert sind. Diese nähern sich im Westen der schwedischen Küste bis auf 40 km, während sie im Süden weit in die offene Ostsee hineinreichen. Indem die Schären für den fremden Seefahrer drohende Gefahren bergen, bieten sie dem einheimischen Seemann willkommenen Schutz und Schlupfwinkel. Kein Wunder, daß die Finnländer hervorragend tüchtige Seeleute und Fischer[1] sind, deren Schiffe man auf allen Meeren der Erdkugel finden kann. Für die Bedeutung von Finn= lands Schiffahrt und Handel sind folgende Zahlen maßgebend: im Jahre 1913 zählte die finnländische Handelsflotte 4201 Schiffe und insgesamt 426 307 t, während die russische Handelsflotte in der Ostsee demgegenüber nur 963 Schiffe von 186 129 t aufzuweisen hat.

Finnlands Felsboden ist durchlöchert wie ein Sieb. Schon die Be= zeichnung „Land der tausend Seen" weist auf große Mengen derselben

---

1) Der Fischfang auf der Ostsee ergab im Jahre 1912 eine Ausbeute von 10 589 427 kg (in der Hauptsache Ostseeheringe).

hin; natürlich ist diese Zahl viel zu niedrig gegriffen. Die finnischen Süßwasserseen bedecken einen Raum von 41659 qkm oder mehr als 11% der Landfläche; sie bilden im Inland gewissermaßen die Fortsetzung jener zahllosen Salzwasserbecken, die vor der felsigen Küstenlinie zwischen den Schären liegen. Auch sie bergen einen großen Reichtum an Fischen.[1]) Allein, nicht etwa darin liegt ihre hauptsächliche Bedeutung. Durch Kanäle miteinander verbunden, sind sie die natürlichen Wasserstraßen des Landes, die den Mangel an großen Flüssen trefflich ersetzen. Die östliche, größte der drei großen Seengruppen läßt ihre Gewässer allerdings dem Ladoga zuströmen. Doch hier hat der finnische Staat die Natur korrigiert. Durch den in den Finnischen Meerbusen mündenden Saimakanal wird die gesamte sich über mehr als zwei Breitengrade erstreckende Seenmasse für den Verkehr mit Westeuropa nutzbar gemacht. Die finnischen Kanäle beförderten:

1865	9669 Fahrzeuge	1890	19020 Fahrzeuge
1880	15848 „	1900	31770 „
1912	46671 „		

Diese Zahlen illustrieren indirekt die Bedeutung der Seen als Verkehrsstraßen, während sie gleichzeitig zeigen, welchen Wert Kanälen selbst in nordischen Ländern mit relativ kurzen Sommern zusteht.

Finnlands Flüsse sind im allgemeinen als natürliche Verbindungsglieder der Seen von geringer Länge; da sie die Niveauunterschiede der letzteren zum Ausdruck bringen, bilden sie in der Regel eine fortgesetzte Reihe von Stromschnellen und Wasserfällen, d. h. sie repräsentieren große Werte an Wasserkräften. Weil die Oberfläche des Landes einem gewölbten Schilde gleicht, dessen Ränder mehr oder weniger plötzlich zum Meere abfallen, besitzen die Flüsse gerade in der Nähe der Küste das größte Gefälle. Mit anderen Worten: die erwähnten geographischen Momente konzentrieren die Wasserkräfte an Punkten, die von Natur entweder an den Wasserstraßen des Inlands oder aber an den großen Adern des Weltverkehrs — den Meeren — liegen. Und zwar obwalten die gleichen Verhältnisse im Bereich der Ostsee, des Weißen Meeres und des Nördlichen Eismeers. Es ist klar, daß hiermit, bei völligem Mangel an Stein-

---

1) Der Fang in Seen (und Flüssen) lieferte im Jahre 1912 3806742 kg Fische.

kohlen, ganz besonders günstige industrielle Entwickelungsmöglich=
keiten für die Zukunft vorliegen. Wenn dem Lande einmal reichliche
Kapitalmengen zuströmen sollten, so können nahezu alle Betriebe —
auch die der Bahnen — elektrisch gemacht werden. Allein die Flüsse
Wuoksen, Kymmene und Kumo stellen gegen 924000 Pferdekräfte
zur Verfügung, von denen in der Industrie bisher nicht mehr als
etwa 49000 zur Ausnutzung gelangen. Die Gesamtzahl der zur Ver=
fügung stehenden Pferdekräfte beträgt 3 Millionen, von denen noch
nicht einmal 5% ausgebeutet werden. Für Großfinnland im ganzen
würde sich dieser Wert zum mindesten verdoppeln lassen.

Kiefer, Fichte und Birke sind die wichtigsten Waldbäume; mehr
als 57% des Bodens steht unter Wald. Die Verarbeitung von Holz
zu Brettern, Zellstoff, Papier und Pappe (nebenbei im Kleinbetrieb
zu Holzessig, Harz und Teer) übertrifft weit alle anderen Industrien
des Landes, und gerade hier gelangen Wasserkräfte in größerem
Maßstabe zur Verwendung. Finnlands Ausfuhr an Holz und den
daraus erzeugten Produkten betrug:

1890	. .	45000000 Finn. Mark	1909	. . .	180700000 Finn. Mark
1900	. .	134500000 „ „	1913	. . .	307400000 „ „
1905	. .	158600000 „ „			

Als wichtigster Einfuhrhafen Deutschlands steht für diese Erzeugnisse
Lübeck an erster Stelle; seine Einfuhr aus Finnland hat diejenige aus
Schweden bereits überflügelt.

Für die Erträge der finnischen Staatsforsten gelten folgende
Zahlen:

| 1890 | . . . | 1384106 Finn. Mark | 1900 | . . . . | 3940311 Finn. Mark |
| 1910 | . . | 9300000 „ „ | | | |

Bau und Oberflächengestaltung des Landes zugleich mit den unter
so nördlichen Breiten obwaltenden klimatischen Verhältnissen bedingen
den Reichtum an Mooren, die 102228 qkm oder 30,8% der Gesamt=
fläche bedecken. Es ist erklärlich, daß sie an Zahl und Größe nach
Osten und Norden hin zunehmen. Während die Moore im äußersten
Südwesten mit 6—13% an der Fläche beteiligt sind, beträgt ihre Aus=
dehnung im weiten Norden, in Finnisch=Lappland 39%. Nach Schy=
bergson wurde die Trockenlegung von Sümpfen und Morästen schon
am Ende des 18. Jahrhunderts eifrig betrieben. Diese Arbeit hat
natürlich in neuerer Zeit erst recht nicht geruht. Wie groß das Areal

kultivierten Moorbodens ist, darüber fehlen jedoch statistische Angaben. Dank dem finnländischen Moorkultur-Verein sind die Moorflächen zur Zeit nicht nur kartographisch aufgenommen, sondern auch
bis in den höchsten Norden wissenschaftlich untersucht. Die Nutzbarmachung der Moore in großem Stil erscheint vor allem als Kapitalfrage, deren Lösung der Zukunft angehört.

Vorherrschend sind in Finnland mehr oder weniger steinige Böden
glazialer Schutt- und Moränenablagerungen. Sande finden sich an
der Küste des Bottnischen Meerbusens im nördlichen Teile und auf
dem karelischen Isthmus (Provinz Wiborg) in größeren Flächen,
während kleinere Gebiete hier und da im Binnenlande verstreut sind.
Fruchtbare Lehmböden bleiben in ihrem Vorkommen auf Süd- und
Westfinnland beschränkt, und zwar handelt es um tonige Meeres-
ablagerungen aus der Eiszeit. Daher finden wir sie eben in den
Küstengebieten, die zugleich vom Klima am meisten begünstigt werden.

Finnischer Granit schmückt die Monumentalbauten und Häuser
der schönen Hauptstadt Helsingfors; dasselbe Material gelangt seit
der Gründung Petersburgs in immer steigendem Maße für die
gleichen Zwecke in dieser Stadt zur Verwendung. Finnlands Granit-
blöcke und Pflastersteine versorgen überhaupt die russischen Ostsee-
länder in ihrer Gesamtheit. Ein Land, in dem man bei jeder Wanderung auf anstehenden Fels oder riesige Gesteinsblöcke stößt, sollte
doch auch Erze führen. Trotzdem galt Finnland bisher für arm an
nutzbaren Mineralien. Erst in den letzten Jahren sind gerade im
Norden Funde von hochwertigen Eisenerzen gemacht worden. Es ist
anzunehmen, daß hier ähnliche Reichtümer lagern, wie im schwedischen
Norrland (Kiruna z. B.). Wahrscheinlich stehen die Fundstätten miteinander in Zusammenhang. In Finnisch-Lappland, im Süden des
Enaresees, wird in unbedeutender Menge Gold gewaschen. Geo-
logische Untersuchungen haben neuerdings ergeben, daß dieses Metall
hier auch in der Kluft anstehend vorkommt. Dasselbe durch industrielle
Großbetriebe in größerer Menge zu gewinnen, bleibt lediglich Kapitalfrage. In anderen Teilen von Großfinnland sind Erzadern längst
bekannt. Peter der Große ließ Gold und Silber aus den Gesteinen
am Flusse Uiku (russ. Wyg), Silber und Kupfer am Onegasee gewinnen. Auf der Halbinsel Kola haben sich die Fundstätten für Silber-,
Kupfer- und Bleierze in neuerer Zeit ständig vermehrt. Nur eine derselben ist einmal kurze Zeit hindurch ausgebeutet worden, dann ruhte

der Betrieb. Wir müssen aber daran erinnern, daß die norwegischen Kupfergruben zu Kirkenaes, in nächster Nähe der russischen Grenze, in großem Maßstabe ausgebeutet werden, und zwar geschieht das z. T. unter Verwendung von Wasserkräften. Die Arbeit der Schweden und Norweger auf diesem Gebiet in Norrland und Finnmarken bietet einen Fingerzeig dafür, was man in Finnland wird leisten können, wenn nur die erforderlichen Kapitalmengen zur Verfügung gestellt werden.

II. Das wirtschaftliche und kulturelle Leben.

Die Bevölkerung.

Die Gesamtbevölkung des Landes zählte

im Jahre	1750	421537 Einwohner	= 1,8 auf 1 qkm,
„ „	1800	832659 „	= 2,9 „ 1 „
„ „	1850	1636915 „	= 4,9 „ 1 „
„ „	1900	2712562 „	= 8,2 „ 1 „
„ „	1910	3115197 „	= 9,4 „ 1 „

Für das Jahr 1915 läßt sich die Einwohnerzahl auf rund 3300000 schätzen (= 9,6 pro qkm), denn die jährliche Zunahme der Bevölkerung beträgt 1,38 %; der Zuwachs ist also größer, als in den meisten europäischen Ländern.

Nach ihrer Muttersprache verteilt sich die Gesamtbevölkerung in Prozenten wird folgt. Es reden:

Finnisch	88,02 %	Russisch	0,25 %
Schwedisch . . .	11,69 %	Deutsch	0,06 %
	Andere Sprachen . . . . . 0,07 %		

Nach den Konfessionen gesondert, verteilt sich die Gesamtbevölkerung im Jahre 1910 folgendermaßen:

Evangelisch-Lutherische .	98,15 %	Baptisten	0,14 %
Methodisten	0,02 %	Griechisch-Katholische	1,67 %
	Römisch-Orthodoxe . . . . 0,02 %		

Aus dieser Übersicht geht vor allem eine Tatsache klar hervor: obgleich das Land einen Bestandteil des russischen Reiches bildet, ist die Zahl der Russen verschwindend gering. Die große Masse der Bevölkerung besteht aus Finnen, die in zwei Stämme — Tawasten und

Karelen — zerfallen, deren Sprache dem finnisch=ugrischen Zweig
der ural=altaischen Sprachen angehört. Während die ursprünglich
finnische Bevölkerung von ganz Nord= und Mittelrußland — mit
Ausnahme der Bewohner des Petschoralandes — von den Russen
im Lauf der Zeiten teils vernichtet, teils aufgesogen worden ist, sitzen
die Finnen zwischen Ostsee und Weißem Meer noch in geschlossener
Menge, indem sie sogar mit einem kleinen Zipfel auf rein schwedischen
Boden hinübergreifen. Durch die geographische Eigenart des Landes,
vor allem durch die natürliche Grenze der Linie: Finnischer Meer=
busen—Ladoga—Onega—Weißes Meer, haben sie Sprache und Sitte
vor dem von Südosten andringenden Russentum bewahren können.
Eingeschlossen in die Zahl der Bewohner finnischer Nationalität bleiben
etwa 1660 Lappen, die alle der finnischen Sprache mächtig sind. Die
schwedisch sprechenden Finnländer sind mit noch nicht einmal 400 000
Köpfen nicht sowohl durch ihre Zahl, als vielmehr durch ihren Ein=
fluß von Bedeutung, denn es handelt sich in der Hauptsache um die
Nachkommen jener Schweden, die dem Lande die Kultur gebracht
haben. Aus einem, vom schwedischen Mutterlande in finnischen Fels=
boden verpflanzten Reis ist mit der Zeit ein eigener, mächtiger Baum
erwachsen, dessen Schatten über die politischen Grenzen hinaus bis
an das Ufer des Weißen Meeres reicht, denn so weit machen sich
finnische Einflüsse geltend. So ist Finnland zum zweisprachigen Lande
geworden, in dem schwedisch und finnisch gleichberechtigt nebenein=
ander hergehen. Denn beide Sprachen werden von einer Nation
gesprochen; in beiden findet eine Kultur ihren Ausdruck, die weder
schwedisch noch finnisch, sondern national=finnländisch ist — eine
Frucht, im Lande der tausend Seen erwachsen, dessen Bürger sie aus
eigener Kraft, ohne fremde Hilfe, zur Reife gebracht haben. Wohl
hat es an inneren Zwistigkeiten nicht gefehlt. Es gab eine Zeit, da
„Svekomanen" und „Fennomanen" einander hart bekämpften. Doch
handelte es sich damals um den Kampf zweier Parteien, deren jede
ihrer Muttersprache zum Recht verhelfen wollte. Mit nichten war
es ein Streit zweier Rassen oder Nationen, in dem etwa, wie man
es in anderen zweisprachigen Ländern findet, verschiedene, einander
schroff gegenüberstehende Weltanschauungen miteinander um den Sieg
rangen. Im gemeinsamen Erleben einer eigenen Geschichte ist Finn=
lands Kultur im Lauf der Jahrhunderte entstanden, fest umschlungen
vom unzerreißbaren Bande eines Glaubens. Die Sprachenkämpfe

sind niemals zum Kulturkampf ausgeartet; sie konnten auch gar nicht dazu werden. Denn sie wurzelten ja in dem glühenden Stre= ben, die vorhandene Kultur zur höchsten möglichen Höhe zu ent= wickeln. Als bester Beweis dafür mag die Tatsache gelten, daß jeder innere Zwist verstummte mit dem Zeitpunkt, da der russische Druck das Heiligtum des Volkes, seine Kultur, mit roher Hand zu zerstören drohte.

Die Landwirtschaft.

Mehr als 70% der Bevölkerung findet in der Landwirtschaft ihr Brot. Die geographischen Zusammenhänge kommen in der pro= zentualen Verteilung des bearbeiteten Acker= und Gartenlandes zum Ausdruck. Obenan stehen die am Meere[1]) liegenden Provinzen: Ny= land mit 20,1%, Åbo=Björneborg mit 17,0% und das östlich land= einwärts daran grenzende Tawastehus mit 14%. Diesen Werten ent= sprechen geringe Prozente für die Moorflächen, nämlich 6%, 13,5% und 13,6%. Lehme kommen dann noch in der gleichfalls teilweise am Meere liegenden Provinz Wasa vor; doch gibt es hier viel steinige Böden und Moore, so daß die bearbeitete Bodenfläche nur noch 10,7% beträgt. Es folgen die Provinzen von Ost= und Mittelfinn= land: Wiborg mit 7,7%, St. Michel mit 6,9% und Kuopio mit 3,8%, während der dünn bevölkerte Norden (2 Einwohner pro Quadrat= kilometer), die Provinz Uleåborg, ein Gebiet von 167971 qkm — mit 0,7% an letzter Stelle steht. Diese Werte gelten für das Jahr 1910. Für das gesamte Finnland liegen folgende Zahlen vor:

	%
Bearbeitetes Acker= und Gartenland . .	5,7
Natürliche Wiesen	2,8
Waldbedecktes Land	57,1
Unbearbeitetes Land (hauptsächlich Moore) .	34,4

Unter den Getreidearten reicht die Gerste am weitesten nach Nor= den; sie kann noch über den 68. Breitengrad hinaus allgemein an=

---

1) Vgl. das oben auf Seite 6 über die Verteilung der Böden Gesagte. Gerade hier sitzt die schwedisch sprechende Landbevölkerung in geschlossener Menge.

gebaut werden. Für sie wird die Vegetationsperiode durch die größere
Lichtmenge im Norden verlängert: auf Åland reift Gerste in 116 Tagen,
in Lappland hingegen genügen 63 Tage. Der allgemeine Anbau von
Roggen erstreckt sich bis zum 66. Breitengrade. Die Nordgrenze da=
gegen des Hafers bleibt zurück; diese Feldfrucht gibt in der Provinz
Uleåborg nicht mehr regelmäßige Ernten. Der Weizenbau bleibt auf
den äußersten Südwesten, d. h. auf die Provinz Åbo=Björneborg be=
schränkt.

Die Nordgrenze feldmäßigen Anbaus der Kartoffel fällt ungefähr
mit der Roggengrenze zusammen; der Bedarf wird durch eigene Pro=
duktion im Lande gedeckt. Ein wichtiges Nahrungsmittel bildet eine
einheimische Kohlrübe (schwedisch Svedjerofva), deren Anbau schon
lange vor Bekanntwerden der Kartoffel betrieben wurde und heute
bis weit über den 68. Breitengrad hinaus gepflegt wird. Als wich=
tigste Hackfrüchte für Futterzwecke kommen Turneps in Betracht; die
beste, in Finnland gezüchtete Sorte „Östersundom" gibt noch nördlich
vom 65. Breitengrade gute Ernten. Flachs, einstmals von größerer
Bedeutung (Leinwand wurde im 15. Jahrhundert von der Land=
bevölkerung im südlichen Finnland verfertigt, sie war im Handel unter
dem Namen Åboleinwand bekannt), wird zur Zeit nur in der Um=
gebung von Tammerfors für die in dieser Stadt liegenden Spinne=
reien angebaut.

Es hat Zeiten gegeben, da Finnland imstande war, Getreide aus=
zuführen. Während des 15. Jahrhunderts wurde das südwestliche
Finnland zur Kornkammer für Stockholm. „Die Zahl der Landgüter
war in den südlichen Küstenstrichen gegen Ende des Mittelalters
ebenso groß oder gar noch größer, als viele Jahrhunderte später; ein
Umstand, welcher einen beachtenswerten Beweis für die beträchtliche
Ausdehnung der Kultur in den südlichen bebauten Gegenden am
Schluß des 15. Jahrhunderts liefert" (Schybergson). Im letzten Jahr=
zehnt des 18. Jahrhunderts betrug die Ausfuhr jährlich gegen 45000
Tonnen. Das ist nun heute nicht mehr der Fall, wie die folgenden
Ziffern beweisen. Die Erzeugung von Brotgetreide vermochte, aus
weiter unten ersichtlichen Gründen, mit der Zunahme der Bevölke=
rung nicht Schritt zu halten.

	1896—1900			1901—1905		
	Ernte	Einfuhr	Es ver= bleiben pro Kopf [1]	Ernte	Einfuhr	Es ver= bleiben pro Kopf [1]
	Millionen=kg		kg	Millionen=kg		kg
Weizen	4,7	84,19	33,5	3,32	111,93	41,0
Roggen . . .	312,78	244,00	192,9	274,06	355,07	207,7
Gerste . . .	110,32	16,80	39,1	101,35	19,79	35,0
Hafer . .	307,41	12,15	90,0	297,50	22,44	88,3
Kartoffeln . . .	446,68	7,34	144,8	517,26	8,01	159,1

	1906—1910			1912		
	Ernte	Einfuhr	Es ver= bleiben pro Kopf [1]	Ernte	Einfuhr	Es ver= bleiben pro Kopf [1]
	Millionen=kg		kg	Millionen=kg		kg
Weizen	3,58	150,51	51,2	3,26	165,77	53,1
Roggen . . .	286,94	304,87	183,7	283,28	310,11	168,1
Gerste . .	107,79	17,40	34,0	107,70	10,13	29,4
Hafer . .	341,94	20,51	97,7	370,80	30,35	101,6
Kartoffeln . .	614,58	9,85	179,9	645,28	13,00	178,2

Wir sehen: der Anbau von Weizen nimmt ab, die Einfuhr wird nahezu verdoppelt — nebenbei ein Beweis steigenden Wohlstandes. Auch der Anbau von Roggen ist zurückgegangen, während die Ein= fuhr sich in aufsteigender Linie bewegt. Am meisten wächst der An= bau von Kartoffeln. In der Zunahme der Erzeugung von Hafer kommen Moorkulturen zum Ausdruck. Interessant ist es, wie die Anbauflächen für Roggen, Gerste und Hafer sich im Laufe der Jahre verändert haben:

	Roggen %	Gerste %	Hafer %
1861—65	48,9	26,6	24,5
1871—75	49,4	25,9	27,7
1881—85	40,7	21,4	37,9
1891—95	36,4	16,4	47,2
1901—05	33,3	14,8	51,9

Aus diesen Zahlen ergibt sich vor allem eines: die Erzeugung von Brotgetreide ist zurückgegangen zugunsten der Produktion von Hafer und Kartoffeln, also von Futtermitteln.

---

[1] Nach Abzug der ausgeführten und zur Saat verbrauchten Menge.

Die Verteilung der einzelnen Gewächse über die gesamte Acker=
fläche Finnlands war im Jahre 1910 folgende:

Gewächs	ha	%	Gewächs	ha	%
Weizen . . .	3 193	0,2	Buchweizen . . .	270	0,01
Roggen	239 583	12,8	Flachs . . .	4 954	0,3
Gerste	110 457	5,9	Hanf	1 624	0,1
Hafer	399 414	21,4	Gemisch von Wicke,		
Gemisch von Hafer			Hafer und Gerste .	27 188	1,5
u. Gerste zur Saat	6 738	0,4	Gemisch von Klee u.		
Erbsen (Bohnen) .	7 658	0,4	Gras . .	744 192	39,9
Wicke	1 376	0,1	Brache	232 298	12,4
Kartoffeln	73 319	3,9			
Futterrübe u. andere			Gesamtfläche	1 864 694	100
Wurzelfrüchte . .	12 434	0,7			

Aus dieser Tabelle geht die Bedeutung der Futtermittel klar her=
vor; das wird noch deutlicher, wenn wir die Ausfuhrziffern für land=
wirtschaftliche Produkte in Betracht ziehen. Dieselben betrugen in
Finn. Mark:

1890	1900	1905	1909	1913
15 Mill.	25,3 Mill.	41,5 Mill.	53,9 Mill.	49,6 Mill.

Davon gelangte Butter zur Ausfuhr:

	1890	1900	1905	1909	1913
Finn. Mark	13 628 000	23 455 000	37 485 000	29 390 000	35 270 000
kg	8 016 000	9 824 000	15 056 000	11 632 000	12 640 000

Diesen Zahlen entsprechend ist auch der Bestand an Milchkühen
gewachsen: im Jahre 1865 betrug derselbe 670 000 Stück, 1910 —
1 164 229 Stück.

Der Gesamt=Viehbestand zeigt für das Jahr 1910 folgende Ziffern:

Pferde	Rindvieh	Schafe	Schweine	Ziegen	Renntiere
365 967	1 603 720	1 330 769	422 180	11 801	125 724

Hieraus wird bereits ersichtlich, welche Rolle die Vieh= bzw. Milch=
wirtschaft in der Landwirtschaft Finnlands spielt. Tatsächlich wurde
von maßgebender Stelle in der zweiten Hälfte des vergangenen Jahr=
hunderts systematisch auf Stärkung dieses einen Zweiges hingearbeitet.
Es konnte eben Brotgetreide in beliebiger Menge eingeführt werden.
Daß diese Rechnung nicht richtig war, hat erst der Weltkrieg gezeigt.
Für die Zukunft wird eine völlige Umordnung vor sich gehen müssen.
Wir werden darauf bei Gelegenheit der Besprechung einer wichtigen

sozialen Frage zurückkommen. Es hat indessen in Finnland immer
Männer gegeben, die danach strebten, das Land unabhängig zu
machen von der Einfuhr aus dem Auslande, besonders aus Rußland. Das beweisen die Versuche, den Anbau der Zuckerrübe in
weitgehendstem Maße durchzuführen. Für diese Feldfrucht kommen
natürlich nur die im äußersten Süden und Südwesten gelegenen
fruchtbaren alten Kulturböden in·Frage, die ja auch in bezug auf
das Klima am günstigsten gelegen sind. In den neunziger Jahren
des vergangenen Jahrhunderts waren die Versuche so weit gediehen,
daß man es für zeitgemäß hielt, eine Fabrik für Verarbeitung im Inlande erzeugter Ruben zu gründen. Jedoch, als die Zuckerfabrik im
Jahre 1900 in Betrieb gesetzt wurde, zeigte es sich sofort, daß nicht
genügend Rohmaterial beschafft werden konnte. Daran scheiterte das
Unternehmen. Aber gerade dieser Mißerfolg führte zu erneuten, umfangreichen Versuchen, die immer wieder durch eine kraftvolle Propaganda belebt wurden. Durch zielbewußten Anbau von Hackfrüchten
für Futterzwecke hat man weite Flächen besten Ackerlandes in hohen
Kulturstand gebracht. Nachdem weitere 15 Jahre energischer Arbeit
ins Land gegangen sind, besteht heute die feste Überzeugung, daß die
neue, nach dem Krieg zu eröffnende Zuckerfabrik nicht an Material
zu kurz kommen wird. Bei den Versuchen ist die deutsche Rübensorte
„Kleinwanzleben" mit durchweg 16—17% Zucker als Siegerin hervorgegangen.

Bei all' ihrer Leistungsfähigkeit bedarf die finnländische Landwirtschaft doch grundlegender Reformen. Und das umsomehr, als es in
Finnland eine große Menge von Leuten gibt, die entweder als Tage-
löhner von der Hand in den Mund leben, oder aber als Pächter auf
fremdem Boden ein kärgliches Dasein fristen. Diese Elemente bilden
eine Gefahr für die gedeihliche Fortentwickelung des Landes und auch
für die Landwirtschaft selbst. Hier handelt es sich um eine soziale Aufgabe, deren Lösung, da es an freiem Lande nicht fehlt, lediglich eine
Kapitalfrage bleibt. Dazu bedarf es aber nicht nur einer Summe von
ungefähr 60 Millionen Finn. Mark, sondern auch eines freien politischen Horizontes; bisher war die russische Regierung das böse Prinzip, das jede Regung zur Betätigung auf diesem wichtigsten Gebiet
der Sozialpolitik lähmte. Da auch die Wirtschaftsformen selbst in
andere Bahnen geleitet werden müssen, so handelt es sich um zwei
Dinge, die sehr wohl gleichzeitig vorgenommen werden können. Einer-

seits um das Unternehmen einer großzügigen Kolonisation, zum andern Teil um eine bessere Verteilung der Betriebe nach Klima und Boden= zonen. Süd= und Südwestfinnland mit den von Natur am meisten begünstigen Verhältnissen müßten vor allem dazu bestimmt sein, wertvolle Hackfrüchte und Brotgetreide in bedeutend größerem Maße zu erzeugen, als bisher. In Mittel= und Ostfinnland kann der Anbau von Roggen, Hafer und Kartoffeln noch gesteigert werden, obgleich hier die Milchwirtschaft schon mehr in den Vordergrund treten sollte. Nordfinnland endlich muß das Hauptgewicht auf die Viehzucht legen, die bei Verwandlung der vorhandenen nährstoffreichen Grünmoore in Kulturwiesen ganz bedeutender Erweiterung fähig sein wird. Aber hier kann auch eine Zunahme der Anbaufläche für Roggen, Kartoffeln und namentlich von Gerste erzielt werden, wenn man der Nachtfrost= gefahr dadurch zu entgehen trachtet, daß man geneigte Bodenflächen verwendet, von denen die kalte Luft in natürlichem Gefälle abströmt. Mit einem Wort: es gilt den Schwerpunkt der Erzeugung von Brot= getreide gleichmäßiger über den Süden zu verteilen, während die Butterproduktion mehr nach Norden hin zu verschieben wäre. Überall im höheren Norden gibt es eine Zone, in der die Landwirtschaft (bezw. Viehzucht) durch die Renntierwirtschaft abgelöst wird. Dadurch er= leidet ganz naturgemäß die Zahl der Bewohner, die auf einer be= stimmten Landfläche Raum und Unterhalt finden kann, eine Ver= ringerung. Es ist aber, unter Ausnutzung der Errungenschaften mo= derner Wissenschaft und Technik möglich, die Zone landwirtschaftlicher Betriebe, und damit auch eine größere Menge der Bevölkerung, weiter nach Norden hin zu verlegen, als bisher. Dazu kommt nun noch der Umstand hinzu, daß gerade im Norden zahlreiche Wasserkräfte brach liegen, und auch Erzfundstätten der Erschließung harren. Daß die zum Betriebe notwendigen Arbeitermassen durch die Produktion des Nordens verpflegt werden können, ist natürlich wünschenswert. Da= her wird die vorzunehmende Kolonisation eine nördliche Richtung einschlagen müssen.

Industrie und Handel.

Die Zahl der in der Industrie beschäftigten Arbeiter betrug:

1909	88822	1911	97222
1910	92928	1912	102751

Dazu kommen Personen in leitender Stellung (Ingenieure, Büro=
personal und Meister):

1909 4923   1911 5652
1910 5384   1912 6197

Die Bedeutung der einzelnen Industrien geht aus der Anzahl der
Krafterzeuger und der zur Verwendung gelangender Pferdekräfte
hervor. Dieselben betrugen im Jahre 1908 — wenn wir nur die
wichtigsten Zweige anführen:

	Mit Dampf betr. Motoren		Mit Wasserkraft betr. Motoren		Insgesamt (einschl. Explosions= und Elektromotoren)	
	Zahl	Pferdekr.	Zahl	Pferdekr.	Zahl	Pferdekr.
Papier= industrie	76	8439	342	66728	505	75615
Holzindustrie (Sägewerke)	519	24967	145	3986	737	29704
Textil= industrie	66	13971	49	4478	132	18666
Metall= industrie	167	8283	158	7070	325	15353
Elektro= technische In= dustrie	58	6161	17	3639	87	10376

Die Gesamtzahl aller im Jahre 1908 in der Industrie verwendeten
Motore betrug — 2811, die der Pferdekräfte — 167788.

Aus dieser Tabelle geht nun ganz klar hervor, daß die Papier=
fabrikation vorzugsweise mit Wasserkräften arbeitet, während die
Sägewerke und Webereien unter Benutzung eingeführter Steinkohle
Dampfkraft verwenden.

Sehr interessant ist, wie sich die Zahlen der Wasser= und
Dampfkräfte zueinander verhalten, wie sie ferner im Laufe der
Jahrzehnte zugenommen haben. Das ergibt sich aus der folgenden
Tabelle:

	1875	1890	Zu=nahme für 15 Jahre 1885 bis 1890	1902	Zu=nahme für 12 Jahre 1890 bis 1902	1908	Zu=nahme für 6 Jahre 1902 bis 1908
Zahl der durch Dampf erzeugten Pferdekräfte	5059	14745	191 %	48061	216 %	73979	54 %
Zahl der durch Wasser erzeugten Pferdekräfte	24168	44000	71 %	60300	37 %	89037	48 %
Insgesamt	29227	58745	101 %	108361	83 %	163016	50 %

Wir sehen, es gab eine Zeit, als der größte Teil der Industrie mit Wasserkräften betrieben wurde, dann traten Dampfkräfte immer mehr in den Vordergrund. Das bedeutet eine ständige Zunahme der Stein=kohleneinfuhr — vorzüglich aus England — und ein Anwachsen der Industrie in den Hafenorten.

Die größten Holzsägewerke, die ausschließlich mit Dampfkraft arbeiten, liegen naturgemäß am Meere; wir erwähnen hier vier Orte, die als wichtigste in Betracht kommen: Kotka am Finnischen Meer=busen (8 Werke, Bruttowert der Produktion 11920000 Finn. Mark), Björneborg am Bottnischen Meerbusen (vier Werke — 8600000 Finn. Mark), Kemi und Uleåborg an demselben Meerbusen (4 bzw. zwei Werke — 3740000 und 2250000 Finn. Mark). Im ganzen gab es 1907 — 611 Werke mit 25820 Arbeitern und einem Bruttowert der Produktion von 101370000 Finn. Mark. Für die Fabriken und Werkstätten, die Metalle bearbeiten, kommen wiederum in erster Linie Hafenstädte in Betracht: Helsingfors (16 Werke mit 9670000 Finn. Mark Bruttowert der Produktion), Åbo (3 mit 6790000 Finn. Mark), an dritter Stelle steht Tammerfors (4 mit 2700000 Finn. Mark). Der Bruttowert der Gesamtproduktion betrug im Mittel der Jahre 1905 bis 1907: 30540000 Finn. Mark. Die größten Zellstoff=fabriken liegen am Kymmenefluß in Südfinnland nicht weit vom Meere; es sind 3 Werke mit einem Bruttowert der Produktion von 4770000 Finn. Mark. Im Jahre 1907 gab es im Inlande im ganzen 13 Fabriken mit 1550 Arbeitern, deren Gesamtproduktion den Wert von 12650000 Finn. Mark darstellte. Die Erzeugung von Papier beschäftigte im Jahre 1907 insgesamt 22 Fabriken mit 8510 Arbeitern und einer Produktion von 20 880 000 Finn. Mark. Auch hier sind die am Kymmenefluß gelegenen Werke (3 mit 7 710 000 Finn. Mark) die wichtigsten; dann folgt Tammerfors mit rund 3 100 000 Finn. Mark Bruttowert der Produktion. Von den 6 im Lande arbeitenden Zuckerraffinerien (770 Arbeiter, 30 020 000 Finn. Mark) liegen 3 in Helsingfors. Diese ergaben 1907 einen Bruttowert der Produktion von 12 070 000 Finn. Mark. Durchweg am Meere liegen auch die Tabakfabriken des Landes und zwar ist die Fabrikation an die Städte Åbo, Jakobstadt, Helsingfors und Wiborg gebunden; im Jahre 1907 waren 3960 Arbeiter in 25 Fabriken tätig. Der Bruttowert der Gesamtproduktion betrug 20 780 000 Finn. Mark. Der Verarbeitung von Baumwolle dienten 1907 im ganzen 7 Industriewerke mit 6980 Arbeitern und einer Gesamtproduktion von 33 380 000 Finn. Mark. Für dieses Gebiet steht Tammerfors obenan (2—16 750 000 Finn. Mark). Hier ist die einzige Fabrik für Verarbeitung von Flachs, die im Jahre 1907 1530 Arbeiter beschäftigte, mit einer Produktion von 4 040 000 Finn. Mark. Auch für die Verarbeitung von Wolle zu Tricots, Tuchen usw. kommt Tammerfors mit 3 Fabriken und einer Produktion von 7 060 000 Finn. Mark an erster Stelle in Betracht Die Gesamterzeugung Finnlands in 31 Fabriken mit 4280 Arbeitern ergab im Jahre 1907 den Bruttowert von 23 240 000 Finn. Mark.

Damit haben wir die wichtigsten Industriezweige und -orte vorgeführt. Ein großer Teil der Industrie ist also an die Küstenplätze gebunden. Schon um das Jahr 1800 war die südliche Küstenstrecke zwischen Åbo und dem Kymmenefluß der Hauptsitz der finnländischen Industrie. Åbo, die alte Hauptstadt des Landes mit einem großen Handelsverkehr, verfügte damals über 11 300 Einwohner. Die heute rund 170 000 Bewohner zählende Hauptstadt Helsingfors hatte damals mit einer Bevölkerungsziffer von 4337 und einigen Fabriken eine geringere Bedeutung im Handel als das nordische Uleaborg. Das an der Grenze von Süd- und Mittelfinnland gelegene Tammerfors — jetzt Finnlands bedeutendstes Industriezentrum, war im Jahre 1800 ein kleiner Marktflecken mit 600 Bewohnern.

Die Papier- und Zellstofffabriken, auch ein Teil der geringeren Sägewerke liegen im Binnenlande, und zwar ist ihre Lage von der Verteilung der Seen als der natürlichen Verkehrsstraßen, ferner den Stromschnellen und Wasserfällen abhängig. Jedenfalls greift die Industrie z. B. noch nicht über das finnländische Dreieck hinaus. Der Norden ist eben Zukunftsland; erst durch die kommende Kolonisation und durch den Bau von Bahnen wird er erschlossen werden.

Für den ungemeinen Aufschwung, den Finnlands Industrie in den Grenzen eines Menschenalters erlebt hat, sind folgende, den Bruttowert der Gesamtproduktion darstellende Zahlen maßgebend:

	Finn. Mark			Finn. Mark
1887	. . . . . 113 520 000	1905	. . . . . . 392 540 000
1890	. . . . . . 162 120 000	1910	. . . . 612 480 000
1895	. . . . 189 150 600	1911	. . . . . 615 120 000
1900	. 339 590 000	1912	. . . . 684 420 000

Gleich der Industrie weist auch Finnlands Außenhandel ein stetiges Wachstum auf:

	Einfuhr	Ausfuhr
	Finn. Mark	Finn. Mark
1860	22 700 000	43 400 000
1880	123 100 000	138 800 000
1890	92 400 000	140 600 000
1900	197 700 000	270 700 000
1910	290 100 000	384 100 000
1911	319 500 000	444 500 000
1912	340 000 000	470 000 000
1913	404 800 000	495 400 000

Die wichtigsten Gegenstände der Ausfuhr — Holz und Holzerzeugnisse, sowie landwirtschaftliche Produkte, haben wir ihrem Werte und ihrer Bedeutung nach bereits kennen gelernt. Für die Einfuhr kommen Getreide und Mehl an erster Stelle in Betracht, sodann folgen Kolonialwaren, Spinnereierzeugnisse und Gewebe, ferner Metalle, Maschinen und Maschinenteile. Der auswärtige Handel verteilt sich im Jahre 1913 folgendermaßen auf die einzelnen Länder:

	Einfuhr	Ausfuhr
	Finn. Mark	Finn. Mark
Rußland	140 198 000	113 301 000
Schweden	27 521 000	16 768 000
Dänemark	29 353 000	11 916 000
Deutschland	202 533 000	52 151 000
Großbritannien	60 660 000	108 565 000
Frankreich	7 113 000	38 528 000
Niederlande und Belgien .	18 452 000	40 078 000
Spanien	2 692 000	12 180 000
Andere Länder	6 910 000	11 332 000
	495 400 000	404 799 000

Der Zunahme des auswärtigen Handels entspricht das Wachstum von Finnlands Handelsflotte; sie zählte:

	Segelschiffe		Dampfschiffe	
	Zahl	Tonnen	Zahl	Tonnen
1886	1835	251142	318	17058
1895	1955	236928	418	28770
1900	2411	287154	588	53561
1905	2750	301348	663	59509
1910	3171	333299	828	77520
1911	3252	333344	845	76775
1912	3349	349026	852	77281

Sehr bedeutend ist der Verkehr zwischen Deutschland und Finnland. Es handelt sich hier um eine sehr alte Verbindung, die weit ins Mittelalter, auf die Tage der Hansa zurückreicht. Im 15. Jahrhundert waren Reval, Lübeck und Danzig diejenigen deutschen Hansastädte, die den lebhaftesten Verkehr unterhielten. Finnland führte Pferde, Butter, Hafer, Leder, Häute, Seehundsspeck, Fische, Fleisch und Eisen aus; es erhielt dagegen von Deutschland (z. T. aus den Ländern des Deutschen Ordens): Roggen, Hopfen, Malz, Bier, Gewürze und Industrieerzeugnisse verschiedenster Art. Damals lebten deutsche Handelsreisende in beträchtlicher Menge in den Hafenstädten Finnlands, wo sie unter dem Namen der „Jungen" oder „Gäste" bekannt waren. „Das Deutsche war die Sprache des Handels und als solche in den Städten allgemein angewendet" (Schybergson). Ja, sogar die Verwaltung in den Städten wurde nach deutschem Muster eingerichtet. Wie der Handelsverkehr zwischen Finnland und Deutschland sich seit 1897 entwickelt hat, zeigt folgende Tabelle (Werte in Reichsmark):

	Einfuhr	Ausfuhr
1897	35500000	10400000
1905	54500000	22000000
1910	102400000	26800000
1911	109200000	33300000
1912	116600000	39200000
1913	160500000	41600000

Finnlands Einfuhr aus Deutschland steht also mit mehr als 40% der Gesamteinfuhr zu Buche. Es muß betont werden, daß die deutsche Ausfuhr nach dem „Lande der Tausend Seen" den gleichen Wert hat, wie Deutschlands Ausfuhr nach der Türkei. Wir werden auf diese wichtige Tatsache

2*

später noch zurückkommen, um zu zeigen, daß sich mancherlei bedeu=
tungsvolle Parallelen aufstellen lassen.

Auf die Entwickelung des Bankwesens weisen folgende Werte
hin:

Jahr	Kapital	Davon Goldbestand	Umlaufendes Papiergeld
1871	60 280 338	44 911 762	42 017 203
1880	86 408 247	63 229 688	59 454 001
1890	96 617 322	52 442 173	64 681 006
1900	135 841 120	71 203 484	89 270 532
1910	233 771 053	138 020 879	149 701 634
1911	247 390 628	146 036 846	159 857 769
1912	247 732 119	127 742 770	150 219 470
1913	260 610 786	146 571 033	143 124 297

Die Staatsbank („Bank von Finnland") 1871—1913.

Die Privatban=
ken 1862—1913.

Jahr	Kapital
1862	5 044 462
1870	26 649 050
1880	61 780 293
1890	133 913 475
1900	414 151 492
1910	761 584 703
1911	822 005 782
1912	878 656 077
1913	898 327 892

Die Einlagen in den Sparkassen des Landes haben von 1880
bis 1912 folgendermaßen zugenommen:

	Zahl der Sparkassen	Einlagen Finn. Mark		Zahl der Sparkassen	Einlagen Finn. Mark
1880	107	14 445 225	1905	309	139 034 609
1890	138	41 349 534	1912	391	279 441 844
1900	193	77 616 963			

Wie gegen Ende des 19. Jahrhunderts das gesamte Wirtschafts=
leben sich in aufsteigender Linie vorwärts bewegt, darauf weisen auch
die Lebensversicherungsgesellschaften mit den bei ihnen Frage
kommenden hin; die letzteren zeigen folgendes Anwachsen:

	Mill. Finn. Mark			Mill. Finn. Mark
1893	109 455,9	1911		641 000,9
1900	203 874,9	1913		799 919,5
1908	406 596,5			

Die Anfänge des Genossenschaftswesens datieren aus dem
Jahre 1899. Nach 10jähriger Tätigkeit gab es im Jahre 1909 — 1816
Genossenschaften mit 200 000 Mitgliedern und einem Gesamtumsatz
von 100 Mill. Mark.

Das Schulwesen.

Wenn wir die Leistungen der Nation in Landwirtschaft, Industrie und Handel uberblicken, so können wir nicht umhin, einen allgemeinen, nahezu beispiellosen wirtschaftlichen Aufschwung festzustellen. Worin liegen nun die Ursachen fur diese, so erfreuliche Tatsache begrundet? Letzten Endes gewiß in den Charaktereigenschaften des Volkes, das die Geschichte zur geschlossenen, einheitlichen, fest im Boden der eigenartigen Heimat wurzelnden Masse zusammengeschweißt hat. Ein derartiger Aufschwung war aber nur möglich bei einmütigem Zusammenarbeiten von Nation und Staat. Und diese gemeinsame Arbeit findet ihren besten Ausdruck vor allem im Schulwesen des Landes; hier arbeiten die Hebel zum gewaltigen Aufstieg, den das nordische Volk seit der zweiten Hälfte des vorigen Jahrhunderts erlebt hat.

Der Entwicklungsgang der Volksschulen in den Städten:

	Anzahl der Lehrer	Anzahl der Schüler		Anzahl der Lehrer	Anzahl der Schüler
1875—1876	180	6813	1906—1907	1113	34765
1885—1886	448	14966	1909—1913		
1899—1900	867	28586	in den 38 Städten		
			Finnlands	1372	40370

Die Volksschulen auf dem Lande:

				Kleinkinderschulen:	
	Anzahl der Schulen	Lehrkräfte	Schuler	Zahl	Schüler
1875—1876	285	294	11421	—	1888
1885—1886	667	683	24305	—	13627
1899—1900	1757	2022	76552	1416	38924
1906—1907	2518	2989	107630	1512	38080
1912—1913	3079	4061	143597	—	—

Das Volksschulwesen hat also eine bemerkenswerte Höhe erreicht. Dem entspricht, daß die Zahl der des Lesens und Schreibens Unkundigen mit 1,48% gering erscheint, während das russische Reich, wenn man die Ostseeprovinzen und Kongreßpolen nicht berucksichtigt, einen Prozentsatz von 70—80 Analphabeten aufweist. Als wichtiges Moment kommt hinzu, daß der finnische Sprachunterricht erst im Jahre 1841 an den Elementarschulen zur Einführung gekommen ist. Dadurch erhält die Tatsache einer geringen Zahl von Analphabeten erhöhten Wert.

Bei Betrachtung des höheren Schulwesens gelangen wir über 136 Mittelschulen — im Jahre 1909/10 — mit 1852 Lehrern und 23 128 Schülern zu den Hochschulen, die ihren Sitz in der Stadt Hel= singfors haben. In den Räumen der Universität und der Technischen Hochschule sammeln sich 279 Lehrende mit 3849 Studenten und Stu= dentinnen zu einer Gemeinde, der auch die Studierenden der Forst= akademie und der landwirtschaftlichen Hochschule angehören. In Helsingfors vereinigt sich alles, was nach Betätigung in Literatur und Kunst strebt. Hier ist der Schauplatz eines regen wissenschaftlichen Lebens, das sich nicht nur innerhalb der Hochschule, sondern auch in einer Reihe von gelehrten Gesellschaften abspielt, an deren Spitze die Sozietät der Wissenschaften thront.

Ein beträchtlicher Teil von Jüngern finnländischer Wissenschaft sucht alljährlich, alter Tradition folgend, deutsche Bildungsstätten auf. So knüpft die Wissenschaft ähnliche Bande zwischen Deutschland und Finnland wie der Handelsverkehr. Bezeichnend dafür erscheint die Menge gelehrter Abhandlungen, die in Finnland in deutscher Sprache verfaßt und veröffentlicht werden.

Neben Hoch=, Mittel= und Volksschulen gibt es nun auch eine große Zahl von Fachschulen für alle möglichen Berufe, auf die hier nicht näher eingegangen werden kann.

III. Der Staat.

Durch die Eroberungs= und Kreuzzüge der Jahre 1157, 1249 und 1293 gelangt das von Finnen und — in seinen inneren, damals schwer zugänglichen Teilen — von Lappen bewohnte „Land der Tausend Seen" in den Besitz der Krone Schweden. Charakteristisch ist nun sogleich, daß es sich weniger um Kämpfe mit den Eingeborenen des Landes han= delt, als um einen Kampf im Interesse der Vorherrschaft an der Ost= see, der zwischen Schweden und Russen ausgefochten wird. Hier ringen Germanen unter dem Banner der römisch=katholischen Kirche mit Sla= wen, die ihrer griechischen Kirche zur Herrschaft verhelfen wollen. Durch den Vertrag von Nöteborg kommt im Jahre 1323 eine feste Grenzlinie zustande, die indessen keineswegs einen dauernden Frieden mit dem östlichen Nachbarn gewährleistet.

Im Zeitalter Gustav Wasas beginnt eine neue Periode, die Aus= breitung der Reformation; mit der Zeit fällt das ganze Land der Lehre Martin Luthers zu. Diese bildet dann die Grundlage, auf der sich Finnlands Kultur weiter entwickelt. Im Jahre 1581 wird der Pro= vinz der Namen „Großfurstentum" verliehen. Damit sind weder Son= derrechte, noch Verfassung verbunden; aber man kann diese Handlung als einen Taufakt betrachten, der die Individualität der Provinz zum Ausdruck bringt, als offizielle Sanktion der Eigenart eines Landes, das, vom Mutterlande Schweden durch den Bottnischen Meerbusen getrennt, begonnen hat, ein eigenes Leben zu führen mit einer Nation, die nicht nur aus Leuten schwedischer Abkunft, sondern größtenteils aus Finnen besteht. In der Zeit des 30jährigen Krieges erhält Finn= land die Möglichkeit, seine Eigenart der Außenwelt gegenüber weit von der Heimat kund zu tun: national=finnische Regimenter kämpfen tief drinnen in Mitteleuropa unter den Fahnen Gustav Adolfs. Ihre beispiellose Tapferkeit gewährt ihnen als Beweis besonderen Ver= trauens des Monarchen den Ehrenplatz am rechten Flügel der Kampfstellung.

Nun kommen die Jahre, in denen Schweden seine Großmacht= stellung einbüßt. Darunter leidet Finnland am meisten; in den Frie= densschlüssen 1721 und 1743 gehen im Südosten an Rußland Teile verloren, die der heutigen Provinz Wiborg im Umfang etwa gleich= kommen. Im Jahre 1808 beginnt das letzte Drama — der finnisch= russische Krieg. Diese Bezeichnung hat ihre volle Berechtigung. Schwe= den ist machtlos; es kann Finnland nicht nur keine Hilfe bringen, sondern schädigt es geradezu durch völligen Mangel an Organisation. Die national=finnländischen Truppen sind ganz auf sich angewiesen; sie erneuern den alten, auf den Schlachtfeldern Mitteleuropas und dessen östlichen Grenzländern erworbenen Ruhm; und dennoch müssen sie nach heldenmütigen, zum Teil siegreichen Kämpfen die Waffen strecken.

Im Jahre 1809 wird Finnland als autonomes Staatswesen dem russischen Reiche angegliedert. Zu Borgå am Finnischen Meerbusen eröffnet Alexander I. den Landtag; dort leisten die vier Stände ihren Huldigungseid; der Zar erläßt die Versicherungsakte an die „sämt= lichen Einwohner Finnlands", die folgenden Wortlaut trägt:

„Wir Alexander I. von Gottes Gnaden Kaiser und Selbstherrscher über ganz Rußland, Großfürst von Finnland usw. usw. tun kund und zu wissen: Nachdem wir nach der Schickung der Vorsehung das Großfürstentum Finnland in Besitz genommen, haben Wir hiermittelst die Religion und die Grundgesetze des Landes bekräftigen und bestätigen wollen, samt den Privilegien und Gerechtsamen, die ein jeder Stand im besagten Großfürstentum insonderheit und alle seine Bewohner im allgemeinen, sowohl höhere als niedere, bisher gemäß der Konstitution genossen haben; und Wir geloben, alle diese Vorrechte und Gesetze fest und unverrückt in ihrer vollen Kraft aufrecht zu erhalten. Zu mehrerer Gewißheit haben Wir diese Versicherungsakte mit Unserer eigenhändigen Unterschrift versehen.

Gegeben in Borgå, den 15./27. März 1809.“

Damit hatte sich ein Ereignis vollzogen, demzufolge Finnland, so kann man sagen, „wie es ging und stand“ vom russischen Reiche übernommen ward, d. h. mit einer Verfassung, deren Grundgesetze zum Teil auf das Jahr 1442 zurückgehn, mit seiner schwedischen Rechtsordnung — den im allgemeinen Gesetzbuch von 1734 verzeichneten Gesetzen — endlich mit den Standesprivilegien des Adels und der Geistlichkeit von 1723, der Bürgerschaft und des Bauernstandes vom Jahre 1789.

Von 1809—1863, dem Jahre der Einberufung des Landtages — schleicht dann die Zeit träge und still dahin. Es fehlt im Lande Betätigung und jegliche Entwicklung auf politischem Gebiet. Dann erst beginnt das konstitutionelle Leben zu schlagen, das zur neuen Landtagsordnung von 1869 führt; im Jahre 1886 wird dem Landtag die (1789 genommene) Befugnis zuteil, Gesetzesvorschläge einzubringen. Dem Staat ward unterdessen im Jahre 1878 ein neues, wichtiges Gesetz beschert, das die allgemeine Wehrpflicht und eine vollständige finnländische Heeresorganisation einführte. Finnland erhielt sein nationales Militär, das aus finnischen Staatsbürgern bestand und dem Oberbefehl des Generalgouverneurs gehorchte.

Das Wesen des Staates bietet nun gemäß seiner Verfassung folgendes Bild: der jeweilige Zar ist eo ipso Großfürst von Finnland; bei Regierungsantritt erläßt er, zufolge seiner verfassungsmäßigen Pflicht, die feierliche Zusicherung an sämtliche Einwohner, die Grundgesetze, Privilegien und Rechte aufrechtzuerhalten. Als Oberhaupt des finnländischen Staates übt er die öffentliche Gewalt Finnlands, nicht Rußlands aus. Dabei liegt in seinem Verhältnis zum Lande keine Personalunion vor; ebenso wenig ist Finnland mit Rußland durch Realunion verbunden. Ein unmittelbar vom Zaren ernannter Minister-Staatsfekretär trägt dem Monarchen alle Angelegenheiten vor, die nach dem Gesetz von dessen eigener Prüfung und Beschluß= fassung abhängen. Der Staatssekretär übergibt die Befehle und Be= schlüsse des Zaren an den Vorsitzenden des Senats. Als oberste Be= hörde ist der Senat dem Monarchen und Großfürsten in der Regie= rung Finnlands behilflich, und zwar teils als beratende, teils als selbständig beschließende Behörde, die ihre Funktionen im Namen des Monarchen ausübt. Seiner Aufgabe nach entspricht der Senat im wesentlichen einem Ministerkollegium. Die Senatoren werden vom Monarchen auf Vorschlag des Minister-Staatssekretärs er= nannt; wie jeder Staatsbeamte müssen sie finnische Staatsbürger sein. Vorsitzender des Senats ist der Generalgouverneur von Finnland, der vom Monarchen ernannt wird; obgleich er in staatsrechtlicher Hinsicht finnischer (und nicht russischer) Beamter ist, so gilt herkömmlich die Ausnahme von der allgemeinen Regel, daß das Amt auch mit einem russischen Untertanen besetzt werden kann.

Der Landtag ist ein unmittelbares Staatsorgan Finnlands, und nimmt, soweit seine Zuständigkeit dem Monarchen gegenüber reicht, an der Ausübung der finnischen Staatsgewalt teil. Wenn somit durch übereinstimmende Beschlüsse des Landtags und des Monarchen ein Gesetz zustande kommt, so liegt hierin ausschließlich eine Aus= übung der finnischen Staatsgewalt, und wenn der Kaiser und Groß= fürst innerhalb der Grenze seiner Zuständigkeit eine Verordnung erläßt, so kommt ebenfalls ein Akt des finnischen Staatswillens zu= stande. Russischen Staatsorganen kann der Monarch keine ihm als Großfürst von Finnland zukommenden Befugnisse abtreten oder über= tragen.

Jeder finnische Staatsburger steht kraft seiner Staatsangehörigkeit unter finnischer Staatsgewalt, gleichviel, ob er sich im Lande oder außerhalb desselben — in Rußland — aufhält. Auf Grund der im Jahre 1809 begründeten Ordnung haben die Finnländer unmittelbar nur den finnländischen Gesetzen und der mit diesen Gesetzen überein= stimmenden Obrigkeit zu gehorchen. Vom staatsrechtlichen Standpunkt sind also die finnischen Staatsangehörigen von den russischen Unter= tanen streng verschieden — nicht aber völkerrechtlich. Dem Auslande gegenüber werden die Interessen der Finnländer ebenso wie die=

jenigen russischer Untertanen vom russischen Ministerium des Äußeren vertreten.

Um einen gewissen Einblick in die Verhältnisse des Staatshaus= haltes zu gewinnen, geben wir hier die Staats=Einnahmen und =Ausgaben für das Jahr 1913 wieder:

A. Ordentliche Einnahmen.		
a) Einnahmen von den Domänen u. a. Staats= vermögen.		
1. Von den Domänen	1 713 665,37	
2. Von den Fischereien	92 480,50	
3. Von den Staatsforsten	16 115 353,79	
4. Von den Staatsbahnen	58 593 922,44	
5. Kanalabgaben	1 179 684,88	
9. Zinsen	1 902 361,20	79 597 468,18
b) Direkte Steuern:		
1. Grundsteuern	3 650 399,58	
2. Gewerbesteuern	594 353,57	
3. Kopfsteuern	2 281 604,47	6 529 357,62
c) Indirekte Steuern:		
1. Zolleinnahme	58 324 697,82	
2. Akzise	13 933 072,64	72 257 770,46
d) Diverse Steuern		5 332 573,35
e) Abgaben für die Benutzung von Staats= anstalten		11 512 125,83
f) Diverse Einnahmen		6 016 448,19
Summe ordentlicher Einnahmen		181 245 743,63

B. Ordentliche Ausgaben	
a) Dispositionssumme des Kaisers	429 900,—
b) Landtagskosten	682 123,95
c) Die Regierungsbehörden	3 106 590,91
d) Die Rechtspflege	5 432 813,31
e) Die Zivilverwaltung	15 309 993,70
f) Die Finanzverwaltung	4 016 991,62
g) Die Staatsdomänen und Staatsrevision	5 926 622,80
h) Militarausgaben	14 183 522,36
i) Kirche, Unterricht, Wissenschaft und Kunst	20 944 310,67
k) Landwirtschaft und Landvermessung	7 783 041,32
l) Wege= und Wasserbauten, Eisenbahnen und Post	51 120 408,35
m) Lotsenwesen, Fachschulen, Handel und Industrie	7 497 482,67
n) Pensionen	5 571 460,48
o) Diverse Ausgaben	8 736 999,46
p) Die Staatsschuld (die Annuitäten)	8 027 550,48
Summe ordentlicher Ausgaben	158 769 812,08

Die Entwickelung der Staatseisenbahnen ist aus folgender Tabelle ersichtlich:

Jahr	Länge[1] km	Einnahmen in 1000 Finn. M.	Ausgaben in 1000 Finn. M.	Nettogewinn in 1000 Finn. Mk.
1862	107	—	—	—
1864	110	464	540	— 76
1870	483	1475	1422	+ 53
1881	852	7234	4815	2419
1890	1895	11831	7163	4668
1900	2650	27698	20545	7152
1912	3421	53479	38673	14815

[1] Die Kilometerzahl der Privatbahnen ist unbedeutend (335 km).

Dazu kommt dann endlich das Postwesen:

Jahr	Anzahl der Post= anstalten	Anzahl der An= gestellten	Anzahl der Post= sendungen	Durch= schnittl. pro Ein= wohner	Ein= nahmen	Aus= gaben	Über= schuß
					in 1000 Finn Mark		
1890	421	1320	18240011	7,66	1609	1433	176
1895	694	1783	25388241	10,13	2171	1979	192
1900	1001	2601	44888771	16,64	3379	2839	540
1905	1421	3912	73379162	25,32	4734	3846	888
1913	2316	6406	134308437	41,48	8353	7349	1006

IV. Finnlands politische Stellung.

Wenn man der Geschichte Finnlands in ihrem Laufe folgt, dann erscheint es nicht schwer festzustellen, daß eigentlich jedes Geschlecht einen Krieg mit Rußland erlebt hat. Zuerst strebten die Nowgoroder an die Ostsee; sie waren daran gewöhnt, den Flüssen entlang sich aus= zubreiten — kein Wunder, wenn sie danach trachteten, auch den kurzen Lauf der Newa in ihren Besitz zu bringen. Jedoch, es ward ihnen leichter, den langen Weg in nordöstlicher Richtung bis zum Eismeer zurückzulegen. Dort hatten sie keinerlei Widerstand seitens militärisch organisierter Kräfte zu überwinden; im Westen dagegen stellte Schwedens Macht unüberwindliche Hindernisse in den Weg. Diese Hindernisse zu durchbrechen, ward auch den Moskowitern, als Erben und Nachfolgern von Groß=Nowgorod, nicht leicht gegeben. Erst Peter der Große wandelte jahrhundertealte Träume in Wirklich= keit um; Alexander I. vollendete sein Werk. Nun hatte, so möchte man meinen, Ruhe eintreten sollen an der Ostsee. Aber nicht einmal drei Menschenalter hindurch konnte Finnland in Frieden leben, dann gab es wieder Krieg. Allerdings keinen Krieg mit den Waffen in der Hand, keine blutigen Russeneinfälle mit Brand und Verheerung wie in früheren Jahrhunderten, sondern einen Kampf roher Gewalt gegen eine vielfach überlegene Kultur. In den 90er Jahren beginnt die russische Regierung, verstärkt durch das nationale Russentum, mit der Vergewaltigung von Finnlands Autonomie; die friedlichen Bürger des Landes nehmen den Kampf auf — in dem Bewußtsein ihrer Würde, mit dem Willen, den äußersten Widerstand zu leisten, den die Gesetze des Landes zulassen, in der Überzeugung, ihre angestammten Rechte verteidigen zu müssen, solange ihre Kraft ausreicht. Ein ungleicher Kampf wird hier ausgefochten; und doch hat Rußland bisher noch nicht siegen können. Dem Selbstherrschertum ist es nicht gelungen, den Geist der Nation niederzuringen, wenngleich Hunderte von Beamten, die das Gesetz des Staates nicht brechen wollten, ihrer Posten enthoben oder ins Gefängnis geworfen wurden, wenn ferner weitere Hunderte von freien Bürgern den langen Weg in die Einöden Sibiriens antreten mußten. Nun ist Finnlands Autonomie zum traurigen Schatten geworden, und doch konnte russisches Wesen keinen Fuß breit Boden im Lande der Tausend Seen gewinnen, trotzdem die russische Sprache als Lehrfach den Mittelschulen und neuerdings den Seminaren für Volksschullehrer aufgezwungen wurde.

Daß der Widerstand ungebrochen weiterlebt, verkündeten erst kürzlich die Ergebnisse der Landtagswahlen in Finnland. Mehr als 100 Sitze hat die finnische Sozialdemokratie jetzt inne. Und wenn die Kammer auch all' ihrer aktiven Rechte beraubt ist, dieses Resultat der Wahlen möge nicht nur als Beweis ungesunder sozialer Verhältnisse erscheinen. Die Sozialdemokraten sind ebenso deutschfreundlich gesinnt wie die übrigen Parteien Finnlands; sie stehen der schwedischen ententefreundlichen Sozialdemokratie Brantingscher Gefolgschaft als scharfe Gegner gegenüber; sie kämpfen mit allen Kräften gegen das Russentum an.

Überall, wo man Finnlands wirtschaftliche und Geisteskultur schätzte, d. h. in ganz Europa, hat man gegen das Verfahren der russischen Regierung Einspruch erhoben. Damals, als die Vergewaltigung begann, in feierlichen Petitionen an den Zaren, später, als Stolypin mit der Reichsduma gemeinschaftlich gegen Finnland vorging, in lauten Protesten, an denen sich die großen Geister nicht nur Deutschlands, sondern auch unserer heutigen Feinde beteiligten. Diese Proteste erregten in Rußland allgemeinen Unwillen; sie wurden, auch auf liberaler Seite, als unberechtigte Eingriffe in die inner= politischen Verhältnisse des Reiches erklärt. Seit Beginn des Welt= krieges hat sich auf Seiten der Entente niemand mehr im Interesse Finnlands verwandt, obgleich die Bedrückung dieses Landes gerade im Kriege ganz ungeheuerliche Dimensionen angenommen hat. Wenn wir, als Deutsche, heute ein ganz besonderes Interesse an dem Ver= hältnis Finnlands zu Rußlands nehmen, so geschieht es, weil wir ge= lernt haben, daß Vorgänge russischer innerer Politik in ganz bestimmten, gesetzmäßigen Beziehungen zu den Richtlinien der russischen großen Politik stehen. Wir denken heute nicht mehr daran, in der Ver= nichtung der finnländischen Verfassung und der angestrebten Russi= fizierung nur mehr Akte halbasiatischer Willkür zu sehen.

Als Schweden Finnland besaß, konnte es Besitz ergreifen von Liv= und Estland. Nachdem Rußland die Ostseeprovinzen erobert hatte, mußte es auch Finnland in Besitz nehmen. Nur wer in Finn= land herrscht, kann die Ostsee beherrschen. Und um die Herrschaft über die Ostsee haben Schweden und Rußland miteinander gerungen, nachdem die Tage der Hansa und des Deutschen Ordens gezählt waren.

Wir Deutschen aber, wir brauchen freie Bahn auf der Ostsee. Darum bedürfen wir eines freien Finnlands als eines selbständigen Staates, dessen Daseinsberechtigung durch die Geschichte des 19. Jahrhunderts, durch die Würde und die Kraft, mit der Finnland um seine Existenz gekämpft hat, vollauf erwiesen ist. Unsere realen Lebensinteressen an der Ostsee sind es, die laut nach Befreiung dieses Staates vom rus= sischen Joch rufen. Was dagegen die russische Politik mit der Knech= tung Finnlands bezweckt, das lehren die geschichtlichen Vorgänge im Gebiet der Ostsee.

Alexander I. hat Finnland erobert. Nikolaus I. nahm 1826 ein norwegisches Landstück am Varangerfjord, das er seinem Reiche ein= verleibte; im Jahre 1850 suchte er Streit mit den skandinavischen Ländern und trat in Unterhandlungen ein — wegen Abtretung neuer Gebiete im Norden von Finnland, indem er die Wanderungen der nomadisierenden Lappen zum Vorwand benützte. Damals schob sich der drohende Krimkrieg als rettendes Moment dazwischen; er führte dazu, daß Rußland 1856 im Pariser Frieden ein Servitut auferlegt wurde, demzufolge die Ålandsinseln nicht befestigt werden durften. Nikolaus I. tat die ersten Schritte zur Ruffifizierung der baltischen Provinzen; seine Maßregeln wurden dann von Alexander III. zum Abschluß gebracht. Alle Versuche der Einbürgerung ruffischen Wesens in den baltischen Provinzen sind sonderbarerweise bis in die neueste Zeit als innere Angelegenheiten des ruffischen Reiches betrachtet worden; in Wirklichkeit müssen sie doch angefaßt werden als Hand=lungen, die den ruffischen Einfluß in den Grenzländern für den Fall eines Krieges mit den Mittelmächten stärken sollten, demnach als Maßregeln, die ins Gebiet der äußeren Politik fallen. Im Jahre 1900 arbeitete der damalige ruffische Kriegsminister Kuropatkin einen Plan aus, der die Auflösung von Finnlands nationalem Militär und die Einführung der ruffischen Wehrpflichtsordnung bezweckte. Die in der Kuropatkinschen Denkschrift begründeten Pläne waren der großen Politik angepaßt; sie fanden Gehör beim Zaren Nikolaus, weil Kuropatkin auf die Notwendigkeit einer kommenden Gebiets=erweiterung auf Kosten des skandinavischen Norrland hinwies. Die Auflösung des finnischen Militärs erfolgte im Jahre 1901. Gleich=zeitig begann die Belegung Finnlands mit Maffen ruffischen Mili=tärs und die Errichtung fester Plätze im Innern des Landes. Im Jahre 1908 machte Rußland den Versuch, die Ålandsinseln zu be=festigen; dank dem einmütigen Widerstande des schwedischen Volkes und dem Einspruch anderer Mächte (u. a. Deutschlands) scheiterte diese gegen Schwedens Unabhängigkeit gerichtete Maßregel. Im Jahre 1912 erfolgte zum Schaden der Schiffahrt die Auflösung des finnlän=dischen nationalen Lotsenwesens und seine Ersetzung durch ruffische Lotsenkommandos. Das Jahr 1913 bringt dann die Errichtung der „Festungswerke Peters des Großen" auf der Linie Reval—Porkala (nahe Helfingfors). Dieser Schritt konnte von unbefangenen Gemütern als Schutzmaßnahme für Petersburg hingenommen werden. Einer derartigen Auffassung widerspricht indessen der Umstand, daß weder von Seiten Schwedens noch einer anderen Ostseemacht auch nur der Schein einer Kriegsgefahr für Rußland in Betracht kam. Der wahre Zweck einer Befestigungslinie quer durch den finnischen Meerbusen wird durch den mißglückten Versuch des Jahres 1908 zur Genüge enthüllt; es handelte sich nur um eine Etappe auf dem sicheren Wege nach den Ålandsinseln. Erst im Jahre 1915 konnte Rußland un=gehindert an die Aufgabe der Befestigung dieser Inseln herantreten.

Heute liegt die vollendete Tatsache vor; damit hat Rußland ein neues Problem gelöst: die Beherrschung der nördlichen Ostsee.

Daraus ergeben sich nun zwei Dinge:

Erstens: Finnland bildet die Brücke, mit deren Hilfe das russische Reich während des Krieges von seinen Verbundeten über Schweden all' diejenigen Waren und Produkte einführen kann, an deren Her= stellung es zur Zeit behindert ist; zu dem Zweck hat Rußland im Verlauf des Krieges einen neuen, durch die Mitte des Landes nach Petersburg laufenden Schienenstrang gelegt.

Zweitens: Finnland bildet die Brücke, mit deren Hilfe das russische Reich, sobald es den Zeitpunkt für gekommen hält, seine Hand auf Nordschweden legen kann, um den seit langem gewünschten Ausgang an das ewig offene, fischreiche Atlantische Nordmeer zu finden.

Mit anderen Worten: ohne es zu wollen, ohne irgendwelche Vor= teile zu genießen, ist Finnland als Gegenstand brutaler Vergewalti= gung von seiten der russischen Regierung — zum machtlosen Werk= zeug der russischen großen Politik geworden, deren Endziel in der Schädigung unserer Lebensinteressen gipfelt. Das russische Endziel im Norden, die Besetzung eines Teils von Schweden, muß mit mathe= matischer Sicherheit dazu führen, daß uns nicht allein der Weg zur Ostsee, sondern auch der Ausgang in die Nordsee verriegelt wird. Daraus ergibt sich für uns die Notwendigkeit, eine Änderung der politischen Stellung Finnlands von Grund aus herbeizuführen. Wir möchten Gelegenheit nehmen, an die Türkei zu erinnern. Es ist der gleiche geopolitische Zwang, der uns zu friedlicher Betätigung nach Südosten über den Balkan in die Türkei, der uns nach Nordosten über die Ostseeprovinzen hinweg, weiter nach Finnland zieht. Dort unten im Südosten — das freie Osmanische Reich, ein Friedhof alter Kultur, der, umgeackert, reiche Ernte zeitigen muß. Oben dagegen, zwischen Ostsee und Eismeer — ein freies Großfinnland, ein junges Kulturland mit einer Fülle jungfräulichen Bodens als Feld der Be= tätigung für Deutschlands Handel und deutsches Kapital. Als neuer Staat wurde Großfinnland dann der Eckpfeiler eines erweiterten Mitteleuropa; indem es mit seiner natürlichen und strategischen Grenze den rechten Flügel Rußlands umfaßt, sichert es sich, und uns, und den anderen Ostseevölkern freie Bahn auf dem Baltischen Meer, das für den Norden die gleiche Rolle spielt, wie das Mittelländische Meer für Südeuropa.

Die baltischen Provinzen.

Von * . *

I. Die geographischen und wirtschaftlichen Grundlagen.

Die baltischen Lande hängen in ihrem südlichsten Teil und durch dessen natürliches Hinterland Litauen organisch mit Ostpreußen und dadurch mit dem Deutschen Reich zusammen. Wenn man von Ost= preußen nach Kurland oder Litauen hinübertritt, bewegt man sich in einer Landschaft völlig gleichen Charakters; dasselbe ist der Fall, wenn man weiter nach Norden, nach Livland hinein, vordringt. Auch hier gibt es keine geographischen Trennungslinien. So wachsen die Ost= seeprovinzen als Küstenland in natürlicher Weise aus dem ostdeutschen Tieflande heraus. Und ganz ebenso, wie Ost= und Westpreußen nach Süden, werden die baltischen Provinzen und Litauen nach Osten hin durch eine Seenplatte und Moränenzone abgeschlossen. Das ist der einheitliche Charakter der Grenze. Der Baltische Hügel= und Seenrücken bildet den First, von dem aus das Land nach Westen zur Ostsee hin abfällt. Diese natürliche Trennungslinie erhält nun in Liv= und Est= land noch eine bedeutende Verstärkung, die sie zur strategischen Grenze ersten Ranges macht. Es handelt sich vor allem um eine ausgedehnte Wasserfläche, den Peipus mit dem Pleskauer See, aus dem sich der Narwafluß in den Finnischen Meerbusen ergießt. Zwischen Pleskau und der Düna liegt eine sumpfige bewaldete Niederung, die eine ähn= liche Bedeutung hat, wie die erwähnte Wasserfläche.

Wo eine natürliche Abgrenzung solcher Art vorliegt, ist es eigent= lich kein Wunder, daß die baltischen Provinzen und Litauen bisher kein Siedlungsgebiet der Russen geworden sind. Es kommt aber noch einiges hinzu. Wenn man die Ausbreitung der Russen vom frühen Mittelalter an verfolgt, so sieht man, wie sie in ihren Wanderungen an große Flüsse: Wolga, Oka, Dwina, Onega, gebunden waren. Diese Flüsse sind ungemein fischreich; sie besitzen Berg= und Wiesenufer und natürliche überschwemmte Wiesenflächen von gewaltiger Ausdehnung,

die das Halten einer verhältnismäßig großen Menge von Vieh ohne
Anwendung von Mühe und Arbeit ermöglichten. Derartige geo=
graphischen Charakterzüge von Mittel= und Norddrußland fehlten dem
baltischen Küstenland vollständig; auch in Litauen waren sie nicht vor=
handen. Der Russe konnte ja wohl aus dem Pleskauer Lande über
den Peipus fahren. Um sich aber in Livland seßhaft zu machen, mußte
er roden und arbeiten — und das war seiner Natur zuwider. Der
in tiefem Bett sich langsam dahinschlängelnde Embach bietet mit seinen
sumpfigen Uferflächen keine natürlichen Wiesen dar. Die Düna, ein
mächtiger, wasserreicher Strom, fließt über Schwellen mit zahlreichen
Stromschnellen in malerischer Umgebung zwischen felsigen Ufern der
Ostsee zu; auch dieser Fluß kennt keine natürlichen Wiesen in der Art
der russischen Ströme und Flüsse. Mit den übrigen baltischen Ge=
wässern verhält es sich ähnlich.

Die Unterlage unseres Gebietes besteht aus kambrischen, siluri=
schen und devonischen Ablagerungen, Kalk= und Sandsteinen und
Dolomiten, die im südlichen Teile nur stellenweise durch die Flüsse
angeschnitten werden, im Norden dagegen, in Estland und auf der
Insel Oesel zuweilen an die Oberfläche treten, so daß der Boden hier
und da von kleinen Felstrümmern erfüllt ist. Im allgemeinen wird
aber das ganze Land von mehr oder weniger mächtigen glazialen Ab=
lagerungen bedeckt. Gerade so, wie in Ostpreußen, sind es Geschiebe=
mergel und Lehme, die in Kurland, in weiten Gebieten von Livland
und auch in Estland Böden von großer Fruchtbarkeit geschaffen haben.
Wo das unterlagernde Gestein zutage tritt, wird es in Gestalt von
Kalkfliesen zu Bauzwecken verwendet; Kalksteine und Dolomite werden
zu Kalk und Zement verarbeitet, Gipslager werden ausgenutzt; ihnen
verdanken die berühmten Heilquellen, die Schwefelbäder Kemmern
und Baldohn ihren Ursprung.

Die baltische Küste in den Grenzen unseres Gebietes ist im Süden
wenig oder gar nicht, im Norden dagegen stärker gegliedert; Estlands
Meeresufer, das als „Glint" mit Höhen von 25—50 m in steilen
Kalkfelsen plötzlich abstürzt, zeigt ebenso wie die Küsten von Oesel
und Dagö eine Reihe von kleinen Halbinseln, Buchten und natür=
lichen Schlupfwinkeln, die sehr dazu beigetragen haben, die Schiff=
fahrt zu entwickeln und die estnische Uferbevölkerung zu Seefahrern
ersten Ranges zu machen. Der übrige Teil des Landes erfährt seine
Gliederung durch eine einzige Bucht, den tief nach Süden einschnei=

denden Rigaischen Meerbusen. Nur dort, wo die Düna mündet,
konnte ein Hafen entstehen, dafür aber ein Hafen, wie er besser nicht
gedacht werden kann. Die Schöpfung der Stadt Riga an der Stelle,
wo die Düna kurz vor ihrem Ausfluß ins Meer ihre Strömungs=
geschwindigkeit plötzlich verlangsamt, eine Tiefe erreicht, die es großen
Seeschiffen ermöglicht, bis vor die Stadt selbst zu gelangen, war eine
überaus glückliche. Die Düna strömt durch Weißrußland, berührt
Litauen, Liv= und Kurland; in ihrem Mündungsgebiet liegen be=
deutende Seen, und dort vereinigen sich mit ihr die beiden Flüsse Aa,
von denen der eine halb Livland, der andere einen bedeutenden Teil
Kurlands durchfließt.

Vom Klima des Baltenlandes gibt die folgende Tabelle der wich=
tigsten Temperaturen eine Vorstellung.

West= und Ostpreußen				Baltische Provinzen			
Ort	Jahr	Januar	Juli	Ort	Jahr	Januar	Juli
Danzig . .	7,6	−1,5	17,9	Libau . . .	6,5	−3,5	16,8
Konitz . . .	6,6	−3,2	17,3	Windau .	5,8	−4,0	16,1
Thorn . .	7,8	−2,5	18,1	Goldingen .	5,8	−4,8	16,9
Memel . .	6,6	−3,2	17,2	Riga . .	6,0	−5,2	18,0
Tilsit . . .	6,4	−4,3	17,7	Dorpat . .	4,3	−8,1	17,3
Königsberg .	6,8	−3,2	17,4	Reval .	4,4	−6,4	16,6
Lyck	6,3	−5,1	17,7	Narwa . .	4,1	−8,2	17,3

Es sind eine Reihe von Orten aus Ost= und Westpreußen zum Ver=
gleich herangezogen, die da zeigen, daß die nördlichen Landesteile
wohl in den mittleren Jahren und Januartemperaturen, weniger aber
durch die Werte für den Juli abweichen. Für an der Küste liegende
Orte, wie Libau, Windau und andere muß bemerkt werden, daß bei
ihnen die höchsten Sommertemperaturen auf den Monat August fallen.
Sie kennzeichnen einen Landstrich, der durch mildes Klima, vor allem
durch einen langen Herbst ausgezeichnet ist. Das wird auch durch
die Pflanzenwelt bewiesen, insofern als sogenannte atlantische Pflan=
zen, wie Eibe und Efeu nur im Gebiet der Ostseeküste an natürlichen
Standorten gedeihen. Natürlicherweise erleidet die Vegetationsperiode
nach Norden zu eine Verkürzung; so tritt der Frühling in Estland
etwa drei Wochen später ein als in Kurland, und der Winter be=
ginnt dementsprechend früher. Um das Klima unseres Gebietes noch
weiter zu charakterisieren, können wir nichts Besseres tun, als wichtige

Kulturpflanzen zu dem Zweck erwähnen. In allen drei Provinzen ge=
deihen alle Obstarten, und zwar in zahlreichen am Orte entstandenen
Sorten. Zum Vorteile des Klimas von Kurland spricht es, daß hier
der Wallnußbaum sogar in der Nähe von Tuckum noch Jahr fur
Jahr seine Früchte trägt. Darum kann edles Tafelobst in allen Teilen
dieser Provinz mit Erfolg im Freien gezogen werden. Nahezu das
Gleiche gilt für die Südhälfte Livlands, wo man noch Blutbuchen
und andere edle Zierbäume vielfach angepflanzt findet.

Das Meeresufer der baltischen Lande wird fast überall von mehr
oder weniger breiten Niederungen umsäumt, die sich nicht höher als
etwa 30 m über den Meeresspiegel erheben, während die höchsten
Teile des Landes weiter landeinwärts, mehr nach der Süd= und Ost=
grenze hin belegen sind, indem sie im Durchschnitt nicht über 300 m
ansteigen. So bewegt sich das Gefälle der Ostseeprovinzen im ganzen
nach Westen. Von Westen her kommen aber die vorherrschenden Winde,
wodurch dem Lande ein feuchtes, mildes Seeklima zuteil wird.

Mit der Oberflächengestaltung stimmt nun bis zu einem gewissen
Grade die Verteilung des Waldes und der Ackerflächen überein.
Wenn wir die Räume betrachten, die mehr als 50 % Wald und Moor
enthalten, so sehen wir, daß sie im allgemeinen auf die Niederungen
fallen, wo es viel Sande und große Moräste gibt. Das trifft auch
fur jene große Depression zu, die, von der Ewst durchflossen, die Düna
mit dem Pleskauer See verbindet, und sich in einer Meereshöhe von
60—120 m hält. Eine Ausnahme macht nur die im Süden von
einem Endmoränengürtel abgeschlossene ungemein fruchtbare Mitauer
Ebene. Die höher gelegenen Teile wiederum, die ihre Erhebung über
dem Meeresspiegel den hier aufgeschütteten glazialen Ablagerungen
verdanken, enthalten wohl stellenweise recht viel Seen, aber nur kleine
und unbedeutende Moorflächen; es sind das eben vorherrschend
fruchtbare z. T. sehr schwere Lehmböden, die schon sehr fruh gerodet
wurden.

Livland hat im Mittelalter gerade unter der Herrschaft des Deut=
schen Ordens eine Zeit des Friedens und daher hoher Blüte erlebt.
Damals galt Altlivland, so nannte man die drei heutigen Provinzen,
als die Kornkammer Deutschlands. Daß die baltischen Provinzen
mit Litauen in nicht zu ferner Zukunft wieder eine ähnliche Rolle zu
spielen imstande sein werden, daß diese Länder das Deutsche Reich,
mit dem sie organisch zusammengehören, in erster Linie mit Brot und

Fleisch versorgen können, dazu sind alle Voraussetzungen gegeben. Ehe wir indessen auf dieses Thema übergehen, erscheint es nötig, den Stand der Landwirtschaft, wie er vor dem Kriege war, kurz zu schildern.

Für das letzte Jahrzehnt vor dem Kriege ergibt sich die folgende Verteilung der Ausnutzung der Bodenfläche in Prozenten des gesamten Areals:

	Acker	Wiese	Weide	Wald	Unland
Kurland (1906)	26,0	32,0		31,0	11,0
Livland (1911)	27,54	18,57	14,06	25,53	14,30
Estland (1900)	18,09	28,02	18,71	19,74	15,44
Dagegen					
Königreich Preußen (1900) .	50,7	9,4	5,9	23,7	—

Betrachten wir das genützte Ackerland, so ergibt sich, daß es an Fläche verhältnismäßig gering ist, d. h. mit etwa 24% kaum die Hälfte dessen ausmacht, was im Deutschen Reich unter dem Pfluge steht. Dabei beruht aber die Leistungsfähigkeit der baltischen Landwirtschaft auf dem Ackerlande. Wenn man genauer zusieht, so erhält das Bild noch eine Verschiebung dadurch, daß, namentlich in Estland, sehr viel Kartoffeln angebaut werden, so daß die für den Anbau von Getreide ausgenützte Landfläche noch bedeutend kleiner wird.

Einen großen Raum, nämlich 37% oder mehr als ein Drittel der Gesamtfläche, nehmen Wiesen und Weiden ein, gegenüber 16% im Deutschen Reich. Hier kommt nun nicht allein das feuchte, den Graswuchs fördernde Seeklima zur Geltung. Die als Wiesen und Weiden angeführten Ländereien lassen sich mit denen Deutschlands gar nicht vergleichen, weil sie sich vielfach völlig im Naturzustande befinden, und mehr oder weniger mit Buschwerk oder niedrigen lichten Baumbeständen bedeckt sind.

Die mit bedeutendem Prozentsatz als Unland bezeichneten Böden sind entweder Moore oder mit Gestrüpp bedeckte Weiden, die aber keineswegs als nicht kulturfähig betrachtet werden dürfen, sondern im Gegenteil in Zukunft eine recht bedeutende Fläche von Kulturland zu liefern imstande sein werden.

Die wichtigste Feldfrucht unter den Getreidearten des Landes ist der Roggen; ihm folgen Hafer und Gerste, während Weizen hauptsächlich in den fruchtbarsten und vom Klima am meisten begünstigten Gegenden Kurlands angebaut wird. Welche Bedeutung der Kartoffel zukommt, zeigt die untenstehende Tabelle; sie liefert das Roh-

material für etwa 240 Brennereien, und trägt dazu bei, daß viel Mast=
vieh unterhalten wird.

— Die durchschnittlichen Ernteerträge im Jahrfünft von 1905—1909
weisen folgende Ergebnisse auf:

	Roggen	Weizen	Gerste	Hafer	Kartoffeln	Hülsenfrüchte
Kurland	136 581	33 213	72 855	135 689	265 821	10 529
Livland	165 675	16 609	135 904	139 262	469 130	8 751
Estland	72 797	4 128	50 335	40 118	479 018	3 044
Zusammen:	375 053	47 950	259 694	315 069	1 213 969	22 324

Im Jahre 1910 wurden in den baltischen Provinzen 735 367 ha
mit Verpflegungsgetreide — Roggen, Weizen und Gerste — bebaut.
Demgemäß betrug die Hektarernte im Durchschnitt für unser Gebiet,
und im Vergleich damit in benachbarten Teilen des Deutschen und
Russischen Reiches:

In den baltischen Provinzen	1141 kg	In Ostpreußen . . .	1976 kg
Im Deutschen Reich. . . .	1893 „	In Westpreußen . . .	2063 „
In den an die baltischen Provinzen grenzenden Teilen Rußlands			800 „

Wenn in den hier angegebenen Zahlen die ungenügende land=
wirtschaftliche Ausnutzung des Bodens infolge von ungünstigen wirt=
schaftlichen, politischen und sozialen Verhältnissen zum Ausdruck
kommt (für Litauen stellen sich die entsprechenden Werte noch geringer),
so weist unser Gebiet dennoch, trotzdem sich Wiesen und Weiden immer
noch in einem gewissen Naturzustande befinden, einen verhältnismäßig
hohen Viehbestand auf.

Für das Jahr 1910 sind die folgenden Zahlen maßgebend:

	Pferde	Rinder	Schafe und Ziegen	Schweine
Kurland . . .	122 886	323 209	258 195	147 923
Livland . .	179 439	587 720	424 790	278 620
Estland	73 330	226 962	197 573	81 203
Zusammen	375 655	1 137 891	880 558	507 746

Auf je 100 Einwohner der ländlichen Bevölkerung entfielen im
Jahre 1910 in

	Pferde	Rinder	Schafe und Ziegen	Schweine
Kurland . . .	22	58	46	26
Livland . . .	18	57	41	27
Estland . . .	19	59	52	21
	19	58	46	26
Dagegen im Euro= päischen Rußland	20	30	65	10

Wenn man die Gesamteinwohnerschaft in Betracht zieht, so ent=
fallen auf je 100 Einwohner für

	Pferde	Rinder	Schafe	Schweine
Die baltischen Provinzen (1910)	14	42	33	19
Das Deutsche Reich (1912)	7	31	14	33
Litauen (1910) Prov. Kowno	21	46	31	Schafe 21
„ Suwalki	18	21	23	und 12
„ Wilna	17	36	24	Ziegen 19

Wenn man berücksichtigt, daß die Zahl der Städtebewohner in
den baltischen Provinzen stärker als in Litauen ist, so verschieben sich
die Ziffern zum Vorteile der baltischen Provinzen.

Die mit Wald bestandenen Flächen der einzelnen Provinzen ver=
teilten sich in folgenden Zahlen nach dem Besitz in Hektaren:

	Staats=forsten	Privatforsten	Wälder der Ritterschaften, Städte usw.	Gesamtwald=fläche
Kurland	425 701	470 908	2 388	898 997
Livland	213 976	760 841	31 897	976 714
Estland	3 760	336 556	7 465	347 781
Zusammen	643 437	1 538 305	41 750	2 223 492

Die wichtigsten Waldbäume des Baltikums sind Kiefer und Fichte,
wobei erstere hauptsächlich an die sandigen Flächen des niedrigliegen=
den, in der Nähe des Meeres sich ausbreitenden Landes gebunden
sind. Die nordische Kiefer, allen deutschen Forstleuten und Holzhänd=
lern unter dem Namen der „Riga=Kiefer" bekannt, stellt durch ihre Ge=
radschäftigkeit, den hohen schlanken Wuchs der walzenrunden Stämme,
einen besonders wertvollen Baum dar, dessen Eigenschaften eine Nutz=
holzausarbeitung von 70—80% ermöglichen. Dann folgen nach
Wert und Häufigkeit als nächstwichtige Waldbäume — Birke, Espe
und Schwarzerle, zu denen sich ferner Grauerlen, Ebereschen und ver=
schiedene Weidenarten gesellen. Letztere haben keine technische Be=
deutung, können aber als Buschholz zu Brennzwecken verwertet werden.
Die Eiche ist in Kurland noch am zahlreichsten vorhanden, wo sie
stellenweise in Gemeinschaft mit der Fichte bestandbildend auftritt.
In Livland gab es noch im Mittelalter große Mengen von Eichen,
die leider im Laufe der Zeiten der Vernichtung anheim gefallen sind.
Wertvolle Nutzhölzer sind Eschen und Ahorne, die stellenweise, be=
sonders an Hängen, in kleinen Beständen vorhanden sind.

Ein Teil der Wälder der Ostseeprovinzen stockt auf mehr oder
weniger sumpfigen oder versumpften Böden, die ohne große Mühe

trocken gelegt werden können, um dann bedeutend höhere Erträge zu
liefern. Hier handelt es sich in der Hauptsache um Bestände von
Birken und Erlen, die in verschiedenem Verhältnis mit Nadelbäumen
gemischt vorkommen. Wir haben bereits oben von den sehr ausge=
dehnten Flächen gesprochen, die in der Tabelle über die Bodenver=
teilung nach Nutzungsarten als Wiesen= und Weideland angeführt
wurden. Besonders im nördlichen Livland und in Estland sind diese
Flächen immer mehr oder weniger stark mit Holz bestanden, sodaß sie
auf den unbefangenen Beschauer ohne weiteres den Eindruck von
Niederwäldern hervorrufen. Sie müssen daher in Berechnung ge=
zogen werden, wenn man über die in den baltischen Provinzen vor=
handenen Waldmengen zu einem richtigen Urteil kommen will. Nach
unserer obigen Tabelle schwankt der Anteil des Waldes zwischen
19,75 und 31%; er beträgt im Mittel etwa 24,3%. Wiese und
Weide umfassen im Mittel 35,3%. Da sie zum überwiegenden Teile,
wenn auch nur locker, mit Bäumen besetzt sind, muß man sie etwa
der halben Fläche Waldes gleich setzen. Unter dieser Voraussetzung
würde sich die Waldfläche auf etwa 43% des Gesamtareals beziffern.
Stellt man dem gegenüber, daß die Gesamtforstfläche des Deutschen
Reiches nach der Aufnahme von 1900 = 13995869 Hektaren war,
d. h. nur 25% vom Areal des Reiches betrug, so sieht man erst,
welche Bedeutung der Wald für das Baltikum hat, welche nutzbare
Kräfte hier bisher ungehoben schlummern.

Berücksichtigt man die nur offiziell als solche bezeichneten Wald=
flächen, sieht man von den sehr zahlreichen bewaldeten Wiesen, Wei=
den und Morästen vollständig ab, so würden die Ostseeprovinzen in
den nächsten 20 Jahren nach Berechnung eines bewährten Fach=
mannes für das Jahr folgend Einkünfte liefern:

	Wald=fläche	Jähr=liche Hieb=fläche	Zu erwartende Holzmasse auf der jährlichen Siebfläche	Nutz=holz	Davon:		Geld=ertrag für das Jahr	Durchschnittsertrag der Gesamtfläche pro ha
					Brennholz			
					I Kl	II. Kl.		
	ha	ha	fm	fm	fm	fm	Mk.	Mk.
Kurland	898997	1030657	2720190	1667600	731950	320640	26325392	29.2
Livland	976714	1108380	2584331	1379000	868000	337331	22157700	22 7
Estland	347781	403000	785270	267425	374860	142985	6367750	18.3
Zuf.	2223492	2542037	6089791	3314025	1974810	800956	54844842	

Betrachten wir nun immer in dem Gedanken an die zukünftige Ausnutzung des Landes auf dem Wege der Landwirtschaft — die Bevölkerung der Ostseeprovinzen, vorläufig nur nach ihrer Zahl und in ihrer prozentualen Zusammensetzung, um zuerst ein Urteil in ganz großen Zügen zu gewinnen, so ergibt sich die folgende Zusammenstellung. Es wohnten in den Baltischen Provinzen um die Wende des Jahrhunderts (nach der russischen Volkszählung von 1897) in:

	Deutsche	Letten	Esten	Russen	Polen	Litauer	Juden	And. Nation.	Insgesamt
Kurland	51017	505994	—	38276	19688	16531	37689	4839	674034
Livland	98573	563829	518594	69614	15132	6594	23728	3301	1299365
Estland	16037	472	365959	20899	1237	86	1269	6757	412716
Zus. i. d. 3 Ostseeprovinzen	165627	1070295	884553	128789	36057	23211	62686	14897	2386115

Demgemäß verteilt sich die Bevölkerung nach Prozenten folgendermaßen:

	Deutsche	Letten	Esten	Russen	Polen	Litauer	Juden	And. Nation.	Insgesamt
Kurland	7,57	75,07	—	5,68	2,92	2,45	5,59	0,72	100
Livland	7,57	43,06	39,91	5,36	1,16	0,51	1,83	0,76	100
Estland	3,90	0,11	88,67	5,07	0,29	0,02	0,31	0,76	100
Zus. i. d. 3 Ostseeprovinzen	6,94	44,84	37,08	5,39	1,51	0,97	2,65	0,61	100

Die vorliegende Zahlenaufstellung soll nun vorläufig nicht weiter besprochen werden. Von der Verteilung der Bevölkerung nach Nationen oder Berufen oder überhaupt auf die einzelnen Räume wird später die Rede sein. Diese Zahlen sind ja auch durch die Zeit bereits überholt; es sind Veränderungen im Lande vor sich gegangen, die noch vor Beginn des Krieges entsprechende Veränderungen z. B. in der Verteilung des Deutschtums zu Wege gebracht haben.

Nach der Zählung des Jahres 1910 betrug die Einwohnerzahl 2 664 000 Seelen bei einem Areal der Baltischen Provinzen, das ohne Seen etwa 91500 qkm oder nahezu ein Sechstel vom Umfange des Deutschen Reiches umfaßt. Es kommen somit auf den Quadrat-Kilometer:

In den baltischen Provinzen 28,8 Einw.   In Westpreußen   66,7 Einw.
In Ostpreußen   55,8 „   In Pommern   57,0 „
                   Im Deutschen Reich 120,0 Einwohner

Daraus ergibt sich, wie dünn die Bevölkerung im Ostbaltikum ist, zugleich und vor allem, wieviel Raum dort noch zu Verfügung steht, wieviel Menschen noch angesiedelt werden können, wenn auch nur die Absicht besteht, die Bevölkerungsdichte auf jene Höhe zu erheben, die heute in den östlichen Küstenländern in den Grenzen des Deutschen Reiches vorhanden ist. Woher der Raum in den Baltischen Provinzen für eine dichtere Bevölkerung genommen werden kann, wird aus den oben angeführten Zahlen über die Verteilung der nutzbaren Flächen, ferner über die Größe des unter Wald stehenden Gebietes ohne weiteres ersichtlich. Auch für die Besiedlung des Landes in Zukunft sind die Richtlinien zum Teil schon gegeben.

Das Jahr 1906 bedeutete einen Wendepunkt in der Geschichte der kulturellen Entwickelung des baltischen Deutschtums. Trotz des Widerstrebens der russischen Regierung und des Widerstandes der öffentlichen Meinung Rußlands gelang es dem baltischen Stamm durch zielbewußte Organisation und unbeschränktes Opfern von Geldmitteln, sich zusammenzuschließen, um positive Arbeit zur Erhaltung und Verbreitung deutscher Gesinnung, deutscher Sitte und Kultur zu leisten. Weit in die Zukunft schauende Männer beschritten damals einen Weg, den in früheren Jahrhunderten deutsche Pioniere in weiten Teilen von Ostdeutschland gewandelt waren. Sie verkleinerten ihren Großgrundbesitz und siedelten deutsche Kolonisten, vor allem aus den Westgebieten des russischen Reiches, auf ihrem Lande an. So konnte es geschehen, daß von 1906 bis 1914 gegen 20 000 Deutsche in Kurland und einzelnen Teilen Livlands seßhaft wurden, in der Hoffnung, hier im Zusammenschluß und durch Verwachsen mit dem baltischen Deutschtum ihre nationalen Eigenschaften bewahren zu können. Die Ansiedlung der deutschen Kolonisten, die sich durch urwüchsige Unverdorbenheit der Sitten, zähen Fleiß, Ausdauer und einen großen Kinderreichtum auszeichnen, war ein Versuch, der bei allen Hindernissen und trotz größter Schwierigkeiten glänzend geglückt ist. Ganz besonders wichtig erscheint dabei der Umstand, daß die eingeborene Landbevölkerung in keiner Weise eingeengt oder sonst irgendwie benachteiligt wurde.

Für die zukünftige Besiedlung in großem Maßstabe käme in erster Linie das Domänenland in Frage. Im letzten Kapitel dieses Buches, das von der deutschen Siedlung im Ostland handelt, ist die Summe aller hierher gehörigen Fragen zusammenhängend behandelt, und wir können uns hier damit begnügen, auf jene Berechnungen zu verweisen.

Nur die Überzeugung möchten wir schon an dieser Stelle aussprechen, daß dem Deutschtum in seinem alten Koloniallande, wenn Glück und fester Wille dahinter sind, noch eine große Zukunft bevorsteht. Wird die von deutschen Männern schon vor dem Kriege begonnene Siedlung der baltischen Provinzen mit deutschen Bauern durchgeführt, um damit eine völlige Erschließung des Landes zu erreichen, so würde eine auf etwa 4,5 Millionen Seelen angewachsene Bevölkerung reichliche Versorgung finden. Außerdem würden die Bewohner so viel produzieren, daß sie dem deutschen Mutterlande an landwirtschaftlichen Erzeugnissen jährlich liefern könnten: 1) 1 Million Tonnen Getreide (Roggen, Weizen, Gerste und Hülsenfrüchte), 2) 100 000 Stück Pferde, 3) 100—120 000 Stück Rindvieh, 4) 800 bis 900 000 Stück größere Schweine, 5) 36 Millionen Liter Spiritus (aus den Gegenden, in denen bereits bisher der Überschuß an Kartoffeln im landwirtschaftlichen Nebenbetriebe zu Spiritus verbrannt worden ist). Welche Bedeutung den hier angeführten Mengen landwirtschaftlicher Erzeugnisse zukommt, geht aus der Tatsache hervor, daß das Deutsche Reich vor Ausbruch des Krieges gezwungen war, einzuführen: 1) Ungefähr 1 Million Tonnen Brotgetreide (nach Abzug der Ausfuhr von Brotgetreide und Mehl), 2) 3 Millionen Tonnen Futtergerste, 3) 140 000 Stück Pferde, 4) 250 000 Stück Rindvieh. Hieraus ist ersichtlich, wie die Ostseeprovinzen imstande sein können, zu einem maßgebenden Faktor zu werden, nämlich in bezug auf die Selbstversorgungsmöglichkeit oder Autarkie des Deutschen Reiches, die, wie dieser Krieg gelehrt hat, als wichtigste Forderung für den Fortbestand dieses Reiches in Zukunft gelten muß.

In Litauen liegen die Verhältnisse anders, als im Ostbaltikum. Hier kommen die bisherigen Gouvernements Kowno, Suwalki und ein Teil des Gouvernements Wilna in Frage. Die Größenverhältnisse sind folgende: Kowno umfaßt 37 674, Suwalki 11 547 qkm; rechnet man die litauischen Teile der Gouvernements Wilna und Grodno hinzu, so erhält man eine Fläche, die derjenigen von Ost- und Westpreußen zusammengenommen etwa gleichkommt oder zwei Drittel vom Areal der baltischen Provinzen umfaßt. Die deutsche Siedlungspolitik in Litauen muß einheitlich mit derjenigen im Baltikum geregelt werden, soweit die Verhältnisse das erlauben; auch hierüber findet sich das Notwendige im Schlußkapitel gesagt.

Während in den baltischen Provinzen die Landwirtschaft dazu berufen scheint, in Zukunft eine ganz bedeutende Rolle zu spielen, während auf diesem Gebiete die Verhältnisse ganz klar liegen, so läßt sich
das von der Industrie nicht ohne weiteres sagen. Vor allem ist eins
zu betonen. Der baltische Industriebezirk, vor dem Kriege ein wichtiger Bestandteil der Industrie des russischen Reiches, hat aufgehört
zu existieren.

Nach dem vom russischen Ministerium für Handel und Industrie
im Jahre 1911 herausgegebenen Rechenschaftsbericht der Fabrikinspek-
toren ergeben sich für die Anzahl der Fabriken und der Industrie-
arbeiter für das Jahr 1910 die folgenden Zahlen:

Kurland	.	164 Fabriken mit	15757 Arbeitern
Livland	. . .	393 " "	67368 "
Estland	. . . 111	" "	21757 . "
Zusammen	668 Fabriken mit	104364 Arbeitern	

Zum Zentrum der baltischen Industrie konnte ihrer geographischen
Lage und Vergangenheit nach nur die Stadt Riga werden. Von der
Bedeutung Rigas erhalten wir einen Begriff, wenn wir die nach-
stehende Aufstellung betrachten:

Betriebsgröße der Fabriken in Livland im Jahre 1910.

Beschäftigungsziffer	Fabriken	Arbeiter
bis 100 Arbeiter	258	10911
100— 500 "	109	24669
500—1000 "	16	11112
über 1000 "	10	20676
Zusammen	393	67368

Es läßt sich daraus ersehen, daß in Livland bedeutende Ansätze zur
Entwicklung einer Großindustrie vorhanden waren. Im Jahre 1910
hatte Riga 259 Fabriken mit 51640 Arbeitern, d. h. mit der Hälfte
aller baltischen Arbeiter und nahezu $\frac{5}{6}$ der Arbeiterschaft Livlands.
Während Riga im Jahre 1903 40547 Arbeiter zählte, betrug die
Zahl derselben zehn Jahre später, also 1912 62687; das bedeutet für
diesen kurzen Zeitraum eine Zunahme von ungefähr 50%; aber die
plötzliche starke Entwickelung der Rigaschen Industrie begann schon
früher. In den Jahren 1897—1900 sind in Riga 22 Aktiengesellschaften mit einem Kapital von rund 46 Millionen Mark entstanden.
Um dieselbe Zeit erhielt die Industrie im Mündungsgebiet der Düna

bedeutenden Zuwachs durch Gründung einer Reihe von reichsdeutschen Unternehmen. Um ein klares Bild darüber zu gewinnen, welches die Ursachen dafür sind, daß die Industrie im Baltikum so schnell wächst, und daß gerade Riga zum Zentrum wird, betrachten wir die folgende Tabelle:

Die Verteilung der baltischen Industrie im Jahre 1907 nach ihrer Jahreserzeugung in Millionen Mark.

	Kur= land	Livland	Estland	Zu= sammen	In % der russischen Ges=Erzeugung unter Ausschluß von Finnland
Metallverarbeitung . .	12	72	13	97	6 %
Textilindustrie	8	38	15	61	2,2 %
Holzverarbeitung	1	25	11	42	15 %
Chemische Industrie . .	—	32	4	36	12 %
Papierindustrie . .	6	17	8	26	11 %
Nahrungsmittelindustrie (ohne Zuckerindustrie, Brauerei u. Brennerei)	17	5	1	23	7 %
Verarbeitung tierischer Produkte	2	12	1	15	6 %
Verarbeitung von Mine= ralien	3	7	3	13	6 %
Zusammen	49	208	56	313	—

Wir sehen, daß Metallverarbeitung und Textilindustrie an erster Stelle stehen, und das sind Zweige, deren Rohstoffe nur zum geringsten Teil im Lande selbst erzeugt werden können. Es ist also die geographische Lage der baltischen Provinzen, mit Riga als wichtigstem Hafenort, die den billigsten und bequemsten Bezug ausländischen Rohmaterials über See gewährleistete — ein Grund für die schnelle Treibhausentwickelung eines großen Teiles der baltischen Industrie, trotzdem dieselbe ihre Produkte zum Teil in weit entlegenen Gebieten des russischen Reiches absetzen mußte. Derartige Verhältnisse konnten natürlich nur dort walten, wo hohe Schutzzölle die Produktion sicherstellten und förderten. Es kommt indessen noch ein weiterer Gesichtspunkt in Frage: die baltische Industrie ist eine Leistung deutscher Arbeit; in ihr kommt der ganze Wert der deutschen Kultur zum Ausdruck. Die Rigaer Industrie arbeitete in hohem Grade mit reichsdeutschem Kapital; etwa 80 Millionen Mark sind dort angelegt worden; aber nicht nur nach Riga, sondern auch nach Reval, Pernau und Libau flossen die Gelder aus dem Deutschen Reich; unter 160 namhaften

Firmen des baltischen Industriebezirks arbeiteten 141 mit reichs=
deutschem oder baltischem Kapital, in den übrigen 19 Firmen über=
wog anderweitiges, ausländisches Kapital das russische ganz be=
deutend. Als Fabrikbesitzer und =Leiter, Ingenieure und Techniker
kommen überhaupt nur Deutsche, entweder aus dem Reiche oder
aus den baltischen Provinzen in Frage. Seit den 60er Jahren
des vergangenen Jahrhunderts bestand dort eine Technische Hoch=
schule, das „Rigaer Polytechnikum", das lediglich aus Mitteln
des Landes unterhalten wurde, das in seinem Lehrkörper fast aus=
schließlich reichsdeutsche Kräfte verwendete; auch eine landwirt=
schaftliche Abteilung enthielt diese Anstalt. Die Hochschule hat na=
türlich das Ihrige dazu beigetragen, die Entwicklung der Industrie
zu fördern, und ihr gleichzeitig den deutschen Charakter zu wahren.
Das Arbeitermaterial bezog die baltische Industrie aus der Land=
bevölkerung der drei Provinzen, d. h. die Arbeiterschaft rekrutierte
sich in der Hauptsache (in Riga fast völlig) aus Letten, sodann aus
Esten, während Russen nur zu einfacheren Arbeiten zu verwenden
waren. Namentlich die Letten sind gelehrige und fleißige Arbeiter,
denen es nicht selten gelang, sich zu Werkmeistern heraufzuarbeiten,
deren Posten im allgemeinen aber durch Deutsche besetzt wurden.
Fassen wir das Gesagte kurz zusammen. Das schnelle Aufblühen der
baltischen Industrie ist verursacht worden:

1. Durch Schutzzölle.

2. Durch die günstige Lage der Orte am Meere, die den Bezug
solcher Rohstoffe wie Kohle, Baumwolle, Kautschuk usw. erleichterte
und gleichzeitig für die Ausfuhr gewisser Produkte, wie Holzwaren,
Ölkuchen, Mineralöle u. a. sorgte.

3. Durch günstige Eisenbahnverbindungen nach dem Innern Ruß=
lands und natürliche Wasserwege im Lande selbst, die allerdings nur
die leichte Anfuhr einer Art von Rohmaterial, nämlich von Holz ge=
währleisteten.

4. Durch die Verwendung deutscher organisatorischer Arbeitskraft,
deutschen und baltischen Kapitals.

5. Durch eine einheimische, kulturell die Bevölkerung Rußlands
weit überragende Arbeiterschaft, deren Leistungsfähigkeit darin ihre
Begründung findet, daß Letten und Esten in einem von deutsch=evan=
gelischem Geiste geleiteten Lande in Generationen zu einem Kultur=
element geworden sind.

Es ist daher kein Wunder, wenn die Produkte der baltischen In=
dustrie auf dem russischen Markt eine gewisse Vorzugsstellung genossen,
denn sie galten eben allgemein als Erzeugnisse „deutscher Arbeit"
und wurden als solche bewertet. Über die Zukunft der baltischen In=
dustrie ein Urteil zu fällen, ist eine schwierige Aufgabe, die auch da=
durch nicht erleichtert wird, daß das baltische Zentrum Riga seine
Betriebe verloren hat, die ja wie bekannt zum größeren Teile nach
Rußland fortgeführt, zum Teil einfach von den Russen vernichtet
wurden, damit sie nicht in die Hände Deutschlands gelangten.

Wir betrachten nun zunächst diejenigen Betriebe, deren Existenz
in der Hauptsache auf inländische Rohstoffe gegründet war, und
verweisen dabei auf die oben erwähnten ziffernmäßigen Daten.
Obenan steht natürlich die Holzverarbeitung; in bezug auf die Holz=
industrie nehmen die Ostseeprovinzen in den Grenzen des rus=
sischen Reiches nach Finnland die zweite Stelle ein; dann folgt
die Papierindustrie, die trotz des scharfen Wettbewerbs von seiten
des durch billige Wasserkraft, billigeres Kapital und wesentlich niedrigere
Zölle auf Maschinen und gewisse Chemikalien bevorzugten finnlän=
dischen Produktionsgebietes eine beachtenswerte Entwickelung er=
langt hatte. Hervorragende Leistungen erzielte auch die mit deutschem
Kapital gegründete Zellstofffabrik Waldhof bei Pernau. Sie setzte etwa
die Hälfte ihrer Jahreserzeugung im Auslande ab, indem sie vor allem
norddeutsche Papierfabriken versorgte. Auch Waldhof wurde von den
Russen vernichtet, als im Herbst 1915 ein deutsches Geschwader in
den Rigaischen Meerbusen vorstieß, das die russischen Behörden in
eine allgemeine Panik versetzte, die eine Landung deutscher Truppen
mit einem darauf folgenden Vormarsch auf Reval und Petersburg
fürchteten. Die baltische Nahrungs= und Genußmittelindustrie zerfällt
in Getreidemüllerei mit einer Reihe großer Dampfmühlen und einer
Unzahl kleinerer Wasser= und Windmühlen; sie enthält eine beachtens=
werte Konservenindustrie, ein stark entwickeltes Braugewerbe mit sech=
zehn Großbrauereien; als wichtigster Zweig ist die Branntweinbrennerei
zu betrachten. Diese bildet das am weitesten verbreitete landwirt=
schaftliche Nebengewerbe; in etwa 240 Brennereien wurden 36 Mill.
Liter Spiritus d. h. nahezu $\frac{1}{10}$ der Spirituserzeugung des Deutschen
Reiches hergestellt. In der Verarbeitung tierischer Produkte steht an
erster Stelle die Lederindustrie, die indessen drei Viertel des Roh=
materials und auch die nötigen Chemikalien aus dem Auslande be=

zog. Dann folgt die Licht= und Seifenindustrie. Die Verarbeitung
von Mineralien beschränkt sich auf zahlreiche im Lande zerstreute
Ziegeleibetriebe, ferner einige im größten Maßstabe arbeitende Zement=
fabriken, sodann die Glas= und Tonwarenindustrie. Wenn diese Zweige
auch hinsichtlich des Wertes ihrer Erzeugung an letzter Stelle zu
stehen kommen, so nehmen sie immerhin, was die Zahl der Arbeiter
anbetrifft, in der baltischen Industrie mit 11 891 Menschen die vierte
Stelle ein. Im Rahmen der chemischen Industrie wäre die Herstellung
pflanzlicher Öle zu erwähnen, die Leinöl und andere Öle aus inlän=
dischem und russischem Material herstellte, dafür aber in beträchtlichem
Umfange Ölkuchen ausführte. Auch die Erzeugnisse der Petroleum=
raffinerie haben in der Industrie der Stadt Riga eine bedeutende
Rolle gespielt. Von der Textilindustrie wären nur zu erwähnen: die
Betriebe zur Verarbeitung von Flachs, Hanf und Jute — 17 an der
Zahl mit 3731 Arbeitern, die doch vorzugsweise binnenländisches Roh=
material benützten. Alle die hier genannten, mit heimischen oder ruf=
sischen Rohstoffen arbeitenden Zweige sind in Zukunft einer größeren
Entwickelung fähig, die abhängig sein dürfte in erster Linie von der
Steigerung der land= und forstwirtschaftlichen Produktion in den Ost=
seeprovinzen selbst. Wir haben bereits gesehen, daß das Land im=
stande sein wird, bedeutend größere Mengen an Holz, Getreide, Kar=
toffeln und Vieh zu liefern. Kohlen fehlen den baltischen Provinzen,
aber in den ausgedehnten Torfmooren, die meilenweite Flächen von
Nordlivland und Estland bedecken, sind unerschöpfliche Vorräte an
Torf enthalten, dessen technische Verwertung gerade in jenen Gegenden
in den letzten Jahren große Fortschritte aufzuweisen hat. Eine Steige=
rung der Produktion in denjenigen Betrieben, die ihr Material (man
denke an Holz, Getreide, Flachs und Hanf) dem Lande selbst, und
dem russischen Hinterlande in unbegrenzter Menge entnehmen können,
erscheint aber unmöglich, ohne den systematischen Ausbau des Eisen=
bahnnetzes und der Wasserstraßen. Alle Flüsse der Ostseeprovinzen
sind korrektionsbedürftig, Kanäle müssen gebaut werden. Die wichtigste,
bisher nur für Holzflößung benützte Wasserstraße ist die Düna, deren
Schiffbarmachung ohne weiteres möglich erscheint, sobald die politi=
schen Verhältnisse des Landes sich geändert haben werden. Bei der
Korrektion der Düna und auch der Windau können große Wasser=
kräfte gewonnen werden, die städtischen und landwirtschaftlichen Be=
trieben zugute kämen. Die livländische Aa, deren Mündung nicht

weit vom Ausfluß der Düna liegt, iſt durch eine künſtliche Verbin=
dung, den ſchmalen Düna—Aa=Kanal zum Nebenfluß des Haupt=
ſtromes von Liv= und Kurland geworden. Wenngleich vom ſozial=
politiſchen Standpunkte eine allzu große Anhäufung, vor allen Dingen
eine künſtliche Vermehrung der Induſtriebetriebe in Riga kaum wün=
ſchenswert erſcheinen dürfte, ſo wird dieſer Ort ganz naturgemäß
wiederum zum großen Zentrum werden — einerſeits wegen der Bahn=
linien, die dort münden, und dann infolge der Vereinigung der ſchon
mehrfach genannten Waſſeradern. Außerdem grenzt das Weichbild.
der Stadt im Norden an große Seen, die mit der Düna in Verbin=
dung ſtehen, deren Ufergelände daher zur Anlage von Fabriken im
höchſten Grade günſtig gelegen iſt. Bisher gab es in den Oſtſee=
provinzen nur wenige Kanalverbindungen; auch ſie müſſen in Zukunft
geſchaffen werden. Die wichtigſte künſtliche Waſſerſtraße wird ein
Kanal ſein, der den Embach bzw. Wirzjärwſee mit dem Pernaufluß
verbindet, ein Kanal alſo, der, im Norden Livlands in genau oſt=weſt=
licher Richtung verlaufend, die große Waſſerfläche des Peipus mit
dem nördlichen Teile des Rigaiſchen Meerbuſens, der Bucht von
Pernau, in Verbindung ſetzt. Nach Schaffung des genannten Kanals
werden die baltiſchen Provinzen über zwei Hauptmagiſtralen verfügen,
die zur Erſchließung des ruſſiſchen Hinterlandes das Ihrige beitragen
können.

Wir haben bisher von einem Induſtriezweig noch gar nicht ge=
ſprochen, der den Oſtſeeprovinzen völlig fehlte; das iſt die Herſtellung
von Rübenzucker. Vorausſichtlich wird ſich in Zukunft mit der allge=
meinen Intenſivierung der Landwirtſchaft und der dichteren Beſiede=
lung des Landes der Anbau von Zuckerrüben in größerem Maßſtabe
einbürgern. Kurland und Litauen haben natürlich die günſtigſten klima=
tiſchen und Bodenverhältniſſe für die Kultur dieſer Feldfrucht aufzu=
weiſen, die indeſſen in allen Provinzen angebaut werden kann, wie
ſeit den 70er Jahren des vergangenen Jahrhunderts in Finnland
ſyſtematiſch angeſtellte Verſuche lehren. Es braucht nur daran er=
innert zu werden, daß Schweden ſeinen Zuckerbedarf zum größten
Teil durch eigene Produktion deckt, und in Schweden liegen die Ver=
hältniſſe, was Klima und Boden anbetrifft, ähnlich wie in den balti=
ſchen Provinzen. Ganz anders nun verhalten ſich die Dinge in bezug
auf diejenigen Induſtrien, die ſich mit Metallverarbeitung, ferner mit
der Herſtellung chemiſcher Produkte, von Gummi= und Textilerzeug=

niffen befchäftigten. Werden diefe künftlich ins Leben gerufene Be=
triebe auch in Zukunft eine Exiftenzberechtigung im Baltikum finden?
Die Frage in ihrem ganzen Umfange zu beantworten, erfcheint un=
möglich. Es ift ohne weiteres verftändlich, daß nach Beendigung des
Krieges die Nachfrage nach Erzeugniffen der Induftrie in Rußland
eine ganz ungeheure fein wird. Das ruffifche Reich muß in allererfter
Linie beftrebt fein, feine Agrarreform durchzuführen, um auf land=
wirtfchaftlichem Gebiete die größte Leiftungsfähigkeit zu erreichen, da
eben doch das Gleichgewicht im ruffifchen Budget auf der Getreide=
ausfuhr ruht. Rußland wird daher vor allem Motoren und land=
wirtfchaftliche Mafchinen brauchen. Ferner wird diefer Staat, in dem
Beftreben auf induftriellem Gebiete unabhängig zu werden, eine Reihe
von neuen Induftrien und Induftriezentren fchaffen müffen. Dazu
gehört viel Zeit, und Rußland dürfte zunächft völlig auf die Einfuhr
aus dem Auslande angewiefen fein. Und nun kommt natürlich alles
auf die zukünftige Geftaltung der politifchen Lage an: ob Rußland
von der Oftfee zurückweicht oder nicht, und welche Handelsverträge
Deutfchland mit der ruffifchen Regierung abfchließt. Davon wird es
abhängen, ob in den baltifchen Provinzen Induftrien erftehen können,
die hauptfächlich für Befriedigung des ruffifchen Marktes arbeiten,
wie z. B. die Eifeninduftrie, die unter Ausnutzung der günftigen Lage
am Meere mit Hilfe fchwedifcher und finnifcher Erze und deutfcher
Kohle das Rohmaterial für Mafchinen aller Art im Lande felbft er=
zeugt. Die Induftrie in Litauen tritt gegenüber der Bedeutung des
baltifchen Induftriebezirkes dermaßen in den Hintergrund, daß eine
nähere Beleuchtung völlig unnötig erfcheint. Wir brauchen nur an
die oben erwähnten Momente zu denken, die für die Entwickelung
der baltifchen Induftrie maßgebend gewefen find, um uns darüber
klar zu werden, daß auch für die nähere Zukunft alle Grundlagen
fehlen, die in Litauen eine felbftändige ftarke Induftrie hervorrufen
könnten.

Wenn man von der baltifchen Induftrie mit Recht fagen konnte,
daß ein Teil derfelben fich treibhausartig zu unnatürlicher Höhe empor=
gefchwungen hätte, fo trifft das für den Handel nicht zu. Die Ent=
wicklung des baltifchen Handels hat einen ftetigen und regelrechten
Verlauf genommen; feine Bedeutung beruht auf der geographifchen
Lage der Provinzen, deffen bedeutendfte Städte als deutfche, d. h.
wefteuropäifche Gründungen mit dem Geficht nach Weften fchauen,

während sie durch künstliche Verkehrsstraßen, Eisenbahnen, mit weit=
entfernten Teilen des russischen Reiches in Verbindung stehen. Die
wichtigsten Handelsstädte der baltischen Provinzen sind Seestädte.
Nach den Ergebnissen der russischen Volkszählung von 1897 zählte
Riga 282230 Einwohner, dann folgt in Livland die binnenländische
Stadt Dorpat mit 42308 und an dritter Stelle das am Meere liegende
Pernau mit 12898 Einwohnern. Alle anderen Städte Livlands mit
Ausnahme von Walk erreichen die Zahl 10000 nicht. In Kurland
ist Libau mit 64489 Einwohnern die bedeutendste Stadt; dann folgt
Mitau, die alte Hauptstadt des Landes mit 35131 Seelen; Mitau
wäre bei weiterem Anwachsen des Rigaer Industriebezirkes in nicht
mehr als einem Menschenalter mit diesem Zentrum verschmolzen und
schließlich zu einem Vorort Rigas geworden. Die übrigen Städte
Kurlands bleiben in ihrer Einwohnerzahl unter 10000 stehen. In
Estland steht die Hafenstadt Reval mit 64572 Einwohnern obenan,
die anderen Städte bleiben mit ihrer Bevölkerung gleichfalls hinter
der Zahl 10000 zurück. Nun sind auch diese Ziffern schon veraltet,
und durch die Entwickelung längst überholt; aber gerade in den See=
städten hat die Einwohnerzahl seit 1897 am stärksten zugenommen.
Riga z. B. besitzt vor dem Kriege infolge seiner zunehmenden Bedeu=
tung als Handels= und Industriestadt mit seinen Vororten mehr als
500000 Einwohner.

Die baltischen Häfen sind geradezu von der Natur bestimmt, einem
großen Teil des russischen Außenhandels als Ein= und Ausgangs=
tore zu dienen. Ein Vergleich der Ein= und Ausfuhr der fünf bal=
tischen Seestädte Riga, Reval, Windau, Libau und Pernau mit dem
gesamten Außenhandel des europäischen Rußlands veranschaulicht
dies deutlich, wie folgende Tabelle zeigt:

Ein= und Ausfuhr im Jahre 1911 (in Millionen Rubel).

	Europäisches Rußland	5 baltische Häfen	
Einfuhr	960	291	= 30,3 %
Ausfuhr	1340	361	= 27,0 %
	2300	652	= 28,3 %

Wenn man nun bedenkt, daß Rußland für seine Ein= und Ausfuhr
eine lang ausgedehnte Landgrenze, eine Reihe wichtiger Häfen am
Schwarzen Meer, und endlich im Norden noch Petersburg zur Ver=
fügung hat, so wird einem die Bedeutung der baltischen Häfen vollends

klar, die mit einem Umfah von 1,4 Milliarden Mark nahezu den
dritten Teil des russischen Außenhandels auf ihren Schultern tragen.
Gegenüber den Seestädten der Ostseeprovinzen, unter denen Libau,
Windau und Reval nahezu oder völlig eisfreie Häfen besißen, wäh=
rend Riga höchstens einen Monat im Jahre vom Eise blockiert wer=
den kann, ist die Bedeutung von Petersburg in den lehten Jahren
beständig zurückgegangen, weil dessen Hafen fur eine Dauer von etwa
fünf Monaten durch Eismassen geschlossen wird.

Wie das deutsche Kapital und deutsche Arbeitskraft in der balti=
schen Industrie eine große Rolle spielte, haben wir schon gesehen; in
noch weit stärkerem Maße ist das im baltischen Handel der Fall ge=
wesen, wo russische Kaufleute stets nur als Kleinhändler in Frage
gekommen sind. In großem Maßstabe ist auch die deutsche Schiffahrt
am baltischen Handel beteiligt. Das ergibt sich aus folgender Auf=
stellung für das Jahr 1912:

Ein= und ausgegangene Schiffe.

	Zahl		Tonneninhalt	
	Deutsche	Englische	Deutsche	Englische
Reval	326	171	243805	182865
Riga	1353	664	873940	711848
Libau	715	153	384292	133984

Dieses Übergewicht über die englische Schiffahrt ist erst in den lehten
Jahren erreicht. So entfielen z. B. von der Gesamttonnage Revals
auf die englische und deutsche Flagge in den Jahren:

	1885—89	1890—94	1895—99	1900—04	1905—09
Deutsche Flagge . .	23,7 %	22,7 %	26,9 %	25,2 %	29,8 %
Englische Flagge . .	14,7 %	48,6 %	35,7 %	32,4 %	33,0 %

Es steht also einer fallenden Tendenz für die englische Tonnage das
Anwachsen der deutschen gegenüber — bis, wie oben erwähnt, im
Jahre 1912 das absolute Übergewicht schon Deutschland gehört. Die
deutsche Schiffahrt bedient nicht nur den gesamten deutsch=russischen
Handelsverkehr, sondern vermittelt auch den Handel Rußlands zum
Teil mit den anderen Staaten, z. B. England. So entfielen von den
1353 deutschen Schiffen des Rigaischen Hafenverkehrs im Jahre 1912
nur 932 mit einem Tonnengehalt von 502505 auf den Verkehr mit
deutschen Häfen und 113 Schiffe mit 101073 Tonnen auf englische
Häfen, während umgekehrt kein einziges englisches Schiff dem Ver=

4*

kehr Rigas mit deutschen Häfen diente. Betrachten wir nun die Haupt=
handelszweige näher, so fällt vor allem ins Auge, daß die wichtigsten
Ausfuhrgegenstände samt und sonders Stoffe betreffen, die in Land=
und Forstwirtschaft erzeugt werden. Über Riga, Reval und Libau
wurden im Jahre 1911 ausgeführt:

Getreide, Holz und Felle . . im Werte von mehr als 80 Millionen Mark
Flachs und Eier . . . .　　　„　　„　　„　　„　　„ 60　　„　　　　„
Saaten . . . .　　　„　　„　　„　　„　　„ 20　　„　　　　„

Wie stark Riga an diesen Gegenständen beteiligt ist, geht aus der
folgenden Aufstellung hervor. Es werden über Riga im Jahre 1911
ausgeführt:

Holz . . . . im Betrage von 27 % der russischen Gesamtausfuhr
Eier . . . .　　„　　„　　„ 35 %　„　　　　„　　　　　„
Flachs . . . . .　　　„　　„　　„ 44 %　„　　　　„　　　　　„
Felle . . . . . .　　　„　　„　　„ 65 %⁰　„　　　　„　　　　　„
Saaten . . . . . .　　„　　„　　„ 17 %　„　　　　„　　　　　„

Wenden wir uns nun der Einfuhr über die genannten Häfen zu, so
ergibt sich, daß unter den Rohstoffen — Kautschuk, Kohlen und Koks,
Metalle, Rohhäute und Baumwolle, unter den Industriewaren —
Maschinen, unter den Verzehrungsgegenständen — Heringe und Tee
die Hauptrolle spielen.

Da der baltische Handel von je her in deutschen Händen gewesen
ist, so erscheint es nicht verwunderlich, daß deutscher Bürgersinn in
gemeinsamer Arbeit alles dazu getan, die Häfen aus eigenen Kräften
ohne Beihilfe der russischen Regierung in Stand zu halten. Sie ent=
sprechen allen Anforderungen insofern, als sie durchweg eine Tiefe
von 5—7 m am Kai aufweisen, während an den Eingängen die Tiefe
von 7 m überschritten wird.

Die geographische Lage der Ostseeprovinzen bringt es mit sich, daß
die Seestädte, also die wichtigsten Stätten des Handels auf einer
Linie belegen sind, die von Norden nach Süden läuft, während die
Richtungen der Handelswege diese Linie in ost=westlicher bzw. west=
östlicher Bahn schneiden. Im Mittelalter haben alle baltischen Städte
dem mächtigen Bunde der Hansa angehört. Die Zeugen sind noch
nicht verschwunden! Wer heute in den Hafen von Riga oder Reval
einfährt, erblickt schon von weitem die spitzen Türme der hoch in die
Luft ragenden evangelischen Kirchen, die Städtebilder hervorrufen,

wie wir fie von den füdlichen Küften der Oftfee her gewohnt find.
Männer aus Lübeck und Bremen haben das meifte dazu beigetragen,
die Stadt Riga zu erbauen, und auch heute noch erinnert das Aus=
fehen Rigas aus der Ferne nicht wenig an Lübeck. Über die baltifchen
Provinzen beforgten die Kaufleute der Hanfa den Handel mit dem
Innern Rußlands, und Umfchlagsplätze für den binnenruffifchen
Markt find die baltifchen Seeftädte geblieben bis in die jüngfte Zeit.
Darin liegt ihre ungeheure Bedeutung für die Zukunft.

Laffen wir das über die wirtfchaftlichen Verhältniffe der Oftfee=
provinzen und Litauens Gefagte an unferem Auge vorübergehen,
und kommen wir auf den Kernpunkt der Sache zu fprechen, fo erfcheint
klar, wie viel in Zukunft von der Geftaltung der politifchen Lage diefer
Gebiete für das Deutfche Reich abhängen wird. Es handelt fich vor
allem um einen ausgedehnten Raum mit fruchtbaren und jungfräu=
lichen Böden, der imftande fein würde, dem Reich an wichtigften
Nahrungsmitteln nahezu alles zu bieten, was ihm bisher fehlte, des=
halb aus dem Auslande herangeführt werden mußte. Ferner: die
baltifchen Häfen in ihrer Gefamtheit bilden die Pforte, durch die
nahezu der dritte Teil des ruffifchen Handels zu paffieren gezwungen
ift. Die geographifche Lage der baltifchen Küftenlinie zum Innern des
ruffifchen Reiches gibt demjenigen, der diefe Küften beherrfcht, das
Schickfal eines bedeutenden Teiles des ruffifchen Marktes in die
Hand. Freilich nur dem, der die Küftenlinie in ihrer Gefamtheit be=
herrfcht. Eine Teilung derfelben würde alle Entwicklungsmöglich=
keiten für die Zukunft zu nichte machen. Nur unter den genannten
Bedingungen kann der deutfche Handel auf natürlicher Grundlage
und freier Bahn durch Ausnutzung der geographifchen Verhältniffe
tief in den binnenruffifchen Markt eindringen, kann fich eine neue
blühende baltifche Induftrie entwickeln, kann die deutfche Schiffahrt
über die Oftfee die englifche Konkurrenz ganz verdrängen und jene
Zeiten wieder heraufbefchwören, die im Mittelalter in den Tagen der
Hanfa hier walteten.

II. Gefchichtlicher Überblick.

Wie das baltifche Land in geographifcher Hinficht durch eine See=
und Sumpf=Barrière vom ofteuropäifchen Flachlande fcharf gefchieden
ift, fo ftellt es auch in ethnographifcher und hiftorifcher Hinficht ein
vom großruffifchen Often völlig gefondertes Gebiet dar. In Eftland

und der nördlichen Hälfte Livlands wohnen die Esten, ein den Finnen
verwandter Stamm; im südlichen Teil Livlands und in Kurland die
Letten, den Litauern verwandt, arischen Ursprungs. Am Nordrande
der kurischen Halbinsel hat sich noch ein Rest von Liven erhalten,
eines mit den Esten verwandten Volksstammes, der einst die Küste
Liv= und Kurlands und auch weiter ins Land hinein das Gebiet be=
siedelte und ihm seinen Namen gab. Außer diesen und den lettischen
Stämmen der Lettgallen, Selen und Semgallen saßen hier im Mittel=
alter auch die Kuren, ein finnischer Stamm, der von der See her ins
Land eindrang und deren Namen auf das Land übertragen wurde.

Es ist nun überaus wichtig, daß diese Völkerschaften nicht
in die Geschichte des osteuropäischen Flachlandes, sondern
in die des katholischen Westens eingezogen wurden, und
zwar durch Lübecker Kaufleute, die das Land aufsegelten, und denen
bald deutsche Priester und Ritter folgten. Wohl hatten bereits rus=
sische Fürsten von Nowgorod, Pleskau und Polozk aus ihre Fühler
nach Westen ausgestreckt, Jurjew, das spätere Dorpat am Embach
gegründet und an der Düna Tribut erhoben; von einer dauernden
Abhängigkeit kann aber keine Rede sein, da die Esten schon früh die
russische Gründung zerstörten, und die Fürsten von Polozk nur zeit=
weilig Tribut erhoben und von dem Lande selbst nie Besitz ergriffen haben.

Der eigentliche Gründer der livländischen Kolonie war Bischof
Albert, Domherr zu Bremen, der 1201 am Rigebach an der
Düna den Grundstein von Riga legte, den Orden der Schwertbrüder
ins Leben rief und durch zahlreiche Fahrten ins Mutterland und
unermüdliches Werben an allen Orten der jungen Kolonie frische und
immer neue Kräfte zuführte und sie vor dem Untergang rettete.
Nachdem die Liven unterworfen waren, begab sich Bischof Albert im
Frühjahr 1207 an den Hof des Königs Philipp, trug ihm das er=
oberte Livland auf und empfing es von ihm als Lehen. Damit
wurde er Fürst des Reiches und Livland — Reichsland.

Die nächsten Jahrzehnte sind von ununterbrochenen Kämpfen er=
füllt: gegen die Liven, Letten, Semgallen, Esten und vor allen Dingen
gegen die kriegerischen Litauer mußte sich der Orden wehren. Ver=
hängnisvoll war es, daß dieser Volksstamm nicht unterworfen werden
konnte und sich als dauernde Trennungsmauer zwischen Preußen
und Livland behauptete: Livland blieb dadurch überseeisches Land,
Kolonie. Der deutsche Bauer ist dem Kaufmann, dem Priester

und dem Ritter nicht über das Wasser gefolgt. So wurde
der Deutsche wohl Herr des Landes, ohne aber, wie in Preußen,
durch geschlossene Bauernsiedlungen sein Herrenrecht in eigener Volks=
kraft verankern zu können.

Erfolgreicher waren die Kämpfe im Norden. Wohl hatte der
Orden zunächst auf Estland zugunsten Dänemarks verzichten müssen,
doch durch die Eroberung Dorpats (1224) hatte er seine Macht
wesentlich erweitert, so daß er bald darauf einen Vorstoß über den
Peipus wagen konnte: 1240 wurde Pleskau bezwungen. Hier aber
trat ihm der russische Fürst Alexander Newski entgegen. Auf dem
Eise des Peipussees beim Krähenstein wurde das Ordensheer am
4. April geschlagen. Dieser erste Zusammenstoß mit der russischen
Macht hat die Grenze der deutschen Kolonisation gegen Osten fest=
gelegt. Über den Peipus ist sie nicht weiter vorgedrungen.

Zwischen Ostsee und Peipus entwickelte sich nun die livländische
Kolonie, deren inneres Leben durch leidenschaftliches Ringen zwischen
Erzbischof, Orden und der Stadt Riga, und deren äußere Schicksale
durch unaufhörliche Kämpfe mit den Nachbarn erfüllt sind. 1330
mußte Riga vor dem Orden kapitulieren, der bald darauf (1346/47)
durch Kauf Estland erwarb und dadurch seine Macht auch im Norden
erweiterte. Hiermit hatte die Kolonie die räumliche Ausdehnung
gewonnen, über deren Grenzen sie nicht weiter hinausgewachsen ist.

Zur selben Zeit, als Livland in den Kreis der abendländischen
Geschichte eingezogen wurde, erhielt Moskau durch das Tatarenjoch
sein asiatisches Gepräge. Moskau wurde zum geistigen Erben der
tatarischen Staatsidee, die von ihrem neuen Träger frische Eroberungs=
impulse erhielt. Mit Iwan III., der die Freistaaten Pleskau und
Nowgorod vernichtete, den deutschen Handelshof zu Nowgorod
schloß und die dort verkehrenden deutschen Kaufleute nach Moskau
verschleppte, begann für Livland die furchtbare Zeit der verheerenden
Russenkämpfe.

Wohl gelang es noch der überragenden Persönlichkeit des liv=
ländischen Ordensmeisters Wolter von Plettenberg, vom Reich
im Stich gelassen, durch Aufbietung aller im Lande verfügbaren
Kräfte in zwei glänzenden Schlachten 1501 und 1502 die Übermacht
der Russen in die Flucht zu schlagen. Ein halbes Jahrhundert später
mußte aber die livländische Selbständigkeit unter den furchtbaren
Anstürmen Iwans des Schrecklichen zusammenbrechen: Kurland kam

als Herzogtum, Livland mit Riga unmittelbar unter Polen; Estland unter schwedische, Oesel unter dänische Schutzherrschaft.

Erst unter Peter dem Großen gelang es Rußland sich an der Ostsee festzusetzen und Livland dem russischen Reich anzugliedern. Kurland ist erst bei der dritten polnischen Teilung 1795 zu Rußland gekommen.

So hat das baltische Gebiet ein halbes Jahrtausend politisch dem europäischen Westen angehört. Seine kulturelle Zugehörigkeit zu Deutschland hat es sich aber bis in die jüngste Zeit, bis auf den heutigen Tag zu erhalten gewußt. Denn es ist von grundlegender Bedeutung, daß Livland nicht durch Eroberung, sondern durch Vertrag an Polen, Schweden und zuletzt an Rußland kam. Laut diesem Vertrage, dem sog. Privilegium Sigismundi Augusti, das sowohl Gustav Adolf 1621, als auch Peter der Große 1710 bestätigten, wurde dem Lande Gewissensfreiheit, deutsches Recht und deutsche Sprache zugesichert. Polen und Schweden brachen ihr Wort und verloren das Land. Peter der Große hat daher mit allem Nachdruck die verletzten Rechte wiederhergestellt, und Livland so sehr als deutsches Gebiet betrachtet, daß er selber als dessen Herr um eine Stimme auf dem deutschen Reichstag geworben hat.

Peters Nachfolger haben das von ihm gegebene Wort anfangs gehalten. Erst mit dem Erwachen des Panslawismus begann um die Mitte des 19. Jahrhunderts der letzte verzweifelte Kampf des baltischen Deutschtums um seine Existenz.

III. Der Kampf gegen die Russifizierung.

Bis um das Jahr 1885 waren die baltischen Provinzen deutsches Land. Deutsch war die Universität Dorpat, deutsch war die Technische Hochschule zu Riga, deutsch sämtliche höheren und mittleren Lehranstalten. Nur die Volksschule auf dem flachen Lande hatte lettische bezw. estnische Unterrichtssprache, stand aber durchweg auch unter deutschem Kultureinfluß, da ihre Lehrerschaft in deutsch-baltischen Lehrerseminaren ausgebildet wurde und die Kontrolle und Organisation der Volksschulen in den Händen der deutschen Geistlichkeit und der Landesverwaltung lag. Auf die Bedeutung und die Erfolge des deutsch-baltischen Schul- und Hochschulwesens einzugehen, erübrigt sich wohl. Auch bei uns im Reiche dürfte inzwischen so manches darüber bekannt geworden sein. Schon die Tatsache, daß an unseren

reichsdeutschen Hochschulen zur Zeit nicht weniger als etwa 50 Balten
als Lehrer wirken, darunter Männer von Weltruf, die alle ihre Ausbildung in Dorpat erhalten haben, spricht eine beredte Sprache. —
Auch die Landesverwaltung der Ostseeprovinzen war rein deutsch.
Sie wurde von der Ritter- und Landschaft ausgeübt, d. h. von den
adligen und bürgerlichen Großgrundbesitzern, deren (alle drei Jahre
zusammentretenden) „Landtagen" die Fürsorge für die sozialen und
wirtschaftlichen Verhältnisse des Landes, für Kirche und Schule oblag
und die zur Auferlegung von Grundsteuern berechtigt waren. Eine
in der Tat veraltete Verfassung, die jedoch, trotz mehrfacher von baltischer Seite ausgehender Reformvorschläge, von der russischen Regierung aufrecht erhalten wurde, weil diese, nach dem Prinzip divide
et impera, die nationalen und Klassengegensätze im Lande absichtlich
eher verschärfen als mildern wollte. — Deutsch war auch das Eisen-
bahnwesen, waren Post und Telegraph, — so sehr, daß der ins Land
kommende Reichsdeutsche sich noch innerhalb seiner Grenzpfähle zu
befinden glaubte, da nicht nur die Amts- und Umgangssprache der
Beamten deutsch war, sondern auch alle Aufschriften auf Bahnhöfen,
Fahrkarten usw. ausschließlich in deutscher Sprache angebracht waren.
Deutsch waren selbstverständlich auch Handel und Industrie, deutsch
war das gesamte Gerichtswesen des Landes. Aus dem lübischen und
Hamburger Stadtrecht hervorgewachsen, hatte sich ein selbständiges
„Rigasches Recht" herausgebildet, das auch von den anderen bal-
tischen Städten übernommen worden war. Das alte deutsche (ins-
besondere sächsische) Recht blieb auch nach Loslösung der baltischen
Provinzen vom deutschen Reiche bestehen und wurde 1710 bei der
Angliederung Liv- und Estlands an Rußland von Peter dem Großen
ausdrücklich anerkannt. 1845 und 1864 erschien sodann als besonderes Gesetzbuch das sich ans „Deutsche Recht" eng anlehnende
„Provinzialrecht der Ostseeprovinzen", welches offiziell vorschreibt,
„das gemeine deutsche Recht zur Erläuterung des Provinzialrechts
heranzuziehen" und sich hoch über das im Innern Rußlands geltende
„Russische Recht" erhebt. Das baltische Privatrecht ist noch bis auf
den heutigen Tag in Kraft, wird aber von den inzwischen eingesetzten
russischen Richtern (die Gesetzbücher sind deutsch geschrieben) nicht
beherrscht und zeitigt daher nur allzu häufig schiefe, unklare und
praktisch nicht durchführbare Urteile. Deutsch war selbstredend auch
die Kirche und deren Verwaltung, da die Bewohner der baltischen

Provinzen, auch Letten und Esten, ja so gut wie ausnahmslos den evangelischen Glauben bekennen und die Pastoren ihre Ausbildung ausschließlich an der deutsch=evangelischen Fakultät Dorpats erhielten und erhalten. Auch nach der Russifizierung der Universität mußte die evangelische Fakultät deutsch bleiben, da es weder evangelische Professoren russischer Nationalität, noch russische evangelisch=theologische Lehrbücher gibt. Erst jetzt während des Krieges, vor wenigen Monaten, hat ein kaiserlicher Ukas auch die Russifizierung der evangelischen Fakultät Dorpats angeordnet. Ein Befehl, der von den betroffenen Professoren mit dem Entlassungsgesuch beantwortet wurde. Schafft der Friede hierin nicht Wandel, so ist die evangelische Kirche Rußlands, die etwa 4 Millionen Mitglieder zählt, damit auf immer vernichtet, da eine Ausbildung evangelischer Geistlicher in russischer Sprache praktisch nicht durchführbar ist und das russische Gesetz ein an einer reichsdeutschen Hochschule erworbenes Diplom nicht anerkennt. Doch — das führt uns schon in die Gegenwart. Damals, vor 1885, war, wie wir sahen, das ganze Land deutsch. Bürger und Edelleute — deutscher, Bauern — lettischer und estnischer Nationalität. Rückte der Bauer aber in die höheren Gesellschafts=schichten auf, so wurde er von selbst auch Deutscher, da Deutschtum und Bildung als gleichbedeutend empfunden wurden. Einen nationalen Gegensatz zwischen der herrschenden und den beherrschten Klassen gab es nicht; einen sozialen soweit, als die ursprünglichen Verhältnisse von anno dazumal ihn aufkommen ließen. Das Verhältnis von Bauern zum Gutsherrn darf als durchaus gut bezeichnet werden, zumal die Leibeigenschaft auf Initiative der baltischen Ritterschaft fast gleichzeitig mit Preußen und 50 Jahre früher als im Innern Ruß=lands aufgehoben worden war, und der tüchtige und intelligente lettische und estnische Bauer sich bald zu einem erheblichen Wohlstand heraufgearbeitet hatte.

In dieses friedliche, auf hoher Kulturstufe stehende, dem Reiche treu ergebene Land warf Alexander III. die Brandfackel. Hatte Nikolai I. schon 1832 den ersten Schlag gegen die baltischen Deutschen geführt, indem er die evangelische Kirche ihres Charakters als „Landeskirche" beraubte und sie zu einer bloß „geduldeten Religionsgemeinschaft" herabdrückte, so suchte der humanere Alexander II. die schroffen Maßnahmen seines Vorgängers doch nach Möglichkeit zu mildern. Der Regierungsantritt Alexanders III. (1881) aber schuf

eine durchaus neue Situation. Dieser „russische Bauer auf kaiser-
lichem Thron", dessen Parole „ein Reich, ein Zar, ein Volk, ein
Glaube" war, der ging nun systematisch ans Werk, um den deutschen
Charakter des Landes endgültig und auf immer zu vernichten. Wir
wollen uns bei der Schilderung der nun folgenden, furchtbar schweren
Leidenszeit der Balten, die ihnen alles an Kulturgütern und Rechten
nahm, was ihre Ahnen in vielhundertjähriger Arbeit erworben hatten,
kurz fassen. Alexander III. machte „reinen Tisch", begnügte sich nicht
mit Halbheiten. — Die deutsche Verwaltung wurde aufgehoben.
Russen wurden ins Land geschickt. Kein Deutscher hat seitdem als
Staatsbeamter seiner baltischen Heimat dienen können. Wollte er
die Verwaltungslaufbahn einschlagen, so mußte er in das Innere
des Reiches auswandern, ging dem Deutschtum (und damit auch dem
Baltentum) verloren. Gegen ihren Willen hat die russische Regierung dadurch einer Erhaltung des Deutschtums in den Ostseeprovinzen Vorschub geleistet, indem die Balten sich nunmehr in der
überwältigenden Mehrzahl vom Staatsdienst fernhielten, freien Berufen nachgingen, sich eng zusammenschlossen und sich dadurch vor
einer Berührung und Mischung mit dem landfremden russischen
Element bewahrten. Was heute an Trägern deutscher Namen in der
russischen Beamtenschaft und im Militär anzutreffen ist, stammt —
soweit sie baltischer Herkunft sind — von solchen dem Baltentum verlorenen und im Russentum aufgegangenen Auswanderern ab. Die
Mehrzahl dieser Russen mit deutschem Familiennamen ist aber reichs-
deutscher, nicht baltischer Abkunft.[1]) Die deutschen Richter, die mit der
eingeborenen Bevölkerung in lettischer bezw. estnischer Sprache ver-
handelten, wurden abgesetzt. An ihre Stelle traten Russen, die, der
Landessprachen unkundig, auf Dolmetscher angewiesen waren. Wie
viel Unheil allein diese eine Maßregel gestiftet hat, braucht nicht betont zu werden. — Verwaltung und Gericht waren russifiziert. Seinen

---

1) Von während des Krieges bekannt gewordenen Personen z. B.: Ewerth
der Führer der russischen Zentrumsarmeen, von Hartwig, der verstorbene
russische Gesandte in Belgrad, Slavophile und Urheber der Balkanwirren;
Stürmer, der abgesetzte Ministerpräsident; Rittich, der neue Landwirtschafts-
minister und viele andere. Ein belehrendes und warnendes Beispiel für uns,
in Zukunft unsere Volkskräfte nicht dazu herzugeben, fremde Länder zu gefährlichen Feinden Deutschlands heranzubilden. — General Rennenkampff
dagegen ist ein verrußter Sproß einer im übrigen rein deutschen baltischen
Familie. —

Hauptschlag führte der Zar jedoch gegen die deutsche Schule, gegen die „Brutstätte deutscher Kultur". An der Wurzel sollte das Deutsch= tum getroffen werden. Schnitt man ihm den Quell ab, der sein gei= stiges, sein Gefühlsleben speiste, — dann mußte es (nach des Zaren Meinung) um die Zukunft des Deutschtums geschehen sein. Ein Ukas vom 10. April 1887 ordnete die Einführung der russischen Unter= richtssprache vom Schuljahr 1887/88 in allen höheren Lehranstalten an. Die Ritterschaften beantworteten diese Verfügung mit der Schließung der von ihnen unterhaltenen Schulen. Sie zu Russifizierungszwecken herzugeben, — dafür war ihnen die Sache zu heilig. Die staatlichen Schulen jedoch mußten sich fügen, — trotz des verbrieften und ver= siegelten und von den Zaren beschworenen Rechts der Balten auf ein deutsches Schulwesen. 1890 kamen die Töchterschulen daran, gleich darauf auch der Stolz der Ostseeprovinzen, die alte, berühmte Universität Dorpat, 1893 umgetauft in Jurjew. — Hochschule, höhere und mittlere Lehranstalten waren der Russifizierung anheimgefallen. Doch auch die von den Deutschen gegründeten lettischen und estnischen Volksschulen mußten verschwinden. An ihre Stelle traten russische, mit russisch vorgebildetem Lehrerpersonal. Der Erfolg dieser „Kultur= leistung" wirkt ergötzlich, — wenn er nicht so traurig wäre. Im Jahre 1881, vor der Russifizierung, waren 2% der schulpflichtigen lettischen und estnischen Kinder ohne Schulunterricht geblieben; im Jahre 1899, nach der Russifizierung, 20%. Russischer Fortschritt!

Von 1881 bis 1906 währt die schwerste nationale Leidenszeit der Balten. Das Deutschtum der Ostseeprovinzen, das sich bisher im öffentlichen und privaten, im Staats= und Wirtschaftsleben frei und ungehindert entfalten, ja herrschen konnte, es war mit einem Male ausgeschaltet, an die Wand gedruckt worden, sah sich auf Haus und Familie, auf private Vereinigungen und Veranstaltungen angewiesen und beschränkt. Nicht kampflos hatte es das Feld geräumt. Schritt für Schritt aber mußte es der Übermacht weichen. Am längsten noch hielt es sich im Schulwesen, dem Lieblings= und nunmehr Schmerzens= kinde der Balten. Nach Russifizierung der staatlichen, kommunalen und landschaftlichen Schulen flüchtete es sich in die privaten Lehr= anstalten. Auch sie aber mußten ihre Tore schließen. Dann hat der deutsche Unterricht noch einige Jahre in kleinen privaten Schulzirkeln, den sogenannten „Kreisen", ein geheimes Dasein gefristet. Trotz der schweren finanziellen Opfer, trotz der drohenden Strafen haben Hun=

derte und Aberhunderte von baltischen Familien ihre Kinder in die=
sen geheimen „Kreisen" unterrichten lassen, — bis einer nach dem
anderen von der Polizei entdeckt und geschlossen wurde. Dann end=
lich war es auch mit ihnen zu Ende, und die ganze baltische Jugend
sah sich — etwa von 1895 an — gezwungen, in russischen Lehran=
stalten sich ihre Bildung zu holen. Nun wurde die Familie alleiniger
Hort des Deutschtums, und die baltische Frau seine vornehmste Trä=
gerin. Die eigenartigen gesellschaftlichen Zustände in den Ostseepro=
vinzen kamen ihr hierbei zu Hilfe. Die breiteren Lebensformen, die
größere Ellbogenfreiheit, der wenig ausgeprägte Kampf ums Dasein
haben von jeher dort im Osten sowohl dem Mann als auch der Frau
viel Zeit und Muße zur Pflege des Allgemein=Menschlichen, zur
Pflege von Kunst und Wissenschaft, zur Vertiefung der Bildung ge=
lassen. Vor allem der baltischen Frau kommt dieses zugute. Sie ist,
bei der Billigkeit der Dienstboten, der zeitraubenden persönlichen
Mitarbeit in Küche und Stube enthoben. Nur die Oberaufsicht im
Haushalt liegt in ihren Händen, vor allem aber die Kindererziehung,
die voll und ganz ihr Bereich ist. Das Institut der „Fräulein" ist
im Baltenlande sehr wenig entwickelt. Die Mutter ist dort die vor=
nehmste Bildnerin ihrer Kinder. Wenn die heutige baltische Jugend
noch durch und durch deutsch ist, — der baltischen Mutter verdankt
sie es. Die baltische Mutter hat sie die deutschen Kinderreime und
=Spiele gelehrt, hat ihnen die deutschen Märchen und Sagen erzählt,
hat mit ihnen die deutschen Lieder gesungen, hat sie eingeführt in
deutsche Dichtung, deutsche Geschichte, in deutsches Leben. Daß die
Mutter dieses alles aber konnte, eben das verdankt sie der eigen=
artigen Stellung, die die baltische Frau in der Gesellschaft einnimmt;
das verdankt sie auch der den baltischen Provinzen eigentümlichen
Geselligkeit. Diese spielt sich fast ausschließlich im Hause ab. Das primi=
tive, ungemütliche Restaurantleben des Landes lockt die Balten nicht.
„Stammtische" sind ihnen eine ungewohnte Erscheinung. Und diese
Gastlichkeit der baltischen Familie bringt es mit sich, daß die Frau
an allen Regungen des geistigen Lebens der Männer teilnimmt.
Vom politischen Leben und von aller staatlichen Tätigkeit ausge=
schlossen, konzentrieren sich die Interessen der Balten auf Geistiges
und Künstlerisches. Da finden sich Männer und Frauen im Familien=
kreise und bereichern sich gegenseitig im Austausch der Gedanken.
Es ist kein Zufall, daß ein Land mit einer deutschen Bevölkerungs=

ziffer, die etwa der von Sachsen=Altenburg oder Kiel oder Mann=
heim gleichkommt, nicht weniger als 50 gleichzeitig lehrende Hoch=
schulprofessoren aus seinen Reihen allein an Deutschland abgeben
konnte! Nicht umsonst bezeichnen auch die reichsdeutschen Verlags=
buchhändler die baltischen Provinzen als ihr bestes Absatzgebiet, und
nicht umsonst haben die wissenschaftlichen Vereine — trotz jeglichen
Mangels an staatlicher Unterstützung — dort eine so hohe Blüte er=
reicht. Denn neben der Familie suchte das verfolgte, von jeglicher
öffentlichen Betätigung ausgeschlossene Deutschtum in diesen seinen
Vereinen einen zweiten Hort. Auch in der Liebe zum Vereinswesen
bezeugt ja der Balte seine deutsche Art. Wie bei uns im Lande, so
gibt es auch dort eine reiche Fülle von Vereinigungen, die wissen=
schaftlichen und künstlerischen Interessen, sozialen, nationalen und
auch rein geselligen Zwecken dienen. Viele von ihnen, so vor allem
die historischen, haben sich auch im deutschen Mutterlande einen ge=
achteten Namen zu erwerben gewußt. So z. B. die „Gesellschaft für
Geschichte und Altertumskunde der Ostseeprovinzen“ in Riga, die
„Gelehrte estnische Gesellschaft“ in Dorpat, die „Gesellschaft für Lite=
ratur und Kunst“ in Mitau, die „Gesellschaft für Genealogie, Heraldik
und Sphragistik“ ebenda, die „Estländische literarische Gesellschaft“ in
Reval und noch einige andere in den kleineren Städten des Landes.
Die Publikationen dieser Institute, die auf dem reichen Quellenma=
terial der baltischen Archive fußen (nimmt doch z. B. das Revalsche
Stadtarchiv den ersten Platz unter allen Ostsee=Archiven ein) erfreuen
sich mit Recht des besten Rufes unter den Fachgelehrten. Die Er=
forschung der Geschichte ihre Landes, das in den Kämpfen des Ordens,
Schwedens, Polens und Rußlands um die Vormachtstellung an der
Ostsee eine so hervorragende und verhängnisvolle Rolle spielte, hat
sich von jeher einer besonderen Beliebtheit unter den Balten erfreut.
Wie denn überhaupt die ganz abstrakten Wissenschaften (Philosophie,
Mathematik, Grammatik usw.) verhältnismäßig wenig Jünger unter
ihnen gefunden haben, während sie der Geschichte (Politische=, Reli=
gions=, Rechtsgeschichte usw.), der Medizin, den Naturwissenschaften
und verwandten Disziplinen eine ganze Anzahl führender Geister
schenkten. Die Ursache hierfür haben wir mit in dem Umstande zu
suchen, daß so mancher der Balten die wissenschaftliche Laufbahn er=
wählte, dessen konkreter Sinn ihn unter anderen Verhältnissen vielleicht
dem Verwaltungs=, dem Justizdienst oder einer politischen Tätigkeit

zugeführt hätte. Wie dem auch sei, die Tatsache bleibt bestehen, daß die wissenschaftlichen baltischen Vereine gerade nach Einsetzen der Russifizierung eine erhöhte Anziehungskraft ausübten und daß in ihnen deutsche Arbeit, deutsches Streben und Denken stärksten Ausdruck fand. Wobei nicht zu vergessen ist, daß die erforderlichen Mittel einzig und allein von der deutschen Gesellschaft aufgebracht wurden und daß keine dieser Vereinigungen sich irgendwelcher staatlichen Unterstützung erfreute. Welche Dimensionen die nationale Opferfreudigkeit der knapp 200000 Deutsch=Balten in der Folge noch annehmen sollte, werden wir bei der Besprechung des Dezenniums 1905—1915 noch sehen. In den Jahren 1885—1905 sah sich die deutsche Gesellschaft auch in diesem Punkte von der russischen Regierung beengt, die mit Argusaugen jede Betätigung deutschen Wesens verfolgte und — wenn's nicht auf gesetzlichem Wege ging — sie durch Schikanen lahmzulegen suchte. Unter einem dumpfen schweren Druck lebten die baltischen Deutschen dahin, und es gab wenige, die noch auf bessere Zeiten zu hoffen wagten.

Da schuf die lettisch=estnische Revolution von 1905 mit einem Schlage eine ganz neue Situation.

Es wurde bereits darauf hingewiesen, daß ein Gegensatz zwischen Indigenen und Deutsch=Balten in früheren Zeiten nicht existierte. Da das ganze mittlere und höhere Schulwesen und die Universität in deutschen Händen lag und das deutsche Element unter den Schülern und Studenten die überwältigende Mehrzahl ausmachte, so wurde jeder Lette, der eine höhere Bildung erwarb, automatisch germanisiert. Es gibt eine ganze Reihe heute deutsch=baltischer Familien, die ihren Ursprung im Letten= oder Estentum haben. Der Bauer aber lebte in patriarchalischer Gemeinschaft mit seinem deutschen Herrn. Mit dem Erstarken des Nationalismus in Europa erwachte aber auch unter den Letten und Esten ein ausgesprochenes Nationalgefühl, das sich zuerst noch ganz friedlich gebärdete, dann jedoch immer aggressivere Formen annahm — je mehr nämlich die Regierung sich die Pflege dieser nationalistischen Richtung angelegen sein ließ. Mit klarem Blick hatten die Russen erkannt, daß die Macht der Deutschen in den Ostseeprovinzen von Petersburg her am schwierigsten zu brechen sei. Im eigenen Lande sollte ihnen der Feind erwachsen, der ihre Stellung erschütterte. So ging denn, seit 1855, mit der Entrechtung der Deutschen eine Aufhetzung und systematische Bevorzugung der Letten und Esten Hand in Hand. Höhere Beamten konnten die Indigenen freilich nicht liefern. Auf diese Posten berief man Nationalrussen. Die ganze mittlere und niedere Beamtenschaft aber wurde von den Letten und Esten gestellt, und gerade diese kleinen Beamtenkreise wuchsen sich zu gefügigen Werkzeugen der Russifizierungspolitik und zu Trägern der antideutschen Propaganda aus. Allmählich änderte sich das Bild. Die russischen Schmeicheleien bekamen den so plötzlich zur Macht gelangten Letten und Esten nicht. Ihnen schwoll der Kamm. Gleichzeitig gewannen die revolutionären Strömungen in ganz Ruß= land immer mehr an Boden und fanden vor allem unter den schlecht besoldeten und dabei korrumpierten niederen Beamten die meisten An= hänger; auch in den baltischen Provinzen. Größenwahn, Machtgelüste, nationalistische Aspirationen, Deutschenhaß und Freiheitstaumel — all das zusammen schuf die Spottgeburt einer lettischen und estnischen Republik, die Zweck und Ziel der Revolution von 1905 wurde. In ihrem ersten Stadium kam diese Tendenz noch wenig zum Ausdruck. Da schien sich die revolutionare Bewegung mehr gegen die Deutschen zu richten und wurde infolgedessen von der russischen Regierung, wenn auch nicht unterstützt, so doch mit erkennbarem Wohlwollen geduldet. Divide et impera! Als sich die Revolution dann aber als eine nicht national=soziale, sondern politische, die russische Herrschaft im Baltikum bekämpfende erwies, da griff die russische Regierung ein und warf sie mit eiserner Strenge nieder. Die Letten und Esten hatten verspielt; ihr Freiheitstraum war in Blut erstickt; ihre bevorzugte Stellung war verloren. Die Deutschen aber, die eine Ironie des Schicksals an die Seite der gleichzeitig von den Letten und Esten bekämpften russischen Regie= rung gestellt hatte — die wurden nun wieder des zarischen Wohlwollens gewürdigt und, zum Teil wenigstens, in ihre alten Rechte eingesetzt.

Das Jahr 1905 bedeutet einen Wendepunkt für das baltische Deutsch= tum. Von da datiert eine Zeit neuer Blüte.

Die vom Zaren den baltischen Deutschen gemachten Zugeständnisse waren an sich nicht allzu groß. Verwaltung und Gericht blieben nach wie vor russisch, die baltischen Deutschen waren nach wie vor von ihnen ausgeschlossen. Aber der Quell deutschen Lebens in den bal= tischen Provinzen, die deutsche Schule, durfte wieder erstehen, und sie, zusammen mit der dem ganzen Reiche gewährten Versammlungs= und Vereinsfreiheit, erweckte mit einem Schlage das baltische Deutsch= tum zu neuer Kraft.

Die erste Handlung der baltischen Deutschen nach Niederwerfung
der Revolution war die Gründung dreier großer Vereine: des „Deut=
schen Vereins in Livland", des „Deutschen Vereins in Estland" und
des „Vereins der Deutschen in Kurland". Sie umfaßten das gesamte
Deutschtum der drei Provinzen und stellten sich die Hebung und Er=
haltung des kulturellen und wirtschaftlichen Lebens der Deut=
schen im Lande zur Aufgabe. Politische Ziele verfolgten die Vereine
nicht. Es ist eine bewußte und tendenziöse Verleumdung, wenn die
russische Regierung ihnen jetzt nachträglich geheime politische Kon=
spirationen mit Deutschland vorwirft. Das Deutsche Reich und die
deutsche Gesellschaft haben sich in Wahrheit von jeher herzlich wenig
um das baltische Deutschtum gekümmert. Mangelte es hier bei uns im
Reiche schon an jeglichem, auch nur platonischem Interesse für diese
„Deutsch=Russen", so kann gar von einer materiellen Förderung der
baltischen Deutschen überhaupt nicht die Rede sein. Wir wissen, wie
langsam sich das Interesse und das Verständnis für die Balten erst
während des Krieges bei uns Bahn gebrochen hat. Vor dem Kriege
war das Baltenland uns eine Terra incognita. So sind denn sämt=
liche Schöpfungen der deutschen Vereine ohne jegliche reichsdeutsche
Unterstützung, einzig und allein mit den in den Ostseeprovinzen auf=
gebrachten Mitteln ins Leben gerufen worden. Die kulturellen Lei=
stungen der kaum 200 000 Seelen zählenden Deutsch=Balten sind aber,
wie wir gleich sehen werden, nach Gründung der Vereine so groß,
setzen eine so gewaltige Opferfreudigkeit, einen so hohen nationalen
Idealismus voraus, daß der Verdacht, da steckten reichsdeutsche Kapi=
talien dahinter, schließlich zu verstehen wäre. Die russische Regierung
aber, die Einblick in die gesamte Wirtschaftsführung der Vereine hatte,
wußte die Wahrheit sehr genau. Ihr kam es bei den Verleumdungen
nur auf Stimmungsmache gegen alles Deutsche an.

Das erste, dem sich die Vereine zusammen mit den Ritterschaften
des Landes zuwandten, war die Gründung deutscher Schulen. Auf
der deutschen Bildung, der deutschen Kultur beruht der Fortbestand
des Deutschtums in den Ostseeprovinzen. Seit 20 Jahren war dieser
Quell verschüttet, schon machten sich bei der Jugend die üblen Folgen
bemerkbar. Bei der Schule hieß es daher den Hebel ansetzen, um
noch zu retten, was zu retten ist. Wir wollen, um die Leistung, um
den nationalen Opferwillen und Idealismus der Balten zu charakte=
risieren, einige nackte Zahlen sprechen lassen. In den Jahren von 1906

bis 1914 haben diese knapp 200000 „Russen", wie die Balten bei
uns noch immer oft genannt werden, ausschließlich durch Selbst=
besteuerung an deutschen Schulen gegründet und erhalten: 6 Gym=
nasien, 5 Oberrealschulen, 15 Progymnasien, Realschulen und Bürger=
schulen, 15 höhere Töchterschulen, etwa 50 Elementarschulen, 1 Lehrer=
seminar, 1 Lehrerinnenseminar, 4 Lehrlingsheime. Hierzu kommt noch
eine große Anzahl von deutschen Privatschulen, die von den Ver=
einen bzw. Ritterschaften nicht voll erhalten, sondern bloß subven=
tioniert wurden. Wie weit dieser Opferwille ging, beweist vielleich
am einwandfreiesten das Beispiel des Goldinger Gymnasiums. Di
Goldinger Deutschen verfügten zumeist nicht über die Mittel, ihr
Söhne nach Mitau in verhältnismäßig teure Pensionen zu geben, un
sie dort das deutsche Landesgymnasium besuchen zu lassen. Die deut=
schen Jungen wären mithin zum Besuch russischer Goldingscher Schule
gezwungen gewesen. Um dieses zu verhindern, eröffnete die Kurlän
dische Ritterschaft in der kleinen Kreisstadt Goldingen ein klassische
Vollgymnasium, das nie mehr als 82 Schüler zählte! Um diese
82 Jungen eine deutsche Bildung zu geben, um ihnen den Verbleib
im Elternhause zu ermöglichen, dazu brachte man die wahrlich nich
geringen Kosten auf, die mit der Erhaltung einer solchen Vollanstal
verbunden sind! — Das sind finanzielle Opfer. Nun aber die ideellen
Der Zar hatte den baltischen Deutschen wohl das Recht verliehen
auf eigene Kosten deutsche Schulen zu gründen. Die Maturitäts
prüfung aber mußte nach wie vor in russischer Sprache abgeleg
werden. Zu dem Zwecke mußte das gesamte, in deutscher Sprache er
lernte Wissen ins Russische „umgelernt" werden, d. h. in eine Sprache
die den Schülern ebenso Fremdsprache war, wie uns das Französisch
oder Englische, die sie außerhalb der Lehrstunden nie hörten und spra
chen. Dieses „Umlernen" kostete ein, meistens zwei Jahre. Und doch —
ein Apostata, der dieses Opfer nicht brachte! Um das Deutschtur
ging es, da war man zu jedem Opfer bereit, auch dem schwersten. J
man jubelte, daß man es überhaupt bringen konnte. Das ist di
Denkweise der „Deutsch=Russen"!

Gründung und Erhaltung von Schulen, das war, wie gesagt, de
vornehmste Zweck der deutschen Vereine. Schnell aber erweiterte sic
ihr Tätigkeitsfeld und umfaßte bald das ganze große Gebiet der Pfleg
„deutscher Kultur". Es würde zu weit führen, hier die Tätigkeit de
Vereine im einzelnen zu schildern und zu würdigen. Wir beschränke

uns daher auf kurze Hinweise. Vortragszyklen (nicht wenige reichs=
deutsche Gelehrte und Künstler wurden ins Land gerufen) wurden
planmäßig alljährlich veranstaltet, Fortbildungskurse gegründet, Volks=
vorstellungen in den deutschen Stadttheatern zu billigsten Preisen ab=
gehalten, Ausstellungen von Erzeugnissen deutscher Kultur (Bücher,
Bilder usw.) arrangiert; Jugendschriftenkommissionen sorgten für Ver=
edelung des Geschmackes, für Verbreitung guten Lesestoffes; die Pflege
des Heimatschutzes und der Heimatliebe wurde nicht vergessen und
„Wandergruppen" (ähnlich dem „Wandervogel") führten die Jugend
hinaus aufs Land; billige Volksbüchereien und Wanderbibliotheken
erschlossen auch dem Unbemittelten die Schätze deutschen Geistes;
Jugendchorgesang pflegte planmäßig das deutsche Lied; Schüler=
werkstätten regten zur praktischen Betätigung an; Volksfeste und ge=
sellige Zusammenkünfte brachten die verschiedenen Stände einander
näher; usw. usw. Es würde zu weit führen, alles im einzelnen auf=
zuzählen. Die „Kalender der deutschen Vereine" und ihre vielen an=
deren literarischen Editionen geben ein Bild von der Fülle von Arbeit
und von Erfolgen, die die Balten in diesen wenigen Jahren von
1906—1914 geleistet und erreicht haben. Es war ein Tatendrang, eine
Schaffensfreude, wie sie sich nicht schöner gedacht werden kann. Ge=
schlummert nur hatten die unterdrückten Kräfte, sie waren nicht erstorben.
Jetzt gab es ein Aufblühen, reicher und prächtiger, als man es selbst
geahnt, — als es die Regierung gewollt hatte. Denn nicht Stärkung des
Deutschtums, sondern Schwächung des übermütigen Letten= und Esten=
tums war ihre Absicht gewesen. So bauten denn die russischen Macht=
haber allmählich und planmäßig die den Deutschen geschenkten Freiheiten
ab. D. h. kein einziges der den Balten gewährten Rechte wurde förmlich
aufgehoben. Aber es setzte eine zielbewußte Schikane ein, eine Ver=
schleppungs= und Verärgerungstaktik, die den Balten die Schaffens=
freude allmählich verleiden und sie „aus Bequemlichkeit" wieder den
russischen Kulturgütern zuführen sollte. Ob es der russischen Re=
gierung mit der Zeit gelungen wäre? Wir wissen es nicht. Der Krieg
enthob beide Teile aller Zweifel. Mit einem einzigen Schlage ver=
nichtete die russische Regierung alles, was in unendlichem Fleiß, mit
treuester Sorgfalt und heißester Liebe in all den Jahren aufgerichtet
worden war. Nun ist das deutsche Leben im Baltenlande verstummt.
Wird es wieder erstehen? Allein das Deutsche Reich kann Antwort
geben.

5*

Litauen.

Von Erich Zechlin in Posen.

Der Begriff Litauen ist bis auf den heutigen Tag umstritten; je nach den nationalpolitischen Wünschen und Bestrebungen der im russischen „Westgebiet" rivalisierenden Völker werden seine Grenzen enger oder weiter gezogen. Das alte selbständige Großfürstentum Litauen füllte den ganzen Raum aus, der von Kurland im Norden, von Ostpreußen (dessen Grenze ja von dem Frieden am Melnosee [1422] bis heute unverändert geblieben ist), vom Oberlauf des nördlichen Bug und vom Dnjestr im Westen, vom Dnjepr und der Düna im Osten eingeschlossen ist; nach Norden und Süden berührte es zeitweilig Ostsee und Schwarzes Meer, und nach Osten griff es um die Mitte des 14. Jahrhunderts weit über die Düna-Dnjepr-Linie, bis über Smolensk und Orel hinaus. Diese östlichsten Distrikte bröckelten bald wieder ab; wichtiger war die erhebliche Verkleinerung, die die Realunion mit Polen (1569) mit sich brachte; damals wurden die Wojwodschaften Podolien, Wolhynien, Kiew und Braclaw (etwa die heutigen Gouvernements Podolien, Wolhynien und Kiew) abgetrennt und Polen einverleibt. Der Rest blieb noch immer ein selbständiger Staat; doch fand, da die Gesetzgebung in der Hauptsache gemeinsam war, eine weitgehende Assimilierung an die Institutionen und sozialen Verhältnisse Polens statt. Die Umrisse des Gebietes der heutigen sechs Gouvernements Kowno, Wilna, Grodno, Minsk, Mohilew und Witebsk spiegeln die Grenzen dieses Großfürstentums Litauen, wie es von 1569 bis zum Untergang der Republik bestand, noch deutlich wieder. Wird heute von „litauischen Gouvernements" gesprochen, so sind jedoch meist nicht diese sechs gemeint, die zuletzt das historische Litauen bildeten, sondern nur die drei nordwestlichen (Kowno, Wilna, Grodno), die am stärksten mit litauischer Bevölkerung durchsetzt sind. Auch in ihnen ist aber litauisches Volkstum durchaus nicht überall vorhanden, geschweige denn vorherrschend;

Litauisch-Brest (Brest-Litewski) z. B. verdankt seinen Namen lediglich
der einstigen Zugehörigkeit zum Großfürstentum Litauen, Litauer
haben in dieser Gegend nie gewohnt. Trotzdem sollen im folgenden
unter „Litauen" alle drei Gouvernements verstanden werden. Außerdem gehört auch Suwalki ethnographisch überwiegend zu Litauen und
seine Zukunft wird einheitlich mit der Litauens zu regeln sein.

I. Die wirtschaftlichen Verhältnisse.

Ein exaktes Bild der wirtschaftlichen Verhältnisse Litauens zu
geben ist leider nicht möglich; es fehlen heute nicht nur in Deutschland, sondern wohl überhaupt durchaus die Unterlagen dazu. Die
drei Gouvernements haben einen Umfang von rund 120 000 qkm;
sie sind also etwas kleiner als Kongreßpolen und fast genau so groß
wie die vier preußischen Ostprovinzen Ostpreußen, Westpreußen, Pommern und Posen. Es wohnen in ihnen aber nur 5806 000 Menschen (Anfang 1912). Das ist die knappe Hälfte der Bevölkerung
Kongreßpolens (1. Januar 1912: 12 776 000) und auch noch erheblich
weniger, als in den genannten vier preußischen Provinzen wohnen
(1. Dez. 1910: 7584 000). Immerhin sind diese Gouvernements mit
einer Bevölkerungsdichte von durchschnittlich 44 Menschen auf den
Quadratkilometer (Grodno 50) doch erheblich dichter bewohnt als die
Ostseeprovinzen, in denen durchschnittlich nirgends über 30 Menschen
auf den Quadratkilometer kommen, und sie sind auch dichter bewohnt
als die Mehrzahl der innerrussischen Gouvernements.

Weitaus am dichtesten ist der Kreis Bialystok im Gouvernement
Grodno besiedelt (84,6 auf den Quadratkilometer). Das ist zugleich
der einzige Kreis in Litauen, der eine größere Industrie, und zwar
Textilindustrie, hat: ähnlich wie Lodz seine Entwickelung zum guten
Teil der russischen Zollpolitik verdankt, ist Bialystok in der Zeit entstanden und hochgekommen, als die Einfuhr polnischer Industrie-
produkte nach Rußland verboten oder, später, mit einem erhöhten
Zoll belegt war (1831—50). Gegen Lodz ist Bialystok freilich unbedeutend geblieben; es hatte 1909 81 000 Einwohner; die Zahl der
Spinnereien, Webereien und Tuchfabriken wurde 1907 auf 334 angegeben. Was sonst sich in Litauen an gewerblichen Anlagen findet,
ist im ganzen unbedeutend; nur in Wilna, Kowno und Litauisch-
Brest gibt es noch größere Fabriken; im übrigen sind nur Klein-

betriebe vorhanden, die die Produkte des Landes verarbeiten: Mühlen, Brennereien, Brauereien, Gerbereien, Holzgewerbe usw.

So trägt das Land rein landwirtschaftlichen Charakter. Die Grundbesitzverteilung ist, im ganzen gesehen, ziemlich gleichmäßig, der Kleinbesitz überwiegt. Am schwächsten ist er — nach der Grundbesitzverteilungsstatistik von 1905 — noch im Gouvernement Wilna vertreten, wo er 47,7 % der Fläche einnimmt; in den Gouvernements Kowno und Grodno entfallen auf ihn etwa 54 % der Gesamtfläche. In allen drei Gouvernements hat kein Kreis weniger als 40 % der Fläche Kleinbesitz; in fast allen Kreisen nimmt er 40—60 % der Fläche ein; über 60 % haben nur die Kreise Bialystok (62,2 %), Sokolka (69,4 %) und Bielsk (69,7 %). In diesen Kreisen, die zum Teil ja auch noch zum polnischen Sprachgebiet gehören, setzt sich der starke kleinadelige und bäuerliche Besitz fort, der für die angrenzenden kongreßpolnischen Gouvernements Lomza und Siedlce charakteristisch ist. Nach Osten hin nimmt der Kleinbesitz im ganzen ab; in den Kreisen Wilejka, Disna, Slonim, Pruzany usw. ist er verhältnismäßig schwach; die Kreise Nowo-Aleksandrowsk, Kobrin und Lida machen allerdings eine Ausnahme.

Ähnlich, aber mit noch stärkerem Überwiegen des Kleinbesitzes ist die Grundbesitzverteilung im Gouvernement Suwalki; es hat durchschnittlich 57,8 % der Fläche Kleinbesitz; unter 50 % hat nur der Kreis Augustowo (45,6 %); Sejny hat 50 %, Mariampol 53,4 %; die Kreise Wilkowyszki, Kalwarja und Wladyslawow haben 63,6 %—67,8 % und der Kreis Suwalki sogar 70,7 % Kleinbesitz. — Das Kronland ist in den drei litauischen Gouvernements umfangreicher als in Kongreßpolen; während es dort 1904 nur 669966 Deßjatinen (gleich 1,09 ha) oder 5,9 % der Gesamtoberfläche an Kronland gab, werden in Litauen 911891 Deßjatinen davon eingenommen, wozu noch 143714 Deßjatinen Apanageland im Gouvernement Grodno kommen, zusammen also 1055605 Deßjatinen oder 10,5 % der Gesamtfläche. Davon entfällt ungefähr die Hälfte (507960 Deßjatinen) aufs Gouvernement Grodno, wo die östlichen Kreise Pruzany und Slonim — in Pruzany liegt der Urwald von Bialowies — und im Westen die Kreise Grodno und Sokolka besonders reich an Kron- und Apanageland sind. Im Gouvernement Wilna ist der an Suwalki und an den Kreis Grodno angrenzende Kreis Troki weitaus am stärksten mit Kronland durchsetzt (117559 Deßjatinen); mehr als ein Drittel des in dem Gouvernement vorhandenen Kronlandes (338269 Deßjatinen) entfällt auf ihn. Im Gouvernement Kowno umfaßt das Kronland nur 209276 Deßjatinen; am stärksten ist es noch in dem an Ostpreußen angrenzenden Kreise Rossienny vertreten. Im Gouvernement Suwalki gab es 1904 204248 Deßjatinen Kronland oder 18,2% der Fläche; der große Augustower Wald gehört mit zu diesem fiskalischen Gebiet. Am stärksten ist es im Kreise Augustowo vertreten (32%), am schwächsten in Wilkowyßki (0,8%); in den übrigen Kreisen schwankt es zwischen 7,4% (Kalwarja) und 24,8% (Marjampol). Der Umfang des Kronlandes im Kreise Augustowo weist schon darauf hin, daß es fast durchweg aus Wald besteht; das gilt ganz allgemein sowohl für Kongreßpolen wie von Litauen; insbesondere ist der Grundbesitz des Staates an Äckern, Weiden u. dgl. in den Gouvernements Kowno und Wilna verschwindend gering; er besteht zumeist aus kleinen Parzellen, die an Forstbeamte verpachtet sind. Wieviel von dem Waldboden unter Umständen urbar gemacht werden könnte, entzieht sich einstweilen der Kenntnis.

Der Bauer ist in Litauen verhältnismäßig reich mit Land ausgestattet. Am kleinsten ist die Durchschnittsgröße eines Hofes auf Anteilsland — d. h. auf dem Lande, das den Bauern durch den Ukas vom 19. Februar 1864 dauernd zugewiesen ist — im Gouvernement Wilna, wo sie 13,5 Deßjatinen beträgt und zwischen 9,5 Deßjatinen (Kreis Swiencian) und 16,9 Deßjatinen (Kreis Troki) schwankt; in Kowno beträgt sie 14,6 und in Grodno 16,5 Deßjatinen. Die Stellen sind durchschnittlich überall ganz erheblich größer als in Kongreßpolen; dort hat nur das überwiegend litauische Gouvernement Suwalki bei den bäuerlichen und kleinadeligen Stellen eine Durchschnittsgröße von 10,1 Deßjatinen auf den Hof; es steht also auch schon hinter den litauischen Gouvernements zurück. Im übrigen Kongreßpolen ist die Durchschnittsgröße sehr viel geringer; sie sinkt z. B. im Gouvernement Kalisch auf 5,3, in Kielce sogar auf 3,9 Deßjatinen. Das Agrarproblem Polens liegt ja im wesentlichen darin, daß der Bauer mit zu wenig Land ausgestattet ist; die kleinen und kleinsten Stellen, die zum Lebensunterhalt einer Familie nicht ausreichen, sind fast überall in der Majorität. In Litauen liegen die Verhältnisse wesentlich günstiger; die Stellen über 10 Deßjatinen sind durchaus vorherrschend. Folgende kleine Tabelle zeigt das näher. Von den vorhandenen Stellen hatten 1905 einen Umfang

	unter 1	von 1—3	von 3—5	von 5—7	von 7—10	über 10
			Deßjatinen			
			in Prozent			
Gouvern. Wilna	0,2	0,4	2,4	13,8	17,7	65,5
„ Kowno	—	3,1	1,3	5,2	10,1	80,3
„ Grodno	2,9	0,8	0,9	1,9	8,4	85,1

• Danach müßten sich die litauischen Gouvernements durch einen lebens=
fähigen und wohlhabenden Bauernstand auszeichnen. Er fehlt in
ihnen auch keineswegs; namentlich dort, wo wie etwa im Norden des
Gouvernements Suwalki die Bodenverhältnisse günstig sind, ist eine
gewisse Wohlhabenheit unter den Bauern offenbar vorhanden oder
doch vorhanden gewesen; im einzelnen sind freilich diese Verhältnisse
noch ganz undurchforscht. Zum guten Teil allerdings wird die günstige
Grundbesitzverteilung wieder ausgeglichen durch die sehr geringe In=
tensität der Landwirtschaft; ihr Betrieb ist viel extensiver als in Kon=
greßpolen. Ganz roh wird das in den folgenden zusammenfassenden
Ziffern dargestellt. — In Doppelzentnern wurden 1912 pro Hektar
geerntet an:

	Kongreßpolen		Wilna		Kowno		Grodno	
	Klein=	Groß=	Klein=	Groß=	Klein=	Groß=	Klein=	Groß=
	besitz		besitz		besitz		besitz	
Roggen . . .	11	12	7	9	10	12	9	10
Hafer	9	11	6	7	9	10	7	8
Gerste . . .	12	13	7	8	8	10	9	9
Kartoffeln . .	100	106	68	80	68	75	68	78

Kowno stände danach — abgesehen von den Kartoffeln — am gun=
stigsten da. Im Gouvernement Suwalki ist die Intensität noch größer;
es bleibt kaum hinter den übrigen Gouvernements Kongreßpolens
zurück. Der Anbau von Hafer und Roggen überwiegt in Litauen stark;
doch ist der Kartoffelanbau in den letzten Jahren vor dem Kriege
ständig gewachsen. Über die Bodenverhältnisse fehlt es für die li=
tauischen Gouvernements an Material; in Suwalki überwiegen, we=
nigstens für das Ackerland der der Warschauer Landkreditbank an=
geschlossenen Güter, die guten Böden stark im Kreise Wladyslawow,
wo sie 64% jener Fläche einnehmen; auch in Wilkowyszki, Kalwarja

und Marjampol nehmen sie noch 33—41% ein. Im übrigen domi=
nieren, abgesehen von Wladyslawow, in allen Kreisen mehr oder
weniger die mittleren Böden; die schlechtesten sind nur in Augustowo
(20%) sowie in Sejny und Suwalki stärker vertreten.

II. Die ethnographische Gliederung.

Wie schon erwähnt, sind die drei „litauischen" Gouvernements
durchaus nicht nur von Litauern bewohnt. Das ethnographische Ge=
biet des litauischen Volkes, das aus etwa 2 Millionen Köpfen
besteht, ist wesentlich kleiner als das Gebiet der drei litauischen Gou=
vernements. Nach Norden hin fällt die Grenze zwischen den Gou=
vernements Kowno und Kurland mit der litauisch-lettischen Sprach=
grenze zusammen; nur die äußerste Südspitze Kurlands, Polangen
mit dem Berg Birute, einem litauischen Nationalheiligtum, gehört
zum litauischen Sprachgebiet. Von Polangen südlich bis Labiau
stößt das litauische Volkstum ans Meer; als litauisches Sprach=
gebiet können in Preußen allerdings eigentlich nur die Kreise Heyde=
krug und höchstens noch Memel gelten, die 61% bzw. 47% Litauer
haben; Tilsit hat 38%; südlich des Niemen ist das litauische Element
stärker noch in den Kreisen Labiau und Ragnit (etwa bis zu 30%)
vertreten; nach der Grenze zu wird es schwächer, zieht sich hier aber
am weitesten, wenn auch immer dünner werdend, nach Süden hin
und zwar bis in den Kreis Goldap hinein, bis zum Wystytersee.
Von dort geht die litauische Sprachgrenze zwischen Suwalki und
Sejny hindurch zum Niemen, der etwa bei Druskienniki erreicht wird.
Bei Druskienniki, und nur hier, schließt das litauische Sprachgebiet
ein kleines Stückchen des Gouvernements Grodno ein; dann tritt
die Grenze ins Gouvernement Wilna über und verläuft hier, zu=
nächst in weitem Bogen nach Osten ausgreifend, durch die Kreise
Lida und Troki, um dann einen Halbkreis um Wilna zu beschreiben,
so, daß die Wilia westwärts von Wilna überschritten wird und die
Hauptstadt Litauens außerhalb des litauischen Sprachgebiets bleibt.
Nördlich der Wilia geht die Grenze durch die Kreise Wilna und
Swienciany auf der ungefähren Linie Mejszagola—Lyntupy bis zur
Grenze des Kreises Disna, tritt dann wieder ins Gouvernement
Kowno ein und folgt etwa der Driswjata bis zur livländischen Grenze;
der östlichste Teil des Kreises Nowo-Aleksandrowsk bleibt also außer=

halb. An einigen Punkten des Kreises Illuxt überschreitet das litauische Sprachgebiet noch die kurländische Grenze, weiter westwärts fallen dann aber, wie gesagt, die Sprach= und die politische Grenze fast genau zusammen. Es gehören also zum ethnographischen Litauen, außer einigen Punkten Kurlands, das ganze Gouvernement Kowno (bis auf seinen östlichsten Zipfel), die Nordspitze Ostpreußens, der größere Teil Suwalkis und Teile der nordwestlichen Kreise Wilnas. Im Süden schließen sich an das litauische Gebiet die Sitze des Weiß= russentums; sie reichen (im Kreise Augustowo, Gouvernement Su= walki) ins Zartum Polen hinein, dafür sind die westlichen Teile der Kreise Bialystok und Bielsk im Gouvernement Grodno überwie= gend polnisch. Die südliche Grenze des Weißrussentums wird durch den Oberlauf des Narew und den Urwald von Bialowies bezeichnet und folgt dann weiter östlich zunächst dem Pripet, später der Süd= grenze des Gouvernements Minsk; nach Osten erstreckt sich das weiß= russische Gebiet bis ins Gouvernement Smolensk. An die Weißrussen grenzen weiter nach Süden die Ukrainer, so daß der südlich der be= zeichneten Linie gelegene Teil des Gouvernements Grodno zum ukrai= nischen Sprachgebiet zu rechnen ist.

Gemäß dieser nationalen Zusammensetzung der drei „litauischen Gouvernements" herrschen nach der Volkszählung von 1897 in Kowno die Litauer (mit 66%) vor, in Grodno die Weißrussen (43,9%) und die Kleinrussen (22,6%), in Wilna die Weißrussen (56%) und da= neben die Litauer (17,6%). Die Großrussen erreichten in keinem Gouvernement ganz 5%, die Polen machten in Grodno 10% aus (die Kreise Bialystok und Bielsk sind noch zum polnischen Sprach= gebiet zu rechnen), in Kowno 9%, in Wilna 8%. Stark sind überall die Juden vertreten, am stärksten in Grodno (17,3%), am schwächsten in Wilna (12,7%).

III. Geschichtliches.

Litauens ältere Geschichte unterscheidet sich von der der benach= barten und stammverwandten Völker, der Pruzzen oder Preußen und Letten, vor allen Dingen dadurch, daß die Litauer im Unter= schiede zu jenen rechtzeitig zur staatlichen Einheit gelangten. Dadurch bewahrten sie ihre Unabhängigkeit, während Preußen und das lettische Gebiet, das heutige Kurland und Livland, vom deutschen Orden unterworfen wurden.

Das 13. Jahrhundert, die Zeit heftiger Kämpfe mit den deutschen
Rittern, ist zugleich die Zeit, in der litauische Kleinfürsten unter ein
einheitliches Großfürstentum gebeugt wurden. Der Schöpfer des li=
tauischen Staates ist Mindaugas oder Mindowe (1219—63), der die
Grenzen seines Reiches schon über das ethnographische Litauen hinaus
bis zur Düna, zum Pripet und Bug ausdehnte. Vorübergehend wurde
er bereits Christ; endgültig trat Litauen erst über ein Jahrhundert
später in die Reihe der christlichen Länder Europas ein.

Mindowes Schöpfung wurde gesichert und ausgebaut erst durch
den Großfürsten Gedimin (1315—41), den Gründer von Wilna und
Troki; er dehnte den litauischen Staat noch über neue große russische
Gebiete, über Podlachien, Polesien und Witebsk aus; bis nach Kiew
reichte seine Macht. Die kriegerische Kraft des litauischen Volkes muß
außerordentlich groß gewesen sein, da es ihm durch mehr als andert=
halb Jahrhunderte gelang, sich gegen den deutschen Orden, der es
von zwei Seiten umklammerte, zu behaupten und außerdem ein Stück
von Rußland unter ihre Herrschaft zu bringen, das das eigent=
liche Litauen an Umfang weit übertraf. Die kulturelle Entwickelung
des litauischen Volkes ist aber dadurch zweifellos unmöglich gemacht
worden; der litauische Staat nahm eine starke weißrussische Färbung
an. Das weißrussische Element war, da es sich zum griechisch=ortho=
doxen Glauben bekannte und mit der kirchlichen Organisation zugleich
über ein kirchliches Schrifttum verfügte, kulturell dem Litauertum
überlegen, es ist charakteristisch, daß die älteste Druckerei in Wilna,
die 1525 in Tätigkeit war — als also die Verbindung Litauens mit
Polen schon über 100 Jahre bestand — ausschließlich russische Drucke
fertigte. Heiraten litauischer Fürsten mit weißruthenischen Prinzes=
sinnen, nicht zuletzt auch die große zahlenmäßige Überlegenheit des
weißrussischen Elements, trugen weiter dazu bei, dem litauischen Staat
weißrussischen Charakter zu geben.

Von Gedimins Söhnen erbten Olgerd und Keistut das Reich.
Olgerds Sohn war Jagiello, der sich 1386 zur Taufe entschloß, um
die Hand der polnischen Erbtochter Hedwig zu gewinnen. Mit ihm
wurde Litauen am Ausgang des 14. Jahrhunderts als letztes der
europäischen Länder christlich. Jagiello vereinigte zunächst das pol=
nische und das litauische Reich in seiner Hand, doch wurde Witowt,
ein Vetter Jagiellos, bald wieder Großfürst von Litauen. Jagiello
und Witowt gewannen zusammen 1410 die Schlacht bei Tannenberg

gegen den Orden. Hier kämpften nicht nur Litauer und Polen, sondern auch starke russische Aufgebote aus den Gebieten bis Kijew und Smolensk im litauischen Heere mit. Seit Jagiello ist Litauen dauernd in enger Verbindung mit Polen geblieben, wenn auch Litauen häufig seinen eigenen Großfürsten hatte. Beide Staaten waren zu gegenseitiger Hilfe verpflichtet; auch Zusammenkünfte des polnischen und litauischen Adels waren seit dem Anfang des 15. Jahrhunderts für gemeinsame Staatsangelegenheiten vorgesehen. Der letzte eigene Großfürst von Litauen war Alexander, ein Enkel Jagiellos. Dieser wurde 1501 zum Könige von Polen gewählt. Seitdem waren Polen und Litauen durch Personalunion verbürgt, die der Reichstag von Lublin (1569) in eine Realunion umwandelte.

IV. Das Polentum in Litauen.

Von alters her spielen in Litauen die Polen dank ihrer sozialen und kulturellen Überlegenheit die Hauptrolle; sie nehmen diese Gouvernements, und nicht nur sie, bis auf den heutigen Tag als polnisches Land in Anspruch, obwohl, worauf Bismarck schon 1867 hingewiesen hat[1]), diese Ansprüche wenigstens ethnographisch unberechtigt sind. Aber das Polentum ist in Litauen trotz seiner geringen Zahl doch die bedeutendste Macht; es bildet den größten Teil der städtischen Intelligenz, z. B. in (der Stadt) Wilna, und es ist namentlich im Großgrundbesitz des Landes das dominierende Element. Wie stark der polnische Großgrundbesitz in Litauen ist, darüber fehlt zuverlässiges Material. Bei der Aufnahme der russischen Statistik scheinen in dieser Hinsicht die verschiedensten politischen Erwägungen mitgespielt zu haben; es wäre z. B. denkbar, daß in den letzten Jahren die Frage der Einführung der Semstwoverfassung im Westgebiet und der Wunsch, die Gouvernements Wilna, Kowno und Grodno davon auszunehmen, in schroffem Gegensatz zu früher dahin gewirkt hätte, den polnischen Besitzstand möglichst groß erscheinen zu lassen. Auf polnischer Seite besteht begreiflicherweise, wenn auch aus anderen Motiven, derselbe Wunsch. Immerhin ist die Frage so wichtig, daß doch einige Zahlen angeführt seien; sie geben wenigstens einen ungefähren Anhalt. Für das Gouvernement Wilna, wo das polnische Element doch wohl am

---

1) Reden III, 209 ff.

ſtärkſten iſt, liegen für das Jahr 1909 genauere polniſche Zahlen vor
(bei E. Maliszewski, Polskość i Polacy na Litwie i Rusi, S. 13f.); ſie
weichen aber ſtark ab von den Ergebniſſen einer Aufnahme, die eine
Kommiſſion des Generalgouverneurs v. Freſe 1905 aufgenommen
hat. Nach Maliszewski ſind in den ſieben Kreiſen des Gouverne=
ments Wilna 1861524 Deßjatinen an größerem Grundbeſiß vor=
handen, davon ſind polniſch 4565 Beſißungen mit 1124122 Deßja=
tinen, alſo 60,3%, während die Freſeſche Aufnahme 47,7% ergibt.

Für das Gouvernement Grodno gibt Maliszewski die Freſeſchen
Zahlen von 1905 wieder. Danach gab es 1897 im Gouvernement
Grodno 1097 größere polniſche Gutsbeſißer, die 519000 Deßjatinen
beſaßen. Im Jahre 1905 waren im Gouvernement 6886 größere und
kleinere polniſche Grundbeſißer vorhanden (ausgenommen ſind die
Bauern auf Anteilsland); ſie beſaßen 558819 Deßjatinen oder
43,1% des Privateigentums. Für Kowno ſind die vorliegenden
Zahlen am ungenügendſten; nach den Freſeſchen Zahlen von 1905
waren im ganzen Gouvernement 54,2% des Privateigentums pol=
niſch, und zwar im Kreiſe Kowno 42,8%, in Wilkomir 28%, in
Nowo=Alekſandrowſk 62%, in Poniewez 59,8%, in Roſſienny 65,2%,
in Telſche 69,9% und in Schaulen 51%. Endlich in Suwalki waren
647 Güter mit 308124 Morgen[1]) der Warſchauer Landbank angeſchloſ=
ſen. Dieſe Güter werden, abgeſehen von den Majoraten, wohl aus=
nahmslos in polniſcher Hand ſein. Wie geſagt, können dieſe Zahlen auf
Exaktheit keinen Anſpruch machen, namentlich die für die Gouvernements
Wilna, Kowno und Grodno nicht; ſie bedürfen offenbar ſehr der Berich=
tigung und Vervollſtändigung. Aber ſie geben immerhin ein eindrucks=
volles Bild der polniſchen Machtſtellung in Litauen: man muß ſie ſich
vor Augen halten, da man ſonſt, bei dem geringen Anteil des Polen=
tums an der Bevölkerungsziffer, die Stärke der polniſchen Anſprüche
auf Litauen nicht verſteht. Die geſchichtlichen Erinnerungen kommen
hinzu. Seit 1386, ſeit der Heirat Jagiellos mit Hedwig von Polen,
ergoß ſich der polniſche Einfluß in breitem Strom über Litauen;
Polen ſiedelten ſich dort an; die ſoziale Verfaſſung, die Amts=
verfaſſung bildeten ſich allmählich nach polniſchem Muſter um. Der
Adel wurde auch hier zu einer rechtlich unter ſich gleichen, von der
übrigen Bevölkerung ſtreng geſchiedenen Schicht; das Land wurde

---

1) Ein (neupolniſcher) Morgen = 0,51 Deßjatinen = etwa ½ ha.

in Wojewodschaften und Starosteien eingeteilt; eine große Agrar=
reform in der ersten Hälfte des 16. Jahrhunderts verwischte auch
die Unterschiede in der Agrarverfassung und der landwirtschaftlichen
Technik beider Länder; am unberührtesten blieb noch das Gerichts=
wesen. Als die Personalunion zwischen den beiden Ländern zur Real=
union wurde (1569), war die Assimilierung Litauens an Polen schon
weit vorgeschritten; nun brachten die vermehrte Einwanderung des
polnischen Elements und der gemeinsame Reichstag, der fortan den
größten Teil auch der litauischen Gesetzgebung an sich zog, Litauen
mit Polen vollends auf gleichen Fuß. Die polnische Sprache machte
im Großfürstentum sichtbare Fortschritte; zwar blieb zunächst noch das
Weißrussische in der inneren Verwaltung die Amtssprache — Litauisch
ist in Litauen niemals Amtssprache gewesen —; aber die litauischen
Magnaten bedienten sich schon im 16. Jahrhundert in ihren Schreiben
der polnischen Sprache; im nächsten Jahrhundert dringt sie auch in
die Gerichts= und Amtsakten ein und durchsetzt das amtliche Weiß=
russisch mit zahlreichen polnischen Wendungen und Ausdrücken; 1696
wird das Polnische endlich (neben dem Lateinischen) selbst Amts=
sprache. Daß der litauische Adel und auch der dort (z. B. in Polnisch=
Livland) sitzende deutsche Adel mit der Zeit polnisch wurden, ist be=
kannt. Wie tief die Polonisierung gegangen ist, ist schwer zu sagen;
die kleine Schlachta wurde in ihren höherstrebenden Teilen auch von
ihr erfaßt, blieb freilich anderseits zum Teil in ihrem Kern litauisch;
oft genug rechnete sie sich ohne große Kenntnis der polnischen Sprache
zu den Polen, nur um den Unterschied zur litauischen Bauernbevölke=
rung zu betonen. Auch geographisch zeigen sich Verschiedenheiten:
am weitesten ging die Polonisierung im Süden und Osten; am wenig=
sten wurde Samogitien von ihr berührt; namentlich der Adel im Kreise
Telsche genoß den Ruhm, die litauische Tradition verhältnismäßig am
meisten bewahrt zu haben. Jedenfalls ist wichtig, daß diese Poloni=
sierung nur den staatlichen Organismus und die Oberschichten der
Bevölkerung erfaßte; die Masse des Volkes blieb litauisch, weiß= oder
kleinrussisch; national ist das alte Polen nie ein Einheitsstaat, sondern
immer nur eine Föderation gewesen. Eine Vormachtstellung aber
nahm das Polentum in diesen Gebieten mehrere Jahrhunderte hin=
durch unzweifelhaft ein. Sie ist auch durch die Teilungen Polens
nicht berührt worden, die nach und nach das ganze Land an Ruß=
land brachten: 1772 die ehemals polnischen Bezirke östlich von

Düna und Dnjepr, 1793 das Land zwischen diesen beiden Flüssen und etwa der heutigen (Weihnachten 1916) Front zwischen Dünaburg und Pinsk, 1795 der Rest von Litauen bis an den Niemen heran, das ganze heutige Gouvernement Kowno eingeschlossen, 1807 der Bezirk von Bialystok und endlich 1815 Suwalki. Aber Paul I. (1796 bis 1801) wie auch namentlich Alexander I. (1801—1825) waren im ganzen polenfreundlich; nach dem Tode Katharinas II. erhielten die Aufständischen von 1794, Kosciuszko an der Spitze, die Freiheit zurück; Katharinas Kampf gegen die „unierte" (dem Dogma nach griechische, der Verfassung nach aber mit Rom verbundene) Kirche wurde nicht fortgesetzt; die Beamten blieben, wenigstens in den westlichen Teilen Litauens, fast sämtlich Polen; der litauische Rechtskodex (das Statut von 1589) blieb in Kraft; der Adel durfte sich zur Erledigung seiner eigenen und gerichtlichen Angelegenheiten auf Kreis- und Gouvernementslandtagen versammeln; in Gericht und Schule herrschte die polnische Sprache und auch in der Verwaltung war sie neben der offiziellen russischen Sprache fast gleichberechtigt. Am wichtigsten war, daß Alexander I. 1803 seinen Jugendfreund, den Fürsten Adam Czartoryski, zum Kurator des Wilnaer Lehrbezirks ernannte; Czartoryski wandelte die alte Wilnaer Jesuitenhochschule sofort in eine Universität um und schuf damit dem Polentum den kulturellen und politischen Mittelpunkt, der ihm in Litauen bisher gefehlt hatte.

Der polnische Aufstand von 1830 fand in Litauen teilweise Boden, wurde aber schnell unterdrückt. Gleich darnach setzte der Umschwung der russischen Polenpolitik ein: die Wilnaer Universität wurde aufgehoben (1832); ebenso das litauische Statut (1840); mit dem russischen Recht wurde auch die russische Gerichtssprache eingeführt; aus der Adelsselbstverwaltung wurde die kleine Schlachta beseitigt; die polnische Unterrichtssprache verschwand (1840); doch blieb das Polnische in den Schulen Unterrichtsgegenstand. In der Verwaltung hat die polnische Sprache, soweit ich sehe, ihre Stellung damals noch behauptet. Am einschneidendsten waren fast die Einschränkungen, denen die römisch-katholische Kirche unterworfen wurde: ein Ukas Katharinas II. aus dem Jahre 1795, nach dem eine Kirche nur in solchen Orten sein durfte, die 160 Rauchfänge oder 400 Personen zählten, wurde 1839 auf die römisch-katholische Kirche übertragen, so daß eine ganze Reihe von Kirchen geschlossen werden mußte; von 291 Klöstern wurden 202 aufgelöst; durch Ukas von 1841 wurden alle Güter der

römisch=katholischen Kirche säkularisiert und die Geistlichkeit auf Ge=
halt gesetzt; Ehen zwischen Orthodoxen und Nichtorthodoxen waren
nur gultig, wenn sie auch von einem rechtgläubigen Priester eingesegnet
wurden; die Kinder aus solchen Ehen mußten unter allen Umständen
orthodox werden (Ukas von 1832). Schon Katharina II. hatte damit
begonnen, die Union, das alte Streitobjekt zwischen Polen und Ruß=
land, zu beseitigen; ihre Nachfolger hatten aber diese Politik nicht
fortgefuhrt, sondern durch Schaffung eines Erzbistums in Potock
und zweier Bistümer (in Luck und Brest=Litewski) die ruthenische
Kirche sogar neu organisiert. Nikolaus I. ging, da Polen am Deka=
bristen=Aufstande teilgenommen hatten, sofort nach seinem Regierungs=
antritt gegen die unierte Kirche vor. 1839 erlosch mit dem Übergang
der unierten Geistlichkeit zur Orthodoxie die Union in Litauen. Einen
äußeren Zwang hatte Nikolas gar nicht anzuwenden brauchen; die
äußerst schlechte materielle Lage des unierten Klerus, der nach dem
Übertritt ein festes Gehalt erhielt, sein niedriges geistliches und sitt=
liches Niveau, nicht zuletzt der Einfluß des Bischofs Josef, der zum
Erzbischof ernannt wurde, hatten der russischen Politik diesen Erfolg
leicht gemacht.

Vorubergehend besserte sich die Lage des Polentums in Litauen
nach dem Tode Nikolaus' I. (1855); die Bewegungsfreiheit der Polen
wurde etwas größer und auch eine Änderung der gesetzlichen und Ver=
waltungsvorschriften erfolgte insofern, als die Großgrundbesitzer pol=
nische Landschulen einrichten durften (1857). Damals erlebte das
Polentum in Wilna in geistiger Beziehung die Nachblüte der ersten
Jahrzehnte des Jahrhunderts. Dann vernichtete wieder ein Aufstand
der von 1863, der auch nach Litauen übergriff, dies nationale Leben
und zugleich alles, was den Polen nach 1830 und 1839 noch an Frei=
heiten geblieben war. Mit dem Wilnaer Generalgouverneur M. N. Mu=
rawjëw, 1863 bis 1865, begann ein antipolnisches System von äußerster
Strenge. Nicht nur, daß — nach russischer Angabe — 128 Leute erschossen,
9361 verbannt wurden, Murawjëw ging mit größter Energie daran,
die Machtstellung des Polentums im Nordwestgebiete dauernd zu
brechen. Dabei darf man nicht übersehen, daß er sich nicht auf Re=
pressivmaßnahmen beschränkte, sondern positiv darauf bedacht war,
das russische Element in Litauen zu stärken; in dieser Beziehung hat
er der spateren russischen Politik im Nordwestgebiet die Richtlinien
gewiesen. Die Politik, die schon nach 1830 begonnen war, wurde jetzt

in verschärftem Maße fortgeführt: viele Kirchen und alle noch be=
stehenden Klöster wurden geschlossen, die Adelsselbstverwaltung und
alle polnischen Beamten wurden beseitigt; damit war schon 1831
in der Verwaltung, 1840 in Schule und Gericht begonnen, jetzt
wurde dies konsequent durchgeführt; selbst bei den Eisenbahnbeam=
ten setzte man ihre Zahl 1866 auf 50%, 1887 sogar auf $33^{1}/_{3}$%
fest. Nicht weniger einschneidend waren die russischen Maßnahmen
auf dem Gebiet der Landpolitik. Wie nach dem Aufstande von
1830 wurden auch jetzt eine größere Anzahl polnischer Güter kon=
fisziert; sie wurden aber nur noch zum kleinsten Teile als Dona=
tionen vergeben, sondern größtenteils zu sehr günstigen Bedingungen
— gegen zinsenlose, ratenweise Bezahlung des Kaufpreises oder gegen
eine zu amortisierende Rente mit einem niedrigen Angelde — an
russische Beamte und Russen verkauft. Man wollte dadurch die rus=
sischen Beamten usw. im Lande festhalten; auch eine „Gesellschaft der
Güterkäufer" wurde unter ihnen zu dem gleichen Zwecke gegründet.
Ein Teil der Aufständischen, der nicht zur Konfiskation der Güter
verurteilt wurde, mußte seine Besitzungen innerhalb zwei Jahre an
Russen veräußern; auch wurde der Geistlichkeit und dem polnischen
Adel nach dem Aufstande eine Kontribution in der Höhe von 10%
des Einkommens auferlegt, die 1869 in eine ständige Abgabe von
„Personen polnischer Herkunft" umgewandelt wurde. Während so
der polnische Landbesitz in Litauen geschwächt, der russische gestärkt
wurde, wurde der polnischen Hand auf dem Lande jegliche Möglich=
keit genommen, ihren Besitzstand zu erweitern: 1865 wurde den Polen
jeder Erwerb von Gutsland, außer auf dem Wege der testaments=
losen Erbfolge, untersagt; der Pole konnte nur an eine Person nicht=
polnischer Herkunft seine Güter verkaufen. Der Ukas betraf Grund=
eigentum in den Städten und Flecken nicht, auch richtete er sich nur
gegen den Adel und den Großgrundbesitz; der bäuerliche Besitz fiel
nicht unter das Verbot. Die Bauern erhielten 1863 alles Land, das
sie zum Nutznieß oder durch Vertrag inne gehabt hatten, zum Eigen=
tum; ebenso konnten sie das zurückfordern, was ihnen etwa seit 1857
verloren gegangen war; weniger als 3 Deßjatinen Anteilsland sollte
kein Bauer haben. Auch eine bäuerliche Selbstverwaltung wurde, ähn=
lich wie im Königreich Polen, eingerichtet; ihre Organe waren in der
Dorfgemeinde die Gemeindeversammlung und der (gewählte) Starost;
ihre Aufgaben waren: Erhebung von Steuern, Vormundschafts=

pflege usw. Wieweit durch diese Maßnahmen der weißruffische und besonders der litauische Bauer für die Regierung gewonnen wurde, ist schwer zu entscheiden, im ganzen aber konnte die Regierung in Litauen ebenso wie in Polen mit den Erfolgen ihrer Bauernpolitik wohl zufrieden sein; antiruffisch war der Bauernstand, wenigstens in seiner Mehrzahl, vor dem Kriege weder in Polen noch in Litauen. Andererseits wurde das Polentum in Litauen durch die Politik Murawjews und seiner Nachfolger naturgemäß nicht vernichtet, dazu war es kulturell dem Ruffentum viel zu weit überlegen, aber es wurde doch erheblich geschwächt. Die katholische Kirche und die Sphäre des Privatlebens blieben sein Zufluchtsort; nur im stillen suchte man durch geheime Organisationen dort, wo es angängig schien, unter der länd= lichen und städtischen Bevölkerung die polnische Sprache zu pflegen und zu verbreiten.

An die Stelle des polnischen Elements trat nun im öffentlichen Leben Litauens das russische. Die Stütze des Großruffentums war zunächst natürlich das Beamtentum; außerdem wurden durch die „Bauernbank" (seit 1901) großruffische Bauern in Litauen angesetzt; nähere Zahlen darüber liegen mir leider zur Zeit nicht vor; im Gouvernement Kowno, wo sie sich hauptsächlich betätigt, soll sie von 1904—1912 52400 Deßjatinen angekauft haben. Es kam dem Großruffentum aber in Litauen, im Gegensatz zum Zartum Polen, einmal zugute, daß in dem hier herrschenden Nationalitätengewirr das Russische als Staatssprache zur Vermittelung diente, nicht nur im Verkehr von Litauern und Polen mit den Ruffen, sondern auch zwischen Litauern und Polen; auch hatte die hauptstädtische Presse Rußlands hier lange Zeit das Monopol. Zweitens konnte das Großruffentum sich auf örtliche Elemente stützen, namentlich auf die orthodoxe Bevölkerung, die 1897 im Gouvernement Kowno 45000, in Wilna 415000, in Grodno 919000 betrug. Die ortho= doxen Weißruffen besonders stehen stark unter dem russischen Ein= fluß; in Wilna sind weißruffische Vereine und Zeitschriften ent= standen, die für den engsten Anschluß an das Großruffentum ein= treten; außerdem wurde in „rechtgläubigen Bruderschaften" und in den Ortsgruppen des „Verbandes des russischen Volkes" im West= gebiet russische Propaganda gemacht. Das Polentum war hiergegen zunächst machtlos. Erst nach der Revolution bekam es die Hände frei. Besonderen Nutzen zogen die Polen aus dem Edikt vom Mai 1905, das die Sprachenfreiheit verkündete, und aus dem Ukas vom Dezember 1904, der in den zweiklassigen Elementarschulen und auch in den Mittelschulen, je nachdem die Mehrheit der Schüler polnischer oder litauischer Nationalität war, die polnische oder litauische Sprache als Unterrichtsgegenstand zuließ. Der Religionsunterricht durfte in der Muttersprache erteilt werden; doch wurde seit 1913 das Urteil uber die Nationalität der Schüler den Schulbehörden vorbehalten. Unter der Firma „Oswiata" (Aufklärung) entstanden in Wilna, Minsk und Nieswiez Vereine, die sich die Einrichtung polnischer Bibliotheken und die Organisierung des polnischen Unterrichts angelegen sein ließen; auch private Elementarschulen entstanden, die polnische Unterrichtssprache haben durften; sie wurden aber schnell wieder geschlossen. 1905 erschien in Wilna nach 40jähriger Unterbrechung wieder eine polnische Zeitung, zusammen wurden Anfang 1912 in Wilna 14 periodische Zeitungen und Zeitschriften herausgegeben, die den polnischen Interessen dienten. Die nationalistische Reaktion in Rußland machte sich aber bald fühlbar; schon 1906 wurde (außer in Kowno) als Vereins- und Versammlungssprache wieder das Russische vorgeschrieben; im Februar 1908 wurde die Wilnaer „Oswiata" geschlossen; die in Minsk und Nieswiez traf 1909 dasselbe Los. Sodann wurde das Polentum in Litauen namentlich durch die Vorlage über die Einführung der Semstwoverfassung im Westgebiet betroffen. Bis 1911 wurden die Vertreter dieses Gebiets im Reichsrat nicht, wie sonst, von den Semstwos gewählt, sondern von eigens dazu gebildeten Versammlungen des Großgrundbesitzes; es wurden dann durchweg Polen gewählt. Um das zu verhindern, wollte Stolypin für sechs der Gouvernements des Westgebiets die Semstwoorganisation einführen, doch wurden bei den Wahlen zu den Kreisräten für den Großgrundbesitz besondere Kurien eingerichtet, eine russische und eine polnische. Die polnische Kurie durfte aber nur einen Teil der eigentlich auf sie entfallenden Kreisräte wählen. Die Kreis-Semstworäte wählten wieder zu den Gouvernements-Semstworäten; wieder war aber die Zahl der Polen, die dorthin entsandt werden durften, genau festgesetzt; zahlreiche Kreise durften gar keine Polen in den Gouvernements-Semstworat senden. Auf diese Weise wurde dem russischen Großgrundbesitz der Vorrang in diesen Semstwos gesichert, was denn auch in den Wahlen zum Reichsrat, die von den Gouvernements-Semstwos vorgenommen wurden, zum Ausdruck kam. Die Gouvernements Kowno, Wilna und

Grodno wurden jedoch ausgenommen; in ihnen war die Präponderanz des Polentums auch auf diese Weise nicht zu brechen; sie sind bis heute ohne Selbstverwaltung geblieben. Für die übrigen sechs Gouvernements setzte Stolypin, wie wohl erinnerlich, nach heftigen Kämpfen seinen Willen durch einen Staatsstreich, auf Grund des § 87, durch. So hat sich die Stellung des Polentums zwar nach 1904 verbessert, aber es unterlag doch manchen und einschneidenden Beschränkungen; es war auch längst nicht mehr so absolut vorherrschend wie bis 1830. Das russische Element, das jüdische waren daneben getreten; auch die bodenständige Bevölkerung, die Weißrussen und namentlich die Litauer, kamen allmählich, wie wir noch sehen werden, empor. Die polnischen Ansprüche auf dieses Land sind trotzdem nicht aufgegeben; Litauen, das Land, aus dem Kosciuszko und Mickiewicz und viele andere Gestirne der polnischen Geschichte und Literatur stammen, ist jedem polnischen Herzen teuer. Namentlich die Vereinigung von Stadt und Gouvernement Wilna mit dem Königreich Polen ist das Ziel der polnischen Wünsche, sie sind auch seit dem 5. November 1916 sofort in Warschau wie in Wilna hervorgetreten. Einen entschlossenen politischen Verzicht auf Litauen hat in russischer Zeit selbst Dmowski, der Führer der polnischen Versöhnungsparteiler, nicht auszusprechen gewagt. Dabei war nicht einzusehen, wie ohne einen solchen polnischen Verzicht auf Litauen eine Versöhnung der russischen mit den polnischen Interessen möglich sein sollte. Rußland konnte dem Zartum Polen wohl zur Not eine weitgehende Autonomie gewähren, das Westgebiet aber, ohne das Kurland und Riga im Norden, Odessa im Süden nicht zu halten sind, war für Rußland, ähnlich wie Posen für Preußen, lebensnotwendig; das mußte es fest in der Hand zu halten suchen. Ob und welche Lösung die Frage in der polnisch-russischen Ausgleichskommission im Juli 1915 finden sollte, ist nicht bekannt geworden. Um so geringer war immer die Geneigtheit Rußlands, den polnischen Ansprüchen hier nachzugeben, als die russische Politik in den kirchlichen und nationalen Verhältnissen Litauens, wie schon gesagt, eine gewisse Stütze fand; auch darin ähnelte die Lage der in Posen und Westpreußen; wie sich dort die preußische Politik auf dem deutschen Element aufbaute, so boten hier die Weißrussen und die Litauer der russischen Politik wenigstens einen gewissen Rückhalt.

V. Die Weißruſſen.

Über die Weißruſſen genügen wenige Worte. Sie ſind im Gou=
vernement Kowno ſo gut wie gar nicht, nur in dem öſtlichſten Kreiſe
Nowo=Alekſandrowsk vertreten, herrſchen aber in Grodno und noch
mehr in Wilna vor. In Grodno ſind ſie überwiegend orthodox; nur im
Kreiſe Sokolka machen — nach der Zählung von 1897 — die katho=
liſchen 68,2%, die orthodoxen 15,7% der Bevölkerung aus. In den
Kreiſen Wolkowysk, Grodno und Bialyſtok bilden die Katholiken
unter den Weißruſſen anſehnliche Minoritäten: in Wolkowysk ſind
von den Weißruſſen 26,9% der Bevölkerung katholiſch, 55,6% ortho=
dox, in Grodno machen die katholiſchen Weißruſſen 20,3% der Be=
völkerung aus, die orthodoxen 45,5, in Bialyſtok kommen je 13% der
Bevölkerung auf die katholiſchen und orthodoxen Weißruſſen. In den
Kreiſen Slonim und Pruzany, in denen über 75% der Bevölkerung
weißruſſiſch iſt, gehören bloß 6—8% der Bevölkerung zu den katho=
liſchen Weißruſſen. Man ſieht, der Katholizismus iſt unter den
Weißruſſen im Weſten des Gouvernements erheblich ſtärker verbreitet
als im Oſten; der Grund liegt natürlich in der Nähe des polniſchen
Einfluſſes, wobei freilich darauf hingewieſen werden muß, daß die
an das polniſche Sprachgebiet angrenzenden kleinruſſiſchen Kreiſe,
wie Bielsk, Breſt=Litewski und Kobryn, dieſem Einfluß des Katholi=
zismus nicht unterlegen ſind. Noch ſtärker ſind die Weißruſſen im
Gouvernement Wilna katholiſiert. In den Kreiſen, die eine ſtark
litauiſche, alſo katholiſche, Bevölkerung haben, wie Wilna, Troki,
Swienciany, ſind auch die Weißruſſen durchweg katholiſch; aber auch
in den Kreiſen Oszmiany und Lida, wo das weißruſſiſche Element
mit 80,1% bzw. 73,2% der Bevölkerung allein dominiert, ſind 51,1%
bzw. 49,3% der Bevölkerung katholiſche Weißruſſen, während in den
beiden übrigen Wilnaer Kreiſen Disna und Wilejka, die beide auch
über 80% Weißruſſen haben, etwa 29% der Bevölkerung katholiſche
Weißruſſen ſind; auch hier tritt alſo der Katholizismus unter ihnen
mit der größeren Entfernung vom Haupteinflußgebiet der katholiſchen
Kirche zurück. In den Gouvernements Minsk, Mohilew und Witebsk
iſt die Maſſe des Weißruſſentums, die im ganzen etwa 8 Millionen
Köpfe beträgt, orthodox. Was die Bezeichnung „Weißrußland" be=
deutet, iſt ſtrittig; ſie wird im Sinne von „unabhängig" (von der Zaren=
herrſchaft) erklärt, aber auch mit der Volkstracht; dabei wird — was

an sich richtig ist — darauf hingewiesen, daß die Weißruſſen im Vergleich mit den Großruſſen den ſlawiſchen Charakter ziemlich rein bewahrt haben; blondhaarige und blauäugige Erſcheinungen ſind bei
ihnen in der Tat häufig. Der weißruſſiſche Stamm iſt aus ruſſiſchen
Stämmen erwachſen, die das Quellgebiet der Düna, des Dnjepr und
Niemen bewohnten; ſprachlich ſteht es zu dem Großruſſentum in
näherem Verhältnis als das Ukrainiſche zum Großruſſiſchen. In
dem alten litauiſchen Staat war das Weißruſſentum, wie ſchon
erwähnt, urſprünglich kulturell das überlegene Element. Seit dem
16. Jahrhundert wurde es darin von dem Polentum abgelöſt;
das Weißruſſiſche blieb zwar noch bis gegen Ende des 17. Jahrhunderts im Großfürſtentum Litauen Amtsſprache, wurde aber
immer mehr zu einer Kanzleiſprache, die jede Fühlung mit dem Volke
verlor; als ſie amtlich nicht mehr benutzt wurde, verſchwand ſie gänzlich. So mußte ganz von vorn begonnen werden. Als die erſten
wurden die polniſchen Romantiker auf das weißruſſiſche Volkstum aufmerkſam; namentlich Mickiewicz ſchöpfte aus dieſer Quelle
einige Volksweiſen; auch einige ethnographiſche Arbeiten über Weißrußland entſtanden auf polniſcher Seite. Nennt man noch Barſz-
czewſki (1790—1851) und Dunin-Marcinkiewicz (1807—1885), die
beide neben polniſchen Werken auch eine Anzahl Dichtungen in weißruſſiſcher Sprache verfaßten, ſo iſt in der Hauptſache erſchöpft, was
ſich über die ältere weißruſſiſche Literatur ſagen läßt. Bis Ende des
19. Jahrhunders waren es namentlich aus Weißrußland ſtammende
ſtudentiſche Kreiſe, die ſich der Pflege ihrer heimatlichen Sprache annahmen; ſie ſchloſſen ſich in Petersburg auch zu einem Verein zuſammen (1902), um „weißruſſiſche Kultur“ ins Volk zu tragen; eine
Anzahl belletriſtiſcher Schriften, aber auch einige rein ſozialiſtiſche
Broſchüren wurden zu dieſem Zweck in weißruſſiſcher Sprache gedruckt.
Es war kein Wunder, daß in den ſtürmiſchen Jahren 1905/06, als
alle Welt in Rußland nach „Autonomie“ rief, auch für Weißrußland
die gleiche Loſung ausgegeben wurde; Agrarreform und Einführung
der weißruſſiſchen Sprache in den Schulunterricht waren die weiteren
Programmpunkte. Dauernde Bedeutung von den Gründungen der
Revolutionsjahre hatte nur die Wochenſchrift „Naſza Niwa“ (Unſer
Feld) gewonnen, die von 1906 bis 1915 in Wilna für die rechtgläubigen Weißruſſen in ruſſiſchen, für die katholiſchen Weißruſſen in la-
teiniſchen Lettern erſchien. In dieſem kleinen Blatte fand ſich ſeitdem

alles zusammen, was es an selbständiger weißruſſiſcher Bewegung gab; es ſtand auf national=weißruſſiſchem Boden und forderte vor allem die Herrſchaft für die weißruſſiſche Sprache in der Schule und in beiden Kirchen. Die „Naſza Niwa", die für breite Kreiſe beſtimmt war, traf geſchickt einen volkstümlichen Ton, ihre Mitarbeiter waren auch meiſt Leute, die dem Volke naheſtehen, wie Organiſten, Lehrer uſw.; ihre Anhängerſchaft ſcheint nicht ganz gering geweſen zu ſein; konnte ſie doch 1910 über 660 Korreſpondenzen aus 320 Orten veröffentlichen. Immerhin aber war dieſe ganze Bewegung noch außerordentlich be= ſcheiden; Weißrußland gehört kulturell und wirtſchaftlich zu den rück= ſtändigſten Teilen Rußlands. Wieweit die ſtammlichen und ſprachlichen Verſchiedenheiten des Weißruſſentums vom Großruſſentum einer poli= tiſchen Trennung dienlich gemacht werden können, wird ſich gegebenen= falls zu zeigen haben. Erſchwert wird das Vordringen der weißruſſiſchen Bewegung durch die konfeſſionelle Spaltung: die katholiſchen Weiß= ruſſen ſtehen ſtark unter polniſchem Einfluß; Katholizismus und polniſche Sprache ſind auch hier gleichbedeutend; ebenſo herrſcht unter den orthodoxen Weißruſſen der ruſſiſche Einfluß vor; wie wir ſchon ſahen, wurde hier zum Teil unter dem Mantel einer weiß= ruſſiſchen Bewegung für offenen und engen Anſchluß an das Groß= ruſſentum Propaganda gemacht. Die Maſſe der Weißruſſen iſt des= halb heute ein Inſtrument der ruſſiſchen oder der polniſchen Politik; beide Mächte hemmen die Entwickelung eines ſelbſtbewußten Weiß= ruſſentums. Die politiſche Neugeſtaltung der Dinge nach dem Kriege kann aber leicht dem Weißruſſentum noch eine erhöhte direkte oder in= direkte Bedeutung geben.

VI. Die Litauer.

Unter verhältnismäßig viel günſtigeren Verhältniſſen hat ſich die litauiſche Bewegung entwickelt, und ſie iſt heute auch ſchon ungleich ſtärker als die weißruſſiſche. Sie hat vor der weißruſſi= ſchen vor allem das voraus, daß es ſich bei den Litauern nicht wie bei den Weißruſſen um mehr oder minder große dialektiſche Ab= weichungen vom Großruſſentum handelt, vielmehr ſind die Litauer wirklich eine Nationalität für ſich. Sie ſind keine Slawen, ſondern bilden mit den Letten eine beſondere indogermaniſche Völkergruppe, die freilich den Slawen naheſteht. Während die ſlawiſchen Sprachen untereinander doch ſo nahe verwandt ſind, daß eine Verſtändigung,

wenn auch nur zur Not, möglich ist, ist die litauische Sprache für den
Slawen ebenso unverständlich wie für den Deutschen. Das ethno=
graphische Litauen zerfällt von altersher in 2 Hauptteile: Nieder=
Litauen oder Samogitien, das den westlichen Teil des Gouvernements
Kowno bis zur Dubissa und Wenta umfaßt, und Oberlitauen, zu dem
der Rest von Kowno und die litauischen Teile der Gouvernements Wilna
und Suwalki gehören; beide unterscheiden sich vor allem durch den
Dialekt. Das litauische Volk ist ein Bauernvolk, der Adel ist wie ge=
sagt meist polonisiert; auch auf die Städte trifft das mehr oder weniger
zu; Wilna ist ja geradezu ein polnisches Zentrum; das Litauertum
verschwindet dort ganz; auch Kowno ist einigermaßen polonisiert; in
den kleinen Städten dominiert das Judentum. Ein litauisches Bürger=
tum gibt es einstweilen nicht; die Intelligenz wird vor allem durch den
Klerus vertreten; daneben ist freilich in letzter Zeit auch eine — zahlen=
mäßig nicht sehr große — weltliche Intelligenz entstanden. Dadurch er=
klärt es sich, daß die kulturelle und nationale Entwicklung des Litauer=
tums zwar ganz erheblich weiter vorgeschritten ist als etwa die des
Weißrussentums; absolut betrachtet, ist sie aber einstweilen auch nicht
bedeutend. Die litauische Sprache hat weder eine alte noch eine um=
fangreiche Literatur aufzuweisen; das älteste datierte litauische Sprach=
denkmal stammt aus den Jahren vor 1545; es ist die Übersetzung
eines Kirchenliedes, und kirchlichen und religiösen Charakter trägt die
litauische Literatur fast ausschließlich bis in die Mitte des 18. Jahr=
hunderts hinein. Erst von da ab beginnt die weltliche Dichtung;
Christian Donalitius, der Pfarrer von Tollmingkehmen (1714—1780),
der einige Fabeln und Idyllen dichtete, ist an erster Stelle zu nennen;
gleichzeitig fand auch das litauische Volkslied („Daina") Eingang in
die Weltliteratur. Im 19. Jahrhundert wurde der Strom der litauischen
Dichtung etwas breiter, obwohl er an sich klein genug blieb; sie nahm
jetzt durchweg litauisch=nationalen Charakter an im Sinne einer kul=
turellen Hebung und Bildung des Volkes auf nationaler Grundlage.
Dowkont und Wolonczewski, der erstere mehr den reinen Litauer, der
zweite mehr den Typ des polonisierten litauischen Adels darstellend,
Iwinski und Baranowski sind die bekanntesten dieser Schriftsteller;
der Inhalt ihrer Schriften ist ethnographisch, geschichtlich, poetisch, zum
Teil freilich sind es auch bloße Übersetzungen. Erheblich unterstützt
wurde diese kulturelle litauische Bewegung durch das Interesse, das
sich dem litauischen Volkstum von seiten der deutschen und polnischen

Wissenschaft zuwandte; auf deutscher Seite waren es zumeist sprach=
wissenschaftliche Studien; bei den Polen, die für diese Dinge in der
Universität Wilna zeitweise ein Zentrum besaßen, bemächtigte sich
hauptsächlich die Geschichtsforschung des Gegenstandes; ich erinnere
nur an J. Narbutt's große „Geschichte Litauens". Durch all das
wurde das Selbstgefühl des litauischen Volkes gesteigert; der Boden
dafür war überhaupt durch das Aufkommen des Nationalitätsge=
dankens, das hier wie überall stattfand, vorbereitet; so entwickelte
sich eine immerhin bemerkenswerte kulturell=litauische Bewegung, deren
Träger im wesentlichen Adel und Geistlichkeit waren.

Eine entscheidende Wendung erfolgte nach dem Aufstande von
1863. Panslawistische Tendenzen, Träumereien von einem allslawischen
Alphabet, brachten einen gewissen Hilferding auf den Gedanken, auch
die litauische Sprache in russischen Buchstaben zu schreiben. Die Idee
kam der Murawjewschen Politik, das Russentum und die Orthodoxie
in Litauen zu stärken, sehr gelegen; zugleich hoffte man den polnischen
und katholischen Einfluß auf das litauische Volk dadurch einzuschrän=
ken. Außerdem wurde das bisherige litauische Schrifttum als russen=
feindlich verdächtigt; so erging 1865 das Verbot, litauische Druck=
schriften in lateinischen Lettern zu drucken. Damit war der litauischen
Bewegung ein tödlicher Schlag versetzt; die literarische Produktion
in Litauen selbst hörte so gut wie ganz auf. Nur im Gouvernement
Suwalki, das ja nicht zum Generalgouvernement Wilna gehörte,
blieb die litauische Sprache etwas freier; namentlich wurde für
die Litauer in Marjampol ein Gymnasium und in Weiwery ein
Seminar für Volksschullehrer gegründet; auch wurden fortan auf
russischen Universitäten zehn Stipendien an litauische Studenten
verliehen. Wenn die Regierung dadurch eine litauische Intelligenz
schaffen wollte, die unter russischem Einfluß stand und gleichzeitig
einen Klassenhaß gegen den polnischen Adel in sich einsog, so hat sie
dies Ziel zum guten Teil erreicht. Zum Teil freilich wurde dieser Er=
folg vereitelt durch das Verbot der lateinischen Lettern; die Unter=
drückung, die darin lag — fürchteten die litauischen Bauern doch, daß
mit der Einführung der kyrillischen Schrift auch die Bekehrung zur
Orthodoxie verbunden sei —, mußte zu antirussischen Tendenzen führen
und hat das auch getan. Die erste Folge war, daß sich die litauische
Bewegung nach Litauisch=Preußen zurückzog, um von hier aus Litauen
mit Schriften in lateinischen Lettern zu versorgen. Daß man den Nord=

zipfel Ostpreußens zum Schauplatz dieser Tätigkeit machte, geschah wohl
mehr aus geographischen als aus ethnographischen Gründen; zwar
hatte einst, unter Herzog Albrecht, von Königsberg das Studium der
litauischen Sprache seinen Ausgang genommen, aber von einer nationalpolitischen Bewegung war unter den preußischen Litauern nie
die Rede gewesen; man hatte sich auf die Pflege der angestammten
Sprache beschränkt, und war und ist im übrigen unbedingt loyal. Die
litauische Bewegung, die sich in der Zeit von 1883—1904 in Ostpreußen ansiedelte, war denn auch gar nicht auf die preußischen Litauer berechnet; ihre Produkte waren für den Export nach „Groß-
litauen“, nach den Gouvernements Suwalki und Kowno bestimmt
und wurden durch einen umfangreichen und gut organisierten
Schmuggel massenhaft hinübergebracht. Der preußische Staat sah
diese Agitation nach damaligen politischen Anschauungen nicht gern, er
hat ihr auch manche Schwierigkeit gemacht, entscheidend aber hat er
sie nicht behindert. In den zwei Jahrzehnten von 1863—1883 scheint
die litauische Bewegung vollständig geruht zu haben; dann begann
in Ragnit, später in Tilsit durch die Initiative eines Dr. Bassanowicz
eine Zeitschrift „Auszra“ (Morgenrot) zu erscheinen, und um sie sammelte
sich nun ein Kreis von „Litvomanen“, die voller Enthusiasmus die
Gedanken der großen Vergangenheit Litauens, seiner individuellen
Kultur und seines Rechtes auf ein selbständiges Dasein verkündeten
und ins Volk trugen. Die Bewegung war, ebenso wie die vor 1863,
nationalkulturell; man dachte sie sich verwirklicht im Rahmen des
russischen Staates; man bekämpfte, wobei auch schon leise die wirtschaftlichen Gegensätze mitspielen, die polnisch gewordene litauische
Schlachta und das Polentum; auch weitergehende politische Gegensätze wurden wach: in einem Briefwechsel zwischen den Redaktionen
der „Auszra“ und des „Dziennik Poznanski“ trat trotz aller Ver-
söhnlichkeit auf beiden Seiten deutlich die Differenz der Anschauungen
darüber hervor, ob Litauen politisch zu Polen gehören solle oder
nicht (1884). Die „Auszra“ fand namentlich gute Aufnahme im Gouvernement Suwalki; nicht nur wegen der räumlichen Nähe, auch der
russische Druck war hier geringer als im „Nordwestgebiet“, und das
Marjampoler Gymnasium erwies sich geradezu als Pflanzstätte dieser
Ideen.

Es war nur natürlich, daß in der Emigration, in die diese Litvomanen gezwungen waren, die russophile Tendenz nicht dauernd

herrſchend blieb, und es konnte weiter nicht ausbleiben, daß zu den
rein kulturellen Beſtrebungen auch wirtſchaftliche hinzukamen, daß
man ſich auch die wirtſchaftliche Hebung der litauiſchen Bauern zur
Aufgabe machte. Als die „Auszra" 1886 einging und nach mehr=
jähriger Pauſe ein neues national=litauiſches Blatt in Tilſit entſtand,
die „Varpas" (Glocke, 1889), unterſchied ſie ſich hauptſächlich durch
dieſe beiden Momente von ihrer Vorgängerin; neben der Betonung
der wirtſchaftlichen Fragen war die „Varpas" auch zu einem Bünd=
nis mit dem Polentum bereit, unter der Vorausſetzung, daß pol=
niſcherſeits das Recht auf die politiſche Selbſtändigkeit der Litauer
anerkannt wurde; außerdem forderte ſie die Vereinigung des Gou=
vernements Suwalki mit dem Hauptteil des ethnographiſchen Li=
tauens. Politiſch war dieſe Gruppe ausgeſprochen demokratiſch,
während die „Auszra" darin farblos war; dieſe ganze junge litauiſche
Intelligenz entſtammte ja dem wohlhabenderen litauiſchen Bauern=
ſtande; der Gegenſatz zum polniſchen Adel lag ihr im Blut; auf die
Erweckung und Gewinnung der litauiſchen Volksmaſſe war die Be=
wegung eingeſtellt; ſie konnte gar nicht anders als demokratiſch ſein.
Wohl aber ſchied ſich die „Varpas"=Gruppe bald in Radikale und
Gemäßigte; es traten zunächſt die Sozialiſten aus und bildeten eine
eigene litauiſch=ſozialdemokratiſche Partei (1896); der gemäßigtere
Teil des Reſtes war für eine Kompromiß= und Verſöhnungspolitik
mit der ruſſiſchen Regierung; der radikalere, der ſich 1902 zu einer
litauiſch=demokratiſchen Partei formierte, war ſchroff antiruſſiſch. Er
forderte in ſeinem Programm ein „freies und unabhängiges Litauen"
und an anderer Stelle „vollſtändige Autonomie Litauens in den
ethnographiſchen Grenzen"; im Verhältnis zu den Polen faßte man
wohl ein Zuſammengehen gegen Rußland ins Auge, lehnte aber jede
polniſche Führung und Vormachtſtellung ab; agrarpolitiſch wurde
u. a. die Aufteilung des Kronlandes und der konfiszierten Güter
(der „Majorate") an landloſe litauiſche Bauern gefordert; nur durch
Kampf ſei dieſes Ziel zu erreichen. Das Organ dieſer Gruppe blieb
die „Varpas".

Wie ſtand nun der litauiſche katholiſche Klerus zu dieſer Be=
wegung? Er hielt ſich anfangs abſeits: die ältere Geiſtlichkeit war
ſtark poloniſiert und bekam infolgedeſſen von den nationalen Litauern
manche ſcharfe Kritik zu hören; „Auszra" ſowohl wie „Varpas" ver=
herrlichten mit der Vergangenheit des Volkes auch das Heidentum

des alten Litauen; dazu wurde, wie wir sahen, die weltliche litauische
Bewegung immer radikaler. Das heißt nun aber nicht, daß der
litauische Klerus dauernd national indifferent blieb oder sich auf die
Seite des Polentums schlug; im Gegenteil, die jüngere Geistlichkeit
fühlte durchaus litauisch=national; ihr schwebte ebenfalls als Ideal
die nationale Erweckung und Hebung des Volkes vor. Sie war von
dem Bestreben erfüllt, die Führung in der litauischen Bewegung der
Kirche zu sichern. Sie schloß sich deshalb nicht der „Varpas" an,
sondern gründete eine eigene klerikale Zeitschrift, die „Žemaicia ir
Lietuvos Apžvalga" (Schamaitische und Litauische Rundschau, Tilsit
1890—1896). Die „Apžvalga" kämpfte in erster Linie gegen den
Polonismus in der Kirche; ein scharfer Nationalismus war für diese
klerikale litauische Aktion von Anfang an bezeichnend; die litauische
Sprache wurde in der Kirche (außer vielleicht in Schamaiten) in der
Tat auch vernachlässigt, und die Erweiterung ihrer Rechte oder gar
ihre Herrschaft in der Kirche war das Hauptziel dieser Gruppe. Sie
fand, als die radikalen und antiklerikalen Tendenzen in der „Varpas"
mehr und mehr vorzuherrschen begannen, Zuzug aus dem Teil der
jüngeren Geistlichkeit, die bisher zur „Varpas" gehalten hatte; als
die „Apžvalga" einging, wurde ein neues Organ gegründet („Tėvynės
Sargas", Wächter der Heimat), das ebenso nationalistisch war und
natürlich zwar die Russifizierung in der Schule und die Begünstigung
der Orthodoxie auf Kosten des Katholizismus bekämpfte, den Kampf
gegen die Regierung aber, den die Demokraten propagierten, ablehnte.

So wurde von Tilsit her zwischen 1883 und 1904 von verschiedenen
Gruppen und Seiten an der Nationalisierung des litauischen Volkes
gearbeitet; trotz aller Fehden untereinander waren sie alle entschlossen
litauisch und nach Lage der Dinge im Grunde auch alle antipolnisch,
mochten da auch, ebenso wie im Verhältnis zu Rußland, Nuancen
bestehen. Welche Erfolge im Volke erzielt wurden, läßt sich schwer
ausmachen; die Agitation mußte sich ja im geheimen vollziehen. Ganz
gering sind sie aber wohl nicht gewesen; denn die Verbreitung, die
die genannten (und einige andere) Zeitschriften fanden, war an=
scheinend recht bedeutend, namentlich im Gouvernement Suwalki; in
vielen Dörfern wurden auf dem Wege der Selbsthilfe Organisationen
gebildet, die die Jugend besonders im Lesen der lateinischen Lettern
unterrichteten; auch die Tätigkeit der Geistlichkeit wird in Rechnung
zu stellen sein. Breitere Volksmassen waren aber von der Bewegung

schwerlich schon erfaßt. Das litauische Schrifttum war im ganzen noch sehr gering; eine litauische Bibliographie zählt für die Zeit von 1533—1903 nur 2665 Werke auf, von denen ein sehr großer Teil religiösen Inhalts ist.

Epochemachend war die Aufhebung des Verbots des lateinischen Alphabets. Es hatte sich überlebt; Fürst Swiatopolk-Mirski hatte schon in seiner Eigenschaft als Generalgouverneur von Wilna dafür plädiert: die Verbreitung litauischer Schriften in lateinischen Lettern sei doch nicht zu verhindern, und würden sie im Inlande hergestellt, so ließe sich diese Literatur beaufsichtigen und durch die Regierung beeinflussen. So erfolgte denn die Aufhebung bald nach dem Aus-bruch des japanischen Krieges, noch ehe die Revolutionsbewegung in Rußland einsetzte (7. Mai 1904). Die Klerikalen stellten das Er-scheinen ihrer Zeitschriften in Preußisch-Litauen sofort ein, um nun-mehr den Weg der legalen Agitation zu beschreiten. Die „Varpas" erschien noch einige Jahre weiter. Die Vorgänge in Litauen während der stürmischen Jahre von 1904 und 1905 brauchen hier nicht im einzelnen geschildert zu werden. In der Revolution selbst kamen be-greiflicherweise zunächst die radikalen Elemente obenauf; charakteristisch dafür war der berühmte litauische Nationalkongreß in Wilna (21. und 22. November 1905), der unter dem Vorsitz des Dr. Bassanowicz (der 1883 die „Ausra" gründete) und unter Teilnahme von 1000 Dele-gierten aller Parteien und Organisationen und vieler Gemeinden tagte. Er forderte Autonomie für Litauen, das außer dem ethno-graphischen Litauen auch die Gebiete umfassen sollte, die wirtschaftlich, national oder sonstwie dorthin gravitieren, insbesondere Suwalki, ferner Herrschaft der litauischen Sprache in Gemeinde, Kirche und Schule, Kampf gegen Rußland. Namentlich der letztere Punkt ent-sprach aber nicht den Ansichten der Mehrheit der litauischen Intelli-genz; kurz vor dem Kongreß hatte man Witte ein Memorandum übergeben, das zwar sachlich ungefähr die gleichen Forderungen auf-stellte, aber doch mit Rußland und innerhalb Rußlands die Auto-nomie und bürgerliche Freiheiten erstrebte. Und diese im Verhältnis zu Rußland gemäßigte Richtung behielt in den folgenden Jahren die Oberhand; sie fand von Rußland aus mindestens ideelle Unter-stützung; sie wurde im wesentlichen getragen von der Geistlichkeit, die den größten Teil der litauischen Intelligenz darstellte und, wie wir sahen, von vornherein nicht unter allen Umständen antirussisch war. Aber

sie war nationalistisch und antipolnisch, sie richtete die Stoßkraft der
litauischen Bewegung so gut wie ausschließlich gegen das Polentum
und war in diesem Kampfe, in dem ihr ubrigens die Radikalen und
Demokraten immer mehr Gefolgschaft leisteten, unbedingt die Führerin.

Das Hauptkampfgebiet war die Kirche, und zwar die Sprache des
sogenannten „Ergänzungsgottesdienstes", d. h. aller Gesänge, Ge-
bete usw. außerhalb des offiziellen Rituales. Alle drei litauischen Diözesen (Sejny, Kowno und Wilna) sind von ihm ergriffen, am wenigsten
noch die Diözesen Sejny und Kowno. Sejny umfaßt das Gouvernement
Suwalki und die Hälfte von Lomza; die polnische und litauische Bevölkerung sitzt hier geographisch ziemlich getrennt; in Kowno ist das
litauische Element weitaus in der Mehrzahl; so liegen in diesen beiden
Diözesen die Dinge immerhin noch verhältnismäßig einfach. Viel
umstrittener sind die östlichen Bezirke des litauischen Sprachgebiets,
die Kreise Wilna, Swienciany, Troki und Lida, namentlich hier hat
der Kampf um die Kirchensprache, der auf litauischer Seite von einem
besonderen „Bunde zur Regelung der Rechte der litauischen Sprache
in den Kirchen" geführt wird, besonders erbitterte Formen angenommen
und ist in vielen Fällen zu Tätlichkeiten und recht häßlicher Störung
des Gottesdienstes ausgeartet. Die objektive Feststellung der Natio-
nalitätenverhältnisse stößt auf die größten Schwierigkeiten; es kommt
vor, daß die eine Partei eine Gemeinde als „rein polnisch", die andere
Partei dieselbe Gemeinde als „rein litauisch" bezeichnet. Dabei wird
man dort, wo die Angaben sich schroff widersprechen, nicht immer
ihre Verfälschung durch eine oder beide Seiten vermuten durfen: es
ist in der Tat oft schwer, zu entscheiden, ob jemand „Litauer" oder
„Pole" oder „Weißrusse" oder „Großrusse" ist; es gibt „Litauer",
die kein Wort Litauisch können, und umgekehrt überzeugte „Polen"
aus kirchlicher oder sonstiger Tradition, die nur litauisch sprechen;
oft rechnen sich die Glieder einer Familie zu verschiedenen Nationalitäten. Der niedrige Bildungsstand der Bevölkerung verschlimmert das Chaos noch und öffnet der nationalen Agitation jeder Art
Tür und Tor. So ist es verständlich, daß die Bemühungen des
Wilnaer Diözesanadministrators, Michalkiewicz, Richtlinien für die
Kirchensprache je nach dem zahlenmäßigen Verhältnis der verschiedenen Nationalitäten aufzustellen und die Streitigkeiten beizulegen,
ergebnislos gewesen sind; der Kampf mit dem Polentum ging in aller
Heftigkeit weiter, wobei der litauischen Geistlichkeit in der russischen

Preſſe eifrig ſekundiert wurde. In den knappen zehn Jahren von
1905—1914 hatte die litauiſche Bewegung nennenswerte Erfolge auf-
zuweiſen; es war bemerkenswert, daß ſchon in der zweiten Hälfte des
Jahres 1905 auf Bauernverſammlungen Erſetzung der ruſſiſchen
Unterrichtsſprache durch die litauiſche gefordert wurde, und auch
ſpäter hat in der Populariſierung des Wiſſens und in der Schulfrage ſtets der Schwerpunkt der litauiſchen Bewegung gelegen; namentlich in Kowno und Marjampol (das im Gouvernement Suwalki
überhaupt das Zentrum des Litauertums iſt) iſt in der Schulfrage
viel geſchehen. So beſaß der klerikal-kulturelle Verein „Ziburys"
(Aufklärung) in Marjampol 1910: 4150 Mitglieder, er hatte in
ſeinen Bibliotheken und Leſehallen 25000 Bände und unterhielt
außer Elementarſchulen auch ein Mädchenprogymnaſium in Marjampol mit litauiſcher Unterrichtsſprache. Ein entſprechender, ebenfalls klerikaler Verein in Kowno (die „Sonne") hatte 1910: 2500 Mitglieder; er unterhielt 45 Elementarſchulen mit 2564 Schülern, drei-
jährige Präparandenkurſe in Kowno und eine zweiklaſſige Mädchen-
ſchule; die Unterrichtsſprache in den Anſtalten dieſes Vereins war
jedoch nur im Litauiſchen und in Religion litauiſch, ſonſt ruſſiſch. Über
die landwirtſchaftlichen Vereine, Kreditgenoſſenſchaften uſw., deren
ſich die Litauer auch bedienen, liegen mir Zahlen nicht vor. Am
wichtigſten iſt doch die Preſſe; in den drei Diözeſen Wilna, Kowno
und Sejny erſchienen 1912: 14 periodiſche Zeitungen und Zeitſchriften;
dazu ſind allerdings vor allem noch (nach dem Stande von 1910)
17 litauiſche Zeitſchriften. in den Vereinigten Staaten (in die ſeit
Jahren eine ſtarke Auswanderung ſtattfindet) zu rechnen. Außerdem
iſt noch die Kaſimir-Verlagsgeſellſchaft zu nennen, die bis 1912 Broſchüren, Kalender uſw. in faſt 120000 Exemplaren herausgab. Immerhin iſt es für den Umfang der litauiſchen Bewegung bezeichnend,
daß ſie noch nicht imſtande war, eine Tageszeitung zu tragen; in
Wilna erſchienen vor dem Kriege zwei litauiſche Zeitungen („Hoffnung" und „Litauiſche Nachrichten") dreimal bzw. zweimal wöchent-
lich, alles andere ſind Wochen- und Monatsſchriften. Die Polen
dagegen hatten Anfang 1912 trotz ihrer geringen Zahl, was das
Stärkeverhältnis dieſer Bewegungen gut beleuchtet, in Wilna zwei
täglich erſcheinende Zeitungen.

Faßt man zuſammen, ſo erhält die litauiſche Bewegung offenbar
ihre Signatur durch ihre antipolniſche Tendenz; antiruſſiſche Motive

sind bis 1905 zweifellos stark in ihr vorhanden gewesen; sie sind
seitdem, soweit man erkennen kann, auch nicht verschwunden, ob=
wohl zurückgetreten. Die Russen haben sich, ihrer polnischen Politik
seit 1906 entsprechend, auf die litauische Seite gestellt; sie haben sich
ja überall auf die Seite der schwächeren Nationalität gestellt, und
sagten sich auch wohl mit Recht, daß eine Politik, die beiden Parteien
gerecht werden will, auf dem heißen Boden des Nationalitätenkampfes
meist dahin führt, sich mit beiden zu verfeinden. Was die Zentral=
mächte tun, wenn sie an die Lösung der litauischen Frage gehen, steht
dahin. Das deutsch=litauische Konto ist bis jetzt ein ziemlich un=
beschriebenes Blatt; die Erinnerung an die Kämpfe mit dem Deut=
schen Orden, der sich dabei verblutete, ist zwar im litauischen Volke
wohl noch lebendig, sie bilden ja, vom litauischen Standpunkte ge=
sehen, ein Ruhmesblatt der litauischen Geschichte; sie hat aber nur
noch historischen und poetischen Wert, politisch fällt sie ebensowenig
wie einige Reibereien aus den Anfängen der litauischen Bewegung
neben den litauischen Sorgen der Gegenwart ins Gewicht. Die
künftige deutsche Politik in Litauen wird vor allem durch den Ge=
sichtspunkt bestimmt, der für die etwaige Loslösung dieser Gebiete von
Rußland maßgebend sein wird, und dabei wird sich zweifellos ein
Weg finden lassen, der den zukünftigen Dingen nicht zu stark
präjudiziert, dem Litauertum ein hinreichend großes Feld
zur Pflege seiner nationalen Eigenart überläßt und doch
auch den deutschen Interessen gerecht wird!

Polen.

Von * . *

I. Geographisches.

Polen ist ein Bestandteil jenes „Zwischeneuropas" oder größeren Mitteleuropas, dessen Begriff Albrecht Penck in einer Arbeit „Politisch=geographische Lehren des Krieges" (Heft 106 der Sammlung volkstümlicher Vorträge des Museums für Meereskunde in Berlin) auf sehr glückliche Weise in den Bestand unserer politisch=geographischen Vorstellungen eingeführt hat. Wir setzen das an die Spitze unserer Ausführungen über Polen im ganzen, weil uns alles darauf ankommt, von vornherein unseren Standpunkt dahin zu umschreiben, daß mit der Auffassung des polnischen Gebietes und Volkes als eines Bestandteils von „Mitteleuropa" der oberste und entscheidende Grundsatz für das Verständnis der polnischen Frage in deutschem Sinne gegeben ist. Zu diesem Zwischeneuropa gehören nach Penck auch die Länder rings um die Ostsee: die Baltischen Provinzen, Finnland und Schweden. Auch Litauen gehört dazu. Rußland besitzt von Zwischeneuropa bedeutende Stücke, und das wichtigste davon ist Polen. Mit ihm greift Rußland bis in das mittlere Europa hinein. „Mit zwei Zungen streckt es sich dahin: in Polen bis in das Gebiet der Oder, in Bessarabien bis zur unteren Donau. Die polnische Zunge raubt der Weichsel ihre Bedeutung als Wasserstraße, sie entrückt den österreichischen Oberlauf vom Meere und nimmt dem deutschen Unterlauf das Hinterland. Sie ist eine schwerbewehrte Bastion, die sich zwischen die Mittelmächte hineinbaut; im Schutze ihrer Festungen sammelten sich die russischen Heere, die brandschatzend nach Ostpreußen eindrangen und fast ganz Galizien besetzten. Der Zustand ist auf die Dauer unhaltbar, daß der größte europäische Staat zwei große Stromgebiete Mitteleuropas zu sperren in der Lage ist, und die Vorteile der Zwischenlage von Mitteleuropa zwischen den beiden

deutſchen Meeren und dem Schwarzen Meere jeden Augenblick ſtören
kann" (Penck S. 23/24).

Mit dieſen Worten erſcheint das polniſche Problem an die Stelle
gerückt, an die es gehört. Indem wir ſie beherzigen und in unſerer
weiteren Betrachtung Polens von ihnen ausgehen, werden wir uns
darüber klar, wie nahe uns Polen und die polniſchen Dinge in poli=
tiſch=praktiſcher Hinſicht angehen.

Eine kurze und ſchnell orientierende Überſicht über die Natur des
polniſchen Landes, ſeinen Bau und ſeine Oberflächengeſtalt, ſein Klima,
ſeine politiſchen und militäriſch=geographiſchen Grundlinien findet ſich
in der Schrift von Max Friedrichſen „Die Grenzmarken des eu=
ropäiſchen Rußlands" (S. 46—73). Wir folgen ihr in bezug auf
das Phyſikaliſche, indem wir uns trotz der geographiſchen Willkürlich=
keit des Verlaufs der Grenzen aus praktiſchen Rückſichten doch auf
den ruſſiſchen, in das politiſche Mitteleuropa vorſpringenden Land=
block Kongreßpolens beſchränken. Das im Norden mit einem ſchmalen
Hals angeſetzte Gouvernement Suwalki muß als zu Litauen gehörig
ausgeſchieden werden. Über das polniſche Element in Litauen wird
in dem litauiſchen Kapitel dieſes Buches gehandelt.

Polen beſteht, geographiſch betrachtet, aus mehreren verſchieden
voneinander gearteten Gebieten. Eine oberflächliche Verwandtſchaft
wird dadurch hervorgerufen, daß die eiszeitliche Vergletſcherung und
die von ihr zurückgebliebene, ſeitdem vielfach wieder umgeſtaltete
Schuttdecke dem größten Teil des Landes gewiſſe gemeinſame Züge
aufgeprägt haben. In Südpolen weſtlich der Weichſel haben die
höchſten Teile des ſüdpolniſchen Mittelgebirges, die Lyſa Gora, wahr=
ſcheinlich kein Eis getragen. Außerdem beſteht inbezug auf die äußere
Geſtaltung und die inneren Eigenſchaften des Bodens ein Unter=
ſchied zwiſchen der bergig=welligen Landſchaft weſtlich der Weichſel
und der im ganzen mehr tafelförmigen, ſogenannten ſudoſtpolniſchen
Platte, die mit dem galiziſchen und wolhyniſchen Karpathenvorlande
zuſammenhängt. Den Mittelpunkt dieſer Landſchaft bildet Lublin.
Weiter gegen Oſten, bereits auf ukrainiſchem Sprachgebiet und nicht
mehr weit vom Rande der Poljesje, der großen Sumpfregion zwiſchen
der Ukraine und Weißrußland, liegt Cholm, wegen ſeiner nichtpol=
niſchen Bevölkerung kurz vor dem Kriege adminiſtrativ von Kongreß=
polen getrennt und als beſonderes „ruſſiſches" Gouvernement ein=
gerichtet. Im übrigen wird dieſer Abſchnitt Polens von dem eigent=

lichen Rußland durch den bedeutendsten rechtsseitigen Nebenfluß der Weichsel, den Bug, getrennt. Daß der Bug kurz vor seiner Mündung in den Hauptstrom seinen Namen an den keineswegs stärkeren Narew verliert, ist ein Zufall.

Südwestpolen, zum Teil waldreich, wird von der Piliza durch= strömt, die von links her in die Weichsel mündet, und außerdem vom Oberlauf der Warthe. Es hat seine große wirtschaftliche Bedeutung durch die Kohlen= und Eisenlager im Becken von Dombrowa, das eine Fortsetzung der oberschlesischen Vorkommen bei Kattowitz, Glei= witz, Königshütte und Beuthen bildet, und durch den Industriebezirk von Lodz, dem „polnischen Manchester". Auch Tschenstochau, nahe der deutschen Grenze, hat Industrie. Über die wirtschaftliche Be= deutung des Dombrowaer und des Lodzer Bezirks wird noch be= sonders gehandelt werden.

Die beiden südpolnischen Gebiete rechts und links der Weichsel sind sowohl unter sich, als auch von dem nördlichen Teil des Landes verschieden. Dieser letztere ist in charakteristischer Weise gekennzeichnet durch eine Reihe von großen, ostwestlich verlaufenden, zum Teil sumpfigen Talbildungen, in denen die Weichsel abwärts von der Pilizamündung, die mittlere Warthe, der Bug, der Narew und noch einige kleinere Gewässer fließen. Diese Täler werden Urstromtäler genannt und sind dadurch entstanden, daß bei dem allmählichen Rückgang der eiszeitlichen Vergletscherung des Landes, entsprechend den periodischen Stillständen des Eises, sich ungeheure Massen von Schmelzwasser am Eisrande entlang von Osten nach Westen ergossen. Diese Talbildungen setzten sich auch auf deutschem Gebiet bis zur Elbe fort.

Nordpolen auf beiden Seiten der Weichsel ist, mit Ausnahme einzelner besonders fruchtbarer Landschaften wie Kujawien (zwischen Plozk und Bromberg), im ganzen mit weniger ertragreichen Böden ausgestattet als Süd= und namentlich Südostpolen. Auf weiten Strecken finden sich ausgespülte Sande, und ebenso, namentlich im Tale des Narew und seines Nebenflusses Bobr, ausgedehnte Sümpfe. Die Städte, auch die Hauptstadt Warschau, liegen häufig auf den Talrändern oberhalb der breiten Flußauen, in denen die Gewässer, vor allem die Weichsel, ihren ungeregelten, in viele Arme geteilten und für die Schiffahrt wenig brauchbaren Verlauf nehmen.

Klimatisch bildet Polen ein Übergangsgebiet zwischen Mittel= und

7*

Osteuropa. Zwischen Warschau und Breslau z. B. besteht der Haupt=
unterschied in der etwas stärkeren durchschnittlichen Winterkälte in
Polen. Die Eisbedeckung der Flüsse dauert meist vom Dezember bis
zum März. Der Sommer ist regenreich, der Herbst trocken.

Die durchschnittliche Fruchtbarkeit des Bodens ist von Natur
überall dort gut, wo auf weiten Strecken die eiszeitlich aufbereiteten
Geschiebemergel und namentlich die Lößdecken an der Südostabdachung
des polnischen Mittelgebirges liegen. Rechts der Weichsel haben
wir ein reines Ackerbaugebiet, links etwa zur Hälfte Ackerbau, zur
Hälfte Industriegegenden. Der Großgüterbetrieb ist fast so gut im=
stande wie in den östlichen preußischen Provinzen, die Bauernwirt=
schaft dagegen meist sehr rückständig. Am schlechtesten kultiviert sind
die an Deutschland angrenzenden Gebiete nördlich der Weichsel mit
ihren unfruchtbaren sandigen Böden. Der Getreideertrag reicht un=
gefähr für den Bedarf des Landes aus, könnte aber durch Ver=
besserung der Bauernwirtschaft stark gesteigert werden. Etwas Aus=
fuhr kann in besseren Jahren schon heute stattfinden. Die Viehzucht
ist im ganzen gering entwickelt. An einer geordneten Waldwirtschaft
fehlt es. Nach diesen beiden Richtungen hin sind noch so große
Verbesserungen möglich und notwendig, daß die Erträge sich ver=
vielfachen können. Bei gesteigerter wirtschaftlicher Intensität könnte
Polen trotz seiner starken durchschnittlichen Bevölkerungsdichte auf
längere Zeit ein Ausfuhrland für landwirtschaftliche Produkte wer=
den.

Aber die Volksdichte herrschen meist falsche Vorstellungen. Kon=
greßpolen einschließlich Suwalki ist etwa so groß wie Süddeutschland
mit Elsaß=Lothringen. Diese zählen zusammen etwa $13\frac{1}{2}$ Mill. Ein=
wohner (1914). Polen besaß nach der Volkszählung 1897 gegen $9\frac{1}{2}$,
nach der Berechnung von 1911 $12\frac{1}{2}$ Millionen Einwohner, konnte
also vor dem Kriege auf ziemlich genau dieselbe Volkszahl veran=
schlagt werden, wie das gleich große süddeutsche Gebiet. Die mittlere
Bevölkerungsdichte liegt zwischen 95 und 100 Menschen auf den
Quadratkilometer, also näher bei derjenigen Deutschlands als bei
der Frankreichs. Die eigentlichen Industriebezirke um Dombrowa und
Lodz haben natürlich eine viel höhere, die rein landwirtschaftlichen
Gebiete eine geringere Dichte. Selbst die industrielosen Landesteile
rechts der Weichsel übertreffen aber mit der Dichteziffer 75 den ge=
samten landwirtschaftlichen Norden und Nordosten Deutschlands.

Es ist dies eine Folge des stärkeren Vorwaltens der Bauernwirt=
schaft gegenüber dem ostelbischen Deutschland.

Von den rund 13 Mill. Bevölkerung vor dem Kriege — die
russischen Verschleppungen haben namentlich rechts der Weichsel weite
Strecken menschenarm gemacht — waren Polen 72%, Juden 14%,
Russen 7%, Deutsche 4%, Litauer und andere 3%. Fast die Hälfte des
polnischen Volkstums lebt außerhalb des bisherigen Kongreßpolens.
In diesem wohnten 9—9½ Mill., in Preußen etwa 3½ Mill., in Öster=
reich 4½ Mill. und im russischen Reich außerhalb Kongreßpolens etwa
½ Mill. Polen. Das schwierigste bevölkerungspolitische Problem
bildet die große Zahl kulturell rückständiger Juden — vergleiche hier=
über die Ausführungen in dem Kapitel über die Ostjudenfrage. Die
beiden einzigen Großstädte sind Warschau mit nahezu einer und Lodz
mit einer halben Mill. Einwohner vor dem Kriege.

II. Geschichtlicher Überblick.

Einen kurzen Blick müssen wir zum Verständnis der polnischen
Frage von heute auch auf die Geschichte Polens werfen. Die Zahl
und die kriegerische Kraft des polnischen Volkes ist vom Beginn der
zweiten Hälfte des Mittelalters an groß genug gewesen, um sich
dauernd als selbständiger historisch=politischer Faktor geltend zu
machen.

Für die spätere polnische Geschichte sind hauptsächlich zwei Vor=
gänge entscheidend. Der erste ist die Vereinigung zwischen dem König=
reich Polen und dem Großfürstentum Litauen um die Wende vom
14. zum 15. Jahrhundert, und der zweite die Beseitigung der königlichen
Macht durch die Adelsherrschaft, die seit dem Ausgang des Mittel=
alters immer deutlicher zutage tritt. Polen und Litauen wurden ver=
einigt durch die Heirat zwischen Jagiello, dem litauischen Großfürsten,
und der polnischen Erbtochter Hedwig. Jagiello ließ sich zu dem
Zweck taufen und errang infolge der entscheidenden Vergrößerung
seiner Macht durch das polnische Königtum den Sieg über den
deutschen Orden. Die Schlacht bei Tannenberg, 1410, war die Ge=
burtsstunde der neuen polnisch=litauischen Großmacht im Osten Eu=
ropas. Das entscheidende Moment dabei lag aber weniger in dem Hin=
zutritt des räumlich keineswegs umfangreichen eigentlichen Litauens
zu Polen, sondern darin, daß die litauischen Großfürsten im Laufe

des 14. Jahrhunderts einen sehr großen Teil vom Gebiet des früheren altrussischen Kiewer Staats erworben hatten. Die Mongolenherrschaft beschränkte sich von der Mitte des 14. Jahrhunderts ab auf das östliche, allmählich von Moskau gesammelte Rußland; Westrußland, das ganze weite Gebiet von den Pripjetsümpfen bis zum Dnjestr und vom San bis zum Dnjepr, kam an Litauen. Längere Zeit hindurch waren Kiew, Smolensk, Wilna, Minsk, Bestandteile des litauischen Reiches.

Im 15., 16. und 17. Jahrhundert umfaßte das polnisch-litauische Staatswesen, auch nachdem es seine vorübergehenden Erwerbungen östlich des Dnjepr hatte aufgeben müssen, mehr fremden als polnischen und litauischen Boden. Erst der Zar Alexei Michailowitsch, der Vater Peters des Großen, erwarb Smolensk und Kiew für Moskau. Eine wirkliche Polonisierung des Landes in den von Polen aus beherrschten Gebieten fand nicht einmal im eigentlichen Litauen statt — Litauen blieb übrigens formell ein eigener Staat — und noch viel weniger in den ukrainischen und weißrussischen Gebieten am Fuße der Karpathen, am Dnjepr, am Bug und an der oberen Düna. Poloniziert wurde der litauische Adel, und in Weißrußland wie in der Ukraine wurden Polen überwiegend die Grundherren. Das Volk blieb litauisch, weißrussisch und ukrainisch.

Das Jagiellonische Haus starb 1572 mit Siegmund II. August aus. Unter den letzten Jagiellonen war die Monarchie bereits so weit geschwächt, daß die Kraft des Staates stark beeinträchtigt erschien. Äußerlich betrachtet, war Polen Großmacht. Von dem alten deutschen Ordenslande war Westpreußen einverleibt, Ostpreußen ein abhängiges Lehnsherzogtum; ebenso Kurland, nachdem der livländische Ordenszweig unter dem Ansturm Iwans des Schrecklichen gebrochen war. Das eigentliche Livland wurde als polnische Provinz gewonnen. Am Anfang des 17. Jahrhunderts schien sich während der russischen Wirren nach dem Aussterben der Ruriker sogar eine Anwartschaft auf die Vereinigung Moskaus mit Polen zu eröffnen. Verloren an die Germanisierung blieben von dem Gebiet, das Polen im 11. Jahrhundert n. Chr. beherrscht hatte, Schlesien und Pommern.

Dem großen Umfang entsprach aber nicht die innere Kraft. Der Übergang von der tatsächlichen Erblichkeit des Jagiellonischen Königtums zur Wahlmonarchie vollendete den Zerfall. Eine Art von Erbfolge gab es noch unter den Wahlkönigen aus der Dynastie der

schwedischen Wasas, vom Ende des 16. bis nach der Mitte des 17.,
und unter dem sächsischen Hause, vom Ende des 17. bis zur Mitte des
18. Jahrhunderts. Von der Zeit Peters des Großen an wird der
russische Einfluß immer mächtiger, und unter Katharina II. scheint das
Geschick Polens, in Rußland aufzugehen, unabwendbar. Die russische
Politik unter Katharina II. nötigte durch ihr gewaltsames Bestreben,
ganz Polen in seinem damaligen Umfange mit Moskau zu vereinigen,
sowohl Preußen als auch Österreich dazu, um ihrer eigenen Selbsterhaltung willen die Teilung zu verlangen. Rußland wollte durch einfache
Einverleibung die Grenzen des einstigen moskowitischen Staats bis nach
Danzig und Posen, bis nach Krakau und bis an den Karpathenwall vor-
schieben. Damit wäre Mitteleuropa schon damals in die Gefahr des Er-
drücktwerdens durch Rußland gekommen. Es blieb also Friedrich dem
Großen und Maria Theresia nichts anderes übrig, als dann wenigstens
so viel polnisches Land zu Preußen und Österreich, d. h. zu Europa, hinzu-
zunehmen, daß möglichst das Gleichgewicht gewahrt wurde. Die polnischen Teilungen sollten Europa vor Rußland retten, und nach ihrem ursprünglichen Ergebnis, das die Grenze zwischen Rußland und Europa
auf die Bug= und Njemenlinie festlegte und nur Litauen, Weißrußland und die polnische Ukraine an Rußland brachte, hätte auch not-
dürftig von einem solchen Ergebnis die Rede sein können. Die Angliederung des sogenannten Kongreßpolens 1815 an Rußland hob aber
das eigentliche Ergebnis und den ursprünglichen Zweck der polnischen
Teilung, die Stärkung des mitteleuropäischen Schwergewichts gegenüber der russischen Macht, wieder auf.

Der im Weltkriege gefaßte Entschluß Deutschlands und Österreich=
Ungarns, Polen als Königreich dem Block der Mittelmächte anzugliedern, verfolgt mit andern Mitteln denselben Zweck, wie einstmals
die Teilungen Polens taten. In der halbamtlichen Erklärung zu dem
Manifest der beiden Kaiser über die Wiederherstellung Polens heißt es:
„Über allem Für und Wider aber steht beherrschend der Satz, daß wir
um unserer eigenen Zukunft willen Polen nicht an Rußland zurück=
fallen lassen dürfen". Das ist das Entscheidende. Rußland wächst all=
jährlich um drei Millionen Menschen, und Kongreßpolen bildet eine
Angriffsbasis Rußlands gegen Mitteleuropa, die infolge dieses Wachs=
tums der russischen Kraft unmöglich erhalten bleiben darf. Je fester
und unlöslicher der polnische Staat mit Mitteleuropa verbunden wird,
je mehr er sich militärisch, politisch und wirtschaftlich insbesondere

auf Deutschland stützt, desto sicherer kann er die ihm zufallende Auf=
gabe erfüllen, ein Zubehör und Bollwerk Mitteleuropas gegen Rußland
zu sein. Die Polen haben hier die Möglichkeit, unter ehrlichem Ver=
zicht auf die staatliche Zusammengehörigkeit mit ihren Volksgenossen
in Deutschland und Österreich, ein hohes Maß politischer Selbständig=
keit in dem verbleibenden, Rußland abzunehmenden Hauptteil ihres
alten Landes zu genießen. Sie dienen ihrem eigenen nationalen Wohle
zweifellos am besten, wenn sie diese vielleicht nie wiederkehrende Ge=
legenheit staatlicher Auferstehung entschlossen ergreifen und nicht länger
auf die russische Lockung hören, die ihnen gegen Hinnahme der russi=
schen Herrschaft über ein bloß autonomes Polen vollkommene nationale
Einigung auf Kosten Deutschlands und Österreichs verspricht. Was
von russischen Freiheitsversprechungen zu halten ist, haben die Polen
ja zur Genüge erfahren, und unter den unsicheren Verhältnissen der
in ihrem Ausgange gänzlich unabsehbaren Umwälzung in Rußland
haben jene Verheißungen keineswegs an Verläßlichkeit gewonnen.
Vor allem aber entziehen die durch den Verlauf des Krieges geschaf=
fenen Machtverhältnisse im Osten den Hoffnungen auf Angliederung
preußischer und österreichischer Gebietsteile für die Gegenwart jede
Grundlage. Unsere Aufgabe in der polnischen Frage ist daher, diese
schwer errungene Machtstellung gegen Rußland im Frieden dauernd
festzuhalten und auszubauen sowie den Polen innerhalb des hierdurch
gezogenen Rahmens die freie Entwicklung ihres völkischen Lebens zu
gewährleisten.

III. Kongreßpolen.

Will man die politische Entwicklung in Kongreß= oder König=
reich Polen (in der deutschen Presse Russisch=Polen genannt) ver=
stehen, so muß man nicht nur auf den Wiener Kongreß zurückgreifen,
sondern auf das Jahr 1807. Nach seinen Siegen bei Jena und Auer=
städt schuf Napoleon das Herzogtum Warschau. Ursprünglich um=
faßte es ein Gebiet, das von Posen über Kalisch und Bromberg bis
Plock, Warschau und Lomscha reichte. Durch den Schönbrunner Ver=
trag von 1809 wurde das Herzogtum Warschau noch um Neu=Gali=
zien vergrößert. Verkehrt ist es aber zu glauben, daß Napoleon wirk=
liches Interesse für die Polen besaß. Dieses Land war ihm immer
nur ein Mittel zur Beschaffung von Soldaten und zur Herstellung
von Verpflegungs= und Operationsbasen gegen Rußland. Sich

ernsthaft für die polnische Sache einzusetzen, hat Napoleon nie ge=
dacht. A. Brückner bemerkt hierzu mit Recht: „Das Kaiserreich ist der
Friede — dieses Programm, das erst sein kleiner Neffe formulierte,
war des großen Oheims Ideal, das aber nur im Bündnis mit Ruß=
land zu verwirklichen war, und diesem Bündnisse opferte der erste
Märtyrer des franko=russischen Alliancegedankens Polen stets und
unbedenklich auf. Hatte nun Napoleon niemals Polen gegenüber
Verheißungen und Verpflichtungen übernommen, so faßten trotzdem
die Polen ihr Verhältnis zu ihm so auf, als wäre er Bürge und
Schöpfer ihrer politischen Selbständigkeit."

Trotzdem die nach französischem Muster verliehene Verfassung
und der Code civil sich nicht recht in die historischen Verhältnisse
Polens hineinfügen wollten, nahm das Land dennoch einen nicht
geringen Aufschwung. Jedoch bereits 1812, als die russische Armee
den geschlagenen Heeren Napoleons folgte, brach das künstliche Ge=
bilde des Herzogtums Warschau wieder zusammen. Während der
Neffe des Königs Poniatowski mit seinem Tode bei Leipzig seine
Treue für Napoleon besiegelte, schwenkte der Hochadel unter Füh=
rung von Adam Czartoryski zu Alexander I. von Rußland ab. Für
den Augenblick wurde dadurch nicht wenig erreicht. Auf dem Wiener
Kongreß erstand, wenn auch unter russischer Oberherrschaft, ein neues
Polen, eben das sogenannte Kongreß=Polen. Bereits am 25. Mai
1815 verlieh Alexander I. dem Lande eine neue Verfassung. Sie war
freilich nicht so demokratisch wie die des Herzogtums Warschau, doch
war sie nationaler, da sie vielfach an die herkömmlichen Verhältnisse
im Lande anknüpfte. Sie brachte eine so gut wie völlige Unab=
hängigkeit in Gesetzgebung, Verwaltung und Gerichtswesen,
sogar eine Zollgrenze gegen Rußland wurde aufgerichtet. Die russische
Regierung behielt sich nur den Oberbefehl über das polnische Heer
und die Führung der auswärtigen Politik vor. Auf dem Papier war
demnach für alles Mögliche gesorgt, in der Wirklichkeit sah die Sache
wesentlich anders aus. Mußte schon die Verbindung des konstitu=
tionellen Polens mit dem absolutistischen Rußland immer wieder
Reibungen hervorrufen, so wurde der Haderstoff noch dadurch ver=
mehrt, daß die heilige Allianz dieses „revolutionäre" Gebilde inner=
halb ihrer Grenzen nur mit größtem Mißtrauen betrachtete. Unter
solchen Umständen war es nicht verwunderlich, daß bald die 1819
eingesetzte Zensur die in der Verfassung gewährleistete Preßfreiheit

so gut wie zunichte machte. Das Wort eines Zeitgenossen M. Badeni:
„Alexander I. schenkte zwar Polen eine Konstitution, hat aber zugleich
eine Peitsche hineingelegt" — bestand daher sehr zu Recht. Vor allem
aber rief das Verhalten des Statthalters Konstantin, eines Bruders
des Zaren, große Erbitterung hervor. Diesem ausgesprochenen Psycho=
pathen war schon das Wort Konstitution ein Greuel, das er als „Des=
potismus nach Schema" zu bezeichnen pflegte. Der Fürst Czartoryski
versuchte mehrfach, freilich vergeblich, dem zarischen Jugendfreunde die
Augen über das Treiben seines Bruders und der Kreaturen an dessen
Hofe zu öffnen. Trotzdem hielt man sich in Polen, solange Alexander I.
lebte, zurück, weil man dem Zaren trotz aller Ein= und Mißgriffe für die
Wiedererrichtung des Staates eine gewisse Dankbarkeit entgegenbrachte.

Der Tod Alexanders I. zerriß um so rascher solche Bedenken, als
Nikolaus I. sofort in Polen mit eiserner Faust zu regieren begann.
Damit wurde der schon zu Lebzeiten Alexanders gehegte Gedanke einer
Vereinigung Polens mit Litauen völlig vernichtet. Als in Paris die Juli=
revolution begann, sprang auch nach Kongreß=Polen der Funke des
Aufstandes hinüber. Der Aufstand setzte hier am 29. November 1830
so plötzlich ein, daß es dem Großfürsten Konstantin nur mit größter
Mühe gelang, sein Leben zu retten. Dennoch war der Zeitpunkt zur
Revolution so ungünstig wie nur möglich gewählt. Während man
nämlich die Zeit des russisch=turkischen Krieges, wo Rußlands Heere
beschäftigt waren, ruhig hatte verstreichen lassen, schlug man in dem
Augenblick los, wo Nikolaus I. seine Truppen zum Feldzug gegen den
revolutionären Westen gerüstet hatte. Die Leitung des Aufstandes
hatten zwei Aristokraten, die Fursten Czartoryski und Lubecki,
und zwei Demokraten, Lelewel und Ostrowski, in Händen, wodurch
sich weder Einheit noch Raschheit des Handelns ermöglichen ließ.
Am 25. Januar 1831 wurde zwar von der Nationalversammlung
das Haus Romanow des polnischen Thrones für verlustig
erklärt und Fürst Adam Czartoryski zum Präsidenten der nationalen
Regierung ernannt. Trotzdem war die Partei der Konservativen nie=
mals recht mit dem Herzen an der Sache des Aufstandes beteiligt, der
ihnen von den Demokraten durch den Putsch der Fahnenjunker, die
den Großfürsten Konstantin in Belvedere überfallen hatten, aufge=
zwungen war. Ein heutiger polnischer Schriftsteller hat mit der Be=
hauptung Recht, daß die Konservativen die Revolution in reaktionärem
Geiste führten, weil sie sich davor fürchteten, die Massen zu revolutionie=

ren. Diese Politik des Zauderns wurde Kongreß-Polen verhängnisvoll. Schon November 1831 war der polnische Aufstand durch den russischen General Paskiewitsch niedergeschlagen. Am 26. Februar 1832 erließ Nikolaus I. das sogenannte organische Statut, wodurch das bisherige Kongreßpolen jeden Schatten einer Autonomie verlor und gleich dem übrigen russischen Reich in Gouvernements eingeteilt wurde. Mit furchtbarer Brutalität ging Nikolaus daran, den revolutionären Geist Polens zu bändigen. Dieses sinnlose Wüten trieb ganze Scharen von Polen ins Ausland, vor allem nach Frankreich, wohin die napoleonische Überlieferung wies.

Während sich in Polen nach dem furchtbaren Blutvergießen und der Flucht der besten und tatkräftigsten Elemente eine allgemeine politische Teilnahmlosigkeit ausbreitete, begann im Lager der Auswanderer ein unablässiges Konspirieren und Verschwören. Überall, wo eine freiheitliche Bewegung in Europa entstand, pflegte auch eine polnische Legion aufzutauchen, in der Hoffnung, daß jede Umwälzung in freiheitlichem Sinne der polnischen Sache förderlich sein müßte. Der Druck in Kongreß-Polen war aber so furchtbar, daß nicht einmal das „tolle Jahr" dort irgendwelche größere Kreise zu ziehen vermochte; sogar der Krimkrieg, der Nikolaus' I. Macht jählings zusammenbrechen ließ, rief keine Bewegung hervor. Unter der Oberfläche freilich hatte es in den letzten Jahren Nikolaus' I. wohl zu gären begonnen, woran schließlich auch die großzügige Reformpolitik in Polen unter Alexander II. scheitern sollte. Als Nikolaus' I. Nachfolger sein großes Werk der Erneuerung in Rußland begann, wollte er auch eine Liquidierung der Polenpolitik seines Vaters vornehmen. Der Mann, der ihm dazu behilflich sein sollte, war der polnische Graf Wielopolski. Dieser knüpfte in seinen Reformplänen an die Verfassung von 1815 an, aber auch an einzelne Bestimmungen des organischen Statuts von 1832. Abgesehen vom Militärwesen und der auswärtigen Politik sollte Polen wieder so gut wie ganz von Rußland getrennt werden. Eine weitgehende Selbstverwaltung in Stadt und Land wurde geplant und im Schulwesen der polnischen Sprache wieder zu ihrem Rechte verholfen. Den Juden wurde Gleichberechtigung erteilt und den Bauern Erleichterung gewährt. Aber der Magnat war nicht zu bewegen, die Bauern auch mit Land auszustatten, was sich später, da es Rußland sofort nach dem Aufstande tat, als schwerer Mißgriff

rächte. Trotz all dieser großen Zugeständnisse brach 1863 nach At-
tentaten auf den Statthalter (Großfürsten Konstantin, einen Bruder
Alexanders II.) und den Leiter der Zivilgewalt (Grafen Wielopolski)
der Aufstand los. Die demokratischen Elemente in Polen, die vor
einer Aussöhnung mit Rußland nichts wissen wollten und schon 1830
die treibende Kraft der Revolution gewesen waren, hatten nämlich
mit Schrecken erkannt, daß die Politik der Zugeständnisse bei den
„Weißen" nicht ohne Wirkung geblieben war. Mit Weißen wurden
die Konservativen, mit Roten die Demokraten bezeichnet. Der diesmalige
Aufstand war aber noch schlechter vorbereitet als der vom Jahre 1830,
zumal sich der Adel so gut wie ganz von der Bewegung fernhielt.
Wenn auch der Aufstand schnell niedergeschlagen wurde, so war doch
seine Folge das völlige Fiasko der Wielopolskischen Versöhnungs-
politik. Es setzte wieder ein Schreckensregiment ein, das sogar noch
dasjenige unter Nikolaus I. übertraf. Zuerst bekamen die Polen die
harte, aber wenigstens nicht sinnlos brutale Hand des Grafen Berg
zu fühlen, später wüteten dort aufs brutalste Miljutin und als
sein Berater der Slawophilen-Apostel Tscherkaski. Das gesamte
Vermögen der katholischen Kirche wurde bereits 1864 eingezogen und sämtliche Klöster aufgehoben. Bald darauf wurde auch
das Konkordat mit dem Vatikan gekündigt. Der Name Kon-
greß- oder Königreich Polen wurde beseitigt und an seine Stelle
trat das „Weichselgebiet". Gleich nach dem Aufstande erhielten
die polnischen Bauern, denen von der provisorischen polnischen Regierung eine Agrarreform versprochen war, von der russischen Regierung Grundbesitz verliehen. Mit dieser Reform wurden nicht
wirtschaftliche, sondern politische Ziele verfolgt. Einesteils sollten die
Bauern dafür belohnt werden, daß sie sich am Aufstande wenig beteiligt hatten, noch mehr freilich sollten sie „einen Schild bilden
gegen zukünftige revolutionäre Umtriebe der Schlachta".
Die polnische Sprache wurde aus Hoch- und Mittelschulen verbannt. Diese Politik steigerte sich noch unter Alexander III., der die
Niederkämpfung aller Fremdvölker unter das Großrussentum mit
allen Mitteln betrieb. Auch in den Volksschulen wurde die polnische Sprache verboten. Der Generalgouverneur Gurko und der
Kurator des Lehrbezirks Apuchtin hausten aufs schlimmste in Polen. Zu welchen Mitteln die russische Bürokratie dabei griff, beweist die geheime Instruktion in Warschau, in keiner Weise gegen

die pornographische Literatur einzuschreiten, weil sie die Ju=
gend vom Konspirieren fernhalte. Selbst einem so nationalistisch ge=
sinnten Manne wie dem Fürsten Meschtscherski war des Wüten sol=
cher Satrapen zu viel, und er fällte über sie in seinem Blatte „Grash=
danin" das scharfe Urteil: „Generalgouverneure sähen ihren einzigen
Lebenszweck in der Erregung von Unruhen und Revolten, denn wo
es solche nicht gäbe, seien Generalgouverneure überhaupt ganz un=
nütz".

An irgendeine Erhebung wurde seitdem in Polen nicht mehr ge=
dacht; weder der Türkenkrieg 1877/78 noch der japanische Krieg
hat irgendwelche Bewegung hervorgerufen. Erst die russische Re=
volution von 1905 brachte die polnische Frage wieder an die Ober=
fläche. Wenn sich auch der damalige Aufstand noch eng an die russische
Freiheitsbewegung anlehnte, so wäre es doch gänzlich verkehrt, sie
nicht auch als national=polnische Erhebung zu bewerten. Das
zeigt schon allein die Tatsache, daß über tausend polnische Bauer=
gemeinden sofort die polnische Sprache in ihren bäuer=
lichen Selbstverwaltungen gewaltsam einführten. Diese bäuer=
liche Tat ist um so bedeutsamer, weil, wie wir oben gesehen haben, die
russische Regierung seit Einführung der Agrarreform die Hoffnung
hegen durfte, die polnische bäuerliche Bevölkerung dauernd von natio=
nalen Fragen abgesprengt zu haben. Trotzdem ist nicht zu leugnen,
daß von einer nachhaltigen Wirkung der damaligen Revolution in dieser
Richtung keine Rede sein kann, sondern die eigentliche Aufrollung der
russisch=polnischen Frage dem Weltkriege vorbehalten blieb.

IV. Die Parteien in Kongreß=Polen.

Wenn hier vom Parteiwesen in Kongreß=Polen gesprochen wird,
so soll damit nicht eine Übersicht all der vielen Parteien gegeben wer=
den, sondern einesteils die drei politischen Orientierungen — die
französische, die russische und die österreichische — charakte=
risiert und andererseits das Wesen der beiden Hauptströmungen der
konservativen (früher „Weißen" genannt) und der demokra=
tischen (früher „Roten") aufgezeigt werden.

Die französische Orientierung ergibt sich aus der Geschichte
des Herzogtums Warschau ganz von selbst. Das zwölf Jahre vorher
durch die dritte Teilung vernichtete polnische Staatswesen hatte durch

Napoleon I. seine Auferstehung erlebt, und wenn es auch nur wenige
Jahre Bestand hatte, so blieb es doch wie ein schöner Traum im Be=
wußtsein der Polen haften. Dazu kam, daß Frankreich für all die
Generationen von Emigranten von 1794, 1812, 1830 und 1863 der
gegebene Zufluchtsort war, wo sie nicht nur Sicherheit vor den rus=
sischen Häschern fanden, sondern von wo aus die Pläne zu neuen
Erhebungen ausgingen. Selbst das Abschwenken der französischen
Republik zum absolutistischen Rußland hat die französische Orientie=
rung unter den Polen nicht vernichten können. Zum Teil hoffen sie,
besonders die polnischen Emigranten, in völliger Verkennung des
französischen Wesens noch immer darauf, daß die Republik ihren
Bundesgenossen veranlassen werde, Polen, wenn auch nicht die Frei=
heit, so doch eine weitgehende Autonomie zu schenken. Zum anderen
Teil mag das daran liegen, daß die Nachkommen der polnischen
Emigranten in zweiter und dritter Generation unbewußt zu halben
Franzosen geworden sind, denen das Wohl und Wehe des franzö=
sischen Staates nicht weniger ans Herz gewachsen ist als die nie ge=
sehene alte Heimat.

Auch die russische Orientierung hat natürlich ihre historische
Begründung. Es ist erst neuerdings wieder von polnischer Seite
darauf hingewiesen worden, daß die Kämpfe zwischen dem alten
polnischen Staate und Rußland in den Nachkommen nicht den
Grad von Erbitterung hervorgerufen haben, wie man bisher an=
zunehmen geneigt war. Handelte es sich doch dabei nicht so sehr
um polnische Gebiete im ethnographischen Sinne, sondern um Ko=
lonialland mit oft nur polonisierter Oberschicht. Die großmütige
Geste Alexanders I., der den eben erst feindlichen Polen einen
eigenen Staat, wenn auch unter russischer Oberherrschaft, wieder=
gab, hat namentlich auf die polnische Aristokratie tiefen Eindruck
gemacht. Schon beim Aufstand 1830 trat sie daher stark in den
Hintergrund und 1863 hat sie sich so gut wie gar nicht an der Re=
volution beteiligt. Sie hatte sich damals um den Grafen Wielo=
polski geschart, der auf eine Aussöhnung der beiden slawischen
Brudernationen hinarbeitete. Schon im Jahre 1846 nach der Nieder=
werfung des Adelsaufstandes in Galizien veröffentlichte er einen Brief,
worin er panslawistische Ideen äußerte, wie sie jetzt R. Dmowski,
der Führer der Russophilen in Polen, vertritt. Der Graf führte da=
mals unter anderem aus:

„Eine neue Zukunft bereitet sich vor, darum gilt es irgendeinen Ent=
schluß zu fassen ... Statt uns damit aufzureiben, die Neigung des Westens
zu erbetteln, können wir in uns gehend uns eine Zukunft am entgegen=
gesetzten Ende schaffen ... In der Anerkennung der slawischen Einheit muß
unsere Feindschaft verlöschen. An der Strenge des uns unterdrückenden
Rußlands sind wir zur Hälfte selbst schuld ... Dem polnischen Adel (!) ist es
vorteilhafter, zusammen mit den Russen an der Spitze einer neuen starken
und zukunftsreichen slawischen Zivilisation zu stehen, als gestoßen, bearg=
wohnt, mißachtet Ihrer (Metternichs) Zivilisation nachgeschleppt zu werden.
Mit unserer Hilfe würden die Kräfte des russischen Reichs einen gewaltigen
Zuwachs erhalten. Es würde sich innerlich festigen durch die Befreiung aus
dem Fieberzustande, den ihm unser Widerstand bereitet. Es könnte sich
durch all die geistigen und moralischen Anlagen unseres Stammes bereichern,
deren Einfluß sich sofort bemerkbar machen würde ... Schließlich würde
das Reich durch unsere Vermittlung überall in den Ländern an Einfluß ge=
winnen, in denen unsere Brüder wohnen, und unwiderstehlich wäre sein
Einfluß auf die slawische Bevölkerung des Südens und Westens (!).“

Zum Schluß läßt er den polnischen Adel geschlossen vor den
Thron des russischen Selbstherrschers treten und ihn folgende Worte
sprechen:

„Wir unterwerfen uns dir vollständig, dir dem großherzigsten aller Feinde.
Wir waren deine Sklaven nach Kriegsrecht ... den aufgezwungenen Eid
achteten wir nicht. Jetzt ändert sich die Grundlage deines Rechts, wir unter=
werfen uns dir als freie Männer, aus freiem Willen und aus Überzeugung,
nicht aus Berechnung, um zu demonstrieren ... Wir stellen keinerlei Be=
dingungen, machen keinerlei Einschränkungen, du selbst entscheide, wann es
möglich sein wird, die Strenge deiner gegen uns gerichteten Gesetze zu mil=
dern. In unseren Herzen ist nur eine Bitte mit feurigen Buchstaben ein=
gegraben: strafe das Verbrechen, denke an das vergossene slawische Blut
unserer Brüder (des Adels) in Galizien, das nach Rache schreit.“

Bis auf den heutigen Tag hat diese Strömung in Kongreß=Polen
bestanden. Sie ist durch die Partei der Versöhnler (Ugodowzy)
oder des Ausgleiches und zuletzt mehr noch durch die der National=
demokraten, unter R. Dmowski, vertreten. Die Wurzel ihrer Russo=
philie bildete der Verlust des Glaubens, jemals wieder von Rußland
freikommen zu können. Daher wollten sie durch Aufgabe jeglicher
Konspirationstätigkeit und Anpassung an Rußland nicht nur eine
kulturelle Besserstellung Polens erlangen, sondern sie hegten auch die
Hoffnung, mit Rußlands Hilfe zu einer Wiedervereinigung der
Preußen und Österreich einverleibten polnischen Gebiete
zu gelangen. Der Hauptfehler dieses Gedankenganges war das

völlige Beiseiteschieben der Tatsache, daß Polen schon durch die Zu=
gehörigkeit zur katholischen Kirche mit Europa eng verbunden
ist, während Rußland durch die byzantinische Kirche nach Süd=
osteuropa und durch seinen starken tatarischen Einschlag nach Asien
tendiert. Solange keine Aussicht bestand, von Rußland freizukommen,
konnte die russische Orientierung, ganz abgesehen von den Verzagten,
unpolitischen Köpfen und Opportunisten, die immer geneigt sind, sich
mit der Entwickelung in der Richtung der geringsten Schwierigkeiten
treiben zu lassen, auch auf die Zustimmung derjenigen Nationalisten
rechnen, die über und durch die mit Rußlands Hilfe erreichbare Eini=
gung des polnischen Volkes in späterer Zukunft auch zur völligen poli=
tischen Freiheit dieses geeinten Volkes zu kommen hoffen.

Am spätesten ist die dritte Orientierung, die österreichische, ent=
standen. Erst seit der Mitte der sechziger Jahre, wo der jüngst verstor=
bene Kaiser Franz Joseph es den Polen in Galizien überließ, die
Verwaltung nach ihren Wünschen einzurichten, hat nicht nur unter
den dortigen Polen, sondern auch in Kongreß=Polen die österreichische
Orientierung eingesetzt. Je mehr seit der Russifizierung der Uni=
versität Warschau das Zentrum des polnischen Bildungswesens nach
Krakau verschoben wurde, um so häufiger begann auch die polnische
Jugend aus Kongreß=Polen nicht mehr in Paris, sondern in Krakau
ihren Studien obzuliegen. Diese Tendenz wurde noch verstärkt, als
die französische Republik, wie wir oben gesehen haben, ihre traditio=
nelle Polenpolitik zugunsten des Bündnisses mit Rußland aufzugeben
begann. Das ist auch der Grund, weswegen die polnische Bewegung
für eine aktive Teilnahme am Kriege an der Seite der Mittelmächte
zuerst bei den Polen in Österreich=Ungarn einsetzte. Wenn auch
Pilsudski selbst, der Begründer der Legionen, aus Russisch=Polen
stammt, so arbeitete er doch seit dem Jahre 1907 in Österreich für
die Befreiung von Kongreß=Polen.

So viel über die drei Orientierungen im politischen Leben Kongreß=
Polens, die historisch begründet, es verständlich erscheinen lassen, daß
das polnische Volk auf den Ausbruch des Krieges nicht einheitlich
reagierte, sondern im allgemeinen eine abwartende, jede Festlegung
sorglichst vermeidende Stellung einnahm. Erst allmählich begannen
sich neue Strömungen deutlicher hervorzuheben und — den mili=
tärischen Entscheidungen folgend — Gewicht zu erlangen, wie das
nächste Kapitel dies noch näher zeigen wird.

Im alten polnischen Staate hatte der Kampf zwischen Magnaten und Schlachta die entscheidende Rolle gespielt, während Städter und Bauern daran so gut wie unbeteiligt waren. Erst in letzter Stunde begannen polnische Patrioten den Versuch zu unternehmen, durch Zusammenfassung aller Bevölkerungskreise den Staat zu stützen. Das polnische Reich, das zudem sein Heerwesen sträflich vernach= lässigt hatte, konnte aber nicht mehr gerettet werden. Immerhin hatten die Träger des Unabhängigkeitswillens für die Zukunft die Losung von der Demokratisierung der polnischen Gesell= schaft als Vorbedingung zur Befreiung von Volk und Staat geprägt. Bis auf den heutigen Tag vertraten die demokratischen Elemente den Unabhängigkeitsgedanken mit Entschiedenheit weiter, während im Hochadel immer stärker die Idee der Aussöhnung mit Rußland, dem stärksten Gegner, um sich griff.

Als im Jahre 1863 der zweite polnische Aufstand völlig gescheitert war, setzte in Kongreß=Polen eine starke politische Apathie ein. Das Schlagwort von der „organischen Arbeit", die unter Verzicht auf jedwedes politische Wirken die polnische Industrie, Wissenschaft, Lite= ratur und Kunst entwickelt sehen wollte, begann damals sogar im Bürgertum festen Fuß zu fassen. Der polnische Adel und Großgrund= besitz erachtete es für klug, die Stellungnahme der galizischen Polen zum Hause Habsburg nachzuahmen. Er hoffte durch einen völligen Verzicht auf jede separatistische Tendenz die zarische Regierung zu bewegen, die Russifizierungspolitik fallen zu lassen. Ihm schloß sich ein Teil der Großindustrie und Finanz an. Diese Kreise bildeten die oben erwähnte Partei der Versöhnler (Ugodowzy), die den Ausgleich mit Rußland in den Mittelpunkt ihres Programms setzten. Vor der breiten Öffentlichkeit traten sie zum ersten Male beim Tode Alexanders III. auf, an dessen Sarge sie ostentativ einen Kranz niederlegen ließen; ebenso nahmen sie demonstrativ an der Krönung Nikolaus' II. teil. Dieses polnische Liebeswerben fand jedoch bei der russischen Bürokratie keine Gegenliebe, und dadurch hatte diese Partei in Kongreß=Polen bald völlig abgewirtschaftet. Den Gegenpol zu ihnen bildeten die sozialistischen Elemente, die dank dem Auf= blühen der Industrie in Kongreß=Polen eine immer größere Bedeutung gewannen. Bei ihnen spielten nationale und revolutionäre Ten= denzen eine viel größere Rolle als bei den sozialistischen Par= teien im übrigen Europa. Im Jahre 1886 schloß sich dann noch

ein Teil der Emigranten unter dem Namen Liga narodowa (natio=
nale Liga) zusammen, um unter Bauern und Kleinbürgern Propa=
ganda für die Unabhängigkeit Polens zu treiben. Aus dieser Organi=
sation sind später die Nationaldemokraten hervorgegangen. Als
in den neunziger Jahren der Druck der Russifizierung immer stärker
wurde, rief er als Gegenwirkung eine Wiederbelebung des Unab=
hängigkeitsgedankens hervor. 1892 wurde die Partei der Polnischen
Sozialisten, nach ihren Anfangsbuchstaben P. P. S. genannt, be=
gründet. Sie gewann namentlich, seit Pilsudski an ihre Spitze trat,
immer größere Bedeutung, da sie durch Betonen des nationalen
Moments auch unter den bürgerlichen Elementen viele Anhänger warb.
Kurze Zeit darauf fand auch die Verwandlung der Liga narodowa in die
Partei der Nationaldemokraten statt. Diese beiden Parteien waren
anfänglich ausgesprochene Kampforganisationen gegen Rußland.
Da der Führer der Nationaldemokraten R. Dmowski vor der russischen
Revolution in Galizien lebte, so zählte diese Partei auch dort nicht wenig
Anhänger. Als die Partei der Versöhnler völlig Schiffbruch erlitten
hatte, trat ein großer Teil ihrer Mitglieder zu den Nationaldemokraten
über. Dadurch wurde nicht nur ihr Charakter als Kleinbürgerpartei völlig
verwischt, sondern auch ihre politische Richtung einem starken Wandel
unterworfen. Die zahlreichen gemäßigten Elemente, die damit hinein=
strömten, stumpften nicht nur den gesellschaftlichen Radikalismus der
Partei ab, sondern die Partei verlor auch den ausgesprochenen an=
tirussischen Kampfcharakter. Als Bindemittel für die sehr verschie=
denen Elemente galt ihr jetzt der Kampf gegen Juden, Ruthenen und
Litauer. In wenigen Jahren hat sie sich, nicht zuletzt unter dem Ein=
flusse des radikalen preußischen Polentums, völlig gewandelt, so daß
sie zuletzt die Hauptvertreterin der Aussöhnung mit Rußland geworden
war. Zum Jubel aller Slawen tauchten 1908 zum ersten Male auf dem
Slawenkongreß in Prag einige Nationaldemokraten als „polnische
Vertreter" auf, wodurch die geschlossene „slawische Front" gegen das
Germanentum vordemonstriert werden konnte. Auf dem nächsten
Kongreß in Moskau blieb freilich schon R. Dmowski allein von sei=
ner Partei übrig. Die anderen hatten inzwischen erkannt, daß der
Neoslawismus nichts anderes sei als das Allrussentum in
einem neuen Gewande, nachdem sich dessen bisheriges panslawistisches
Kleid als nicht mehr modern genug erwiesen hatte. Dem nächsten
Slawenkongreß in Sofia hielt sich aber selbst R. Dmowski wieder

fern, weil das neoslawische Intermezzo nicht günstig auf die Zugkraft der Partei eingewirkt hatte.

Bei Ausbruch des japanischen Krieges gab es im politischen Leben Polens nur zwei große Parteien, die Nationaldemokraten und die Partei der polnischen Sozialisten, neben denen die Reste der Versöhnler, die Fortschrittler und die von Rosa Luxemburg gegründeten internationalen Sozialisten nur eine geringe Rolle zu spielen vermochten. Nach Einführung der Verfassung standen die Nationaldemokraten, weil sie allein öffentlich auftreten durften, stark im Vordergrund. Sie wurden von der russischen Regierung aufs eifrigste unterstützt, da sie den Gegensatz zum Germanentum stark betonten. Für den Preis einer polnischen Autonomie bot R. Dmowski sogar dem Grafen Witte seine Unterstützung zur Niederwerfung der revolutionären Bewegung in Polen an. Die zarische Regierung lehnte jedoch dieses Angebot ab und begann nach alter Weise ein furchtbares Strafgericht, das unter der P. P. S. stark aufräumte. Nur zu bald wurde auch gegen die polnische Sprache in der Schule, die das Jahr 1905 errungen hatte, wieder brutal vorgegangen. Kaum hatte sich die russische Regierung vom Schrecken über die Revolution erholt, so begann sie unter dem Beifall der nationalistischen russischen Oberschicht (Oktobristen und Nationalisten), die den Fremdvölkern bei Erlaß der Verfassung verliehenen Freiheiten wieder abzubauen. Den Nationaldemokraten gelang es trotz der Begünstigung durch die russische Regierung bei dem recht demokratischen Wahlrecht zur ersten und zweiten Duma nicht allzu viele Mandate zu erringen. Nicht einmal ihrem Führer Dmowski vermochten sie einen Sitz zu erobern. Die rund 40 polnischen Abgeordneten in den beiden ersten Dumen, die meistenteils mit der kadettischen Opposition zusammenzugehen pflegten, bildeten bei Abstimmungen oft das Zünglein an der Wage. Da das polnische Zünglein dem russischen Chauvinismus in Bürokratie und Duma nicht behagte, so wurde bei dem von Stolypin durch Staatsstreich aufoktroyierten gemäßigten Wahlrecht die Zahl der Mandate für Polen von 36 auf etwa ein Dutzend herabgesetzt. In die zweite Duma war es R. Dmowski gelungen hineinzugelangen; er sah sich aber bald gezwungen, sein Mandat niederzulegen, weil seine Teilnahme am Slawenkongreß in Polen große Erbitterung hervorgerufen hatte. Die P. P. S. dagegen nahm ihre revolutionäre Taktik um so schärfer wieder auf: Rücksichtsloser

8*

Kampf mit Rußland um die Unabhängigkeit Polens —
wurde das Losungswort dieser Partei. Während diese ausgespro=
chene Kampflosung der P. P. S. immer neue Anhänger warb, be=
gannen seit 1907 bei den Nationaldemokraten immer wieder Ab=
splitterungen vorzukommen. Dabei hatte der Verzicht auf die antiruf=
fischen revolutionären Tendenzen ihr nicht nur die Jugend, sondern
vor allem die Arbeiter abspenstig gemacht. Im russophilen Lager
sammelten sich die Magnaten, der Großgrundbesitz, die Finanz
und die Industrie, soweit sie speziell für den russischen Markt ar=
beitete, sowie das Kleinbürgertum, soweit seine Stellung durch den
Gegensatz zum Judentum bestimmt war. Auf der linken Seite stan=
den alle Elemente, die nach wie vor die Unabhängigkeit von Ruß=
land an die Spitze ihres Programms stellten, vor allem Arbeiterschaft
und Intelligenz. Aus diesen Elementen erhielt Pilsudski auch die
Rekruten für die polnischen Legionen. Der Krieg, der die Möglich=
keit gezeigt hat, daß ein polnisches Staatswesen entstehen könnte,
hat natürlich wieder den Selbständigkeitsgedanken in Kongreß=Polen
mächtig gestärkt, so daß die Partei der Nationaldemokraten selbst
stark zusammengeschmolzen ist. Sie wird zum großen Teil von den
nach Rußland geflüchteten Elementen getragen. Aber auch dort fin=
den R. Dmowskis bescheidene Autonomiewünsche immer weniger
Anhänger. Allerdings braucht dieser Selbständigkeitsgedanke, der
Polen zunächst von Rußland trennt, nicht ohne Weiteres gleichbedeu=
tend mit der Überzeugung von der Notwendigkeit eines dauernden
engen Anschlusses an die Mittelmächte zu sein.

V. Kongreß=Polen während des Krieges.

Nirgendwo in Europa hat man mit einem Weltkriege so viel ge=
rechnet, und von ihm so viel erhofft, wie in Kongreß=Polen zu Beginn
des 20. Jahrhunderts. Vor allem war es die Partei der Polnischen
Sozialdemokraten (P. P. S.), deren Führer Pilsudski eine von Öster=
reich ausgehende Organisation von Schützenvereinen gründete. Trotz=
dem traf der Weltkrieg Kongreß=Polen durchaus nicht geschlossen. Das
wird begreiflich, wenn wir uns daran erinnern, daß die Russenfreund=
lichkeit der Nationaldemokraten sogar nach Galizien hinübergegrif=
fen hatte. Ostgalizische Konservative, die sich vor allem vor einem
Hochkommen der ruthenischen Unterschicht fürchteten, hatten

hin und wieder ihre Blicke sogar nach Rußland gerichtet, weil dort
die Ruthenen unter schwerem Druck gehalten wurden.

Als am 14. August 1914 der Großfürst Nikolai Nikolajewitsch
sein Manifest an die Polen veröffentlichte, in dem ihnen Frei=
heit der Religionsübung, der Sprache und autonome
Selbstverwaltung versprochen wurde, schuf das in ganz Polen,
nicht nur bei den Nationaldemokraten, einen Freudentaumel. Wenn
trotzdem der wahre Wert dieser Verheißung von vielen Polen richtig
erkannt wurde, so trug dazu nicht wenig der Umstand bei, daß selbst
die russischen Liberalen sich zu diesen großfürstlichen Versprechungen
sehr zweifelnd verhielten. So fällte in einem Gespräche mit dem Korre=
spondenten des „Messagero" (18. April 1915) der Führer der Ka=
detten, Professor Miljukow, ein scharfes Urteil über diesen ganzen
Plan: „Es scheint mir, daß das Projekt nicht übermäßig
großmütig sein wird, jedenfalls wird die Regierung nicht
viel zugestehen."

Wie wenig ernst es der Regierung mit diesem Versprechen war,
nagelte kurze Zeit darauf ein anderer Kadettenführer, Maklakow,
fest. Er konstatierte in einer Dumarede, wie die „Rjetsch" vom 25. Fe=
bruar 1916 mitteilt, daß die russische Regierung durch ein besonderes
Zirkular den Beamten erklärt habe, daß die Autonomie Polens
nicht Russisch=Polen, sondern nur die zu erobernden Gebiete
beträfe, und gleichzeitig der Presse verboten habe, über die Autonomie
Polens zu sprechen.

Alle Versuche der Polen, eine Bestätigung des großfürstlichen
Versprechens durch die Regierung zu erhalten, schlugen daher auch
fehl. Erst am 1. August 1915, als Polen schon erobert war, teilte
Ministerpräsident Goremykin mit, der Zar habe die Ausarbeitung
eines Gesetzentwurfes befohlen, der den Polen eine Autonomie
unter Beibehaltung der staatlichen Gemeinsamkeit bringen
sollte.

Im Anschluß daran wurde eine russisch=polnische Kommis=
sion eingesetzt. Trotzdem darin lauter ausgesprochene Russophile
saßen, wurde der von ihr ausgearbeitete zahme Entwurf im Dezem=
ber 1915 durch ein Schreiben des Senators Litwinow abgelehnt.

Mit dem Regierungsantritt Stürmers kam die polnische
Frage wieder in Fluß. Der Minister des Äußeren Ssasanow war
bestrebt, diesen Stein des Anstoßes zwischen der Entente und Ruß=

land fortzuräumen, um bei politischen Verhandlungen mit ihnen nicht
immer wieder durch das Berühren dieses Kapitels gehemmt zu wer=
den. Anfang Juli reichte er dem Zaren eine Denkschrift mit einem
weitgehenden Autonomie=Plane für Kongreß=Polen ein. Dieses Pro=
jekt fand zuerst im Hauptquartier günstige Aufnahme, und Sjasonow
wurde beauftragt, zu seiner Verkündigung ein Manifest an die Polen
zu entwerfen. Während er mit seiner Ausarbeitung beschäftigt war,
gelang es aber dem Ministerpräsidenten Stürmer den Zaren umzu=
stimmen, trotzdem gerade damals der Führer der Polen, Harusse=
wicz, in der Duma die Forderung aufgestellt hatte: „Entweder so=
fortige Lösung durch Rußland oder internationale Entscheidung".

Gegen die Behauptungen, daß die Polen in Rußland den Mittel=
mächten zuneigten, erhoben die Führer der russischen Polen heftigen
Widerspruch. Andererseits benützten sie die Gelegenheit, um die Not=
wendigkeit, Polen endlich die Freiheit zu geben, zu betonen. So
schrieb z. B. der Vorsitzende des polnischen Flüchtlingsausschusses in
Moskau Lednicki: „Nach tiefster und allgemeiner Überzeugung der
Polen ist die Knechtung Polens durch die russische Regierung ein ver=
hängnisvoller Fehler, während die Verfolgung der Polen in Deutsch=
land die Grundbedingung des Bestehens deutscher Macht ist." Im
„Djen" veröffentlichte Professor Baudouin de Courtenay einen
Artikel, worin er für das neu erstehende Polen völlige Freiheit des
Handelns verlangt: „Vor dem Kriege habe ich, als Pazifist, oft er=
klärt, daß die ganze Unabhängigkeit Polens nicht das Leben eines
Menschen wert sei, jetzt aber, wo so viel Blut schon geflossen ist,
nachdem ganz Polen von Freunden und Feinden zerstört ist, ist es
verständlich, wenn die Polen sich freimachen wollen von der
Vormundschaft, sowohl der Feinde und Unterdrücker, als
auch der Freunde und Beschützer. Ebenso müssen die Polen
selbst entscheiden, mit wem sie sich später verbinden wollen,
sei es in Form einer Föderation, sei es in irgend einer an=
deren Form."

Diese Sätze sind bezeichnend für die Grundstimmung des gesamten
Polentums. Es wäre ganz verfehlt, an eine grundsätzliche, tiefwur=
zelnde „Orientierung" des Polentums nach einer Seite zu glauben.
Die Russenfreundschaft der Polen war rein opportunistischer Art und
kühlte sich in dem Maße ab, wie Rußland die Macht über Polen
und dessen Schicksal verlor.

Die Stimmung in Kongreß-Polen zu Anfang des Krieges wurde von einem so polenfreundlichen Beurteiler wie Dr. Richard Bahr in einem Berichte aus Warschau im November 1915 so geschildert: Trotz der russischen Unterdrückungspolitik „war die Stimmung bei Kriegsbeginn überwiegend deutschfeindlich, ward an den Sieg der Russen geglaubt und, was schlimmer ist, vielfach sogar auf ihn gehofft ... Man rechnete: Der Sieg Rußlands würde die Wiedervereinigung aller Polen unter einem Zepter bringen, und dann müßte ihnen, wie man in Österreich zu sagen pflegt, schon „via facti" eine einflußreiche, schier ausschlaggebende Stellung zufallen. Hier ist in der Tat der wichtigste Gesichtspunkt für eine richtige Beurteilung des Verhaltens der Polen gegeben. Man vergißt so häufig in Deutschland, daß Kongreß-Polen nur wenig mehr als die Hälfte aller in geschlossenem Siedlungsgebiete wohnenden Polen umfaßt und für sich zu klein ist, um als Grundlage für ein in dem Maße unabhängiges Reich zu dienen, wie es den meisten Polen vorschwebt, so daß ihnen daher die nationalstaatliche Einigung mindestens ebenso wichtig ist wie die staatliche Unabhängigkeit.

In der Haltung der Polen trat bis zur Besetzung des Landes durch die Deutschen keine Änderung ein. Anfang Oktober 1915 veröffentlichte die Ofenpester Zeitung „Az Est" eine Unterredung ihres Warschauer Berichterstatters mit dem Stadtpräsidenten Fürsten Lubomirski. Dieser äußerte sich dahin: „Die Gefühle der Polen waren, wie Sie sich überzeugen konnten, vor dem Abzuge der Russen nicht deutschfreundlich, wir hielten die Preußen für die Feinde Polens und wünschten den Sieg der Ententewaffen. Mit den kriegerischen Erfolgen der Deutschen und namentlich, als wir deren organisatorische Arbeit sahen, trat ein Gesinnungswechsel ein. ... Die Aufgabe der Polen ist, nüchtern und geduldig auf die Entwicklung der Ereignisse zu warten." Hier wird also der „Gesinnungswechsel" ausdrücklich und in erster Linie auf die kriegerischen Erfolge der Deutschen zurückgeführt. Seine Stärke und Nachhaltigkeit ist daher abhängig von dem Glauben an die Dauer dieser Erfolge und an die Unmöglichkeit einer Rückkehr der Russen. Dieser Glaube gewann nur sehr allmählich Boden.

Natürlich blieb die Festigkeit der militärischen Lage nicht ohne Wirkung. Auch die Errichtung der polnischen Universität und technischen Hochschule zu Warschau durch die deutschen

Behörden (eingeweiht am 15. November 1915) unterstützte die Ab=
wendung von der russenfreundlichen Gesinnung. Die von Dmowski
geschaffene „Gazeta Poranna" erklärte, die Zeit der Trennung
von Rußland habe eine Lage geschaffen, die es den Polen nicht
mehr gestatte, von ihren früheren Anschauungen in den russisch=pol=
nischen Beziehungen auszugehen. Man erstrebt jetzt nicht mehr eine
bloße Autonomie innerhalb des russischen Reiches, sondern völlige
Unabhängigkeit nach allen Seiten. Das ging soweit, daß die
nationaldemokratischen und konservativen Parteien sogar gegen die
Proklamation des Königreichs Polen am 5. November pro=
testierten und ihre Beteiligung an dem Provisorischen Staatsrat
ablehnten.

Die große Veränderung in der Lage Kongreß=Polens mußte selbst=
verständlich parteibildend wirken. Der frühere Dumaabgeordnete
Lempicki, der sein Mandat niedergelegt und übrigens von jeher der
russenfeindlichen Richtung angehört hatte, begründete die „Liga des
polnischen Staatswesens", die von Anfang an zu Österreich=
Ungarn neigte und dem polnischen Nationalkomitee in Krakau nahe=
stand. Links von der Liga entstand der „Klub der Anhänger des
polnischen Staatswesens" unter Führung von Studnicki und
Makowiecki, die am entschiedensten ihre Gegnerschaft gegen Ruß=
land betonen. Zuletzt ist das „Zentrale Nationalkomitee" unter
Pilsudski zu nennen, das von der P.P.S., radikaler Bourgeoisie
und der bäuerlichen Volkspartei gebildet wurde. Die gesamten drei
Parteien bilden die sogenannte aktivistische Gruppe, die den Ein=
tritt in den Kampf gegen Rußland befürwortet. Ihnen stehen gegen=
über die Neutralisten oder Passivisten, die es für richtiger halten,
daß Polen sich Rußland gegenüber nicht kompromittiere, sondern seine
Handlungsfreiheit nach allen Seiten wahre. Ihre wichtigsten Gruppen
sind die Partei der nationalen Arbeit unter Führung des Grafen
Ronifier, und die Realisten unter dem Prälaten Chelmnicki.
Sie beherrschen mehr das Land, während die Aktivisten hauptsächlich
in Warschau hervortreten.

Im übrigen bildet das polnische Parteiwesen zurzeit das Bild
eines brodelnden Kessels — eine Klärung und Festigung kann erst
die Zeit bringen. Einig sind alle Parteien zweifellos in dem Wunsche,
möglichst bald der deutschen Bevormundung ledig zu werden, einen
eigenen König, eine unabhängige Verfassung und möglichst weit ge=

stedte Grenzen, vor allem mit Einschluß ganz Litauens und Weißruß=
lands zu erhalten — ohne Rücksicht darauf, wie dann Deutschland
die nötige Sicherheit nach Osten und eine genügende Landentschädi=
gung für seine ungeheuren Opfer erhalten könnte.

Die derzeitigen Zustände werden in einem Warschauer Briefe des
Krakauer „Naprzod" aus dem Frühjahr 1917 zutreffend geschildert:

„Das Chaos, das die Verhältnisse in Warschau und überhaupt
im Königreich charakterisiert, wird durch äußere Ereignisse und innere
Faktoren des polnischen Volkes verstärkt. Gegenwärtig lebt alles
unter dem Eindruck des deutsch=amerikanischen Konflikts und dessen
möglicher Folgen, die in der Meinung der breiten Massen ungeheuer
phantastische Gestalten annehmen. — Gerüchte, Klatschereien und die
gewöhnlichsten Märchen, die aus den Fingern gesogen sind, fallen
auf einen sehr dankbaren, weil desorientierten Boden, der auch in
dem weiteren Verlauf durch eine Agitation, die sich gegenwärtig
„neutralistisch" nennt, desorientiert wird. Diese letztere benutzt jede
Gelegenheit, um ihre Stellung zu befestigen. Die Friedensbotschaft
Wilsons war für sie ein ebenso guter Vorwand zur Empfehlung der
Passivität und Untätigkeit, wie der gegenwärtig drohende Krieg mit
dem Staate, der durch denselben Wilson vertreten wird. Alles wird
für uns so gut als möglich getan werden, wenn wir nur ausharren
und uns nach keiner Seite hin engagieren — das ist die Losung,
unter der gegenwärtig der Kampf mit dem aktivistischen Lager ge=
führt wird. Es versteht sich von selbst, daß die Beweisführung zur
Unterstützung dieser Losung die verschiedenartigsten Formen annimmt,
je nach der Schicht, auf die sie einwirken soll. Sie operiert mit wirt=
schaftlichen Gründen, nützt den Rassenhaß aus und wendet sich vor
allem gegen die Bildung des polnischen Heeres, wobei sie vor keiner
Demagogie zurückschreckt."

In einem Aufsatze des „Glos Lubelski" (Lublin) vom Februar 1917
wird behauptet, daß, obwohl den Akt vom 5. November bloß die eine
der kriegführenden Parteien vollzogen hat, doch die „Gestaltung
Polens nicht einseitig erfolgen, daß sie vielmehr das Resultat des
Willens sowie des Interesses beider kämpfenden Seiten" sein werde.
Daraus folge die Pflicht eines solchen Aufbaues des polnischen
Staates, daß man nicht vorzeitig alles auf eine Karte stelle.
Diese Arbeit sei schwer, aber nicht aussichtslos. Vor allem liege nicht
im Interesse der Westmächte der Entente ein Staat, in dessen Ge=

biete die Einflüsse der Nachbarn schalten und walten könnten. Dann
lehre die polnische Geschichte, daß ein polnischer Staat, der sich nicht
auf seine natürlichen geographischen und ethnographischen Grenzen
stützt, nur ein momentanes Gebilde sei, vor dem auch fernerhin die
ungelösten Probleme der der Teilung nachfolgenden Epoche stehen.
Das Blatt zitiert einen Artikel aus der in Krakau erscheinenden
Monatsschrift „Rok Polski" (Das polnische Jahr), der von den
natürlichen Grenzen des polnischen Staates handelt und die für
den Bestand des Staates vitale Bedeutung der westlichen
Provinzen, besonders des preußischen Anteils, betont. Nach
der ersten Teilung Polens — heißt es — war eine vorsichtige Politik
nötig, aber die Polen vermochten der Diplomatie der Teilungs=
staaten keine entsprechend befähigten Diplomaten entgegenzustellen.
Dann wird auf die Lebensunfähigkeit des Warschauer Herzogtums
und des künstlichen Polen hingewiesen. Trotz dieser fünf Teilungen
habe sich die nationale Kraft der urpolnischen Länder von Danzig
und Bialystok bis zu den Karpathen erwiesen. Diese natürlich zu=
sammenhängenden Territorien dürfen nicht auseinandergeschnit=
ten werden. Die polnische Nation dürfe jetzt eine solche Lösung der
polnischen Frage erwarten, die sich nicht in Grenzen einschließt, wie
sie von Napoleon oder dem Wiener Kongreß vom Jahre 1815 fest=
gestellt wurden.

Nach alledem kann es nicht zweifelhaft sein, daß unter deutschen
Gesichtspunkten bisher die an die Ausrufung des polnischen Staates
geknüpfte Erwartung, ganz abgesehen von der Heeresfrage, die hier
übergangen werden soll, zwischen Enttäuschung und Hoffnung stark
geschwankt hat. Bei Einräumung weitestgehender, nationaler, kultu=
reller und innerstaatlicher Entwicklungsfreiheit für Polen verlangt
Deutschlands Selbsterhaltung doch auch hinreichende Sicherheiten da=
für, daß sich nicht dieses von Deutschland geschaffene Polen wieder
auf die russische Seite schlägt, um sich mit Rußlands Hilfe später ein=
mal die unerlösten polnischen Gebietsteile Preußens anzugliedern.
Daß unter voller Wahrung dieses Gesichtspunktes auch für die Polen
ein außerordentlich vorteilhafter und namentlich wirtschaftlich befrie=
digender Zustand geschaffen werden kann, unterliegt keinem Zweifel.
Im Hinblick auf mancherlei umlaufende Irrtümer mag aber gerade
die Frage des wirtschaftlichen Verhältnisses Polens zu Rußland zum
Schlusse noch einer Betrachtung unterzogen werden.

VI. Ist Kongreß=Polen wirtschaftlich von Rußland abhängig?

In der deutschen Presse taucht häufig die Ansicht auf, Kongreß=
Polen sei von Rußland wirtschaftlich völlig abhängig und hierin sei
auch die russische Orientierung unabänderlich begründet. Da diese Be=
gründung auf den ersten Blick viel Bestechendes hat, so muß auf diese
Frage hier näher eingegangen werden.

Vor allem wird von den Verfechtern dieser Theorie übersehen,
daß Kongreß=Polen in erster Linie ein Ackerbauland ist, dessen
landwirtschaftliche Produktion vom Nationalökonomen St. A. Kemp=
ner auf eine Milliarde Rubel geschätzt wird. Sie litt aber schwer
unter der russischen Konkurrenz, die nicht nur bei billigeren Bodenprei=
sen wirtschaften konnte, sondern noch durch günstige Eisenbahntarife aufs
einseitigste gefördert wurde. Der angesehene polnische Statistiker Grab=
ski, faßt sein Urteil dahin zusammen: „Es gibt kein ökonomisches Mittel,
das in so hohem Grade die Interessen sämtlicher Dorfbewohner soli=
darisieren würde — der Bauern mit größerem und kleinerem Grund=
besitze und der Arbeiter — als die Gewährung natürlicher
selbständiger Bedingungen für unseren landwirtschaftlichen
Markt, durch Beseitigung des Druckes durch die Einfuhr
russischen Viehes und Getreides." Und weiter heißt es: „In=
soweit wir mit Rußland ökonomisch verbunden sind, werden wir,
einzig wir im ganzen kulturellen Europa (England ausgenommen)
auf unserem Getreidemarkte die Konkurrenz aus Gegenden von pri=
mitiver Kultur ertragen müssen." ... „Bei uns werden stärker als
in ganz Europa noch für lange Zeit die fatalen Folgen der Ein=
wirkung der östlichen Nachbarschaft auf unsere landwirtschaft=
lichen Verhältnisse zu spüren sein."

Die Folgen dieser ungünstigen Produktionsbedingungen sind auch
nicht ausgeblieben. Während 1882 Kongreß=Polen noch einen Über=
schuß an Getreide aufwies, ist dies seit 1895, da die Anbau=
fläche für Getreide zurückgegangen ist, ins Gegenteil umgeschlagen.
Wie sollte auch eine landwirtschaftliche Produktion in Polen gedei=
hen, wenn für den Transport aus dem Königreich nach den Absatz=
märkten im übrigen Rußland doppelt so hohe Tarifgebühren zu ent=
richten waren, wie in umgekehrter Richtung. Noch ausschlaggeben=

der für den Rückgang sind indessen, wie St. A. Kempner angibt (Polnische Blätter 1915, Heft 17), die zu hohen Produktions= kosten. Laut einer Statistik aus dem Jahre 1895 betrugen letztere für 1 Pud (= 50 deutsche Pfund) Roggen 59,9 Kopeken für Po= len, dagegen 46,8 Kopeken in sechs russischen Gouvernements, für Hafer 48,8 Kopeken resp. 32,4 Kopeken und für Weizen 66,4 Ko= peken resp. 46,8 Kopeken. Ähnlich liegen die Verhältnisse bei Butter, Gemüse und Sämereien und anderen landwirtschaftlichen Produkten. Eine Folge dieser höchst ungesunden landwirtschaftlichen Zustände war die Sachsengängerei.[1]) Wird durch einen Zollschutz die pol= nische Landwirtschaft von der billigen russischen Konkurrenz befreit, so werden die Agrarverhältnisse Polens rasch gesunden.

Eine blühende Landwirtschaft würde durch Bildung eines inne= ren Marktes erst den richtigen Nährboden für die polnische Industrie abgeben, die jetzt nach Innerrußland exportieren mußte, nicht nur weil die polnische Landwirtschaft Not litt, sondern auch weil die städtische Entwicklung künstlich niedergehalten wurde. Bekanntlich war die Selbstverwaltung in Kongreß=Polen seit dem letzten Aufstande völlig ausgeschaltet, und die russischen Beamten zeigten gar kein Interesse, die schlechten sanitären und wirtschaftlichen Verhältnisse zu bessern. Im Gegenteil war es Regierungsparole, jegliche wirtschaftliche Ent= wicklung im Lande möglichst zurückzuhalten. Es sollte unter allen Um= ständen verhindert werden, durch einen wirtschaftlichen Aufschwung die kulturellen Bestrebungen der Polen zu fördern. Ebenso wie man in den meisten polnischen Städten keine Kanalisation, Wasser= leitung und elektrische Beleuchtung kennt, ist auch das Eisenbahnnetz gänzlich vernachlässigt. Rußland hat eben in Polen nur strategische Bahnen gebaut, die auf die wirtschaftlichen Bedürfnisse des Landes keinerlei Rücksicht nehmen. Das Nachholen all dieser großen Ver= säumnisse wird die polnische Industrie für lange Zeit hinaus vor so große Aufgaben stellen, daß sie nach der gewiß nötigen Zeit der Umstellung den russischen Markt verschmerzen können wird. Diese Ansicht wurde jedenfalls von zahlreichen polnischen Industriellen bei

---

1) Es kann hier nur darauf hingewiesen werden, daß bei Aufrichtung einer polnischen Zollgrenze gegen Rußland Deutschland mit einer starken Einschränkung, wenn nicht einem völligen Aufhören der Sachsengängerei rechnen müssen wird.

einer Rundfrage vertreten, die im Februar 1915 die Warschauer Zeitung „Swiat" veranstaltet hatte. Trotzdem Kongreß-Polen damals noch in russischem Besitz war, haben sich sämtliche Beantworter der Umfrage nicht gescheut, ihr zollpolitisches „Los von Rußland" auszusprechen.

Ing. Bakowski z. B. führte dabei aus: „Was die Landwirtschaft betrifft, so zieht das Königreich den kürzeren aus der Verbindung mit dem Kaiserreich, da letzteres durch einen speziellen Bahntarif begünstigt ist. Bezüglich der Industrie sind die Meinungen geteilt: jedenfalls glaube ich, daß wir auch in dieser Hinsicht eher verlieren als gewinnen und mit jedem Jahr wird sich dieser Verlust vergrößern. Überdies hatte unsere Ausfuhr nach dem Kaiserreiche den Charakter einer Ausschußproduktion. Dieses Niveau verringerte die Leistungsfähigkeit unserer Technik im Vergleich mit der westlichen."

Ing. Kontkiewicz, Senior des polnischen Bergwesens, wies auf das überaus mangelhafte Straßennetz hin, sowohl zu Lande wie zu Wasser. Nur Serbien hat noch weniger Bahnlinien, als das Königreich; sogar Rußland hat ihrer mehr; auf 100000 Einwohner entfallen im eigentlichen Rußland 39,6 km, während im Königreich bloß 25,8 km kommen. Im Jahre 1911 hat das Königreich der russischen Regierung 288 Millionen Rbl. eingebracht, während die Gesamtausgaben für Schulwesen, Administration, Eisenbahnen und Staatsbedürfnisse nur 125 Millionen betrugen. Das Königreich besitzt kolossalen Kohlenreichtum und die Dessauer Gesellschaft z. B. versendet nach Deutschland Steinkohlenteer zur Verwertung.

Ing. Wolski behauptet: „Die polnische Metall-Industriebranche hat den Verlust des auswärtigen Absatzgebietes nicht zu befürchten, da ihr nur zu viele einheimische offen ständen. Wir haben keine Eisenbahnen, unsere Städte warten noch auf Wasserleitungen, Kanalisierung usw."

Roman Mielczarski und St. Wojciechowski, die Begründer des polnischen Kooperativwesens, beschweren sich über den hohen russischen Tarif, welcher u. a. verhinderte, aus Schweden und England über Danzig die vielprozentigen Erze zum Vermischen mit den polnischen herbeizuschaffen, infolgedessen man auf die Erze aus Krzywy Rog, angewiesen ist, die um 100% teurer sind.

Bei eingehender Prüfung zeigt sich allerdings, daß allen russischen Zollschranken zum Trotz auch bisher schon über Danzig, die Weichsel entlang, und auf dem Wege über sieben die Grenze Deutschlands und Polens überquerende Bahnen eine starke Verquickung des deutschen und des polnischen Wirtschaftslebens stattgefunden hat. Charakteristisch ist übrigens, daß zwischen Polen und Österreich die Verbindung nur auf eine einzige Bahnlinie beschränkt geblieben ist, wie dies dem hier sehr viel geringeren wirtschaftlichen Austausch ent-

spricht. Zu bedenken ist bei dem bisherigen Zustand der Dinge, daß
die Weichsel als Handelsstraße nicht entfernt in dem Maße ausge=
nutzt worden ist, wie bei ordnungsmäßiger Stromregulierung im Falle
eines wirtschaftlichen Anschlusses an Deutschland möglich sein würde.
Das Bett der Weichsel steht mittels des Bromberger Kanals mit dem
mitteleuropäischen Stromnetz in Verbindung, mittels des Dnjepr=
Bug=Kanals mit Mittel= und Südrußland und dem Schwarzen Meer.
Der Hauptstrom Polens könnte mithin bei richtigem Ausbau die Ver=
bindungsader zwischen den großen Strömen Europas werden: der
Elbe, dem Rhein, der Donau einerseits, dem Dnjestr und dem
Dnjepr andrerseits.

Die bedeutendste der polnischen Industrien, die Textilindustrie —
sie beschäftigte vor dem Kriege 150000 Arbeiter gegen 62000 in der
Metallverarbeitung, 45000 in der Berg= und Hüttenindustrie, 42000 in
den Nahrungsmittelgewerben — war seit je auf die Rohstoffzufuhr aus
Deutschland angewiesen. Nur 45 % der in Polen versponnenen Baum=
wolle kamen aus Turkestan, 55 % über die deutschen Grenzstationen,
nur 34 % der verarbeiteten Wolle stammten aus Rußland, 66 % ka=
men über die deutschen Häfen. Selbst die Häute, deren die Gerbereien
und die Lederindustrie bedurften, wurden überwiegend aus Süd=
amerika über die deutschen Küsten bezogen. Rußland stand nur in der
Lieferung von Naphtha und Schmierölen, reichen Eisenerzen und Holz
voran; Bastfasern (Flachs und Hanf) kamen aus Kurland und Litauen.
Auch die für die Ausgestaltung und Leistungsfähigkeit aller Indu=
strien wichtigsten Produktivmittel, die Maschinen, wurden, soweit sie
nicht in Polen selbst hergestellt werden konnten, zu 90 % aus dem
Auslande, nur zu 10 % aus Rußland bezogen. Schwer abzuwägen
ist, in welchem Umfange im Laufe des letzten Jahrhunderts deutsches
Kapital in Polen eingewandert ist und, was noch wichtiger ist, wie=
viel die polnische Industrie deutschen Unternehmern, Kaufleuten und
Ingenieuren in Aufbau und Entwicklung zu verdanken hat. Bekannt ist,
daß Lodz, das „polnische Manchester", vor 100 Jahren von deutschen Tuch=
machern aus Schlesien, Sachsen und Deutsch=Böhmen begründet wor=
den ist. Aus einer Ansiedlung von wenigen tausend Seelen hat es
sich heute zu einer Halbmillionenstadt entwickelt, in der allein ein
Zehntel der gesamten textilen Produktion Rußlands vor dem Kriege
erzeugt wurde. Der Baumwollverbrauch dieser Stadt betrug im Jahre
1913 mehr als 50 Millionen kg Rohmaterial; auch an Deutschland

gemessen, daß insgesamt etwas über 480 Millionen kg verbrauchte, eine achtenswerte Leistung. Aus den bescheidenen Handwerksbetrieben jener Tuchweber hat sich, genährt von weiterem deutschen Zuzug, deutschem Kapital, Fleiß und Unternehmungsgeist diese riesige Industrie entwickelt. Noch heute befindet sich ein guter Teil derselben in deutschen Händen; auch von der Bevölkerung ist noch nahezu ein Viertel deutscher Abstammung, rund 100 000 Seelen. Ähnlich wie mit der Lodzer Textilindustrie liegen die Verhältnisse auf dem Gebiete der Warschauer Maschinenindustrie und des Berg= und Hüttenwesens, das seinen Hauptsitz in Südpolen, insbesondere im Kreise Bendzin hat. Die erste Anlage von Kohlengruben erfolgte hier, als letzterer Kreis preußisches Gebiet war. Graf Reden, der auch in Oberschlesien die ersten Kohlengruben schuf, hat sie ins Leben gerufen. Aber auch nach 1807, nachdem Preußen den Kreis an das Großherzogtum Warschau hatte abtreten müssen, ist der Zusammenhang zwischen der oberschlesischen und Bendziner Berg= und Hüttenindustrie bestehen geblieben, wie ja auch geologisch ein Gebiet nur der Ausläufer des andern ist. Erst als die russische Politik mehr und mehr deutschland= feindliche Wege einschlug, haben die deutschen Besitzer ihre polnischen Gruben, Eisen= und Zinkhütten aufgegeben; französisches und belgi= sches Kapital ist in größerem Maße an die Stelle des deutschen ge= treten. Den starken inneren Zusammenhang der deutschen und polni= schen Industrien hat indessen auch diese Entwicklung nicht zu spren= gen vermocht, weil die beiderseitigen Wechselbeziehungen zu sehr in den natürlichen Produktionsbedingungen hüben und drüben verankert sind: Oberschlesien ist auf die polnischen Erze ebenso angewiesen wie die polnischen Eisen= und Zinkerzreviere auf die oberschlesischen Koh= lenlager. Die polnischen Kohlenlager, die von dem Geologen Czar= nocki auf mehr als 2 Milliarden Tonnen geschätzt werden, stehen in der Güte ihres Erzeugnisses erheblich hinter den schlesischen zurück. Die polnische Kohle eignet sich im wesentlichen nur zur Kesselheizung; zur Verhüttung, Koks= und Leuchtgasbereitung ist sie unbrauchbar. Die glückliche Wechselwirkung zwischen Kohle und Eisen, wie in Ober= schlesien und Westfalen, ist mithin in Polen nicht gegeben, über eine Million Tonnen Kohlen mußte daher 1913 über die deutsche Grenze nach Polen ausgeführt werden, abgesehen von einerhalben Million nach dem sonstigen Rußland. Umgekehrt: in Oberschlesien sind die Braun= eisensteine abgebaut, die Eisenerzvorräte von Südpolen aber werden

auf 300 Millionen (von anderer Seite sogar auf 600 Millionen) Ton=
nen geschätzt mit einem reinen Eisengehalt von 122 Millionen Ton=
nen. Wird die Jahresförderung von jetzt 300 000 auf 1 Million
Tonnen gesteigert, so reicht der Vorrat auf 300 Jahre. Daß bisher
nicht mehr gefördert worden ist, hatte seinen einfachen Grund darin,
daß infolge Ausfuhrverbotes der russischen Regierung eine Lieferung
nach Oberschlesien unmöglich gemacht war, die polnischen Eisenhütten
mithin an der Produktion über ihren eigenen Bedarf hinaus kein
Interesse hatten. Tritt mit Deutschland erleichterter Verkehr ein, und
werden die Zollschranken beseitigt oder, wo ein gewisser Übergangsschutz
polnischer Industrien notwendig erscheint, wenigstens erniedrigt, so
wird der Austausch hin und herüber sich den natürlichen Bedürfnissen
entsprechend schnell steigern, die Eisenindustrie wird in kürzester Zeit in
ungeahnter Weise aufblühen, weil sie in Deutschland ein sehr aufnahme=
fähiges Absatzgebiet gewinnt. Nicht minder stellt die Nutzbarmachung der
polnischen Zinkerze und die Kohlenproduktion eine große und vielseitige
Entwicklung in Aussicht. Die polnische Kohle eignet sich zur Herstel=
lung von schwefelsaurem Ammoniak, Toluol, Benzol, sie besitzt dem=
nach für die Landwirtschaft und die Sprengstoffindustrie große Bedeu=
tung. Manche polnische Industrielle werden die Konkurrenz der deut=
schen Eisenindustrie und ihrer Nebenzweige fürchten. Aber was will
diese Konkurrenz bedeuten, wenn auf der andern Seite schnell der pol=
nische Eisenverbrauch, der jetzt 23,6 kg auf den Kopf beträgt (nicht
mehr als in Rußland oder Spanien) sich auf den deutschen Durch=
schnitt von 200—250 kg steigern wird. Jede dauerhaft und sicher fun=
dierte Industrie muß ihre Hauptgrundlage im inneren Markte er=
blicken; die Entwicklungsfähigkeit des polnischen bietet, wie aus die=
sem einen Beispiel ersichtlich, noch weite Möglichkeiten. Er bietet sie
allerdings nur dann, wenn sich ein leistungsfähiger Kreditgeber fin=
det, der die zur Entwicklung notwendigen Milliarden zur Verfügung
stellt. Es liegt auf der Hand, daß dieser Kreditgeber nicht das wirt=
schaftlich niedergebrochene Rußland, sondern nur Deutschland sein
kann.

Daß die Ablösung Polens vom russischen Wirtschaftskörper in an=
derer Beziehung auch große Umschaltungen bedingt und damit in der
Übergangszeit Verluste sich nicht ganz vermeiden lassen, kann natür=
lich nicht geleugnet werden. Die Verfeinerungsindustrie hat ihr Ab=
satzgebiet bislang ganz überwiegend auf dem russischen Markte ge=

funden. Tennenbaum schätzt den Jahresexport von Fabrikaten nach
Rußland auf 500 Millionen Rubel, ins Ausland dagegen gingen
nur 10 Millionen. Besonders drei Gesichtspunkte werden indessen
die hier notwendige Umschaltung erheblich erleichtern: einmal bedingt
die durch den Krieg eingetretene Erschöpfung an Rohstoffen in der
Textilindustrie sowieso einen nur langsam durchführbaren Wiederaufbau der Produktion. Es ist deshalb genügend Zeit zur Aufsu-
chung und Anpassung an neue Absatzmärkte und Produktionsrich-
tungen. Zum zweiten bleibt Rußland nach wie vor auf einen guten
Teil der polnischen Lieferungen angewiesen, weil es seinem eigenen
Gebiet an Kammwollindustrie fehlt, die Kammgarnspinnerei aber ein
schwieriges Gewerbe darstellt, das sich nicht über Nacht aus dem
Boden stampfen läßt. Drittens sind die Bedingungen für den Ersatz des russischen Absatzgebietes durch überseeische Märkte deshalb
so günstig, weil Polen innerhalb des mitteleuropäischen Wirt-
schaftsgebiets über die Weichsel eine sehr bequeme und billige Verbindung zur Ostsee hat. Schließlich ist andrerseits zu bedenken, daß
nur dann, wenn das Königreich Polen von der Macht der russischen
Wirtschaftspolitik, die Innerrußland vor Kongreßpolen in allen Fragen ganz einseitig bevorzugte, befreit wird, es endlich die Bahn frei
bekommt zu einer selbständigen Wirtschaftsentwicklung und damit zur
vollen Ausnutzung seiner günstigen Lage als natürliches Durchfuhr-
land zwischen West- und Osteuropa.

Selbstverständlich werden einzelne Industrien wie die Lodzer
Textil- und die Warschauer Galanteriewaren-Branche, längere
Zeit zur vollen Umgestaltung ihrer Produktion brauchen. Erstere
wird dabei durch Umstellung ihrer Produktion auf den inneren Markt —
den Wegfall der schweren Moskauer Konkurrenz —, einen Ersatz finden. Zudem litt auch sie nicht wenig unter der fiskalischen Politik der
russischen Regierung, die nicht nur die Rohstoffe, sondern auch die
Weberei- und Spinnerei-Maschinen durch ungebührlich hohe
Zölle verteuerte. Die Warschauer Galanteriewaren-Branche allerdings
wird wohl zum Teil auswandern müssen, da sie fast ganz auf den
russischen innern Markt eingestellt war.

Daß aber der Vorteil der Zolltrennung jedenfalls viel größer für
Polen sein wird, als der Schaden einzelner Industriezweige, geht un-
zweideutig aus einem Beschluß der polnischen Mitglieder der von
Goremykin eingesetzten Kommission zur Ausarbeitung der polnischen

Autonomie hervor. Die sechs polnischen Glieder dieser Kommission, die alle ausgesprochene Russophilen waren, haben sich einstimmig für die Errichtung einer Zollgrenze zwischen Kongreß=Polen und Rußland ausgesprochen. Nicht weniger überzeugend wirken die Aus= führungen des kürzlich verstorbenen polnischen Großindustriellen Zukowski, der durchaus der russischen Orientierung zuzurechnen ist und noch während des Krieges in der russischen Kriegsindustrie eine bedeutende Rolle spielte. Auf einer in Petersburg abgehaltenen Be= sprechung polnischer Wirtschaftspolitiker machte er folgende Aus= führungen, die von der gesamten Versammlung, mit Ausnahme ihres Einberufers, Professor Petrazycki, gut geheißen wurden:

„Es ist eine Eigentümlichkeit der Polen, daß sie nicht imstande sind, aus= schließlich in ökonomischen Kategorien zu denken. Letzteres sei aber eine Notwendigkeit. Die Vergangenheit kann für die Zukunft nicht maßgebend sein. Die russische Zollpolitik hatte keine politische, sondern eine fiskalische Tendenz. So z. B. waren die hohen Zollsätze für Rohstoffe, sowohl für die polnische, wie für die russische Industrie schädlich. Die Roh= stoffe und Industrieerzeugnisse müssen individualisiert werden, um zu einer klaren Übersicht der Sachlage zu gelangen.“ Der Redner gibt hier eine kurze Übersicht der russischen und polnischen Handelsbilanzen, die mit einem Über= schuß von 125 Millionen zugunsten Polens ausfällt... „Unsere Volkswirtschaft weist den größten Mangel an freien Kapitalien auf. Diese Macht, die bei= spielsweise Frankreich und Deutschland durch den Zusammenfluß der kleinen Ersparnisse, zum großen Teil der Landbevölkerung, in ein Bett erreicht haben, besitzen wir nicht. Die Haupteigenschaft des polnischen Bauers ist Landhunger. Alle seine Ersparnisse sind auf Bodenankauf gerichtet; 40—50 Millionen jährlich von dem Erwerb in Amerika gebraucht die heim= kehrende Bauernschaft zum Ankauf größeren parzellierten Grundbesitzes. Zwei Millionen Morgen wurden parzelliert und dieser Prozeß bewirkte, trotz der Abnahme der Erträgnisse des Bodens, eine unerhörte Zunahme der Preise. Dem Königreich droht zweifelsohne eine sukzessive Ver= armung, wenn die rechtlichen und politischen Verhältnisse sich nicht ändern werden. Nur der Besitz einer Regierung, die imstande wäre, eine eigene Wirtschaftspolitik, unter anderem auch eine Zollpolitik zu treiben, kann das Land vor dem Ruin bewahren. Eine eigene Regierung, das ist unser kategorischer Imperativ, das Streben nach ihr muß im Vordergrund unserer Interessen stehen. Es wird gewiß eine schwere Stellung sein, vielleicht wird sie zu außerordentlichen Mitteln greifen müssen, um die Schwierigkeiten zu überwinden. Aber kommt sie nicht zustande — so droht uns Ruin und Verarmung der Bevölkerung.“

Also auch dieser ausgesprochen deutschfeindliche Pole — der zur Zeit, als Delcassé in Petersburg Botschafter war, dessen Ver=

trauensmann war, — ist in Wort und Schrift energisch für die Not=
wendigkeit eingetreten, Kongreß=Polen wirtschaftlich von Rußland
zu trennen. Damit dürfte sich die in Deutschland so viele Anhänger
zählende Ansicht von der notwendigen wirtschaftlichen Bedingtheit
der Russophilie der Polen als falsch erwiesen haben. Der Hinweis
Grabskis und auch Zukowskis auf die wirtschaftlich schlechte Lage
der Bauern entzieht auch der Befürchtung, daß die Bauern an der rus=
sischen Orientierung festhalten werde, einen Teil ihrer wirtschaftlichen Be=
gründung. Gewiß ist die Tatsache, daß dem polnischen Bauer der Grund
und Boden von der russischen Regierung verliehen ist, nicht ohne Einfluß
auf seine politische Haltung geblieben. Sobald er bei der Neuordnung
der politischen Verhältnisse in Kongreß=Polen den Druck der russischen
Konkurrenz los wird, wird er sich wenigstens zum energischen Anhänger
seines eigenen Staatswesens entwickeln.

Bisher ist bei dieser gedrängten Übersicht der Entwicklung Kongreß=
Polens die kulturelle Seite der Frage nur gestreift worden. Zum
Schluß sei daher darauf hingewiesen, daß Polen seiner ganzen Ent=
wickelung nach zweifellos durch die katholische Kirche enger mit Eu=
ropa verbunden ist. Aber auch in Literatur, Kunst und Wissenschaft
ist es eigene von Rußland völlig getrennte Wege gewandelt. Es sind
deshalb nicht nur, wie wir gesehen haben, die politischen und wirt=
schaftlichen Grundlagen, sondern auch die kulturellen gegeben,
um einen eigenen Staat zu bilden und zur Blüte zu bringen. Vor=
bedingung dazu freilich ist, daß Polen auch wirklich von der Notwen=
digkeit eines ehrlichen, vorbehaltlosen und unauflöslichen Anschlusses
an die Mittelmächte und insbesondere an ein militärisch und politisch
starkes Deutsches Reich durchdrungen ist, dessen Führung ihm allein
eine von halbasiatischer Barbarei unabhängige, gedeihliche Entfaltung
seines eigenvölkischen Lebens verbürgt.

Die Ukraine.

Von Axel Schmidt in Berlin.

I. Die geographischen und wirtschaftlichen Grundlagen.[1]

Die geographischen Verhältnisse.

Der geographische Begriff der Ukraine umfaßt den ganzen Süden von Osteuropa, annähernd vom 52° parallel bis an die Gestade des Schwarzen Meeres — im Osten bis an die Kaspischen Weststeppen. Im Westen reicht die Ukraine bis an die Ostgrenze des polnischen Schollenlandes und der polnischen Ebene und an die Ostkarpathen. Das geographische Gebiet der Ukraine deckt sich, wenn auch nicht ganz mit dem ethnographischen Gebiet des ukrainischen Volkes, dessen Anzahl für 1915 auf 38 Millionen geschätzt werden kann. An einigen Stellen, z. B. in den Ostkarpathen, den südlichen Ausläufern der zentralrussischen Platte, im westlichen Kaukasus, dringt das ethno-graphische Gebiet der Ukrainer über die geographischen Grenzen der Ukraine. Dafür ist der südwestliche Winkel der Ukraine von Rumänen (Bessarabien) besiedelt. Taurien weist nur eine relative Mehrheit von Ukrainern auf, längs dem Don ist das russische Element (Don-kosaken) tief nach dem Süden vorgedrungen.

Was die Größe betrifft, so verleugnet die Ukraine hierin ebenso-wenig den osteuropäischen Charakter, wie in ihrer Lage. Die Ukraine zeichnet sich durch Großräumigkeit aus. Der Flächeninhalt des ge-schlossenen ukrainischen ethnographischen Territoriums beläuft sich auf 850000 qkm. Die Ukraine übertrifft damit an Größe jede europäische Großmacht (mit Ausnahme Rußlands).

Das Gewässernetz der Ukraine ist im Schwarzen Meere kon-zentriert. Die Ukraine kann man schlechterdings als den nördlichen Teil des pontischen Einzugsgebietes auffassen, obgleich die Quellen-

---

1) Das Material zu dem ersten Abschnitt ist mir liebenswürdigerweise von Professor Rudnickyj-Wien zur Verfügung gestellt.

gebiete des Dnjepr und Don in Weißrußland liegen und das ukrai=
nische Gebiet im äußersten Westen und Osten in die baltische und kaspische
Abdachung hinüberreicht. Die Hauptflüsse der Ukraine Dniester, Bobr,
Dnieper, Don und Kuban wenden sich mit ihren schiffbaren Laufen
dem Schwarzen Meere zu. Die hydrographische Hauptader des Lan=
des ist der Dnieper, der drittgrößte Fluß Europas.

Die Ukraine liegt ganz innerhalb der osteuropäischen Klimaprovinz
und nimmt ihren ganzen Süden ein. Ihr Klima ist kontinental mit
einer jährlichen Amplitude von 20⁰—30⁰, einer mittleren Jahres=
temperatur von +6⁰—12⁰, einem Julimittel von +19⁰—24⁰ und
einem Januarmittel von 0⁰—8⁰, bei vorherrschenden Sommerregen
und einer im allgemeinen unbedeutenden Schneedecke.

Die Kontinentalität des ukrainischen Klimas ist geringer als die
des russischen, die Jahresmittel sind beträchtlich höher, der Winter
viel milder und kürzer, die Wolga ist 160 Tage gefroren, der Dnieper
80—100, der Dniester nur 70. Der Frühling ist infolge der geringen
winterlichen Schneedecke sehr warm, im Gegensatz zu allen anderen
Gebieten Osteuropas. Der Sommer und der Herbst haben einen voll=
kommen südländischen Charakter, sind lang, warm und vom August
an zumeist regelmäßig trocken. Das Sommer= und Herbstleben des
ukrainischen Volkes hat viele südländischen Züge, die strenge Winter=
kälte läßt jedoch den Körper nicht erschlaffen und die Verweichlichung
nicht aufkommen.

Die ethnographischen Verhältnisse.

Die Wurzeln der Entwickelung des ukrainischen Volkes stecken
ebenso im frühen Mittelalter, wie diejenigen der anderen großen
Völker Europas. Die anthropologischen Merkmale (hoher Wuchs,
starke Brachykephalie, dunkle Haar= und Augenfarbe) lassen uns in
den Ukrainern einen Volksstamm erkennen, welcher mit den echten
Nordslawen (Russen, Weißrussen, Polen) körperlich sehr wenig Ge=
meinsames hat, dafür unverkennbare Verwandtschaft mit den Süd=
slawen, Serbokroaten, zeigt und der sogenannten adriatischen oder
dinarischen Rasse zugezählt werden muß.

Die körperliche Verschiedenheit der Ukrainer und Russen
ist den Reisenden längst aufgefallen, bevor noch die Anthropologie
angefangen hat, ihre Messungen anzustellen. Die Ukrainer sind viel
höher an Wuchs, langbeinig, von größerem Brustumfang und kürzeren

Armen wie die Russen, erscheinen daher immer viel schlanker. Sie
sind rundköpfiger als die Russen, das Gesicht ist aber länglicher, die
Nase auffallend dünner und länger, die Ohren besonders klein. Dazu
kommt noch bei den Ukrainern die stärker pigmentierte Hautfarbe,
vorherrschend dunkle Haare und dunkle Augen, während die Russen
im allgemeinen hellfarbiger und blonder sind. Ohne jegliche Über-
treibung kann man sagen, daß jemand, der die beiden Hauptvölker
Osteuropas aus eigener langjähriger Erfahrung kennt, Ukrainer und
Russen, auch wenn sie uniformiert sind, leicht zu erkennen vermag.

Die Stellung der ukrainischen Sprache zur russischen ist innerhalb der slawischen Sprachen dieselbe, wie die Stellung der deutschen
Sprache zu der englischen innerhalb der germanischen Sprachen
(natürlich mutatis mutandis). Das Russische ist ebenso eine slawische
Kolonistensprache, wie das Englische eine germanische Kolonistensprache ist, nur sind die mongolisch=finnischen Einflüsse im Russischen
unvergleichlich schwächer, als die keltisch=romanischen im Englischen,
und zwar aus einem leicht erklärlichen Grunde. Standen doch die
Bewohner Britanniens zur Zeit der angelsächsischen Einwanderung
kulturell unvergleichlich höher als die Finnen zur Zeit der slawischen
Einwanderung. Die Kolonisierung Britanniens erfolgte durch germanische Stämme, welche am äußersten Rande und zum Teil außerhalb
des heutigen deutschen Gebietes saßen (Angeln, Sachsen, Jüten usw.),
die Kolonisierung des heutigen Großrußlands erfolgte durch slawische
Stämme, welche im Norden des heutigen ukrainischen Gebietes (Sse-
werjanen) oder außerhalb desselben wohnten (Radimitschen, Wjatit-
schen, Nowgoroder Slowenen). Es ist selbstverständlich, daß in dem
viel höheren kulturellen und politischen Milieu West= und Mitteleuropas sowie infolge der insularen Abgeschiedenheit Englands die
Sprachverschiedenheiten zwischen dem Deutschen und dem Englischen
viel weiter gediehen sind, als diejenigen zwischen dem Ukrainischen
und dem Russischen. Der Unterschied zwischen dem Russischen und
Ukrainischen ist aber doch so groß, daß ein Ukrainer einen Russen,
und ebenso ein Russe einen Ukrainer nicht versteht. Nur einzelne
Wörter sind hie und da beiderseitig verständlich, aber das ist bei
allen slawischen Sprachen so.

Ein Gutachten der Petersburger Akademie vom Jahre
1905 hat sich denn auch für die vollkommene Selbständigkeit des
Ukrainischen gegenüber dem Russischen ausgesprochen.

Die ethnologischen Unterschiede im engeren Sinne bilden eigentlich das stärkste Unterscheidungsmerkmal der Ukrainer und der Russen. Die ethnologische Kultur dieser beiden Nachbarvölker weist so große Unterschiede auf, daß manche gänzlich stammfremde Völker, z. B. Serben, Bulgaren, Rumänen, sogar Magyaren in mancher Hinsicht ethnologisch den Ukrainern näher stehen, als die Russen. Die Ukrainer gehören zur balkankarpathischen ethnologischen Kulturprovinz, während die Russen einer nord=osteuropäischen Kulturprovinz zuzuzählen wären. Sowohl in der materiellen als auch in der geistigen Kultur ergeben sich die tiefgehendsten Unterschiede.

Die Ukrainer haben seit den Uranfängen ihrer Geschichte die Ränder der Waldzone und die natürliche Parklandschaft des südlichen Osteuropa bewohnt, und sich erst im letztverflossenen Jahrhundert über die pontische Steppe ausgebreitet, über die sie jedoch schon einmal vor den Tatarenkriegen geherrscht haben. Infolge der geographischen Lage des Landes begegneten und kreuzten sich in der Ukraine seit dem grauen Altertume verschiedene Kultureinflüsse: orientalische, griechische, gotische, byzantinische, nordgermanische (warjägische), arabisch=persische usw. Aus dem urslawischen Kulturgut ist unter Mitwirkung dieser Einflüsse die alte ukrainische Kultur des Reiches von Kiew entstanden. Diese altukrainische Kultur bildet die Grundlage der ethnologischen Kultur des ukrainischen Volkes.

Von späteren Einflüssen ist der westeuropäische Einfluß vor allem hervorzuheben. Dieser ist 1. unmittelbar durch die zahlreichen deutschen Kolonien (15. und 16. Jahrhundert) und durch die zahlreichen ukrainischen Studierenden an den westeuropäischen Universitäten (dieselbe Zeit), sowie 2. mittelbar durch den Einfluß der Polen gekommen.

Die russische ethnologische Kultur dagegen setzt sich zu fast gleichen Teilen aus urslawischen Grundlagen, den altukrainischen Einflüssen, dem urfinnischen Kulturgut und dem sehr starken mongolisch=tatarischen Kultureinschlag zusammen. Das russische Volk ist ein ausgesprochenes Kolonistenvolk, welches aus seinem ursprünglichen Heimatlande (Quellengebiete des Dnieper, der Desna, der Oka) nur wenig Kultur mitgebracht hat. Die politische und kulturelle Trennung der Russen von den Ukrainern vollzog sich so schnell, daß im ethnologischen Kulturgut die Russen fast nichts mit den Ukrainern gemeinsam haben. Sogar die kirchliche und staatliche Organisation, die von den Ukrainern in Großrußland eingeführt wurde, ver=

änderte ihr eigenes Antlitz so gründlich, daß bereits im 13. Jahrhundert die Unterschiede zu direkten Gegensätzen gediehen sind. Dann ist die Tatarenherrschaft gekommen, deren Einwirkungen ein Viertel Jahr= tausend dauerten und das politische, gesellschaftliche und wirtschaftliche Leben durchgreifend umgestalteten (Leroy Beaulieu, L'empire des Tsars S. 72 ff.). In der Ukraine hat die Tatarennot 500 Jahre gedauert, aber hier sind die Tataren nicht als Herrscher, sondern immer als Zerstörer und Sklavenjäger aufgetreten, die Ukrainer haben von ihnen nur den Steppenkrieg gelernt, was zur Anpassung an das Steppen= leben führte. Das Studium der tatarischen Lehnwörter im Ukraini= schen beweist, daß die ukrainisch=tatarischen Beziehungen sich eben nur auf den Krieg beschränkten, dagegen ist das analoge Studium der russischen Sprache sehr lehrreich, da es beweist, wie viele Kulturent= lehnungen das russische Volk den Tataren verdankt.

Die Hauptbeschäftigung der Ukrainer ist seit den Anfängen ihrer Geschichte der Ackerbau, die ganze ethnologische Kultur ist da= rauf eingestellt. Bei den Russen ist der Ackerbau weniger wichtig, die Viehzucht, Waldnutzung, Jagd und Fischerei, sowie Hausindustrie und Kleinhandel überwiegen bis heutzutage den Ackerbau an Be= deutung.

Die Siedelungen der Ukrainer und Russen sind in ihrem Cha= rakter und der ganzen Anlage grundverschieden. Die beiden Völker sind hauptsächlich Dorfbewohner, sogar ihre Städte haben, soweit der westeuropäische Einfluß den Tatbestand noch nicht geändert hat, eine bedeutende Ähnlichkeit mit großen Dörfern. Aber das ukrainische Dorf ist in seinem Haupttypus ein Haufen= oder Runddorf von be= deutender Größe, während ein russisches Dorf in seinem Haupttypus meistens ein langgezogenes Straßendorf ist, von geringer Größe und Bevölkerung. Sämtliche Anwesen der Ukrainer sind von Obst= und Gemüsegärten umgeben; die russischen entbehren des Baum= schmuckes vollkommen. Infolgedessen sind die russischen Hütten anein= ander gedrängt, die ukrainischen liegen weit auseinander. Auch der ukrainische Baustil ist von dem russischen vollkommen verschieden, was besonders in dem Kirchenstil zum Ausdruck kommt.

Noch größere Unterschiede sehen wir in der geistigen Kul= tur des ukrainischen und russischen Volkes. Der Ukrainer ist ernst, schwerfällig, melancholisch, gründlich, der Russe lustig, rührig, cholerisch, oberflächlich. Der Ukrainer ist ein extremer Individualist, der Russe ein Kollektivist. Der Ukrainer ist ein geborener Demokrat, der Russe Despot oder Sklave.

Die väterliche Gewalt ist bei den Ukrainern gering, bei den Russen despotisch. Die Stellung der Frau ist bei den Ukrainern eine gute, bei den Russen ist sie die Sklavin des Mannes. Ebenso werden die Töchter bei den Ukrainern nie gegen ihren Willen verheiratet, bei den Russen gewissermaßen verkauft (Kladka). Die erwachsenen Kinder werden bei den Ukrainern gleich selbständig gemacht, bei den Russen bleiben sie in der Großfamilie. Heiraten zwischen Ukrainern und Russen sind daher höchst selten!

Die wirtschaftlichen Verhältnisse.

Die Ukraine ist ein Land, das die besten Naturbedingungen für den Ackerbau besitzt und denselben seit Jahrhunderten betreibt. Schon im klassischen Altertum spielte die Ukraine als Getreideland eine Rolle. Heutzutage besitzt die Ukraine über 45 Millionen ha Anbaufläche und ihr Ernteertrag (1910) beträgt 215 Millionen q (mit den Grenzgebieten über 300 Millionen q), d. i. ein Drittel vom Ertrage des gesamten russischen Weltreiches. An zwei Drittel des russischen Getreideexportes kommen aus der Ukraine. Besonders für Weizen und Gerste ist die Ukraine ein Hauptproduktionsgebiet. Die Zucker= rübenproduktion ergibt im Jahresdurchschnitt 50 Millionen q ($^5/_6$ der gesamtrussischen Produktion), der Tabakbau 660000 q (über $^2/_3$ der gesamtrussischen Produktion). Für Obst= und Gemüsebau, Bienen= und Seidenraupenzucht bietet die Ukraine die besten Bedin= gungen. Die Viehzucht verfügt über 30 Millionen Stück Vieh, die Federviehzucht liefert die Hälfte der gesamtrussischen Produktion.

Während der Ackerbau und die Viehzucht ursprüngliche, seit Jahrhunderte ausgenützte Hilfsquellen der Ukraine sind, bilden In= dustrie und Handel eigentlich sehr junge Erwerbszweige der Be= völkerung, wenn man von der alten übrigens hochentwickelten Haus= industrie und dem veralteten Jahrmarkthandel der Ukraine absieht. Daher besteht die ackerbauende bodenständige Bevölkerung der Ukraine fast nur aus Ukrainern — die fremdsprachigen Groß= grundbesitzer sind ja nur Erben der alten Beherrscher der Ukraine — der Polen und Russen. In Industrie und Handel finden wir das ukrainische Element dagegen nur schwach vertreten — infolgedessen sind auch die Städte der Ukraine zum größten Teil fremdsprachig.

Der politische, nationale und soziale Druck erlauben dem ukrainischen Elemente eine nur langsame Entwickelung auf diesem Gebiete. Aber der immerwährende Zuzug der ukrainischen Landbevölkerung in die Städte und das schnell wachsende Nationalbewußtsein der ukrainischen Volksmassen bieten sichere Gewähr, daß die Städte der Ukraine in verhältnismäßig kurzer Zeit ukrainisiert werden.

Die ukrainische Industrie und der Handel stecken, mit westeuropäischem Maßstabe gemessen, noch in den Kinderschuhen. Die Industrie hat in der Ukraine viel ungünstigere Entwickelungsbedingungen als der Ackerbau. Obgleich die Mineralschätze der Ukraine an sich nicht unbedeutend sind, so ist doch ihre Bedeutung im Hinblick auf die Größe und Bevölkerungszahl relativ nicht groß. Zwar liefert das ukrainische Gebiet 90 % Silber, 81 % Blei, 100 % Quecksilber, 31 % Kupfer, 32 % Manganerz, 74 % Eisenerz, 70 % Kohle, 53 % Salz usw. der gesamtrussischen Produktion, aber wenn wir bedenken, daß z. B. die Kohlenproduktion der 850 000 qkm großen Ukraine diejenige des nicht ganz 30 000 qkm großen Belgiens kaum erreicht, müssen wir zur Einsicht kommen, daß die Großindustrie der Ukraine schwerlich jemals mehr als den eigenen Bedarf decken wird. Denn auch die Wasserkräfte sind bei dem vorwiegenden Ebenencharakter des Landes verhältnismäßig nicht hoch anzuschlagen. Bei der Rückständigkeit der russischen Industrie überhaupt erscheint es ganz natürlich, daß z. B. die südliche Ukraine sich zu einem der bedeutendsten Industriegebiete des russischen Reiches emporgeschwungen hat und z. B. 76 % Rohzucker, 67 % Roheisen und 55 % Stahl der gesamtrussischen Produktion liefert, aber an und für sich sind die absoluten Zahlen der Produktion zu klein, um jemanden glauben machen zu können, daß die Ukraine auf industriellem Gebiete es jemals weiter als zur Autarkie bringen wird. (Vgl. Prof. Ballods Artikel in Prof. Serings Sammelband „Rußlands Kultur und Volkswirtschaft".)

Dafür sind die Entwickelungsmöglichkeiten für den Handel der Ukraine sehr bedeutend. Das schnelle fast amerikanische Wachstum der Städte am Schwarzen Meer im 19. Jahrhundert hat einen guten Beweis dafür erbracht. Trotz der Weitmaschigkeit des ukrainischen Eisenbahnnetzes, trotz seiner ganzen Anlage und Tarifpolitik, welche darauf abzielt, die Entwickelung des zentralrussischen und baltischen Handels zu fördern, trotz der Verwahrlosung der natürlichen

und künstlichen Wasserstraßen der Ukraine, ist der Einfluß der gün=
stigen geographischen Lage des Landes bereits jetzt zu spüren. Die
Erschließung des näheren Orients kann nicht ohne gehörige Aus=
nutzung der Ukraine gedeihen. Die engere Verbindung Mitteleuropas
mit Vorderasien und dem Indischen Ozean ist ohne Einbeziehung der
Ukraine schwer denkbar.

II. Die Geschichte des Ukrainischen Staates.

Aber die ukrainische Frage in Deutschland zu schreiben, ist eine
höchst undankbare Aufgabe. Immer wieder tauchen im Publikum
Zweifel auf, ob es wirklich ein Volk geben kann, dessen Existenz dem
übrigen Europa völlig unbekannt geblieben ist. Wie soll ein 30 Milli=
onen Volk dem deutschen Gelehrtenblick entgangen sein, wo doch
sonst deutsche Wissenschaft jeden kleinsten Volkssplitter aus der Zeit
der Völkerwanderung sorgsam notiert und registriert hat. Und doch
ist die Existenz des ukrainischen Volkes unbestreitbar und früher selbst
auch nicht einmal in Deutschland bestritten worden. Vor mir liegt
z. B. das 1796 in der „Allgemeinen Welthistorie" erschienene Werk
von Engel über die Ukraine.

In diesem Werk wird u. a. mitgeteilt, daß der französische Ge=
sandte am Moskauer Hofe gegen die Annahme des Titels „Kaiser
von Rußland" durch Peter I. protestierte, weil es nicht angehe, den
Namen eines noch existierenden Staates einem fremden beizu=
legen. Hierzu ist zu bemerken, daß der ukrainische Staat von seinem
ersten nordgermanischen Fürstengeschlechte, den Namen „Rußj" über=
nommen hatte. Mit diesem Namen wurde seitdem das von Peter
des Großen Vater angegliederte ukrainische Gebiet bezeichnet, und
da dieses Land damals nur durch Personalunion mit Moskowien ver=
bunden war, erschien es Frankreich nicht möglich, daß Peter der
Große diesen Namen dem Gesamtstaate beilegte.

Noch bis vor kurzem haben einzelne französische Gelehrte den
Beweis erbracht, daß das ukrainische Volk nicht nur einen eigenen
Staat in früheren Jahrhunderten besessen habe, sondern daß es auch
nach Ursprung, Sprache, Religion und Gebräuchen völlig
verschieden sei von dem groß=russischen Volke, das den Moskowiter=
staat begründet hat. So schreibt z. B. B. Bérard in seinem Werke
„Le grand Russien et le petit Russien": „Die Großrussen und die

Kleinruſſen ſind phyſiſch und intellektuell untereinande
mehr unterſchieden, als ein Pikarde vom Katalonier ode
ein Bretone vom Florentiner."

Ähnlich urteilen die franzöſiſchen Gelehrten L. Leger, Erneſt
Laviſſe und A. Rambaud. Auch eine engliſche Stimme ſei hie
angeführt: Bedvin=Sands, Sekretär der engliſchen Geſellſchaft zur
Studium der Ukrainer hat noch kurz vor Ausbruch des Weltkrieg:
an das Gutachten der Akademie der Wiſſenſchaften in Peters
burg vom Jahre 1905 erinnert, wonach die ukrainiſche Sprache —
oder wie ſie offiziell in Rußland „die kleinruſſiſche" genann
wird — kein Dialekt, ſondern eine eigene ſlawiſche Sprach
wie die bulgariſche oder ſerbiſche ſei. Hiermit kommen wir ſcho
mitten in die wichtigſte Frage hinein, wie ſieht die ruſſiſche Regierun
und wie das groß=ruſſiſche Volk die ukrainiſche Frage an? Die Be
antwortung dieſer Frage gibt den Schlüſſel zum ukrainiſchen Rätſel
Rußland hat nämlich das größte Intereſſe daran, ſich das ukrainiſch
Element zu aſſimilieren, um ſeine ſchwache Stelle möglichſt ſchnell un
kenntlich zu machen. Dazu wurde nicht nur von Peter dem Große:
bis zum heutigen Tage dieſes Volk auf das unerhörteſte unterdruck
ſondern auch der unglaubliche Verſuch unternommen — und er i
im großen und ganzen auch geglückt —, daß Beſtehen eines 30 Mil
lionen=Volkes aus dem Bewußtſein Europas verſchwinden zu ma
chen; ſelbſt in den Köpfen der Gelehrten hat dieſes Volk meiſten
teils nur unklare Vorſtellungen zu erwecken verſtanden. Wie ziel
bewußt die ruſſiſche Regierung dabei vorging, zeigt der Ausſpruch de
Miniſters des Innern Walujew unter Kaiſer Alexander II. Im Jahr
1863 prägte dieſer Staatsmann das Wort: „Eine ukrainiſch
Sprache hat es nie gegeben, gibt es nicht und darf es nich
geben." Wenn ſolch eine Parole in der liberalſten Zeit Rußlands
ausgegeben werden konnte, wie mag es da erſt unter Nikolai I. ode
Alexander III. zugegangen ſein! Ebenſo wie die moskowitiſche Re
gierung — denn um eine ſolche handelt es ſich im Grund auch heut
zutage noch, trotzdem der Regierungsſitz nach Petersburg verleg
iſt — die ukrainiſche Sprache leugnet, ſo iſt von der ruſſiſchen Ge
ſchichtswiſſenſchaft das ukrainiſche Volk um ſeine Geſchichte beſtohle
worden. Die Kiewſche Periode — die ſich bekanntlich vom Ein
zug der Warjäger bis zum Einfall der Tataren erſtreckte — hat näm
lich mit der Geſchichte Moskowiens oder Großrußlands nichts z

tun, sondern ist die Entstehungsgeschichte des ukrainischen
Volkes und Staates. Nur wenn man für die Geschichte Osteuro=
pas drei Völker und drei Staatswesen annimmt: Ukraine, Polen
und Moskau, löst sich das undurchdringliche Rätsel, wie unter Peter
dem Großen plötzlich die vermeintlichen alten Stammlande des groß=
russischen Volkes und Staates (Kiew) in offenem Aufruhr stehen und
Mazeppa mit Karl XII. von Schweden gemeinsame Sache machen
konnte. Wenn man sich dagegen sagt, daß die Ukraine damals erst
seit 40 Jahren mit Moskowien vereinigt war und wieder von diesem
Staate freikommen wollte, so hellen sich alle Dunkelheiten der bis=
herigen offiziellen russischen Geschichtschreibung auf.

Das Volk der Ukrainer bewohnt bereits seit dem 5. Jahrhundert
das Gebiet, wo es noch heutzutage siedelt. Sein Zentrum bildet
Kiew. Aber erst seit dem 9. Jahrhundert entsteht dort ein starkes
Staatswesen. Der Anstoß zu dieser Entwickelung ist unzweifelhaft auf
germanischen Einfluß zurückzuführen. Den schwedischen Nor=
mannen oder, wie sie in der russischen Geschichte genannt werden,
Warjägern war der Westweg nach Byzanz um Europa herum zu
beschwerlich und sie nahmen daher den Ostweg wieder auf: Newa,
Ladogasee, Wolchow, Ilmensee und Dnieper. Nachdem sich diese nor=
mannischen Abenteurer zuerst kurze Zeit in Nowgorod. (Holmgabr)
estgesetzt hatten (860) (Rjurick schwedisch: Hrorekr), zogen sie unter
Oleg (schwedisch: Helge) weiter nach Süden und gründeten den Kiewer
Staat (880). Daß es sich dabei nicht um „eine friedliche Berufung
der Warjäger" gehandelt hat, wie die russische Sage meldet, zeigt die
Ermordung des Fürsten Igor (schwedisch: Ingvar) im Jahre 945.
Dieser Fürst wurde nämlich von den Slawen beim Einsammeln von
Tribut erschlagen. Die germanischen Herrscher mit ihren germanischen
Gefolgsmannen haben in der ersten Zeit mit starker Faust die wider=
spenstigen slawischen Volksstämme beherrscht. Sie gaben auch, wie
schon erwähnt, dem Staatswesen den Namen „Ruß", der aller
Wahrscheinlichkeit nach von dem schwedischen Wort „Ruodslager" her=
stammt, das Rudergenossenschaft bedeutet. Nennen doch bis auf den
heutigen Tag die Esten (die Ureinwohner Nordlivlands und Esthlands),
Schweden „Rossima" (Ma=Land), während sie Rußland mit den
Worte Wennema (Wendenland) bezeichnen. Zum mindesten ein
Jahrhundert, wahrscheinlich aber noch länger haben sich diese Kiewer
Fürsten durchaus als Germanen gefühlt und auch wohl schwedisch

gesprochen; allmählich ist dann der Zusammenhang mit dem Mutte
lande immer lockerer geworden; jedoch Wladimir der Große u
Heilige, der das orthodoxe Christentum aus Byzanz 989 annahm,
als junger Teilfürst von Nowgorod noch in Schweden gewesen, u
er neue Gefolgsmannen für sich anwarb. Auch Jaroslaw (1019—5‹
der erobernd bis zum Balkan vordrang, hat sich als Germane g
fühlt. Sogar im 12. Jahrhundert hat Wladimir Monomach
seinem Testament an seine Kinder ganz germanische Denkungswei
offenbart: „Feldzüge habe ich im ganzen 83 geführt, ich liebte d
Jagd und habe oft wilde Tiere gefangen; mit einer Hand habe i
im Dickicht des Waldes mehrere wilde Pferde zugleich gebunde
Zweimal hat der Ur mich auf seine Hörner genommen; der Hirf
hat mich gestoßen; das Elen hat mich mit Füßen getreten; ein Eb
riß mir das Schwert von der Hüfte; ein Bär hat mir den Satt
zerrissen; er warf sich auf mich, daß mein Pferd unter mir zusammei
brach. Wie oft bin ich gestürzt, aber der Herr hat mich bewahı
Darum liebe Kinder, fürchtet weder Tod noch wilde Tiere; seid Mäı
ner, was auch Gott über Euch verhängen mag".

Mit Recht bemerkt A. Ripke dazu: „Fürwahr, der so spricht, i
kein Slawe, dessen weichliche Art damals wie heute sein hervoı
stechendster Charakterzug ist, sondern ein Germane, dessen höchste Lu
und Freude immer noch der Kampf und die Gefahr bleiben werden'

Kaum hatte sich der Kiewer Staat konsolidiert, so setzten die schwe
ren Kämpfe ein, die ihn bald ganz vernichten sollten. Im 12. un
13. Jahrhundert drangen aus dem Osten wilde Stämme Petschenege
und Kumanen ein, die das Land schwer verwüsteten und die Herı
scher zwangen, ihre Hauptstadt von Kiew nach Westen, nach Halytfe
(dem heutigen Galizien) zu verlegen.

Inzwischen war ein neues staatliches Zentrum im Entstehen be
griffen. Der alte Kiewer Staat war nämlich niemals ein straffe
Einheitsstaat, sondern stets nur ein loser Staatenbund gewesei
Die jedesmaligen Söhne der Großfürsten von Kiew wurden vo
ihnen mit sogenannten Teilfürstentümern ausgestattet. Diese Teil
fürstentümer, die zwar alle unter der Oberhoheit des Großfürsten vo
Kiew standen, versuchten durch Neuerwerbungen und Kolonisatio
ihre Macht zu vergrößern. So drangen besonders im 12. Jahrhun
dert die Fürsten von Perejaslawl nach Norden vor und unterwarfeı
sich die dort lebenden finnischen Stämme.

War der Kiewer Staat demnach eine germanische Gründung auf slawischer (ukrainischer) Grundlage, so stellt der großrussische Staat, dessen Zentrum bald Moskau wurde, eine slawische Gründung auf finnisch-mongolischer Unterlage dar. Die Einfälle der Tataren gaben dem alten Kiewer Staat den Rest. 1199 wurde durch Vereinigung der Fürstentümer Halytsch und Wladimir in Wolhynien unter den Fürsten Roman aus der älteren Kiewer Linie das Fürstentum Halytsch-Wladimir gegründet. Sein Sohn versuchte durch Anlehnung an den Westen von dorther Hilfe gegen die Tataren zu erhalten. Er nahm zu diesem Zwecke sogar die Königskrone aus der Hand des Papstes an. Aber schon 1336 wurde auch diesem ukrainischen Reststaate durch ein Bündnis zwischen Polen und Ungarn ein Ende bereitet, wobei Halytsch und Cholmland von Polen annektiert wurden. Die alten Stammlande des Kiewer Staates fielen an Litauen, wo die Dynastie Gedimins herrschte. Da in der Zeit die ukrainischen Gebiete kulturell viel höher standen, so blieb fürs erste nicht nur die ukrainische Wesensart völlig unberührt, sondern die Litauer nahmen mit dem orthodoxen Glauben auch manche ukrainische Sitten und Gebräuche, ja zum Teil auch die Sprache an. Das wurde erst anders, als 1386 Litauen und Polen vereinigt wurden. Wenn auch die beiden Staaten nur durch eine Union verbunden waren, so wurde doch von da an das kulturell höherstehende Polen für Litauen maßgebend, und auch in der Ukraine begann in den Oberschichten polnische Art sich auszubreiten. Das rief hier mancherlei Unzufriedenheit hervor, die von der Moskauer Regierung mit dem Hinweis auf den gemeinsamen orthodoxen Glauben geschickt ausgenutzt wurde. Damals wurden von Moskau einige ukrainische Grenzgebiete, wie Tschernyhiw (Tschernigow) und Smolensk annektiert und die Besetzung von Kiew vorbereitet. Als dann durch die Lubliner Union Litauen ganz in Polen aufging (1569), begann für die ukrainischen Gebiete eine schwere Zeit der politischen und nationalen Unterdrückung. Die zweite Hälfte des 16. Jahrhunderts zeigt denn auch den Tiefstand der ukrainischen Entwickelung. Die Aristokratie erlag zuerst der Polonisierung. Das Bürgertum war vielen Drangsalierungen ausgesetzt und wurde wie in ganz Polen zur Bedeutungslosigkeit herabgedrückt und dem Bauer ging das Recht auf Freizügigkeit und auf Erwerb von Grundbesitz verloren. In all den Polen einverleibten ukrainischen Gebieten: Wolhynien, Podolien, Podlaßje

und im Kiewer Land siedelten sich Polen als Großgrundbesitzer an
und trugen das Ihre zur Polonisierung bei.

Gegen diese Aufsaugung des ukrainischen Volkes lehnen sich zuerst
die sogenannten Brüderschaften auf. Besonders die 1540 gegründete Lemberger Brüderschaft, die sich unter das Patriarchat von
Konstantinopel stellte, hat hierbei eine Rolle gespielt. Viel größere
Bedeutung als diese Bestrebungen kultureller und geistlicher Kreise
hatte jedoch die Bildung des Kosakentums. Der polnische Staat
war zu schwach, um die im Süden gelegenen Gebiete der Ukraine
gegen die Raubzüge der von Osten immer wieder hervorbrechenden
Nomadenstämme zu schützen. Hier siedelten sich flüchtig gewordene
ukrainische Bauern an, die zuerst ein echtes Grenzerleben führten.
Bald schlossen sie sich aber zu besserem Widerstande zu besonderen
Kampforganisationen zusammen. Um es gleich vorweg zu nehmen,
haben diese Kosaken nichts mit den jetzt im russischen Heere stehenden
Banden gleichen Namens zu tun. Wir werden sehen, daß die russische
Regierung nach der völligen Einverleibung der Ukrainer bald daran
ging, die alte Organisation der Kosaken zu beseitigen, weil sie der
Träger des Unabhängigkeitsgedankens in der Ukraine war. Wenn
ich mich auch nicht dem Urteil von Engel anschließen möchte, der
sie mit den deutschen Ritterorden vergleicht, so sei seine Ansicht
doch hier wenigstens erwähnt.

Bald kam zum Kampfe gegen die Türken und Tataren auch das
hartnäckige Ringen der Kosaken mit Polen und Moskau zur Wiedererlangung der Selbständigkeit. Diese Kämpfe dauerten fast zwei
Jahrhunderte und endeten schließlich mit dem völligen Siege Moskaus. Es gelang diesem Staate hierbei, Polen die ganze Ukraine
zu entreißen. Damit setzte sich Moskau als Vormacht in Europa fest.
Denn letztere Stellung ist infolge der geographischen Lage (Zugang
zum Schwarzen Meere und seiner Bodenreichtümer; Schwarzerde
und Kohlen- und Erzbecken am Donezflusse) untrennbar mit der
Ukraine verbunden. Das Zentrum des Kosakentums war die Festung
an den Dnieperstromschnellen, die sogenannte Saporoger Ssitsch.
Diese zuerst rein militärische Organisation warf sich immer mehr zum
Vorkämpfer des gesamten ukrainischen Volkes auf. Sie nimmt Fühlung
mit den Resten des ukrainischen Adels und mit der griechisch-orthodoxen Geistlichkeit (ein großer Teil der Ukrainer war katholisch geworden oder gehörte zur sogenannten unierten Kirche: griechisch-katho-

lischer Ritus bei Anerkennung des Papstes). Der zuerst nur als
Führer im Kriege ausersehene Hetman wurde mit der Zeit zum
Leiter der ukrainischen Republik in allen politischen Fragen. Auch
kolonisatorisch trat dieses Kosakentum auf, indem sich die aus der
polnischen Leibeigenschaft fliehenden ukrainischen Bauern unter Führung
von Kosaken in den seit den Tatareneinfällen brach liegenden Ge=
bieten am Donez und Don ansiedelten. Die polnische Regierung
wollte jedoch diesen neuen Machtfaktor nicht anerkennen. Es kommt
daher zu immer neuen Zusammenstößen zwischen der polnischen Re=
gierung und den von den Hetmanen geführten Kosaken. Der von
Polen in den Jahren 1638 bis 1647 gemachte Versuch, durch Re=
pressalien wieder starken Einfluß auf die Kosaken zu gewinnen, rief
schließlich den großen Kosakenaufstand unter Bohdan Chmel=
nyzkyj hervor. Dieser Führer der Kosaken erwies sich zwar als be=
deutender Feldherr, jedoch als schlechter Politiker. Die polnischen
Heere wurden von ihm mehrfach geschlagen und der Aufstand breitete
sich bis weit in die westliche Ukraine hinein. Trotz der Siege hielt
sich aber Chmelnyzkyj nicht für stark genug, um den Kampf gegen
Polen allein auszufechten. Lange hat er zwischen den beiden mög=
lichen Kombinationen geschwankt. Staatenbündnisse der ortho=
doxen Völker: Großrussen, Ukrainer, Moldauer und Balkanslawen
oder Anschluß an die Türkei. Erstere Kombination hätte naturge=
mäß die Front gegen Polen und die Türkei gerichtet, letztere gegen
Polen und Moskau. Endlich entschied sich Chmelnyzkyj für Moskau,
erstens weil dieser Staat den größeren Schutz zu gewähren schien
und zweitens weil die kirchlichen Elemente unter den Kosaken für
einen Kampf gegen die Türkei waren. Im März 1654 wurde der
Vertrag von Perejaslawl abgeschlossen. Die ukrainischen Ge=
lehrten sind sich nicht einig, wie sie diese Angliederung der Ukraine
an Moskau zu bezeichnen haben. Lewicky=Wien nennt sie eine
Personalunion, Rudnyckyj bezeichnet sie als vollkommene Au=
tonomie mit Beibehaltung der Kosakenverfassung unter Lehnsherr=
schaft des Zaren. Professor Hruschewskyj=Lemberg läßt die Frage
offen, ob es eine Personalunion, ein Vasallenverhältnis oder nur eine
weitgehende Landesautonomie gewesen sei. Wie dem aber auch sei,
fest steht jedenfalls, daß die freie Wahl des Hetmans als Staats=
oberhauptes, das Recht, fremde Gesandte zu empfangen, Unabhängig=
keit des Gerichtes, eigenes Kosakenheer unter dem Befehl des Het=

mans und Unabhängigkeit der ufrainischen Kirche, die direkt den
Patriarchen von Konstantinopel und nicht dem von Moskau unter=
stehen sollte, gewährt wurde. Wie man sieht, sind die Freiheiten
sehr groß, wenn auch die Frage der Zivilverwaltung und der Finan=
zen ungeregelt blieb. Noch zu Lebzeiten Chmelnyzkyjs kam es zu den
ersten Reibereien mit Moskau. Denn auch dieses Mal blieb dieser
Staat seinem Prinzipe getreu, gegebene Versprechungen nicht zu
halten. Chmelnyzkyj selbst begann sich nach neuen Bundesgenossen —
Schweden — umzusehen; es kam sogar zur Aufsetzung eines Ver=
trages. All diesen Plänen setzte jedoch der Tod dieses Hetmans ein
Ende.

Seitdem ging Moskau immer zielbewußter vor, sich die ufrai=
nischen Gebiete völlig einzuverleiben. Aus diesem Grunde versuchte
schon der nächste Hetmann Wyhowskyj Chmelnyzkyjs Fehler, den
Anschluß der Ukraine an Moskau wieder gutzumachen. Er schloß im
Jahre 1658 einen Vertrag mit Polen ab, wonach die Ukraine als
drittes Glied der polnischen Union beitreten sollte. In diesem Ver=
trag von Hadjatsch wird, nebenbei bemerkt, die Ukraine als Groß=
fürstentum „Rußj“ bezeichnet, was einen weiteren Beweis dafür er=
bringt, daß nicht Moskau als Erbe des Kiewerstaates gleichen Namens
angesehen wurde, sondern, wie wir früher ausführten, die Ukraine.
Doch dieser Plan, der anfänglich in Moskau große Unruhe hervor=
rief, erwies sich als nicht durchführbar. Sowohl in Polen als in der
Ukraine war das Mißtrauen zu groß. Die Polen hielten die der
Ukraine gewährten Konzessionen für zu groß und die Ukrainer wie=
derum befürchteten polnische Übergriffe wie in früheren Zeiten. Der
Hetmann wurde gezwungen zurückzutreten und sein Nachfolger nahm
die Beziehungen zu Moskau wieder auf. Bald darauf teilten im
Jahre 1667 im Vertrage von Andrussow Polen und Moskau die
ukrainischen Gebiete unter sich auf. Ersteres erhielt dabei die Länder
rechts des Dniepers und letzteres die links dieses Flusses gelegenen,
wobei aber Kiew bei Moskau verblieb. Diese Teilung rief eine
furchtbare Empörung in der gesamten Ukraine hervor. Es kam zu
einem blutigen Aufstande, dessen Führer der Hetmann Doroschenko
war (1665—76). Er suchte nach neuen Bundesgenossen, zu welchem
Zwecke er sich zuerst an den Kurfürsten von Brandenburg wandte
und als diese Kombination fehl schlägt, kommt er auf den Plan Chmel=
nyzkyjs zurück, Anschluß an die Turkei zu nehmen. Im Feldzug von

1673 wurde in der Tat mit türkischer Hilfe die Ukraine links des
Dniepers von Polen befreit (Vertrag von Butschatsch), und für das
nächste Jahr sollte der Kampf gegen Moskau aufgenommen werden.
Dazu kam es aber nicht, weil die türkenfreundliche Politik des Het=
mans eine starke Auswanderung der Ukrainer rechts des Dniepers
zur Folge hatte. Doroschenko mußte sich zum Paktieren mit Moskau
verstehen und hierdurch verlor die Ukraine wieder einige Vorrechte:
vor allem die Autonomie der ukrainischen Kirche. Seit dieser
Zeit begann die Moskauer Regierung in der Ukraine immer festeren
Fuß zu fassen. Noch einmal versuchte sie es, die immer enger werden=
den Fesseln abzuschütteln. Als Karl XII. von Schweden, der letzte
Politiker, der die moskowitische Gefahr für Europa nicht nur richtig
eingeschätzt, sondern auch die verwundbare Stelle — die Ukraine —
richtig erkannt hatte, den Kampf gegen Peter den Großen aufnahm,
schloß sich ihm der damalige Hetman Mazeppa an. Das Scheitern
dieses Planes ist bekannt. Bei Poltawa brach nicht nur Schwedens
Großmachtstellung zusammen, sondern auch der Ukraine wurde das
Todesurteil gesprochen. Seitdem ging es rapid mit der ukrainischen
Selbständigkeit bergab. Die Saporoger Kosaken waren Mazeppa
nach der Türkei gefolgt; als sie 1734 wieder die Erlaubnis bekamen,
zurückzukehren, war ihr Einfluß dahin. In allen wichtigen ukrainischen
Städten wurden jetzt moskowitische Garnisonen eingesetzt. Das Recht
des Hetmans, Gesandte zu empfangen, wurde beseitigt. Die Kirche
wurde unter den Moskauer Patriarchen gestellt. Unter den Nach=
folgern Peters wurde zwar noch einigemal eine Hetmanswahl vorge=
nommen. Aber es war meistenteils eine reine Komödie, denn es
mußten von der moskowitischen Regierung vorausbestimmte Männer
gewählt werden. Gelang es einmal einen aufrechten Mann zu wählen,
so pflegte nur zu bald seine Verbannung zu erfolgen. So wurde z. B.
der letzte Oberbefehlshaber der Saporoger Sitsch 25 Jahre lang im
Kerker gehalten. Katharina II. vernichtete den letzten Rest der ukrai=
nischen Freiheiten und teilte das Gebiet, wie das übrige Rußland in
Gouvernements ein. Noch aber lebte im ukrainischen Volke der
Wunsch nach Freiheit. 1791 reiste der ukrainische Adlige Kapnist
nach Berlin, wo er mit dem Minister Hertzberg längere Verhand=
lungen führte. Die erbetene Hilfe wurde zwar dem Grafen Kapnist
nicht völlig versagt, aber bindende Zusagen ebenfalls nicht gegeben.
Friedrich Wilhelm II. soll, wie Dr. Rudolf Stübe im „Leipziger

Tageblatt" meldet, als sich Rußland in der polnischen Frage gegen jede Vergrößerung Preußens wandte, dem Sultan Selim III. brief= lich die Absicht mitgeteilt haben, den Krieg an Rußland zu erklären. Sollte es mit Rußland zum Kriege kommen, so sei es Sache der Ukraine, das Notwendige zu tun. Der Vertreter der Ukraine habe damals das Ziel eines unabhängigen ukrainischen Staates ins Auge gefaßt.

Die Teilung Polens brachte dann den größten Teil der Ukraine an Rußland. Nur Galizien fiel bei der ersten Teilung infolge alter Ansprüche an Österreich=Ungarn und einige Jahre später auch die Bukowina. Nach anfänglicher Vernachlässigung, die noch bis auf den heutigen Tag in den zu Ungarn gehörigen Teilen schlimme Früchte getragen hat, erlangten die Ukrainer trotz des polnischen Druckes in Ostgalizien eine günstige Entwickelung. Nicht mit Un= recht trägt jetzt das Land den Namen eines ukrainischen Piemont, und von hier aus hat auch die ukrainische Renaissancebewegung ihre stärksten Impulse erhalten.

War auch die Zeit der Aufstände vorüber, so war deswegen die nationale Bewegung in der Ukraine nicht tot. Am Anfang des 19. Jahr= hunderts gründete z. B. der Führer des ukrainischen Adels einen geheimen Bund zur Befreiung der Ukraine und auch bei dem Deka= bristenaufstand waren ukrainische Patrioten beteiligt. 1846 wurde in Kiew die sogenannte Kyrylo=methodische Bruderschaft gegründet, an der u. a. der größte Dichter der Ukraine Taras Schewtschenko beteiligt war. Ihm trug diese Zugehörigkeit eine zehnjährige Ver= bannung nach Sibirien ein, von der er als gebrochener Mann zurück= kehrte. In den 60er Jahren drang diese Bewegung in die Tiefe und Breite des Volkes. Es wurden überall freie Gemeinden (Hromady) gegründet. Aber nur zu bald mußten die Führer dieser Bewegung, vor allem Drahomanow ins Ausland flüchten, um dort für ihre Ideale weiter wirken zu können. Im Jahre 1905 standen die Ukrainer in der ersten Reihe der russischen Revolution, weil sie erhofften, daß ein freieres Rußland auch ihnen bessere Lebensbedingungen schaffen würde. Als sich diese ukrainischen Kreise hierin getäuscht sahen, er= starkte die revolutionäre Bewegung, die die Unabhängigkeit der Ukrainer auf ihre Fahne geschrieben hatte.

III. Moskaus Russifizierungspolitik in der Ukraine.

Im vorigen Abschnitt habe ich versucht, einen knappen Abriß der
äußeren Geschichte der Ukraine zu geben, jetzt seien kurz die Versuche
skizziert, welche Moskau unternahm, um das ukrainische Volk zu russi-
fizieren. Als Peter I. die letzte ukrainische Erhebung bei Poltawa
blutig niedergeschlagen hatte, begann er sofort mit der Russifizierung
„Kleinrußlands". Diesen Namen legte er der Ukraine bei, um
sie als einen Bestandteil Rußlands zu bezeichnen, welchen Namen
er, wie vorher schon erwähnt, dem Moskowiterstaate beilegte. Schon
1720 erließ er ein Verbot, ukrainische Schriften zu drucken und
zu verbreiten; und dieses Verbot hat mit geringen Konzessionen
bis zur Revolution im Jahre 1905 bestanden. Ferner wurde systematisch die Unterstellung der orthodoxen ukrainischen Kirche
unter den Synod betrieben. Zwischen der orthodoxen Kirche der
Ukraine und der Moskaus bestanden weniger dogmatische Unterschiede,
als rituelle. Vor allem wurde hier die Geistlichkeit von der Gemeinde
gewählt und stand somit den Gemeindegliedern, deren Sprache sie
sprach, viel näher als die später von Moskau hingesandte Geistlichkeit, die nur großrussisch verstand. Letztere Elemente benutzten in der
Kirche auch nicht das dem ukrainischen angenäherte Kirchenslawonische,
sondern eine mit großrussischen Brocken vermischte kirchenslawische
Liturgie. Aus demselben Grunde wurde auch die Hochburg der ukrainischen Bildung, die Mohylanische Akademie in Kiew, die enge
Beziehungen zu Europa pflegte, in ein russisch-theologisches Seminar
umgewandelt. Noch schlimmer hauste die russische Regierung gegen
die unierte Kirche. Obgleich bei der zweiten Teilung Polens
Katharina II. der katholischen Religion beider Riten (d. h. also auch
der unierten Kirche) freie Ausübung ihrer Kulten versprochen hatte,
wurden zwei Jahre später die unierten Bistümer in den einverleibten
Provinzen abgeschafft und dafür vier russische orthodoxe Bistümer errichtet. 1832 wurde das gesamte unierte Klostergut eingezogen und
1839 die Aufhebung der unierten Kirche verhängt. Die Gemeinden
wurden damals gewaltsam zum Übertritt zur orthodoxen Kirche gezwungen. Nicht viel besser ging es dem ukrainischen Schulwesen.
Die von den Brüderschaften zahlreich errichteten und geleiteten Volksschulen wurden von Moskau kurzerhand aufgelöst, und noch heutzutage ist es mit dem Volksschulwesen in der Ukraine viel schlimmer

bestellt, als zur Zeit, wo die Ukrainer selbst dafür sorgen konnten. Diese
brutale Entrechtungspolitik, die auch in Moskau ihresgleichen nicht
hat, trug natürlich zum Teil Früchte; zumal sie mit der von jeher von
Moskau befolgten Politik Hand in Hand ging, Renegaten schnell
Karriere machen zu lassen. Um dem großrussischen Element größeren
Einfluß in der Ukraine zu gewahren, wurde in der Ostukraine ein
zahlreicher großrussischer Großgrundbesitz angesiedelt. Selbst einzelne
ukrainische Schriftsteller sind dem Russifizierungsprozeß unterlegen.
Vor allem ist Gogol zu nennen und von der letzten Generation
Potapenko und Korolenko. Es blieb aber trotzdem noch ein Rest
von Gebildeten der ukrainischen Sache treu. Zu welchen Mitteln die
russische Regierung griff, um jede Eigenart dieses Volkes zu beseitigen,
beweist auch die Tatsache, daß Katharina II., um dieses Gebiet dem
alten Moskowien anzunähern, die Leibeigenschaft in der Ukraine
einführte. Trotzdem blieben die Agrarverhältnisse doch völlig
andere als in Großrußland. Vor allem gibt es bis auf den heutigen
Tag in der Westukraine nicht das Institut des Gemeindebesitzes,
das in Großrußland erst Stolypin unternommen hat zu beseitigen.
Der „Landhunger“ der Bauern machte sich aber in der Ukraine be=
sonders bemerkbar, weil bei der Aufhebung der Leibeigenschaft durch
Alexander II. die Landanteile der ukrainischen Bauern am kleinsten
ausfielen.

Eins steht jedenfalls fest: die Gefahr, daß der ukrainische Volks=
stamm völlig im großrussischen aufgehen werde, ist jetzt, oder richtiger
gesagt, schon seit einem Menschenalter vorüber. Während früher
nämlich die ukrainische Jugend auf den russischen Universitäten zwar
für die ukrainische Sache schwärmte, ging sie meistenteils im späte=
ren Berufsleben im Großrussentume auf; nicht einmal im eigenen
Hause pflegten die vielen in Großrußland lebenden ukrainischen Be=
amten und Vertreter der freien Berufe ihre Muttersprache zu benutzen.
Das ist jetzt vielfach anders geworden. Überall in Rußland, bis nach
Sibirien hinein, findet man ukrainische Beamte, Ingenieure, Ärzte
und Rechtsanwälte, die nicht nur zu Hause ukrainisch sprechen, son=
dern auch, wenn es irgend angeht, ihre Kinder zur Erziehung nach
Lemberg schicken. Hier muß mit einigen Worten auf die Ukrainer
in Galizien (nach der latinisierten Form für Russen „Ruthenen“
genannt) eingegangen werden. Ursprünglich ist die ukrainische Re=
naissance nicht, wie man annehmen sollte, in Galizien entstanden, son=

dern in der russischen Ukraine. Die Ruthenen in Galizien befanden
sich nämlich lange Zeit unter einem so starken Druck der polnischen
Oberschicht und im ungarischen Teile noch bis auf den heutigen Tag
unter der Bevormundung der Ungarn, daß jegliches nationale Leben
dort so gut wie erstickt war. Flüchtige Ukrainer aus Rußland haben
den ersten Anstoß gegeben, um die ukrainische Bewegung in Galizien
zu entfachen, und seit den 80er Jahren hat dann die österreichische
Regierung einen ruthenenfreundlichen Kurs eingeschlagen. Ostgalizien konnte sich nun mit Recht als „ukrainisches Piemont" bezeichnen. Es wurde nicht nur dort ein blühendes ukrainisches Volks-
und Mittelschulnetz errichtet, sondern auch durch aufklärende Schriften
und Agitation in Rußland für die ukrainische Sache gewirkt. Die
russische Regierung hat gegen diese eingeschmuggelten ukrainischen
Bücher einen erbitterten, aber vergeblichen Kampf geführt. Damit
war auch für Rußland der tote Punkt in der ukrainischen Bewegung
überwunden, und von Jahr zu Jahr zieht sie immer weitere Kreise.

Für die Außenwelt machte sich dieser nationale Aufschwung zuerst in den Bauernunruhen, in den Gouvernements Poltawa,
Charkow, Tschernyhiw und Kiew in den Jahren 1901—1906 bemerkbar. Der Grund, daß die revolutionäre Bewegung in Rußland hier
am frühesten und am stärksten auftrat, hatte seine Ursache darin, daß
hier nicht nur soziale Schäden (Landmangel), sondern auch nationale Momente (Gegensatz der ukrainischen Bauern zum polnischen
und großrussischen Großgrundbesitz) den Ausschlag gaben. Auch an
der großen russischen Revolution waren die ukrainischen Elemente in
hervorragendem Maße beteiligt. Damals erhofften die ukrainischen
Massen von einer Vernichtung des Zarismus auch eine Lösung der
ukrainischen Frage innerhalb des russischen Staatswesens. Inzwischen
haben sie aber erkannt, daß die großrussischen Revolutionäre Plechanow,
Burzew, Axelrode, Fürst Krapotkin u. a. nicht geringere Chauvinisten
sind wie die reaktionäre Regierung und die russischen liberalen Parteien.

Trotz der Bauernrevolten zu Anfang des Jahrhunderts war die
russische Regierung völlig blind gegen die soziale Gefahr, die für sie
heranzog. Das hatte seinen Grund darin, daß die Regierung wie hypno-
tisiert auf die liberalen Frondeure in Adel und Bürgertum hin-
starrte, die konstitutionelle Konzessionen verlangten. Das war auch
der Grund, weswegen das erste Wahlrecht zur Duma das Schwergewicht auf die Bauernschaft legte. Man hoffte eben vermittels der

„zarentreuen" Bauernschaft die „revolutionären" Träumereien
der Gebildeten im Zaume halten zu können. Die große Enttäuschung
blieb nicht aus — die erste Duma wies eine radikale Mehrheit auf,
in der die bäuerlichen Vertreter am revolutionärsten gesinnt waren.
Die Ukraine bereitete der Regierung noch eine besondere Überraschung;
nicht weniger wie 44 bewußte Ukrainer fanden sich trotz des indirekten Wahlrechts in der ersten Duma zusammen. Fürs erste gründeten sie zwar keine eigene Partei, wohl aber zur Besprechung der
ukrainischen Angelegenheiten einen eigenen Klub. Letzterer trat energisch für eine Autonomie der Ukraine ein. Die Ukrainer verlangten: Lokale Selbstverwaltung, die ukrainische Sprache in
Schule, Gericht und Kirche, Regelung der Landarbeiter-
frage u.a.m. In der Agrarfrage traten sie besonders ein für Parzellierung des nicht ukrainischen Großgrundbesitzes unter die ukrainischen
Bauern. Wie fest die Agrarreform mit der Forderung einer ukrainischen Autonomie im Bewußtsein dieser Dumadeputierten verbunden
war, zeigt u. a. die Erklärung eines ukrainischen bäuerlichen Abgeordneten in der ersten Duma, der u. a. sagte: „Wenn wir die Autonomie mit eigenem Landtage haben werden, werden wir
auch imstande sein, uns betreffs des Bodens, den die Duma
den Großgrundbesitzern abgerungen und dem Volke übergeben haben wird, Rat zu schaffen."

Die ukrainische Bewegung nahm jetzt einen starken Aufschwung,
nicht nur weil die Revolution für ganz Rußland eine Besserung der
Preßverhältnisse hervorgerufen hatte, sondern auch weil, wie zu Anfang erwähnt, die Akademie der Wissenschaften in Petersburg damals ihr Gutachten dahin abgab, daß die ukrainische Sprache
kein Dialekt des Großrussischen sei, sondern wie das Serbische oder
Bulgarische, eine eigene slawische Sprache. Sofort entstand eine eigene
ukrainische Tagespresse. Desgleichen wurden die stark aufblühen-
den wirtschaftlichen Genossenschaften Träger der ukrainischen Bewegung, indem sie Geld für Bildungszwecke hergaben. In die zweite
Duma waren noch mehr ukrainische Vertreter hineingelangt, die immer
energischer die Rechte des ukrainischen Volkes zu vertreten suchten.
In der zweiten Duma ging denn auch der Prozeß der Entwickelung
des ukrainischen Klubs zu einer Fraktion mächtig voran. Kurz vor
Auflösung der zweiten Duma geschah der entscheidende Schritt und
der Klub bildete sich zu einer Fraktion um. Wie Prof. Uebersberger

hervorhebt, war die Bildung einer eigenen Fraktion vor allem von
den bäuerlichen Vertretern der Ukraine angeregt worden. Den Zu=
sammentritt der ukrainischen Deputierten zu einer eigenen Fraktion
gaben sie durch folgende Erklärung ihren Wählern bekannt:

„Das russische Reich nimmt seinen Ursprung im Moskowiterstaat, der
durch mehr oder minder brutale Besitzergreifungen politischer Einheiten oder
nachbarlicher Gebiete gebildet ist. Das Reich, das durch derartige Methoden
ausgedehnt und befestigt worden ist, besteht gegenwärtig aus vielen fremd=
stämmigen Elementen, die oft nur durch die Heeresmacht zusammengehalten
werden und die ihre Unterwerfung unter das herrschende großrussische Volk
und unter die Zentralregierung sehr schmerzlich empfinden. Diese Unter=
werfung ist um so schwerer erträglich, als jeder Versuch eines dieser fremd=
stämmigen Elemente, seinen Charakter und seine nationalen Sitten nachdrück=
lich zu wahren, von der Zentralregierung als eine separatistische Tendenz an=
gesehen wird, welche die Integrität und Einheit des russischen Reiches bedroht.
Nach der Verwandlung des russischen Reiches in eine konstitutionelle Mo=
narchie, deren Grundgesetze allen russischen Bürgern, ohne Rücksicht auf Na=
tionalität und Religion, eine freie Entwickelung sicher stellen, sehen wir nicht
nur keine Änderung im Verhalten der Regierung gegenüber den fremdstäm=
migen Völkern, wir sehen sogar in der offiziösen Presse das alte Klischee vom
Separatismus wieder auftauchen, eine Idee, die augenscheinlich von einigen,
im Schoße der Duma entstandenen politischen Parteien geteilt wird. Dabei
halten wir weder die Abtrennung irgendeiner der rechtlosen Nationalitäten,
noch die Abtrennung der Ukraine vom russischen Reich für praktisch und er=
strebenswert.

Es handelt sich nicht um Gründung von neuzuorganisierenden Staaten
nach der alten Formel, daß die bedrückten Völker sich zusammenschließen
müssen, sondern um eine Reorganisation des russischen Staates, durch welche
jeder Nationalität innerhalb ihres Gebietes die volle Freiheit ihrer auto=
nomen Entwickelung und ihres nationalen Lebens sichergestellt werden müßte.
Das erklären wir hier fest und deutlich, da wir eine Bedrohung der Integrität
und Einheit des russischen Reiches weder für realisierbar noch für wünschens=
wert halten, sondern im Gegenteil in dieser Einheit eine unumgängliche Be=
dingung der Stärke, die Zukunft aller Völker Rußlands sichern zu können,
erblicken. Wenn also die Solidität dieser Einheit und Integrität nicht be=
zweifelt werden kann, so ist es möglich, daß diese Völkerschaften, deren ge=
meinsame Form Rußland ist, nicht durch die Gewalt der Waffen oder durch
eine zentralistische Organisation, sondern durch eine Einsicht aller in die Ge=
meinsamkeit ihrer Interessen zusammengehalten werden können. Die An=
wendung fast aller wirtschaftlichen und militärischen Kräfte des Landes, um
die fremdstämmigen Elemente in Gehorsam zu erhalten und die Zentral=
regierung zu unterstützen, hat zu großen und gefährlichen Beunruhigungen
im Innern geführt und gefährdet zugleich die auswärtige Sicherheit des
Landes. Der einzige Ausweg aus dieser Situation kann, davon sind wir

überzeugt, nur eine tiefgehende und feste Reorganisation der Administration im Sinne einer nationalen und territorialen Autonomie aller russischen Gebiete sein, deren Einwohner das Recht haben, von ihrem eigenen Schicksal abzuhängen.

In Anbetracht dessen, daß bisher keine der oben erwähnten politischen Parteien der Duma mit einer genügenden Genauigkeit der Frage der Gebietsautonomie für alle Völkerschaften, insbesondere für unsere Heimat, die Ukraine, verfolgt hat; in Anbetracht dessen, daß es nicht durch eine platonische Resolution oder durch bedingte Bestimmungen oder politische Parteiprogramme gelingen kann, unser Ziel zu erreichen, sondern nur durch eine Art ständiger Institution zum Schutze der ukrainischen Sonderinteressen in den gesetzgebenden Körperschaften — haben wir beschlossen, uns in einer eigenen ukrainischen parlamentarischen Gruppe zu vereinigen, und aus denjenigen Parteien, denen wir bisher angehört hatten, auszutreten."

Dieses offene Eintreten der ukrainischen Dumadeputierten für eine weitgehende Autonomie ihres Landes, war einer der Hauptbeweggründe für die Regierung, nicht nur die zweite Duma aufzulösen, sondern auch das demokratische Wahlrecht durch einen Staatsstreich umzuändern. Ministerpräsident Stolypin verschob das Schwergewicht bei den indirekten Wahlen auf den Großgrundbesitz. Hierdurch wurde in der Tat erreicht, daß in der ganzen Ukraine kein einziger ukrainischer Abgeordneter mehr gewählt wurde. Die ukrainische Bewegung war wieder, wie man es in Rußland nennt, „unter die Erde" verbannt worden. Verschwunden ist sie damit natürlich nicht. Diese brutale Vergewaltigung der ukrainischen Wünsche, die sich bisher auf eine Autonomie innerhalb des russischen Reiches beschränkt hatten, gab jetzt der radikalen Strömung Oberwasser. Die Losung: Los von Rußland, die bisher nur von der national-radikalen Gruppe vertreten war, fand immer mehr Anhänger. Nicht wenig hat dazu beigetragen, daß Stolypin immer unverhüllter die während der Revolution gemachten Konzessionen zurücknahm. Der über das ganze Land verbreitete Bildungsverein „Proswita" wurde geschlossen, die ukrainischen Blätter scharf gemaßregelt, und viele der bisherigen ukrainischen Dumadeputierten administrativ nach Sibirien verbannt. Im Jahre 1911 erklärte dieser Staatsmann rundweg: „Rußland hat vom 17. Jahrhundert angefangen gegen die ukrainische Bewegung beständig gekämpft und wird dieselbe auch weiterhin bekämpfen, da sie die Einheitlichkeit und Unteilbarkeit des Staates gefährdet."

All diese Maßregeln riefen natürlich eine scharfe Opposition hervor, und weitere Anhänger der Autonomie unter russischer Oberherrschaft wurden immer mehr ins Lager der unversöhnlichen Politiker gedrängt. Dazu kam, daß auch die russischen Liberalen, ja sogar die Arbeits= gruppe immer chauvinistischere Ansichten verlautbarten. Wenn auch die Ukrainer nach dem neuen Wahlgesetz zu schwach waren, eigene Kandidaten durchzubringen, so bildeten sie doch oftmals das Züng= lein an der Wage zwischen den reaktionären und liberalen Wahl= männern. Letztere begannen daher oftmals um diese ukrainischen Stim= men zu werben. So gab z. B. der Führer der Kadetten, Prof. Milju= kow, im Jahre 1912 zu, daß die Politik der Repressalien gegen die selbständige ukrainische Kultur völlig gescheitert ist. Er wies auf die Gefahr hin, die für Rußland aus der Nichtbeachtung der Forderungen der ukrainischen Intelligenz erwächst, während im benachbarten Galizien den Ukrainern nationale Zugeständnisse ge= macht werden, und er forderte im Interesse der Integrität Rußlands nationale Rechte für die russischen Ukrainer.

Schon damals traten gegen diese Miljukowsche Taktik hervorragende Liberale, wie Struwe und Pogodin, auf, indem sie die Notwen= digkeit der völligen Russifizierung der Ukraine predigten und sich damit ganz auf den Boden der Regierung stellten. Peter Struwe, der sich immer mehr zum Führer der russischen Imperialisten aus= wächst, erklärte z. B. während des Krieges: „Das ukrainische Volk ist eine träge Masse, welche nie zu einer Nation wer= den kann und nie als eine solche behandelt werden darf. Die ukrainische Sprache darf nicht in der Volksschule in der Ukraine eingeführt werden, da die Kleinrussen eine Mundart sprechen, welche der 'allgemein russischen' Sprache (es gibt bekanntlich keine allgemein russische, sondern eine großrussische) immer untergeordnet bleiben muß. Die ukrainische Kultur in Ga= lizien konnte sich nur dank der künstlichen Trennung von dem großen Rußland entwickeln. Nachdem aber jetzt die Trennung aufhören wird, sollen auch die galizischen Ukrai= ner als eine 'träge ethnographische Masse' behandelt wer= den und sich schleunigst mit den Russen assimilieren."

Im Hinblick auf seine Stellung zur ukrainischen Sprache leitet Struwe folgende Theorie für die Kadettenpartei ab: „Die Natio= nalisierung des russischen Liberalismus ist eine historische Notwendigkeit. Nur der Liberalismus, welcher in sich das nationale

Element aufnimmt und zum nationalen Liberalismus wird, kan
mächtig sein."

Die Kadettenpartei lehnte zwar diese äußersten Konsequenzen i
der ukrainischen Frage ab, aber auch sie hat lange schon aufgehör
mit mehr als mit Worten für die ukrainische Sache einzutreten.

IV. Die Ukraine und der Krieg.

Rußlands diesmaliger Kriegsgrund entspringt doppelter Wurzel
Konstantinopel und Galizien. Ersteres hielt Rußland durch di
deutsch-türkische Annäherung für bedroht, letzterem schob es all
Schuld dafür zu, daß die ukrainische Bewegung in Rußland imme
weitere Kreise zog. Diese beiden Wurzeln der russischen Kriegs
begeisterung hat Graf Witte kurz vor seinem Tode in einem Ge
spräche mit dem Vorsitzenden des galizisch-russischen Vereines i
Petersburg Wergun selbst zugegeben:

„Früher interessierte ich mich nicht für die galizische Frage. Dies
bildete als solche einen Teil der slawischen Frage in Österreich-Un
garn. Jetzt ist's etwas anderes. Jetzt bildet das galizische Pro
blem eines unserer wesentlichsten Grenzprobleme und vo
seiner richtigen Lösung hängt unser zukünftiges Prestige im Slawen
tum, ja unsere Stellung im ganzen nahen Orient ab. Die Deutsche
wußten, was sie taten, als sie uns den Zugang zu den Karpathen ver
wehrten. Wer mit festem Fuß auf den Karpathen stand, dessen Ein
fluß offenbarte sich sowohl auf dem Balkan, als auch im ganze
nahen Orient. Die Karpathen und die Meerengen — die
sind gleichwertige Ideen."

Wie alt diese Spekulation auf die Einverleibung Galizien
ist, um damit den revolutionären Herd für die mazeppistische Bewegun
zu vernichten, geht schon daraus hervor, daß im Jahre 1840 ein Gra
Murawjew in einer Denkschrift „Ansichten über Österreich" di
Notwendigkeit der Eroberung Galiziens nachweist. Es ist damal
nicht nur bei dieser Denkschrift geblieben, sondern wenige Jahre darau
hat der bekannte panslawistische Agitator Professor Pogodin sein
Reise nach Böhmen und Galizien angetreten, wo er für den An
schluß der Ruthenen agitierte. Diese Agitation fiel in Galizien au
nicht ganz unfruchtbaren Boden, weil dort damals die Polen ihr
harte Hand auf den Ukrainern liegen hatten. Wie bekannt, sind da

mals in der Tat einzelne Kreise ungebildeter ukrainischer Bauern aus
Polenhaß auf diese Lockrufe hineingefallen. Seitdem hat die russische
Wühlarbeit in Galizien nicht aufgehört und sie hat es dort zuwege ge=
bracht, daß eine russophile Partei entstand, die freilich mit Ausbrei=
tung der Kultur in der Ukraine immer mehr an Bedeutung einbüßt.
Auch im Teile von Ostungarn, wo Ruthenen wohnen, war der rollende
russische Rubel in einzelnen Gebieten nicht unwirksam geblieben.
Wie Rußland in dieser Beziehung zu arbeiten pflegt, darauf wirft der
kurz vor dem Kriege in Marmaros=Sziget verhandelte Hochverrats=
prozeß ein grelles Licht. Graf Bobrinski, der während der russischen
Okkupation Galiziens den allmächtigen Zivilgouverneur spielte, hatte
seit Jahren diese von Ruthenen bewohnten Gebiete bereist, um dort
„Altertumsforschungen" vorzunehmen. Der Prozeß ergab dann, daß
er sich mit weit prosaischeren Dingen befaßt hatte — mit der Auf=
wiegelung der dortigen ruthenischen Bauern.

Schon mehrere Jahre vor dem Kriege sprach die russische reaktio=
näre Presse ganz offen davon, daß Rußland die aus Galizien be=
triebene ukrainische Agitation nicht lange mehr dulden könne. Sehr
bezeichnend für diese Stimmung ist ein im Jahre 1911 erschienener
Artikel des nationalistischen Abgeordneten Sawenko, der in den
„Mosk. Wjed." die Ziele der inneren und auswärtigen russischen
Politik folgendermaßen aufzeigte:

„Man glaubt, daß die deutsch=französische Feindschaft, zu der sich
(später) der deutsch=englische Antagonismus gesellte, die Gründe zur
jetzigen europäischen Spannung und zum Anwachsen des Militarismus, der
die europäische Kultur zu ersticken droht, abgaben. Zu diesen Gründen kommt
aber jetzt noch ein Umstand, der den Frieden Europas sehr bedroht. Und
das ist die galizische Frage. Diese brennende Frage berührt unsere großen,
nationalen und staatlichen Interessen. Kramarsch hatte recht, als er sagte,
daß es Galiziens halber zu einem Kampfe zwischen Österreich und Rußland
kommen könne. Die galizische Frage harrt tatsächlich einer Entscheidung.
Es handelt sich nicht darum, daß das moskowitische Ideal, nämlich die Ver=
einigung der russischen Länder, noch nicht verwirklicht worden ist. Die
Hauptgefahr liegt darin, daß die Feinde Rußlands in Ostgalizien ein ma=
zeppinisches[1] Piemont geschaffen haben. Daß in Westgalizien ein pol=
nisches Piemont geschaffen wurde, ist kaum erwähnenswert, da die polnische
Frage im Vergleich mit den mazeppinischen Fragen für uns von ganz unter=

---

1) Von der russischen Presse wird die ukrainische Irredenta Mazeppismus
genannt.

geordneter Bedeutung ist. Der Verlust des Weichselgebietes würd
für uns keine Schwächung, sondern sogar eine Stärkung bedeuter
Die Losreißung ganz Kleinrußlands dagegen, womit uns das vo
den Feinden Rußlands unterstützte Mazeppinertum bedroh
würde Rußland als Großmacht einen tötlichen Stoß versetzer
Daher haben die Feinde Rußlands aus dem Mazeppinertum ein Zerstörungs
werkzeug zur Vernichtung der Integrität des russischen Reiches gemacht.

Daraus folgt, daß der Grundsatz sowohl unserer inneren als auch unsere
auswärtigen Politik der hartnäckige, systematische und entschiedene Kamp
gegen das Mazeppinertum sein muß. Wenn es sich da um die Integritä
Rußlands handelt, darf man sich durch nichts zurückhalten lassen. Wir müsse
trachten, den gefährlichen mazeppinischen Brand an seinem Ent
stehungsherd (d. h. in Galizien) zu ersticken. Das soll die Grundlag
unserer ganzen auswärtigen Politik bilden.

Die Ereignisse haben die Frage der Verteilung der türkischen Erb
schaft an die Tagesordnung gebracht. Österreich richtet wohl auch seine be
gehrlichen Blicke auf diese Erbschaft, ist sich aber der Unmöglichkeit eine
Teilung der Türkei ohne Mitwirkung Rußlands bewußt. Wir müssen auc
auf unserem Recht bestehen. Diesen Standpunkt müssen wir auch unerschü
terlich und fest behaupten. Ist aber eine Verständigung mit Österreich i
bezug auf die türkische Frage überhaupt möglich? Ja, sie ist möglich. E
ist für uns sogar wünschenswert, wenn Bulgarien Mazedonien an sich reiß
wir können Österreich auch bewilligen, daß es seine Hand auf zwei weiter
türkische Provinzen legt. Aber nur gegen eine entsprechende Kompensatior
Und das kann nur Ostgalizien sein, dieses urrussische Gebiet, das Erb
Wladimirs des Heiligen.

Die Habsburger Monarchie soll uns das Land überlassen. Dann werde
wir die 'Vereinigung' der russischen Länder vollenden, werde
unsere natürliche ethnographische Grenze erreichen, und den mazeppini
schen Brandherd vernichten."

Und im Jahre 1914 schrieb das „Now. Wr." zur Nachricht, da
in Österreich der Plan einer ukrainischen Universität erwogen werde
kurz und bündig: „Die Gründung einer ukrainischen Univer
sität in Lemberg wäre der casus belli."

Unter solchen Umständen ist es nicht verwunderlich, daß der rus
sische Minister des Äußern Ssasonow offen zu Beginn des Krieges
zugab, daß eine der Aufgaben des Krieges für Rußland die Ver
nichtung des ukrainischen Volkes in Galizien bilde. Bei diese
Gelegenheit prägte er auch den klassischen Satz, daß die ganze ukrai
nische Frage eine Erfindung deutschen Geldes sei. Und de
Führer der Opposition, Prof. Miljukow, der mit der Zeit imme
mehr zum Führer der expansionslüsternen Liberalen geworden ist

stimmte Ssasonow mit den Worten zu: „Die Duma hat soeben die Rede des Ministers des Äußern mit Genugtuung zur Kenntnis genommen." Hiermit hatte er also auch den Vernichtungsplan gegen die letzte Zufluchtsstätte der Ukrainer gutgeheißen. Alle schönen Worte und Reden, die Miljukow bisher den Ukrainern gewidmet hatte, erwiesen sich damit als nichts anderes, als eitel Wahlmache, um im Süden Rußlands gegen die Reaktion die Stimmen der Ukrainer zu erhalten.

Naturgemäß sind die Nachrichten aus der Ukraine während des Krieges nur sehr lückenhaft. Wenn in Deutschland an einen Aufstand der Ukrainer gedacht worden, so beweist das nur dieselbe Unkenntnis, wie die Erwartung einer allgemeinen Revolution in Rußland. Wer aber sollte in der Ukraine einen Aufstand machen, da doch gleich zu Anfang des Krieges die gesamte männliche Bevölkerung bis zum 45. Jahre zu den Fahnen gerufen war! Vor allem wäre es aber völlig verkehrt, anzunehmen, daß dort bereits in den breiten Massen des Volkes der zielbewußte Wille „Los von Rußland" lebt. Die Unzufriedenheit mit dem großrussischen Regiment ist, wie die starke Beteiligung der Ukrainer an allen Revolutionen beweist, zwar nicht gering; von da aber bis zur klaren Erkenntnis, daß das einzige Heil des ukrainischen Volkes in einer Trennung von Rußland liegt, ist noch ein weiter Weg.

Aber trotz des schweren Druckes, der während des Krieges noch zugenommen hat, sind doch mancherlei Anzeichen bekannt geworden, die beweisen, daß die ukrainische Idee auch jetzt Fortschritte gemacht hat. In vielen Kreislandschafts=Versammlungen (Semstwo) in der Ukraine wurde während des Krieges die Forderung angenommen, daß die Unterrichtssprache in der Volksschule das Ukrainische sein müsse, weil die Kinder das Großrussische überhaupt nicht verstünden. Diese Beschlüsse beweisen, daß das nationale Bewußtsein durch den Krieg aufgerüttelt ist, denn bisher war von solchen Anträgen nichts zu hören gewesen. Welch trostlose Folgen das Russifizierungssystem in der Ukraine gezeigt hat, geht aus einer Statistik hervor, die Prof. Hruschewskyj aufgestellt hat.

Auf dem Territorium der heutigen Bezirke Tschernihiw, Ssumy u. a. m. gab es im Jahre 1768 134 Schulen, wobei eine Schule auf 746 Personen kam; im Jahre 1878 dagegen bestanden auf demselben Territorium nur 52 Schulen, d. h. eine Schule auf 6730 Personen.

Aber auch zu Demonstrationen für die ukrainische nationale Sache ist es während des Krieges gekommen. Besonders den
Geburtstag des Nationaldichters Taras Schewtschenko nahm die
ukrainische Studentenschaft in Kiew zum Anlaß, um durch Prokla-
mationen und einen eintägigen Streik für ihre Sache zu demonstrieren.

Dieses Ereignis gab der ganzen reaktionären Presse, darunter dem
„Nowoje Wrjemja", Veranlassung, noch einmal gegen die Ukraine
aufzutreten. In der Nummer vom 18. März 1915 veröffentlicht Menschikow einen Hetzartikel gegen die „niederträchtige politische
Sekte der Mazeppiner", die einen dazu zwingt, sogar in dieser
ernsten Zeit des Weltkrieges über sie zu reden:

> „In den letzten Jahrzehnten entstand eine sehr schlimme, bösartige Abart
> der 'Inorodzen' (Nichtrussen), das sind 'jene, die als Russen zur Welt
> kamen, sich aber von ihrer Geschichte und Nationalität lossagten und nun in
> niederträchtigster Weise unser mächtiges Staatsgebäude unterwühlen."

Nachdem er „den offensichtlich revolutionären und in gegenwärtigen Verhältnissen doppelt ins Gewicht fallenden Hochverrat"
dieser Gruppe unterstrichen, sagt Menschikow:

> „Die Aufforderung des Bundes zur Befreiung der Ukraine in Wien zum
> Aufstand gegen den Staat ist ein so großes Verbrechen, daß gegen dasselbe
> die ganze Strenge, die das Gesetz zuläßt, angewendet werden muß. Mag
> es eine große oder kleine Gruppe von Verschwörern der Mazeppiner, eine
> große oder kleine Gruppe von Verbrechern sein, sie alle müssen festgenommen
> werden und ein für allemal aus der russischen Gesellschaft ausgestoßen wer-
> den. Dies ist die Sache der Staatspolizei, der es obliegt, über die innere
> Sicherheit zu wachen ... Nur eine völlige Entartung des Gewissens und
> der Vernunft kann die übermenschliche Häßlichkeit des Verleitens zum Verrat
> an Rußland und zu einem Bündnis mit Österreich erklären, dazu in einer
> Zeit, wo Rußland blutig tragische Anstrengungen unternimmt, um sein Terri-
> torium und seine Unabhängigkeit zu wahren."

Welch eine Bedeutung nicht nur die Regierung, sondern auch die
Öffentlichkeit in Rußland der ukrainischen Frage beilegt, geht aus den
leidenschaftlichen Debatten hervor, die über die Mazeppiner und den
Bund zur Befreiung der Ukraine (1913 in Lemberg von russischen
Ukrainern gegründet) von der russischen Presse geführt wird. So
schreibt z. B. der Nationalist Sawenko, der gegen die Ansicht Mil-
jukows polemisiert, man müsse die kulturellen Forderungen der Ukrainer erfüllen:

„Die ukrainische Bewegung ist rein politisch. Die 'Ukrainer' haben sich vom russischen Namen losgesagt. Sie behaupten, daß sie gar keine Russen sind und mit dem russischen Volk nichts gemein haben. Sie scharen sich um das Banner Mazeppas, und seinen Geboten folgend, strebten sie die Losreißung Kleinrußlands von Großrußland an.

Selbstverständlich wird man uns nach einer gewissen Zeit zu überzeugen trachten, daß dies nur ein nichtiger Haufen von Verrätern sei, für deren Verrat man die ganze 'ukrainische' Bewegung nicht verantwortlich machen kann. Aber diesen Versicherungen zuzuhören und um so mehr ihnen Glauben zu schenken — würde schon nicht bloß naiv, sondern sogar ein Verbrechen sein. Es ist nötig, endlich zu begreifen, daß es nur eine 'ukrainische' Bewegung gibt, die eine kulturelle und politische Trennung Kleinrußlands von Rußland anstrebt, und daß alle 'Ukrainer' Abtrünnige und überhaupt Verräter sind."

Und der führende Journalist des „Nowoje Wrjemja" Menschikow sieht in seiner Wut in den Mazeppinern die Nachkommen der russifizierten Polowzer und Petschenegen und fordert die russische Regierung auf, sie soll schonungslos das Ukrainertum vernichten:

„Wir erinnern hier lediglich an die 'Ukrainische revolutionäre Partei' (R.U.P.), die in den Jahren 1900—1905 mit Hilfe ihrer Organisation in allen größeren Ortschaften der russischen Ukraine eine energische Agitation unter dem ukrainischen Volke einleitete, eine riesige illegale politische Literatur verbreitete und unter ihren Erfolgen solche Ereignisse zu verzeichnen hatte, wie die Bauernunruhen im Gouvernement Poltawa im Jahre 1902, ganze Reihen von Streiks und Teilnahme an der großen Revolution. Als erste Publikation dieser Partei erschien im Jahre 1900 ein Buch unter dem Titel 'Die unabhängige Ukraine' (Sjamostjina Ukraina), in dem die historischen Rechte der ukrainischen Nation auf ein selbständiges Dasein hervorgehoben wurden und das sich einer außerordentlichen Popularität in der russischen Ukraine erfreute. In dieser eminent separatistischen, also antirussischen Richtung wurde auch die weitere Arbeit dieser Partei geführt. Wir erwähnen ferner, daß auch alle anderen ukrainischen politischen Parteien entweder direkt das Postulat der unabhängigen Ukraine aufgestellt haben (z. B. ukrainische Volkspartei 1902, ukrainische sozial-revolutionäre Partei) oder das Postulat einer Autonomie der Ukraine, diese jedoch nur für eine Etappe zur Verwirklichung ihres Ideals hielten. Daß die separatistischen Bestrebungen der Ukraine in Rußland in die Volksmassen durchdrangen, beweisen aus der letzten Zeit vor dem Kriege die großen antirussischen, eigentlich direkt austrophilen Demonstrationen in Kiew und Charkow wegen des Verbotes der Schewtschenkofeier im März vorigen Jahres. Dasselbe beweist schließlich die Tätigkeit des 'Bundes zur Befreiung der Ukraine', der, obwohl durch lauter Emigranten aus der russischen Ukraine ins Leben gerufen, als seine Devise die unabhängige Ukraine auf den Trümmern des jetzigen Zarenreiches aufgestellt hat."

Nun könnte man einwenden, daß diese extremen Nationalisten und Chauvinisten übertreiben und daß die ukrainische Gefahr, die sie an die Wand malen, nicht so groß sei. Dagegen spricht, daß selbst Prof. Miljukow, der vor dem Kriege einesteils der Wahlhilfe wegen anderenteils aus Opposition gegen die Nationalisten es liebte, für die Ukrainer einzutreten, schon am 21. Mai 1915 in der „Rjetsch" davor warnte, die Arbeit des Bundes zur Befreiung der Ukraine auf die leichte Schulter zu nehmen. Vor allem empfahl Prof. Miljukow, die Mitglieder des Bundes und ihre Arbeit ernster zu nehmen als dies die russischen Hurrapatrioten tun, und sie nicht als irgendwelche Abenteurer anzusehen, die sich bereit erklärten, in Österreich die „angenehme, ungefährliche und lustige Rolle der k. k. Revolutionäre" zu spielen:

„Es handelt sich ihnen keineswegs darum, fürs österreichische Geld ein angenehmes Privatleben zu führen. Nein, ihre Pläne gehen bedeutend weiter und daher ist auch ihre Schuld (Rußland gegenüber) viel komplizierter. „Die russische Gesellschaft hat im gegenwärtigen Moment das volle Recht ihre Freunde und Feinde zu kennen und braucht nicht die Zahl ihrer Feinde unnötig zu mehren — sie braucht es besonders nicht bewußt und absichtlich zu tun — anderseits aber darf sie die offen zum Vorschein kommende Feindseligkeit und offen geäußerte Drohungen nicht ignorieren."

Und kürzlich hat Prof. Miljukow während eines Aufenthalts in der Schweiz der in Lausanne erscheinenden Zeitschrift „Ucraine" folgende Ausführungen gemacht, die aufs schlagendste beweisen, wie hoch er die ukrainische Gefahr für die Zukunft Rußlands einschätzt

a) Bei Beginn des Krieges, als die Stellungnahme der Ukrainer dem Kriege und den kriegführenden Mächtegruppen gegenüber noch nicht klar war, hat die konstitutionell-demokratische Partei ein Projekt einer breiten kulturellen und administrativen Autonomie der Länder ausgearbeitet, die von den Ukrainern bewohnt sind.

b) Sogar damals, als die Hauptströmungen unter den Ukrainern bestimmte Formen annahmen, sogar nachdem die offiziellen ukrainischen Delegierten aus Galizien Konstantinopel und Sofia besuchten und dort mehrere Erklärungen in dem Sinne abgegeben haben, daß die ukrainische Nation von Rußland nichts erwartet und nichts verlangt, sondern vielmehr den Sieg der Zentralmächte wünscht, — sogar in diesem Moment habe ich in der Rjetsch einige Artikel über die ukrainische Frage veröffentlicht, in welchen ich den Standpunkt der Kadetten verteidigt und wichtige Konzessionen zugunsten der Ukraine verlangt habe.

Inzwischen hat sich die ukrainische Öffentlichkeit nicht nur in Galizien sondern auch in Rußland während des Verlaufes des Krieges als mehr und mehr unverſöhnlich gezeigt. Das hat nicht nur für die Propaganda der Partei, ſondern für meine perſönliche faſt unüberwindliche Schwierigkeiten geſchaffen. Nichtsdeſtoweniger, nachdem ſich der progreſſive Block in der Duma gebildet hat, und nachdem er ſich mit der Nationalitätenfrage überhaupt und mit der ukrainiſchen Frage insbeſondere zu beſchäftigen begann, hat ſich dieſer Block im großen und ganzen auf den Standpunkt der Kadettenpartei geſtellt und auch auch beſchloſſen, einige Zugeſtäubniſſe zugunſten der Ukraine zu verlangen.

c) Aber das Verhalten der Ukrainer ſowohl in ihrer Politik wie auch in der Preſſe hat mit der Entwickelung der Ereigniſſe auf dem Kriegsſchauplatz wie auch im Innern des Reiches die Politik der reaktionären Parteien ihnen gegenüber nur verſtärkt, ſtatt den der ukrainiſchen Frage günſtig geſinnten ruſſiſchen Parteien Argumente zu liefern.

Und die rechten Parteien waren immer gegen jedes Zugeſtändnis an die Ukraine. Sie haben auch die Regierung terroriſiert, indem ſie ihr eine ukrainiſche Verſchwörung vorſpiegelten und auf die ukrainiſchen Sympathien für die Zentralmächte hinwieſen, ebenſo wie auf ihre Vorbereitungen zu einem Aufſtande.

d) Dieſe politiſchen Parteien Rußlands (der Bund des ruſſiſchen Volkes, die rechten Nationaliſten uſw.) ſtützten ſich auf die Äußerungen der ukrainiſchen, und zwar nicht nur galiziſchen, ſondern auch der ruſſiſch-ukrainiſchen Preſſe. Die fortſchrittliche Partei mußte ſich jedoch entweder auf die Erklärungen allgemeinen Charakters beſchränken, oder auf die Verſicherungen, daß es unter den Ukrainern auch Gruppen gebe, welche ihren Glauben an Rußland noch nicht verloren haben und daß dieſe Gruppen mit Rußland zu gehen geneigt ſind. — Ungeachtet alles deſſen hat der fortſchrittliche Block nie auf ſeine Hauptprinzipien verzichtet, welche ihm als Grundlage bei der Löſung der ukrainiſchen Frage gedient haben.

e) Aber bei allen dieſen Argumenten, deren ſich die raktionären Parteien bedienten, ſahen ſich der fortſchrittliche Block ſowohl als die Kadettenpartei genötigt, von jeder öffentlichen Erklärung über die ukrainiſche Frage in der Duma Abſtand zu nehmen. Eine ſolche Erklärung wurde nicht nur als unnütz, ſondern für die Ukrainer eventuell auch als ſchädlich angeſehen.

Der Sinn dieſer langen Ausführungen iſt, daß die unverſöhnliche Richtung unter den ukrainiſchen Politikern während des Krieges ſo ſtark zugenommen habe, daß ſich der fortſchrittliche Dumablock nicht mehr in der Lage ſieht, für die Ukrainer einzutreten, weil er ſonſt in Gefahr geriete, in den Verdacht zu kommen, Landesverräter zu unterſtützen.

V. Kann die Ukraine einen eigenen Staat bilden?

Um diese Frage beantworten zu können, ist es nötig, sich kurz fol=
gende Tatsachen ins Gedächtnis zu rufen:

1. Die Ukrainer in Rußland besiedeln geschlossen das Ge=
biet des untern Dnieperstromes. Im Norden bildet etwa der 52. Brei=
tengrad, im Westen der 23. Längen= und im Osten der 42. Längen=
grad die Grenze, wobei der Kern dieses Gebietes eine Dichtigkeit
von 69—93% der ukrainischen Bevölkerung und die Grenzgebiete
eine solche von 42—60% aufweisen.

2. Auf die Tatsache, daß nach Ansicht der Petersburger Akademie
der Wissenschaften die ukrainische Sprache keinen Dialekt des
Großrussischen darstellt, sondern eine eigene slawische Sprache gleich
dem Bulgarischen oder Serbischen, ist bereits mehrfach hingewiesen
worden. Wie schwer es dem ukrainischen Bauernkinde fällt, in der
Volksschule das Großrussische zu erlernen, geht auch aus der Tat=
sache hervor, daß laut Volkszählung vom Jahre 1897 in den groß=
russischen Gebieten die Durchschnittszahl der Lese= und Schreibkundi=
gen 23,3% beträgt, während sie für die Ukrainer auf 16,4% herab=
sinkt. Daher kommt es auch, daß fast alle großrussischen Rekruten
schreiben und lesen können, während es von den Ukrainern nur 55%
verstehen.

3. Die kirchlichen Verhältnisse liegen in der Ukraine sehr ver=
wickelt. Ursprünglich herrschte dort, wie schon mehrfach erwähnt, die
griechisch=orthodoxe Kirche, deren Oberhaupt — der Metropolit
von Kiew — dem Patriarchen von Konstantinopel unterstellt war.
Nicht nur im Ritus hatten sich mancherlei Verschiedenheiten mit der
moskowitischen Kirche herausgebildet, sondern auch die Liturgie wurde
nicht im Kirchenslawischen Moskaus vorgetragen. Vor allem war
aber die Kirchenverwaltung im Gegensatz zu Moskau völlig demo=
kratisch angelegt. Als letzter Rest dieser Verhältnisse hatte sich noch
bis zum Anfang der 60er Jahre des vorigen Jahrhunderts die Wahl
der Geistlichen durch die Gemeinde erhalten.

In den Teilen, die lange Zeit zu Polen (die sogenannte rechts=
seitige oder Westukraine) gehört haben, ist die katholische Kirche stark
verbreitet. Drittens gibt es noch die uniierte Kirche. Im Jahre 1434
kam es auf dem Florentiner Konzil zur kirchlichen Union der zu
Polen gehörigen griechisch=katholischen Gebiete (Beibehaltung des

griechischen Ritus bei Anerkennung des Papstes), die in der West=
ukraine große Fortschritte machte. Als 1793 und 1795 dieses Ge=
biet mit Ausnahme von Galizien an Rußland fiel, begann sofort die
systematische Unterdrückung der unierten Kirche einzusetzen. Bereits
1839 wurde die Union durch einen Ukas des Zaren Nikolai I. ein=
fach für abgeschafft erklärt. Deshalb war auch das erste, daß bei der
Okkupation Galiziens durch die russischen Truppen während dieses
Krieges der Synod (die oberste Verwaltung der russischen Kirche)
eine Schar orthodoxer Geistlichen nach Galizien sandte, die dort mit
Gewalt das Werk der Vernichtung der unierten Kirche vollenden
sollten. Diese fanatischen Geistlichen haben dort derartig gehaust, daß
selbst von liberaler Seite in der Duma und in der Presse dagegen
Protest eingelegt wurde.

4. Die Agrarverhältnisse der Ukrainer sind, und das ist bei
dem vorwiegend agrarischen Charakter des Landes (84 % der Be=
völkerung treiben Ackerbau) von größter Bedeutung, stark verschieden
von denen in Großrußland. Zuerst in Deutschland darauf hingewiesen
zu haben, ist das Verdienst des Freiherrn von Haxthausen, der in
den 40er Jahren nach einer Reise durch Rußland darüber ein noch
immer höchst interessantes Buch geschrieben hat.

Bis auf den heutigen Tag ist in der Westukraine das Institut
des Gemeindebesitzes völlig unbekannt. Prof. Weber charak=
terisiert die dortige Besitzform als Erbhufensystem. Er macht
auch darauf aufmerksam, daß es in der ersten Duma wegen der
Agrarfrage in der Kadettenpartei zwischen den Großrussen und Ukrai=
nern zu heftigen Auseinandersetzungen gekommen sei. So prote=
stierte z. B. auf einem der ersten Parteitage (Januar 1906) der Füh=
rer der Westukrainer, Prof. Lutschizkyj, gegen den Plan, den ge=
samten vom Großgrundbesitz zu enteignenden Grund und Boden zu
nationalisieren, weil die Bauern des Südens und Südwestens unter
solchen Umständen sofort der Partei den Rücken kehren würden.

Auch der großrussische Schriftsteller Nowikow konstatiert, daß der
ukrainische Bauer bis auf den heutigen Tag mit dem großrussischen
nicht in einem Dorfe zusammen zu wohnen pflegt, sondern sich auch
völlig abgesondert von ihm hält. Deswegen sind auch bis auf den
heutigen Tag Ehen zwischen den Großrussen (Moscal = Moskauer)
und Ukrainern (Chochol) so gut wie ausgeschlossen.

5. Die Ukraine ist aber nicht nur Rußlands Korn= und Fleisch=

kammer (33% der Getreideproduktion und 39% der Viehproduktion), sondern auch das Industriegebiet. Stammt doch 75% der Kohle aus dem Donezgebiet und mit Erz liegt das Verhältnis ähnlich (70%).

Faßt man das Gesagte zusammen, so wird es klar, daß in der Ukraine alle die Vorbedingungen zu einem eigenen Staatswesen vorhanden sind. Geschlossenes Siedelungsgebiet, eigene Sprache, ge= sonderte Kirchenverhältnisse, besondere Agrarverhältnisse, vor allem aber gesunde wirtschaftliche Grundlagen. Wenn trotz= dem dieses Gebiet kulturell und wirtschaftlich stark darniederliegt, so ist das dadurch begründet, daß die russische Regierung nicht nur nichts für die kulturelle Hebung der Ukraine tut, sondern es zudem noch systematisch aussaugt. Ein ukrainischer Nationalökonom, Nikolaus Staszuk, hat versucht, die passive Bilanz der Ukraine aufzustellen. Nach seinen Berechnungen stellt sich das jährliche Abströmen der Kapitalien aus der Ukraine folgendermaßen dar: Steuerüberschuß 208 Millionen Rubel, Zinsen an Hypothekarbanken 54 Millionen Rubel, die im Ausland angebrachten Einkunfte der Grundbesitzer 25 Millionen Rubel, Dividenden der ausländischen Kapitalisten 25 Millionen Rubel, zusammen 312 Millionen Rubel. Dabei blieben allerdings die Zahlungen für die Industrieerzeugnisse, die aus Zen= tralrußland bezogen werden, unberücksichtigt. Die Schätzung des Kapi= talienabganges auf 130 Millionen Rubel jährlich dürfte daher eher zu niedrig gegriffen sein.

Nach einer anderen Berechnung hat die russische Regierung in den Jahren 1898 bis 1906 3,5 Milliarden Rubel Einnahmen aus der Ukraine herausgeholt, während nur 1,8 Milliarden Rubel während dieser Zeit für die Bedürfnisse der Ukraine verausgabt wurden.

Aus der Tatsache aber, daß alle Voraussetzungen für einen eigenen Staat vorhanden sind, darf man jedoch nicht schließen, daß dieser Ge= danke schon Gemeingut der ukrainischen bäuerlichen Masse ist. Ein Bauernvolk und zumal ein solches, das von der Regierung absicht= lich in Unwissenheit gehalten wird, kann solche Pläne nicht fassen. Da muß es genügen, zu wissen, daß eine einmal abgetrennte Ukraine, sobald ihr freie Entwickelungsmöglichkeiten in kultureller und wirt= schaftlicher Beziehung geboten werden, niemals Sehnsucht empfinden wird, wieder unter die moskowitische Faust zu kommen. Die Bul= garen haben bewiesen, daß eine Generation genügt, um nicht nur einen Staat, sondern ein Staatsbewußtsein zu bilden. In der Ukraine liegen die Dinge dazu noch günstiger, weil in Ostgalizien bereits ein reiches politisches Leben herrscht, das natürlich den Kern für einen ukrainischen Staat abgeben müßte. Das würde um so leichter gehen, als selbst im ukrainischen Bauern in Rußland noch Reste vom früheren Staatsideal schlummern. Nicht umsonst verfolgt die russische Regierung die dortigen Volkssänger (Kobsaren) so unerbittlich. Erzählen doch letztere nicht nur von den Herrlichkeiten des alten Kiewer Staates, sondern sie singen auch gerne Lieder von der „Hundetochter" (Kaiserin Katharina II.), die die Saporoger Ssitsch, den Sitz der Kosakenrepublik, durch Verrat vernichtet hat.

Wir kommen jetzt zur wichtigsten Frage. Hat Deutschland ein Interesse an der Abtrennung der Ukraine von Rußland und an der Bildung eines eigenen ukrainischen Staatswesens? Auch hier sei zuerst eine historische Bemerkung vorausgeschickt.

Während des Krimkrieges hatte sich in Preußen eine politische Gruppe gebildet, an deren Spitze Moritz August von Bethmann=Hollweg stand, die Preußens Politik antirussisch orientiert wissen wollte. Zu ihr gehörten vor allem der preußische Gesandte in London, Bunsen, Graf Albert Pourtalès, Legationsrat von Goltz u. a. m. Ihre theoretischen Grundlagen hatte der schon genannte Rußland= kenner von Haxthausen geliefert.

In seinen „Gedanken und Erinnerungen" nennt Bismarck diese Gruppe „gescheite Köpfe", wenn er auch ihre Politik damals bekämpfte. Ihre Ansichten gipfelten in einer Denkschrift, die von Bunsen verfaßt war. In ihr weist er in geradezu prophetischer Weise hin, daß einmal die orientalische Frage das deutsch=russische Verhältnis beherrschen werde. Als einziges Mittel, Rußlands orientalische Pläne zum Scheitern zu bringen, sieht Bunsen schon damals, die Lostrennung der am Schwarzen Meer gelegenen Teile Ruß= lands, also der Ukraine, an. Damals war bekanntlich Bismarck gegen ein Aufrollen des deutsch=russischen Gegensatzes, weil er diesen Staat als Rückendeckung brauchte, um die deutsch=österreichische Frage regeln zu können. Später jedoch hat er sich ähnlichen Gedankengängen weniger verschlossen gezeigt. Daß er das österreichische Bündnis schuf, zeigt doch, daß er je länger, je mehr, russische Übergriffe fürchtete. Das zeigt auch die oftmals zitierte Stelle aus seinem Brief an König Ludwig, daß „der Friede durch Rußland, und zwar nur durch Rußland bedroht sei." Und in seiner großen Rede

am 8. Februar 1888 gab er dieser seiner Befurchtung offenen Aus=
druck. In diese Zeit (1887) fallen auch einige Artikel des Philosophen
von Hartmann in der Zeitschrift „Gegenwart", die das Bunsensche
Projekt eines ukrainischen Staates wieder aufnehmen. Von einigen
Seiten werden diese Artikel auf Bismarcks Initiative zurückgeführt.
Sie gipfelten in dem Gedanken, daß es fur Deutschland vorteilhaft
wäre, den ewigen russischen Druck nach Westen und Süden durch
Bildung eines ukrainischen Staates zu beseitigen. Dem großrussischen
Staate sollte die Wolga, dem ukrainischen der Dnieper das Ruck=
grat abgeben.

Wie man sieht, ist dieser Gedanke durch den Weltkrieg wieder
auf die Tagesordnung gesetzt worden. Alle anderen Lösungen (Ab=
trennung von Finnland, den Ostseeprovinzen, Litauen, Polen) ver=
suchen nur, Rußlands Expansionsdrang nach Westen einzudammen,
nicht aber einen Riegel den russischen Hauptzielen: Galizien und
Konstantinopel, vorzuschieben. Man wird daher folgenden Aus=
führungen des ukrainischen Reichsratsabgeordneten Dr. L. Cehelskyj,
so sehr sonst viele seiner Ansichten bestreitbar sind, nur beistimmen
können:

„Die russische Expansionspolitik bewegt sich in Europa in
zwei Richtungen: In der Linie Kiew—Lemberg—Budapest—Triest
und in der Linie Kiew—Sebastopol—Konstantinopel—Dardanellen.
Die erste Linie führt zur Adria, und berührt unterwegs Galizien—Slowakei
und die adriatischen Südslawenländer, die zweite hat den Ausgang ins
Mittelmeer und noch mehr die Beherrschung Vorderasiens bis zum
persischen Meerbusen im Auge. Und für beide Linien ist nur Kiew der
Ausgangspunkt und nur die Ukraine ist die Ausgangsbasis für beide. Die
Abtrennung Finnlands, Kurlands, Litauens und Polens, ja sogar
eines Teils der Nordwestukraine beiderseits des Bug kann an diesem Expan=
sionsdrang Rußlands nach Süden gar nichts ändern und gar nichts gefähr=
den, da die Basis dieses Expansionsdranges unversehrt in den Händen Ruß=
lands bleibt, ein russischer Vorstoß gegen Ostgalizien ebenso wie im August
1914 von Kiew aus ausführbar ist und über den Balkanstaaten, wie auch
über Konstantinopel ebenso die russische Gefahr hängt, wie es bis jetzt der
Fall ist."

Dazu kommt, daß alle andern Abtrennungen von Fremdvölkern
zusammengenommen nicht so viel ausmachen würden, wie die Los=
lösung der Ukraine allein. Aber 30 Millionen könnten dadurch zu=
gunsten der Mittelmächte gebucht werden. Das wäre aber von größter
Bedeutung, weil, wie kürzlich die „Norddeutsche Allgemeine Zeitung"

darauf hinwies, die russische Gefahr gerade darin beruht, daß Ruß=
land jährlich einen Zuwachs von 3 Millionen Menschen aufweist.

Dieser bedeutsame Hinweis erfolgte im Zusammenhange mit der
Proklamation Polens als unabhängiger Staat, um die Notwendig=
keit zu begründen, daß eine Schwächung der russischen Masse erfolgen
müsse. Die Schwächung, die durch die Fortnahme Polens erfolgt,
wird für Rußland zunächst sicher spürbar sein, aber sie wird gerade
wegen der immensen Wachstumsverhältnisse des heutigen Rußland
nicht dauernd und daher auch nicht entscheidend wirken. Dazu wiegt
Polen allein zu wenig.

Wer also Deutschland auf die Dauer von der russischen Gefahr
befreien will, der muß seine Gedanken auf die Ukraine richten, um
sie zu einem selbständigen Leben wieder zu erwecken. Eines freilich
ist Vorbedingung, daß die Ukraine nicht in irgendeiner Form mit
Polen verbunden werde. Das würde nicht nur den Grund für innere
Konflikte abgeben, sondern auch russophile Tendenzen um so mehr
erwecken, als der politisch fortgeschrittenste Teil der Ukrainer — in
Ostgalizien — bis heutzutage in starkem politischem Gegensatz zu den
dort lebenden polnischen Großgrundbesitzern steht.

Das deutsche Kolonistentum in Rußland.

Von Alexander Faure in Seebach.

I. Allgemeines.

In einer ganzen Reihe von russischen Gebieten stoßen wir au
einen starken Einschlag eingesessener deutscher Bevölkerung. Zum Te
hat Rußland die in Frage kommenden Landesteile schon deutsch durch
setzt übernommen (Ostseeprovinzen, Königreich Polen), zum Teil abe
hat es die Besiedelung mit Deutschen selbst veranlaßt oder geförder
indem es deutsche Bauern als Kulturpioniere nach neu zu erschließen
den Länderstrecken zog. Das gab dann die deutschen „Kolonien
Rußlands, wie sie nach und nach mit ihren zahlreichen Ableger
große Flächenräume vor allem am Rande der Südhälfte des euro
päischen Rußlands einnahmen: geschlossen deutsche bäuerliche Siede
lungen auf „zugewiesenem Neuland, oft auch zu zusammenhängen
den deutschen Gebieten vereinigt. So kamen deutsche Bauern nach de
Sümpfen und Urwäldern Wolhyniens, konnten deutsche Dörfer a
den Hängen des Kaukasus haften und an den Ufern der Wolga sic
breiten, so sind heute von den 170 Millionen der buntscheckigen Be
völkerung des Zarenreiches 2 Millionen deutsche Bauern. Und übe
dem allen bildete sich ein bestimmter Typus: kerndeutsch und doc
voller Eigenart; nicht ohne Unterschied im einzelnen und doch m
unverkennbaren gemeinsamen Merkmalen: der deutsche Kolonist, da
deutsche Kolonistentum, das bäuerliche Deutschtum Rußlands.

Drei Hauptgruppen deutscher Kolonien lassen sich unterscheiden

1. Die Wolgakolonien, die ältesten und vom Mutterland am wei
testen entfernten Ansiedelungen, — mehr als alle anderen ein richtige
deutsches Gebietsganzes, aber auch wieder in vielem ungünstiger ge
stellt als die übrigen, in ihrer Entwickelung empfindlich gehemmt.

2. Die Kolonien in Südrußland, in den Gouvernements ar
Schwarzen Meere hin (Bessarabien, Cherson, Jekaterinoslaw, Taurien
Kuban- und Dongebiet) von der rumänischen Grenze bis dahin, w
der Kaukasus ans Schwarze Meer tritt: dies die reichsten und wirt
schaftlich am besten entwickelten Siedelungen, mit den am höchste
stehenden Vertretern des Kolonistentums.

3. Die Ansiedelungen in Wolhynien und den Nachbargouverne=
ments, der deutschen bzw. österreichischen Grenze am nächsten, jetzt
mitten im Kampfgebiet, von der Kriegsnot am härtesten und am un=
mittelbarsten betroffen, — aber auch zuvor besonders hart um ihre
Existenz ringend und durch Maßnahmen der russischen Regierung
schon früh in ihrem Bestand bedroht.

Die Gesamtzahl der deutschen Kolonisten ist mit 2 Millionen eher
zu niedrig als zu hoch angesetzt. Mitgerechnet sind dabei allerdings
die deutschen Bauern in Polen, die in diesem Aufsatz nur gestreift
werden können, da die Entstehungs= und Existenzbedingungen des
dortigen, in allen Schichten der Bevölkerung vertretenen Deutschtums,
von dem die Kolonisten nur einen Teil ausmachen, besonderer Art
sind. Wenn man mit Keup (Schrift. zur Förd. der inn. Kol. H. 22)
jetzt im ganzen 600000 Deutsche für Russisch=Polen annimmt, so
würde man mit 400000 Bauern ungefähr das Richtige treffen. Die
Deutschen an der Wolga veranschlagt Pater Keller (bei Keup)
neuerdings auf etwa 550000. Für die südrussischen Deutschen wird
man auf eine erheblich höhere Ziffer kommen können, mindestens
auf 6—700000, besonders wenn man die etwa 40000 Deutschen im
Kaukasus mit einrechnet. Schmidt (Osteurop. Zuk. 1916) nimmt allein
für die Schwarz=Meer=Gouvernements 700000—750000 Deutsche an.
Die Deutschen in Wolhynien können auf 2—300000 beziffert werden.
Der Rest entfiele auf die in verschiedenen anderen Teilen des Europäi=
schen Rußlands, sowie in Sibirien und Mittelasien verstreuten Dörfer.

Niedrigere Schätzungen pflegen auf die letzte russische Volkszählung
vom Jahre 1897 zurückzugehn. Aber — auch von der Zuverlässigkeit
amtlicher russischer Angaben ganz abgesehn — sind diese 20 Jahre zurück=
liegenden Zahlen natürlich längst veraltet, — zumal bei dem großen
Kinderreichtum der Kolonisten (mag man den Abgang durch Auswan=
derung und Rückwanderung dabei noch so hoch ansetzen). Auch die neue=
ren Angaben für die evangelischen Gemeinden in den Veröffentlichungen
der „Unterstützungskasse" (Die ev.=luther. Gemeinden Rußlands Bd. I
1909) bleiben gewiß als überholt und unvollständig hinter der Wirklich=
keit zurück. Waren doch die Erhebungen da schon 1905 im wesentlichen
abgeschlossen und wurden nach eigenem Eingeständnis die außerhalb
der eigentlichen Dörfer zerstreut wohnenden Deutschen nur sehr teil=
weise erfaßt. Nach den Berechnungen der Unterstützungskasse ergibt
sich für die evangelisch=lutherischen Kolonisten des Südens eine Zahl

von wenig mehr als 180000. Rechnet man (im Verhältnis reichlich)
die Katholiken mit 130000 Köpfen sowie die paar reformierten Dörfer,
die Mennoniten und sonstige Sekten dazu, so kommt man allerhöch=
stens auf 400000. Demgegenüber wird auch in „Kennen Sie Ruß=
land" (von zwölf russ. Untertanen 1916) bestimmt angegeben, daß die
Zahl der südrussischen Kolonisten — ohne die kaukasischen — eine halbe
Million überschritten habe. —

II. Entstehung der deutschen Kolonien in Rußland.

Mit den drei oben genannten Hauptgruppen sind zugleich im großen
und ganzen die Hauptepochen der deutschen bäuerlichen Einwanderung
nach Rußland gegeben. Wie ein letztes Nachwellen längst getaner deut=
scher Pionierarbeit, wie ein letztes Sichauswirken uralten deutschen
Siedelungsdranges nach Osten kann diese Kolonisation uns anmuten.
Aber während in früheren Jahrhunderten das deutsche Schwert dem=
deutschen Pfluge Raum schaffte, kam hier der deutsche Bauer, ähnlich
wie in Böhmen, Polen, Ungarn, als friedlicher Einwanderer, von
den fremden Machthabern herbeigerufen zur Urbarmachung öder
Landesteile an den Marken des Reiches ... bis dahin menschenleer
oder der Tummelplatz zeltender Nomaden und ihrer Herden.

Das zeigt sich besonders deutlich gleich zu Anfang, bei der Erst=
lingsgründung an der Wolga. Sie ist der Gedanke und das Werk
einer deutschen Prinzessin, der freilich bald nur allzu russisch gewor=
denen großen Kaiserin Katharina II. Dabei hat offenbar ihr größerer
Zeitgenosse auf dem Preußenthron, Friedrich II., mit seiner Siede=
lungsarbeit und seinen Siedelungsgrundsätzen Pate gestanden.

Die Zeitumstände — der eben zu Ende gegangene Siebenjährige
Krieg — waren dem Unternehmen teils günstig, teils verhängnis=
voll. Die Nachwirkungen des Krieges verliehen den Aufrufen der
Kaiserin in Deutschland besondere Anziehungskraft, führten ihren
Werbern stattliche Scharen aus allen möglichen deutschen Gauen zu, —
man spricht von 7000 Familien mit 27000 Köpfen. Andererseits war
es ebendarum eine bunt zusammengewürfelte Menge durch den Krieg
entwurzelter Existenzen: Friseure, Offiziere und Gelehrte waren da=
runter, wie mancher hatte nie ein Ackergerät in der Hand gehabt.

Und doch brachen deutsche Organisationskraft und deutsche Tüchtig=
keit auch unter diesem Volke durch. Die wirren, wilden Haufen ord=
neten sich zu wohlgefügten großen Dorfgemeinschaften. Aus den ver=

wegenen Gesellen wurde ein Schlag friedlicher Bauern; nur hier und da taucht heute noch zwischen den gerade an der Wolga verblüffend echten deutschen Bauernköpfen ein fein geschnittenes Gesicht auf, das an eines Urvaters Stand zu mahnen scheint... Und mannigfacher Schwie=rigkeiten wird man Herr: von der echt russischen mangelhaften ersten Vorbereitung bis zu den mancherlei Landnöten späterer Zeit. Ja selbst daß etwa 50 Jahre nach ihrer Begründung der Eigenbesitz in den Wolgakolonien nach russischem Seelenland=System in Gemeinde=land umgewandelt wurde, hat das Aufblühen dieser Kolonien wenig=stens in gewissen Grenzen nicht zu verhindern vermocht, wenn sich auch die älteren Dörfer — deren Zahl um 1840 durch Neugründungen auf dem östlichen Wolgaufer vermehrt wurde — mit denen der später zugezogenen Mennoniten nicht messen können.

Bei diesem ersten Siedelungsunternehmen fielen einige Splitter ab: die livländische Kolonie Hirschenhof, die deutschen Dörfer um Petersburg, endlich einige Sondergründungen mehr im Innern des Reiches: das Hessendorf Bjelowesch im Tschernigowschen und die Schwabenkolonie Riebensdorf im Gouvernement Woronesch. Die Ansiedelungen im Innern gewannen Bedeutung auch als Kerndörfer für spätere Kolonisation im Süden.

Im Süden Rußlands entstand der deutschen Einwanderung etwa 20 Jahre später ein neues Ziel durch den Erwerb „Neurußlands", der russischen Schwarzmeergebiete. Das blieb zunächst in bescheidenen Grenzen. Bedeutsam ist dieser Zeitabschnitt jedoch dadurch, daß da=mals die Züge der Mennoniten ihren Anfang nahmen, die Ruß=land die blühendsten deutschen Siedelungen geschaffen haben. Der ihnen in Preußen drohende Heeresdienst trieb sie von dort nach Ruß=land, wo ihnen gleich den übrigen Kolonisten Militärfreiheit ge=währt wurde (nach Aufhebung der Kolonistenvorrechte durften die Mennoniten doch noch den Militärdienst durch andere Leistungen ablösen). Die Hauptmittelpunkte der mennonitischen Siedelungen — im Gouvernement Jekaterinoslaw und in Taurien — wurden zum Teil bereits damals erreicht. Immer neue Glaubensgenossen folgten (nach Keup haben sich die Mennonitenzüge bis zum Jahre 1870 fort=gesetzt). Um die Mitte des 19. Jahrhunderts schoben sie ihre Siede=lungen weit nach Osten, ins Gebiet der Wolgakolonien vor.

Einen Aufschwung im großen auf neuer Grundlage nahm im Süden die Heranziehung deutscher Ansiedler in den ersten Jahren des 19. Jahr=

hunderts, bald nach dem Regierungsantritt Alexanders I. Nun er
begann die planmäßige Besiedelung der neurussischen Gebiete, z
denen nach der Abtretung Bessarabiens durch die Türken auch diese
trat. Hier in Bessarabien erinnern noch die Namen der deutsche
Dörfer (Leipzig, Borodino u. a.) an die großen Ereignisse zur Ze
ihrer Begründung. Man sucht die früher begangenen Fehler zu ver
meiden. Nur berufserfahrene und vermögende Acker= und Wein
bauern sollen zugelassen werden. Die zu besiedelnden Landfläche
werden sorgfältig ausgesucht, die Größe der Landstücke bestimm
Das gibt dem Ganzen von vornherein einen anderen Anstrich, wen
auch das Angestrebte — zumal was das Ansiedlermaterial betraf —
keineswegs überall erreicht werden konnte. Bemerkenswert ist, da
die Dörfer nicht nur — wie in allen Ansiedelungsgebieten — nac
dem (evangelischen oder katholischen) Bekenntnis, sondern verschie
dentlich auch nach der Herkunft der Ansiedler, als nord= und sud
deutsche, gesondert bleiben. Um dieselbe Zeit ziehen württembergisch
Bauern — aus wirtschaftlichen wie religiösen Gründen der Heime
müde — nach dem Kaukasus und gründen in Transkaukasien di
später so behäbigen dortigen deutschen Acker= und Weindörfer.

Die heute im Süden Rußlands vorhandenen deutschen Dörfe
stammen jedoch bei weitem nicht alle aus dieser ersten Zeit. Vielmeh
sind es großenteils Ableger: Tochterkolonien älterer Nachbardörfe
wie Neugründungen vielleicht von weit her zugezogener Kolonisten
Andererseits wurden von südrussischen wie auch von anderen Kolo
nien aus neue Ansiedelungsgebiete in verschiedenen Teilen des Reiche
in Angriff genommen. Auf diese Weise sind die Siedelungen nördlic
vom Kaukasus entstanden, als eine Mischung von bessarabischen un
Wolgadeutschen, — allerdings eine der am wenigsten gelungenen Grün
dungen. Ebenso bildeten sich deutsche Ansiedelungen und Ansiedlungs
gruppen im Orenburgischen und bis weit nach Sibirien und Mittelasie
hinein, so daß auch die Siedelungsarbeit Rußlands dort zum gute
Teil deutsche Arbeit ist.

Eine Gründung aus zweiter Hand sind im wesentlichen auch di
Ansiedelungen in Wolhynien. Dorthin wie nach dem Gouverne
ment Kiew sind die Deutschen zu allermeist aus Russisch=Pole
gekommen. Hier waren deutsche Bauern während der kurzen preußi
schen Herrschaft um die Wende des 19. Jahrhunderts angesiedel
worden, aber auch noch aus früherer Zeit her seßhaft. Wegen Nicht

beteiligung an den polnischen Aufständen in den 30er und 60er Jahren des vorigen Jahrhunderts von den Nationalpolen bedrängt, wanderten viele aus. 17000 sollen den Weg nach Wolhynien genommen haben, wo die staatstreuen und arbeitsamen Deutschen der Regierung doppelt willkommen waren. Ein Teil von ihnen kaufte sich als Eigentümer an, andere nahmen Apanagenländereien oder Land von polnischen Gutsbesitzern in Pacht, — für die Zukunft verhängnisvoll genug.

Die Kolonisten in Südrußland und an der Wolga erhielten auf Grund der ihnen beim Zuzug gemachten Zusicherungen eine Sonderstellung innerhalb des russischen Staatsganzen. Sie wurden ein bevorrechteter Stand gegenüber der sonstigen Bevölkerung, waren vom Militärdienst befreit, unterstanden besonderen Gesetzen. Ja es wurden für sie — bei weitgehender örtlicher Selbstverwaltung nach deutschem Zuschnitt — eigene, dem Ministerium unmittelbar unterstellte oberste Verwaltungsbehörden geschaffen (das Fürsorgekomitee in Odessa, die Tutelkanzlei in Saratow). Die bis ins kleinste gehende Aufsicht dieser, häufig mit geborenen Deutschen besetzten Behörden hat viel zum Gedeihen der Kolonien beigetragen. — Freilich hatte dies andererseits zur Folge, daß die Kolonien — als dann die russische Regierung die Hand von ihnen abzog — des gewohnten Haltes beraubt, zu verfallen oder doch zurückzugehn anfingen.

Die Kolonien in Wolhynien stehen von vornherein auf anderer Grundlage, außerhalb dieser Vorrechte. Die veränderte Haltung der Regierung, die auch hier eine blühende Entwickelung abbrach, hat sich in Wolhynien in anderer Weise geäußert.

Der Kampf der russischen Regierung gegen ihre eigenen Schöpfungen wird in seinen einzelnen Stufen noch im Zusammenhang zu behandeln sein. Zunächst werden wir ein Bild von den deutschen Siedelungen der verschiedenen Gebiete zu entwerfen haben.

III. Die Wolgakolonien.

Am eigenartigsten liegen die Verhältnisse an der Wolga. Hier ziehen sich in der Gegend der Stadt Saratow die deutschen Ansiedelungen in zwei aneinander stoßenden zusammenhängenden Gebieten an beiden Ufern des Stromes hin, auf der — westlichen — „Berg-" und der — östlichen — „Wiesenseite", wie man dort sagt: Ein Dorf nach dem andern, eine Dorfgemarkung an der andern, auf einem Flächenraum etwa in der Größe des Königreichs Sachsen.

Man sollte meinen, das wäre Platz genug für etwa 170 Dörfer
und eine halbe Million Menschen, zumal auf ergiebigstem Steppen=
boden, der heute noch ebenso seine Schuldigkeit tut wie vor 150 Jahren.
Und doch kann man mit Fug und Recht von einer Übervölkerung
dieser Kolonien reden, und mehr als anderswo begegnet man dor
ärmlichen Verhältnissen und dauernden Notständen, deren Druc
auch auf die Beschaffenheit der Bevölkerung nicht ohne Einfluß ge=
blieben ist.

Es liegt das sehr wesentlich an der Gestaltung des Landbesitzes
Dieser ist hier nach russischem Muster zugeschnitten, nach der in der
meisten russischen Gouvernements herrschenden kommunistischen Wirt=
schaftsform des „Mir“. Danach gehört das Land nicht dem Ein=
zelnen, sondern der ganzen Gemeinde und wird in bestimmten Zwi=
schenräumen, an der Wolga jetzt meist in dem noch verhältnismäßig
weiten Abstand von je 12 Jahren, umgeteilt. Jede männliche „Seele“
(daher „Seelenlandsystem“!) hat Anspruch auf ein gleich großes Stück
Das Mißliche der Lage wurde noch dadurch gesteigert, daß die Dörfer
ins Riesenhafte wuchsen (solche mit über 10000 Einwohnern sind da=
runter) und infolgedessen — eine Möglichkeit, das Dorfland zu er=
weitern, war kaum vorhanden — die Landanteile immer mehr zu=
sammenschrumpften: nicht mehr als 2 oder 3 ha betragen sie in
manchen Dörfern, bei den dortigen Wirtschaftsbedingungen wenig
genug. Endlich aber wird das Land auch nach Güte und Eignung
gleichmäßig verteilt. Da konnte es denn vorkommen, daß die Land=
anteile in winzigen Fetzen weit auseinander lagen, daß jemand an
einer Stelle seinen Weizen hatte und 40 km weiter seine Kartoffeln.
Die Folgen für die Bewirtschaftung kann man sich denken. Aber zu=
gleich mußte das damit gegebene wochenlange Nomadisieren auf der
Steppe auch verwildernd auf die Bevölkerung wirken.

In neuester Zeit, nach Einführung der russischen Agrarreform, sind
auch viele deutsche Dörfer an der Wolga wieder zum Einzelbesitz über=
gegangen. Ob das freilich jetzt ohne weiteres von Segen sein wird,
ist fraglich. Es besteht vielmehr die Gefahr, daß so das Land in den
Händen weniger vereinigt die an der Wolga so wie so im Gang
befindliche Scheidung in Kapitalisten und Proletarier nur noch be=
schleunigen wird.

Wie sehr das Landsystem den Wolgakolonien geschadet hat, zeigt
ein Blick auf die blühenden Siedelungen der Mennoniten, die das

Seelenland nicht kennen. Allerdings spielt ihre von vornherein größere
wirtschaftliche Tüchtigkeit dabei mit.

Zu den ungesunden Landverhältnissen traten die an der Wolga —
als Folge der großen Unregelmäßigkeit der Steppen-Niederschläge —
häufigen Mißjahre, oft mehrere Mißernten der Reihe nach! Hungers=
nöte suchten die Kolonien immer wieder heim (sie haben die deutschen
Ansiedelungen Rußlands mit zuerst in Deutschland bekannt gemacht).

Das alles hat gewiß zum Verarmen eines großen Teils der Be=
völkerung und zur Bildung minderwertiger Schichten geführt. Es
wäre jedoch verkehrt, wollte man deshalb über die Wolgakolonien
in Bausch und Bogen ein absprechendes Urteil fällen. Unter den
gleichen Verhältnissen haben es andere Kolonisten zu Besitz und zu
wohlgeordneten Betrieben gebracht. Und auch an der Wolga findet
man (wenn auch nicht so zahlreich wie in Südrußland) sogenannte
„Gutsbesitzer“: Kolonisten, die aus der Dorfgemeinschaft ausgeschie=
den, sich eigenes Land gekauft haben und nun gleichsam ein gehobenes
Kolonistendasein führen, auf größerem Fuße und in Bearbeitung des
Bodens nach neuzeitlichen Methoden. Auch Großkaufleute und Fabri=
kanten, Mühlenbesitzer, die in der Stadt Saratow große Betriebe
haben, sind aus den Wolgakolonien hervorgegangen.

Man suchte den Nachteilen der kleinen Landteile auf verschie=
dene Weise zu begegnen. Eine bessere Ausnutzung der kleinen
Flächen erzielte man durch Tabakbau. Für diesen hat der Wolga=
kolonist ausgesprochen Vorliebe und Geschick. Man kann ihn, der
sonst nur extensivste Bewirtschaftung kennt, seine Tabakpflanzen aufs
sorgfältigste wässern oder sonst pflegen sehn, auch zeigt der Bauer
wohl sein Lager von „Tubbak“=Blättern mit besonderem Stolz. Der
Tabakbau hätte an der Wolga noch viel ergiebiger sein können, wenn
nicht die russische Regierung mit dem Verbot bestimmter Sorten und
anderen Einschränkungen dazwischen gekommen wäre. Die jetzt ge=
bauten Sorten sind deutschen Fabrikanten angeboten, aber von ihnen
abgelehnt worden. Rückwanderungslustige Wolgakolonisten haben
mich immer wieder gefragt, ob man in Deutschland denn nicht auch
in den Ansiedelungsgebieten Tabak bauen könne. Die Ansiedelungs=
kommission war seiner Zeit nicht abgeneigt, Versuche mit Stellen für
Tabakbauer zu machen. Es ist dann aber doch nicht dazu gekommen. —
Ferner verpachten vielfach die Kolonisten ihren Anteil im Dorf und gehen
selbst auf Arbeit, nicht wenige als Fabrikarbeiter, etwa nach den großen

Mühlen in Saratow. (Das Mühlenwesen ist bei den Deutschen an
der Wolga überhaupt stark entwickelt, außer zahlreichen Windmühle⸗
findet man auch in den Kolonien nicht wenige Dampfmühlen, Feuer⸗
mühlen nennen sie die Kolonisten.) Damit haben dann zugleich di
Pächter die Möglichkeit, ihre Wirtschaftsfläche zu vergrößern, wa⸗
sonst vielleicht nur dort noch geschehen kann, wo Kosaken in der Näh
wohnen, die von eigener Bearbeitung ihres Landes gern absehn! —
Endlich hat sich in den Kolonien auf der Bergseite eifrig betrieben
Heimarbeit einbürgern können. Man findet dort vor allem Hand⸗
weber, die für geringen Lohn für große Webereien arbeiten, — di
von ihnen gefertigte „Sarpinka“ ist in Rußland weithin bekannt. —

Vom Tabakbau abgesehn, herrscht freilich bei der Bewirtschaftung
des Landes ausgesprochener Raubbau. Jahraus jahrein auf demselben
Boden dieselbe Frucht! Und vom Düngen weiß man ebensoweni⸗
etwas wie von einer Fruchtfolge. Der Dunger wird vielmehr — wi
das ebenso im Süden, aber auch in anderen Steppengegenden, etwa
Südamerikas, üblich — mit Stroh vermengt als Heizstoff verwandt
Zu Bewässerungsanlagen — die nahe wasserreiche Wolga sollte si
nahelegen — versteigt man sich meines Wissens höchstens im Inter
esse von Obstpflanzungen.

Die Dörfer der Wolgakolonisten können auf den ersten Blick be
fremdlich anmuten, so sehr weicht ihr Bild zunächst von dem ab, wa⸗
man sich sonst unter einem deutschen Dorfe vorstellt. Die breiten
geraden unchaussierten Straßen entlang stehen niedrige ungestrichen⸗
Holzhäuser, die sich in Bauart und Verzierungen nicht sehr von der
russischen Häusern, etwa in einer Vorstadt Saratows, unterscheiden
Das Holz zum Bau mag eins der Riesenflöße, wie sie die Wolga
auf ihrem breiten Rücken trägt, herangebracht haben; denn die nach
alten Berichten früher an der Wolga vorhandenen Wälder hat de
Kolonist — auch hierin Raubbau treibend — längst bis auf kümmer⸗
liche, krüppelige Restbestände abgeholzt. Die, in der letzten Zeit häu⸗
figer angelegten Obstgärten kommen im Gesamtbild wenig zur Gel⸗
tung, so daß — zumal des Sommers, im Staube liegend grau in
grau — so ein Dorf schon einen ziemlich trostlosen Eindruck mache⸗
kann. Sieht man aber näher zu, öffnen sich Türen und Tore, so änder
sich das Bild. Zwar sind die Häuser vielleicht klein im Verhältni⸗
zu der Zahl der Insassen. Sind doch die Familien hier wie bei aller
Kolonisten überaus kinderreich. Ich traf einmal in einem Kolonisten⸗

hause an der Wolga auf die stattliche Kinderzahl von zehn Köpfen. Auf meine Bemerkung, das wäre ja ein schöner Kinderreichtum, erhielt ich zur Antwort: „Ja, und acht sind uns gestorben". Dazu kommt, daß auch die erwachsenen Söhne nach ihrer Verheiratung beim Vater wohnen zu bleiben pflegen, der dann eine Art Patriarchat über die ganze Familie ausübt. Jedoch wenn auch nicht auf den Raum, so wird doch auf die Ausstattung der Wohnung erstaunlich viel Wert gelegt. Gestrichene Fußböden und saubere Tapeten an den Wänden findet man und viel behaglichen Hausrat nach alter deutscher Art sowie allerlei Schmuck an Decken und Bildern, auch in einem bescheidenen Kolonistenhäuschen; mitten darin den großen russischen Ofen, den der Kolonist wie manches andere für Gegend und Klima Passende vom Russen übernommen hat. Dazu ein sauberer Wirtschaftshof, auf dem sich uns vielleicht beim größeren Bauern als ungewohnter Anblick ein Stand zeigt mit einer Anzahl von Kamelen in Reih und Glied (man braucht sie nicht nur als Reit- und Lasttier, sondern auch zum Ackern und Fahren).

Und auch im Dorfbild: die Kirchen am weiten Platz — die älteren aus Holz, die neueren vielfach stilgerechte Steinbauten, — sie zeigen ebenso wie die ansehnlichen Schulgebäude, daß die Wolgakolonisten für diese Zwecke nicht geizen. Und es sprechen auch da, wo keine besonderen Wohltätigkeitsanstalten vorhanden sind, die großen überall zu findenden Gemeindespeicher von dem Gemeinsinn der Wolgakolonisten (in diesen Speichern wird nach Josephs Rezept in den guten Jahren Korn gesammelt, um in den mageren Jahren an Bedürftige verteilt zu werden — eine Maßnahme, die freilich bei den schlechteren Elementen den Hang zum Faulenzen und zum Sichversorgen- und Beschenkenlassen stärkt).

In diesen Dörfern geht nun nach Kolonistenweise das Leben seinen alten, beschaulichen Gang, wie zu Väter und Großväter Zeiten. „Wie es immer war, soll es bleiben" und „was die Gemaan (Gemeinde) beschließt, das muß so sein", — das sind die Hauptgrundsätze, nach denen diese Bauernrepubliken (wie man sie nicht so ganz mit Unrecht genannt hat) sich regieren. Von der großen Welt dringt kaum ein Klang hinein. Höchstens insoweit, als die Verbindung mit der Stadt Saratow, die einen gewissen wirtschaftlichen Mittelpunkt der Kolonien darstellt, es mit sich bringt. Und neuerdings das Hin- und Herziehen der Auswandrer und Rückwandrer. Denn selbst wen die Hunger-

jahre oder die russischen Zustände aus der Heimat trieben, wer nach
Amerika oder nach Deutschland ging — auch wenn es ihm draußen
gut geht, kehrt er doch gern, und sei es nur zeitweilig, nach Hause
zurück. „Wo der Has geheckt ist, da ist er daheem," sagt der Kolonist.

Die Beschaulichkeit des Lebens wird — das gilt ähnlich auch von
den übrigen Kolonien — durch die Arbeit nicht allzu sehr beeinträch=
tigt, wenn darin auch der Kolonist turmhoch über dem Russen steht.
Gewiß gibt es Zeiten harter Arbeit vom frühesten Morgen bis spät
in der Nacht: während der Bestellung und mehr noch in der Ernte.
Da ist es an der Wolga ein eigenartiges Bild, wenn man in der
glühenden Steppensonne etwa im roten russischen Hemd und mit dem
Netz gegen die lästigen Stechmucken auf dem Kopf all die Gestalten
auf dem Felde schaffen sieht.

Aber das sind doch nur vorübergehende Kraftanstrengungen. Und
vor allem folgt auf die wärmere Jahreszeit mit ihren Arbeitsperioden
der lange, stille Winter. Da gibt es eigentlich nur das Vieh zu ver=
sorgen, sonst ist's im Grunde ein langer Sonntag, die Zeit zum
„Spiellegehn" (etwa unseren Spinnstuben zu vergleichen), und für
allerlei Zusammenkünfte.

Wie allen Kolonisten, so ist auch denen an der Wolga ein Grund=
zug ihres Wesens ihre Frömmigkeit — väterliches Erbgut, das die
Eindrücke der Steppe (anderwärts des Urwalds) und das abgeschie=
dene Leben doppelt gut erhalten ließen. Freilich ist diese Kolonisten=
frömmigkeit darin nur allzusehr deutsche Bauernfrömmigkeit, daß sie
vielfach nur wie eine Art des Klebens am Hergebrachten erscheint.
Religiöse Sitte wird streng eingehalten, auf Erneuerung des Herzens
und Wandels weniger Wert gelegt. Dementsprechend bewegt sich
diese Frömmigkeit im allgemeinen in den hergebrachten kirchlichen
Bahnen. Sonntäglicher Kirchenbesuch ist selbstverständlich, und zu
den Kirchenfesten drängt man sich von nah und fern. Willig trägt
man auch im allgemeinen die ausschließlich auf den Gemeinden
ruhenden Lasten für Pfarrer und kirchliche Gebäude. — An der
Wolga ist die gottesdienstliche Versorgung der bei der Größe der
Dörfer übersichtlichen Kirchspiele unschwer durchzuführen, dagegen ist
in den großen Gemeinden die Seelsorge ungemein erschwert. In an=
deren Gebieten bestehen andere Schwierigkeiten. So sind die außer=
gottesdienstlichen Zusammenkünfte mit gleichgesinnten „Brüdern", wie
sie — vom württemberger Pietismus ausgehend und etwa unserer

Gemeinschaftsbewegung zu vergleichen — sich in allen Kolonisten=
gebieten findet, vielleicht als eine Art religiöser Selbsthilfe zu be=
urteilen, so unliebsame Blüten diese Bewegung bisweilen treiben
mag. Von den Pfarrern stammen eine ganze Reihe selbst aus den
Kolonien und können dann mit ihren Heimatgenossen natürlich be=
sonders eng in Fühlung kommen.

Die Bedeutung der Schule wird von den Kolonisten nach Bauern=
art im allgemeinen nicht voll gewürdigt, wenn sie auch überall Schulen
haben und die Kosten dafür aufbringen. Daher hat die Aufhebung
des früheren Schulzwanges, wie sie die Beseitigung der Sonderrechte
für den Süden und das Wolgagebiet mit sich brachte, hier ebenso
verderblich gewirkt, wie die nachfolgende Russifizierung der Schulen.
In der russisch gewordenen Kolonistenschule ist der deutschen Mutter=
sprache nur ein bescheidenes Plätzchen geblieben. An der Wolga muß=
ten dabei besondere russische Lehrer (wenn auch meist geborene Kolo=
nisten) neben den anderen angestellt werden, dazu werden hier zahlreiche
russische „Ministerschulen" zu Russifizierungszwecken in die Dörfer ge=
setzt. Ich habe in einem Dorfe an der Wolga dreierlei Schulen nach=
einander besucht. Zunächst die richtige Kolonistenschule, in der ein alter
Schulmeister — und wie es den Anschein hatte, nach uralter Methode,
nach der Bibel — einer Riesenschar von Kindern das Lesen beibrachte
(in früheren Zeiten sollen auf einen Lehrer bis 1000 Kinder gekommen
sein!). Dann kam die russische Schule, in der hier allerdings ein Natio=
nalrusse unterrichtete, und endlich eine von einem jungen Lehrer ge=
leitete Privatschule, in der bei kleiner Kinderzahl natürlich ganz anderes
geleistet werden konnte. Hier durfte, soweit mir erinnerlich, auch mehr
in deutscher Sprache unterrichtet werden.

Die Lehrer werden an der Wolga wie im Süden auf sogenannten
„Zentralschulen" vorgebildet, einer (sehr bescheidenen) Art Semna=
rien. Sie machen dann wohl noch einen pädagogischen Kursus durch,
was freilich insofern seine großen Schattenseiten hat, als manchen
dabei auch etwas von russischer Art und unklaren russischen Freiheits=
ideen eingeimpft wird. Besonders unter den jüngeren Lehrern sind
solche, die sich von diesen Einflüssen nicht freigehalten haben — was
dann unter anderem zu bedauernswerten Spannungen zwischen ihnen
und den Geistlichen führt.

Die Leistungen der Schule sind bei den vorhandenen Schwierig=
keiten, vor allem bei der großen Zahl der Kinder, im Verhältnis er=

staunlich. Auch die Tätigkeit der alten, wenig gebildeten Dorfschul=
lehrer wird von berufener Seite anerkannt.

Außer in Kirche und Schule kommt das geistige Leben der Wolga=
kolonisten zur Erscheinung in einem, wenngleich spärlichen einheimischen
Schrifttum, in dem sich kirchliche Veröffentlichungen (Kalender, die
Monatsschrift der „Friedensbote") und die — bei allem Willen zur
Vertretung des einheimischen Deutschtums — in Haltung und Ton
oft unerfreulich maßlose „Deutsche Volkszeitung" gegenüberstehen.

Es ist schwer, ein abschließendes Urteil über die Wolgakolonien
zu fällen. Die Verschiedenheiten sind zu groß. Aber bewundern
müssen wir gerade an diesen ältesten Kolonien ihre Lebenskraft. Ist
es denn nicht etwas Großes, daß dort am äußersten Ende Europas
ein deutscher Baum — vor 1½ Jahrhunderten gepflanzt — noch heute
steht und gedeiht und Frucht bringt, ausdauernd in Steppensand
und russischem Winterschnee, daß an der Wolga — umgeben von
Fremden und an eine fremde Stadt gelehnt — noch heute „deutsche
Leute" wohnen und schaffen wie zur Zeit der Kaiserin Katharina?

IV. Die Kolonien in Südrußland.

Mit den Wolgakolonien haben die südrussischen Ansiedelungen
manches gemeinsam. Schon weil es beidemal Steppenkolonien sind
und das sich in Arbeits= und Lebensweise bemerkbar machen muß.
Auch ist ja ihre Begründung unter ähnlichen Bedingungen erfolgt.

Andererseits bestehen aber doch tiefgreifende Unterschiede. Den
mancherlei Miß= und Notständen an der Wolga gegenüber stößt man
im Süden auf breite, behäbige Verhältnisse, die einen Vergleich mit
den Buren oder mit den nordamerikanischen Farmern aushalten. Es
hat das seinen Grund mit in den von Anfang an viel gesünderen Be=
sitzverhältnissen. Hier hat sich richtiges Landeigentum erhalten, wenn
auch nicht ohne einen Anflug von Gemeinwirtschaft. Aber der be=
schränkt sich in den Stammkolonien auf ein gewisses Mitbestimmungs=
recht der Gemeinde bei Kauf und Erbteilung — eine gewiß nur
segensreiche Sicherung gegen zu starke Zerstückelung des Landes und
gegen unliebsamen Zuzug. Wo aber bei Neugrundungen die ge=
meinwirtschaftliche Note schärfer hervortrat, ist es doch kein Hindernis
für die gedeihliche Entwickelung auch dieser Dörfer gewesen.

Bei Neugründungen ist das Verfahren wohl so, daß das Land
unter die Teilnehmer nach Maßgabe der von jedem bereitgestellten

Mittel verteilt wird und daß nach Ablauf einer gewiffer Zeit eine Umteilung ftattfinden kann. Das den Stammkolonien zugewiesene Land ift in gleich große Wirtschaften zerlegt.

Neue Dörfer — Land ift dazu genug zur Verfügung — werden fortgesetzt angelegt, vor allem zwecks Anfiedelung des jungen Nach=wuchses. Nur ein Sohn, höchftens zwei erbten nach altem Brauch das väterliche Grundstück, die übrigen wurden abgefunden. Durch diefen ftändigen Abfluß des Überschuffes wird sowohl dem über=mäßigen Anwachfen der Dörfer als auch dem Zusammenschrumpfen der Landftücke ein Riegel vorgeschoben. Auch die allergrößten Dörfer, wie Großliebenthal bei Odessa, zählen kaum mehr als 3000 Ein=wohner. Dazu gibt es eine nicht geringe Zahl von ganz kleinen An=siedelungen — die sogenannten „Chutors" — in denen sich oft be=sonders begüterte Koloniften zusammengefunden haben. Ich habe einmal auf einem Steppenchutor gepredigt, deffen sämtliche Ein=wohner von einem, noch vorhandenen, Patriarchen herstammten, dabei übrigens eine ganz stattliche Gemeinde bildeten. Die durch=schnittliche Größe eines Bauerngutes wird man im Süden auf 100 ha veranschlagen dürfen. Die Urwirtschaften in den Stammsiedelungen sind freilich kleiner (in der Gegend von Odessa betragen sie 50—60, an=derwärts 65 ha). Jedoch hat auch der einzelne Gelegenheit genug, Land zuzukaufen oder zuzupachten. Es gibt auch Dörfer (wie Sieben=brunn in der Krim), in denen kein Bauer weniger als 1000 ha Land besitzt, gar nicht zu reden von den hier im Süden — zumal in bestimmten Gouvernements — besonders stark vertretenen „Gutsbesitzern".

Die Gesamtfläche des deutschen Ackerbesitzes in Südrußland ist neu=lich, unter Ausschluß des Kubangebiets und überhaupt des Steppen=ftrichs nördlich vom Kaukasus, auf etwa 5 Millionen Deßjatinen be=rechnet worden (ungefähr ebensoviel Hektar, also eine Landmenge so groß wie Elsaß=Lothringen, Baden und Württemberg zusammen=genommen). Den verhältnismäßigen Anteil der Deutschen an Land=besitz bestimmt Schmidt (a. a. O.) für das Gouvernement Cherson und Jekaterinoslaw auf 25%, für Taurien auf 35%, für Beßarabien auf 38%. Nach einer Angabe der „Heimkehr", der Kriegszeitschrift des Fürsorgevereins für deutsche Rückwanderer (Nr. 13, S. 204) schätzt das russische Ministerium des Innern den Anteil der deutschen Kolo=niften am Kleingrundbesitz: für einige Kreise Tauriens auf 20,34, 20,67, 22,87, 34,31%, für bestimmte Kreise des Gouvernements Cherson auf

60,5 (?) und 28,12 %. — Man wird also sagen können, daß die Deutschen in bestimmten Gebieten etwa ein Viertel der ganzen Ackerfläche
in der Hand haben.

Von dem Umfang des deutschen Landbesitzes und der ständig
fortschreitenden Siedelungsarbeit kann man sich einen Begriff machen
wenn man bedenkt, daß die Kolonisten allein in der Krim in einem
Jahre gegen 80000 ha Land erworben haben. Natürlich darf man
bei dem allen nicht etwa mit reichsdeutschem Maße messen. Bei der
herrschenden Wirtschaftsweise bleibt der Ertrag auch auf der fruchtbaren „Schwarzerde“ hinter den bei uns gewohnten Ergebnissen zurück. 120 Pud auf die Deßjatine, also 10 Zentner auf den Morgen
wurde mir für Weizen als eine ganz besonders glückliche Ausnahme-
ernte bezeichnet. Auch sind die Ernten wegen der auch hier oft genug
eintretenden Witterungskatastrophen (Dürre, Hagel) sehr ungleich
Wir pflegen im Fürsorgeverein unseren Rückwanderern wohl vor-
zurechnen, daß sie in Rußland von einer Deßjatine nicht mehr hätten
als in Deutschland der Bauer von einem Morgen. —

Unter den gegebenen Bedingungen hat sich hier viel Wohlstand
entwickelt. Vermögen von mehreren 100000 Mark zählen nicht zu
den Seltenheiten. Allerdings kann das nicht ohne Einschränkung
gesagt werden. Unter den neueren Kolonien gibt es eine größere
Zahl von Pachtdörfern, die — durch ständig steigenden Pachtzins
gedrückt — in einer viel weniger günstigen Lage sich befinden. Noch
schlimmer daran sind die in russischen Dörfern oder Weilern vereinzelt sitzenden Pächter (auch in ihrem Deutschtum gefährdet genug)
Endlich aber finden sich auch in den Eigentümerdörfern schlechter gestellte, die sogenannten „Landlosen“ — nicht ausgesiedelte abgefundene
Söhne oder später (als Handwerker od. dgl.) Zugezogene, in ihrem
kümmerlichen Dasein auch den Gemeinden oft eine große Last.

Jedoch fällt dieses alles bei dem Gesamturteil nicht allzu sehr ins
Gewicht. Schon äußerlich machen südrussische Kolonistendörfer den
Eindruck großer Wohlhabenheit: Ansehnliche Steinhäuser (oft samt
der Treppe in grellsten Bauernfarben gestrichen) stehen hinter schnur-
gerade fortlaufenden brusthohen Mauern zu beiden Seiten der auch
hier riesenbreiten Steppenstraße — vielleicht halbverborgen unter den
hohen Bäumen eines wohlgepflegten Vorgartens. Der sehr ge-
räumige Wirtschaftshof zeigt außer weitläufigen Stallungen, Vorrats-
häusern und Schuppen einen offenen Sommerstand für die Pferde

eine Sommerküche (ein richtiges zweites kleines Wohnhaus) zum
Sommeraufenthalt für die Kolonisten selbst. Hinter dem Wirtschaftshof
türmen sich mächtige Strohhaufen im „Strohhof". Im Wohnhaus
aber fehlt auch bei ärmeren Kolonisten nie die nur dem Ehrengast
geöffnete Staatsstube mit den hochgetürmten Parabebetten.

Auch die Wirtschaftsweise dieser Kolonisten zeigt einen richtig
amerikanischen Zug ins Große und Breite. Es wird viel mit Maschinen gearbeitet (freilich findet man neben der modernsten Dresch-
maschine ganz harmlos die uralte gerillte steinerne Dreschwalze im
Gebrauch).

Ebenso bedient man sich in manchen Gebieten ausgiebig fremder
Arbeitskräfte, russischer Knechte, die — oft von weither zuziehend —
zahlreich zu haben sind. An anderen Orten geht wieder auch der
ärmere Deutsche zum reicheren auf Arbeit und verdient dabei während
der kurzen Zeiten drängender Arbeit soviel, daß er zur Not das ganze
Jahr hindurch sein Leben fristen kann. Oder es kommen von der
Wolga verarmte Kolonisten als zeitweilige Arbeiter.

Auch die Lebenshaltung der Kolonisten entspricht dem allgemeinen
Zuschnitt. In einem wohlhabenden Bauernhause werden zehn bis
zwölf Schweine geschlachtet. Und es mochte auch wörtlich gemeint
sein, als mich eine Kolonistenfrau im Chersonschen einmal mit den
Worten begrüßte: „Nun, wie gefällt es Ihne im dreckigen Rußland?
aber Brot essen wir hier guet".

Gewirtschaftet wird im übrigen auch im Süden so extensiv wie
möglich. Von Düngen will auch da niemand etwas wissen. Nur vereinzelt fand ich das Düngen in bergigen Gegenden, so in Neusatz in
der südlichen Krim, im Gebrauch. „Das Land verbrennt dabei," sagt
der Kolonist, und knetet weiter seinen Dünger zu Mistholz. Auch Versuche mit künstlichem Dünger hat man nach einigen, wohl durch mangelhafte Bodenuntersuchungen veranlaßten, Fehlschlägen wieder eingestellt.
Dagegen kennt man schon seit geraumer Zeit (am frühesten bei den ja
überhaupt wirtschaftlich am fortgeschrittensten Mennoniten) ein Drei-
oder Vierfelderystem mit Grünbrache oder der besonders beliebten
Schwarzbrache. Die große Fruchtbarkeit des Landes läßt den Kolonisten damit auskommen, wenn auch die Ertragsfähigkeit des Bodens
neuerdings sich vermindern soll. Der einträgliche Weizenbau drängt
alle andere Frucht immer mehr in den Hintergrund. Auch die Viehzucht geht darüber zurück. Mit Mais und den als Nahrung für

Menschen und Vieh beliebten Wassermelonen (Arbusen) trägt der
Wirtschaftsplan des Kolonisten dem südlichen Himmelsstrich Rech=
nung. Weinbau wird in einer ganzen Reihe von Gebieten, vor allem
im Kaukasus und in Beßarabien von den Deutschen eifrig betrieben.
Da ist dann auch auf der Steppe hinter jedem Haus ein Weingarten
zu finden und geht im Keller des Kolonisten (Gastwirtschaften gibt
es kaum) der Wein nie aus.

Die günstige wirtschaftliche Lage läßt aber den südrussischen Kolo=
nisten, bei allem nüchtern rechnenden Bauernsinn, nicht etwa im
Äußeren aufgehen. Das kirchliche und religiöse Leben steht auf hoher
Stufe. Jedes Dorf, auch der kleinste Chutor will sein Gotteshaus
haben, und kann es keine Kirche sein, so ist es ein oft recht würdiges
Bethaus. Außer den Brüderversammlungen deutet in den evange=
lischen Kolonien eine lebhafte Sektenbildung (Separatisten, Baptisten
— die Mennoniten und Herrnhuter mit ihren besonderen Kolonien
stehen auf einem anderen Blatt) auf reges religiöses Leben hin.
Dieses erweist sich auch praktisch in zahlreichen Anstalten für Kranke
und Bedürftige.

Die pfarramtliche Versorgung der vielfach aus einer großen Zahl
von Siedelungen bestehenden Kirchspiele ist nicht leicht. Die Pfarrer
sind einen großen Teil des Jahres von einer Gemeinde zur anderen
unterwegs, so daß einer mir sagen konnte: „Mein Wagen ist meine
Studierstube und mein Heim mein Absteigequartier." Unter den
Geistlichen trifft man auch aus Deutschland insbesondere Württem=
berg stammende ebenso unter Pfarrern und Mennonitenlehrern Ko=
lonistensöhne, die auf reichsdeutschen, bzw. schweizerischen Seminarien
oder Universitäten ausgebildet sind, beide Male ein gewisses Band mit
dem Mutterland. — Die Schule hat bei der geringen Kinderzahl leichtere
Arbeit, als an der Wolga. Die zum Teil selbsterworbene Pädagogik der
Kolonistenlehrer im Süden könnte sich vielfach auch bei uns sehen lassen.
Eine zeitlang schien es, als ob von der Schule her das deutsche Bauern=
tum hier im Süden einen gewaltigen Aufschwung nehmen wollte, so
daß es auch die anderen Schichten deutschen Volkstums aus sich hätte
hervorbringen können. Man plante ein groß gedachtes Schulsystem,
als nach der Revolution für die deutsche Schule eine bessere Zeit ge=
kommen zu sein schien. Es ist aber dann wenig genug daraus ge=
worden. Einige gehobene Mädchenschulen und eine allerdings blühende
Ackerbauschule in der Molotschna waren der ganze Ertrag. — Einen

altbewährten Mittelpunkt für ihre Interessen haben die südrussischen
Kolonisten an der deutschen „Odessaer Zeitung".

Auch im Süden gibt es Unterschiede genug. Und auch hier brachte
die letzte Zeit Verfallserscheinungen: da nimmt man es in einem
Dorf mit dem Pflügen nicht mehr recht genau, da haut man die von
den Voreltern sorgsam gepflanzten Chausseebäume nieder, oder läßt
aus Bequemlichkeit die Hoftore einfach weg. Auch vom Einreißen
sittlicher Schäden hört man.

Bei alledem bleibt der südrussische Kolonist der wirtschaftlich und
persönlich am höchsten stehende ...

Wenn, etwa in der Krim, ein sechs= bis achtköpfiges Gespann
der langgehörnten Zugochsen — vielleicht noch mit ein paar Pferden
zusammengespannt — den schweren Boden pflügend daher kommt;
wenn der Kolonist im Sitzwagen mit zwei stattlichen Braunen davor
zu seinen Arbeitern auf den Acker fährt (auch wenn es 100 Schritte
nur wären, ginge er doch nicht zu Fuß, sagte mir einmal einer), oder
wenn man am Kolonistentisch in allerlei Gespräch zu Gaste saß; da
drängt es sich einem schon auf, daß hier sich eine deutsche Herren=
rasse hochgearbeitet hat. Und doch wollen auch diese Deutschen trotz
alledem nichts anderes sein, als was die Väter waren: Ein deutscher
Bauer, ein deutscher Kolonist.

V. Die Kolonien in Wolhynien.

Ein wesentlich anderes Bild zeigen die deutschen Ansiedelungen
im Wolhynischen. Sie waren von Anfang an weit mehr auf sich
selbst gestellt und hatten mit Natur und Verhältnissen einen weit
härteren Daseinskampf zu kämpfen. Keine Vorrechte und Sonder=
gesetze zogen um sie einen schützenden Zaun, und ihren Ackerboden
mußten sie sich erst mühsam aus Sumpf und Urwald hervor schaffen.

So wurde es ein hartes Brot, das die Deutschen hier aßen. Und
dabei war ihnen nicht einmal der Boden unter den Füßen sicher.
Vor allem den Pächtern nicht. Die Apanagenländereien wurden
den Kolonisten wider Erwarten nach jahrzehntelanger Bearbeitung
entzogen. Von vornherein aber zu unstetem Wanderleben verdammt
waren die Pächter auf Gutsland, — die Pachtverträge waren da kurz=
fristig; die Gutsbesitzer konnten beliebig steigern oder kündigen. Und
dann hieß es weiter ziehen und von vorn anfangen. Am schärfsten
zugespitzt sind diese Verhältnisse im Nachbargouvernement Kiew, wo

man wohl auf die Frage nach einem Dorf zur Antwort erhalte
kann: „Ja, im vorigen Jahr lag das Dorf noch da und da, aber w
es jetzt liegt, wissen wir nicht"; und wo solche fliegende Dörfe
selbst recht behelfsmäßig angelegt, wohl ein zerlegbares Kirchen= un
Schulhaus mit sich führen.

Man kann in Wolhynien die verschiedenen Entwickelungsstufe
der Kolonien nebeneinander sehen: vom schmucken Eigentumerdorf a
längst geholzter Fläche bis zu den Häuschen im kaum gelichtete
Wald oder gar zur Erdhütte im Dickicht oder am Sumpfrand, no
so wie damals, als die Großväter der Heutigen zum erstenmal de
Fuß auf diesen Boden setzten. Aber überall kann man auch hi
es merken, daß deutsche Hände angefaßt, daß Deutsche hier wohne
Die Giebel der Häuser recken sich, wie im Gefühl deutscher Kraf
hoch über die Russenhäuser; und selbst der russische Kutscher sagt i
Vorüberfahren: „Hier fängt das deutsche Dorf an, man merkt e
dran, wie das Land bearbeitet ist." Eigen kann es gerade hier un
berühren, wenn wir in tiefer fremder Waldeinsamkeit auf ein beha
liches deutsches Heim stoßen, vielleicht durch eigene Handfertigkeit g
wohnlich ausgestattet; auf eine saubere deutsche Häuslichkeit, nebe
der die russische Bauernstube wie eine andere Welt erscheint.

Die deutschen Dörfer in Wolhynien sind klein, nur wenige hur
dert Seelen stark. Viele von ihnen liegen in der Nähe der große
Straßen, andere in unzugänglichem Wald versteckt. Die Gehöfte zieh
sich in gemessener Entfernung die Straße entlang, oder aber sie sin
unregelmäßig verstreut, so daß von einem Hof zum anderen ein orden
licher Weg sein kann. Einfache, vielleicht weiß getünchte Holzhäuse
ein aus Weiden geflochtener Zaun um Hof und Obstgarten, —
kann man sie vielfach sehn.

Auch die Landstücke sind nicht groß, selbst ein besser gestellter Eige
tümer hat vielleicht noch keine 20 ha Land, und es gibt unter den B
sitzern solche mit nicht mehr als 5—6 ha. Aber das Land wird mit vi
Sorgfalt bearbeitet, auch gedüngt. — Man kann wohl sagen, daß d
Wirtschaftsweise und die sonstigen Verhältnisse dem bäuerlichen Klein
betrieb in unserem Osten verhältnismäßig angenähert erscheint. Kei
Wunder, wenn die Wolhynier wohl am leichtesten von allen Kolonist
sich als Rückwanderer in unsere reichsdeutschen Verhältnisse schicke

Der Landbesitz der verhältnismäßig wenigen Deutschen mit ihre
kleinen Wirtschaften kann sich mit dem der übrigen Kolonistengebiet

nicht messen. Nach amtlichen Angaben betrug er im Jahre 1910 für
Wolhynien 626 786 ha, für Wolhynien und die Nachbargouverne-
ments Kiew und Podolien nicht viel mehr (685 258 ha); also etwa
ein Zehntel des Kolonistenbesitzes in Südrußland, allerdings in Wolhynien auch fast ein Zehntel des gesamten Flächeninhalts (also nicht
etwa bloß des Ackerbodens) des Gouvernements.

Auch in den Städten und Flecken finden sich Deutsche, die aber
weniger in Betracht kommen.

Ein besonders wunder Punkt ist in Wolhynien die Schule. Richtig
ausgebildete Lehrer sind kaum, soviel ich weiß, überhaupt nicht vorhanden. In der Regel ernennen die Bauern einen geeignet erscheinenden aus ihrer Mitte zum Lehrer, bewilligen ihm ein kleines Stück
Land und ein noch kleineres Stück Geld als Gehalt und die Schule
wird eröffnet. Es ist dann natürlich mancher darunter, von dem die
Kollegen selbst sagen, „er ist im Schreibwerk nicht stark". Auch ist das
Dasein so eines wolhynischen Waldschulmeisters keineswegs rosig zu
nennen — er lebt in der Hauptsache doch von seiner Hände Arbeit.
Und doch hat sich wunderbarerweise mancher gar nicht schlecht in sein
Amt gefunden: die Kinder lernen bei ihm wirklich lesen, zum Teil
sogar schreiben und das Wichtigste für ihre Frömmigkeit. Und obwohl auch die wolhynische Waldschule, diese eigenste Notschöpfung
der deutschen Bauern, russifiziert wurde, hat sie doch weiter das
Ihrige zur Erhaltung des dortigen Deutschtums getan.

Dabei ist so ein „Küsterlehrer" zugleich auch noch die Stütze des
kirchlichen Lebens in den kleinen Gemeinden. Denn bei der großen
Zahl der weit verstreut liegenden Dörfer ist hier an eine geordnete
geistliche Versorgung allein durch die auch so überlasteten Pfarrer
(es kommt hier noch öfter vor, als im Süden, daß ein Geistlicher
über 100 Predigtorte im Jahr hat) überhaupt nicht zu denken. So
müssen denn die Lehrer Lesegottesdienste halten, Kirchenbücher führen,
Taufen und Beerdigungen vollziehen.

In neuester Zeit ist eine Art Küsterschule in der Kolonie Heimtal
errichtet worden, die aber mit ihren 13 Zöglingen und mit ihren
geringen Ansprüchen an die Leistung nur wenig Abhilfe schaffen dürfte.

Kirchen gibt es nur an den Hauptorten. Aber ein gottesdienst-
licher Raum steht überall zur Verfügung; ein Bethaus oder wenigstens
ein Betraum im Schulhause. Das ist nun einmal untrennbar von
einer deutschen Kolonie.

Die wolhynischen Deutschen sind durchweg evangelisch. Groß
Verbreitung unter ihnen hat der Baptismus, der eine ganze Anzah
eigener Dörfer zählt, aber auch in die unter solchen Verhältnisse
theologisch natürlich wenig gerüsteten evangelischen Dörfer eindring
Die alten Mennoniten-Kolonien sind wohl vollständig eingegangen

Man wird sich denken können, was für ein Menschenschlag au
diesem Boden, unter diesen Verhältnissen wachsen mußte! Sie habe
das Arbeiten gelernt, und das Entbehren, und gelernt zäh und un
verdrossen zu sein. — Vielleicht ist hier und da eine gewisse Verwilderun
eingedrungen, ist die den Kolonisten (bei russischen Verhältnissen erklär
lich genug!) überhaupt eignende Neigung zur Selbsthilfe hier besonder
stark. Auch mag der wolhynische Deutsche in seiner Art und selbst i
der Übernahme bestimmter Unsitten der Gefahr des Verpolens strich
weise nicht ganz entgangen sein. Als Ganzes angesehen, ist es ein
wetterharte, tüchtige Art deutscher Menschen; schon wert, daß man si
nicht vergißt, vor allem jetzt in ihrer sonderlichen Kriegsnot nicht.

VI. Rußlands Kampf gegen die deutschen Bauern und seine Folgen.

Man kann es gar nicht genug hervorheben, wie deutsch dies
Kolonisten allesamt sind. Schon rein der Sprache nach. Mögen auc
hier und da ein paar russische Brocken sich eingeschlichen haben, ode
mag selbst da, wo Wolgadeutsche russische Bauern zu Nachbarn haben
vereinzelt ein charakterloses Gemisch von Deutsch und Russisch sic
gebildet haben, — es ist doch alte deutsche Sprache, die Kolonisten
sprache, treu (in den südrussischen Schwabendörfern bis zur feinste
mundartlichen Tönung) bewahrt. Ja, altes deutsches Sprachgut ha
sich darin erhalten, und altertümlichen deutschen Briefstil nach biblische
Art hat man in den vielfach so wunderlichen Kolonistenbriefen: Mi
den Namen des Briefschreibers beginnend und mit Gruß und Segens
wunsch an den Empfänger an der Spitze.

Zu bedauern ist es, daß das deutsche Volkslied, obwohl in de
Schule gepflegt, immer mehr verschwindet. Zum Teil sind engherzig
religiöse Erwägungen daran schuld, die neben dem geistlichen Gesan
nichts Weltliches gelten lassen wollen. Immerhin hat sich der deutsch
Sangestrieb doch nicht ganz ersticken lassen. Und an der Wolga gib
es noch ein mündlich überliefertes Volkslied. Auch die alten Trachte
sind fast durchweg verschwunden.

Deutsche Art und deutsche Sitte sind trotz alledem geblieben. Und wir
wollen sie nicht bloß darin finden, daß auch im südrussischen Kolonisten=
dorf an Pfingsten die bebänderte Maie unter Böllerschüssen aufgerichtet
wird, oder daß alte deutsche Hochzeitsgebräuche sich erhalten haben. Auch
wo im kinderreichen Haus die Hausfrau unermüdlich putzt und kocht
(wenn sie auch fast nirgends mit zur Feldarbeit zu gehen gewohnt ist),
ist das so echt deutsch. Und deutsch ist auch die Arbeitstüchtigkeit und
Arbeitsfreudigkeit der Männer, sowie der Kolonisten Frömmigkeit.
Selbst ihre Fehler, wie etwa Eigensinn oder Langsamkeit oder Ver=
schlagenheit sind uns darum nicht gar so arg, weil auch sie uns wie ein
Abbild des heimatlichen deutschen Bauern erscheinen. Und wo Fremdes
eindrang, hat es das Wesen doch nicht zu verderben vermocht.

Ja sogar Proben seiner Germanisierungskraft hat dieses Deutsch=
tum im fremden Lande gegeben. Russische Arbeiter gründen sich bis=
weilen nach Ablauf ihres Dienstes ein Dorf auf der Steppe nach
deutschem Muster (es sollen sogar Fälle dagewesen sein, daß sie auch
die deutsche Sprache übernahmen). Auch die Stundistenbewegung ge=
hört hierher, die Übertragung spezifisch württemberger Frömmigkeit
auf die russischen Nachbarn (denen dies dann die furchtbaren Ver=
folgungen von seiten der russischen Regierung eintrug).

Deutsch sind sie geblieben, diese Kolonisten, wenn auch vielleicht
ohne viel Überlegung und Bewußtsein, — so wie ein Baum seine
Rinde behält und der Stein seine Härte.

Trotzdem waren es russische Kolonien, die deutschen Dörfer. Den
Zusammenhang mit dem deutschen Mutterland hatten sie längst ver=
loren. In unerreichbarer Ferne, unter fremder Herrschaft, verstreut
über einen Flächenraum, der das Vielfache des Stammlandes aus=
machte, hatte sich das Band zwischen ihnen und der Heimat je mehr
und mehr gelockert. Gelegentlich ein Pfarrer aus dem Reich oder
ein schwäbisches Sonntagsblatt, ein paar Ackergeräte deutscher Her=
kunft — das etwa war das Wenige, was sie noch mit Deutschland
verknüpfte. Aber sonst? Wer wußte denn in Deutschland etwas von
den Stammesbrüdern dort in der slawischen Zerstreuung? Und wie=
der: was wußten denn die Kolonisten von Deutschland? Höchstens
daß man ihnen in der Schule und von der Kanzel davon erzählte.
Auch wirtschaftlich fehlte jede Verbindung. Die deutsche Arbeit kam
dem fremden Lande zugute. In der russischen Erde, mochte sie auch
im Umkreis des Dorfes einen deutschen Anstrich haben, wurzelten

die Kolonisten fester und fester. Der Zar war ihnen doch aufrichtig
der Landesherr, mochten auch in manchen Bauernhäusern deutsche
und russische Kaiserbilder nebeneinander hängen. Auch war klar, daß
schließlich doch nicht für ewig ihre Abgeschlossenheit dauern würde,
daß einst der Tag kommen mußte, da auch das mit ganzer Bauern=
zähigkeit Festgehaltene in Sprache, Art und Glauben dahingegeben
würde, da das deutsche Kolonistentum untergehen würde im an=
schwellenden russischen Bauerntum.

Kurzsichtiger russischer Politik war es vorbehalten, die deutschen
Kolonisten von der russischen Scholle zu lösen, ihre Massen auch über
die Grenzen des russischen Reiches hinaus in Bewegung zu bringen
und damit schließlich auch die Annäherung mit der alten Heimat
anzubahnen, noch in ganz anderer Weise als vorher gelegentlich
eine Hungersnot an der Wolga oder auch die (wenigstens in den
deutschen Dörfern kaum gespürte) Revolution die Aufmerksamkeit des
Mutterlandes auf sie zu lenken.

Während das ältere Rußland mit seinen Zaren und Beamten
fast ausnamslos den Kolonisten freundlich gesinnt war, ja ein beson=
deres Wohlwollen für sie gezeigt hatte, brachte das Aufkommen der
neuen nationalistischen Strömung eine den Kolonisten feindselige Stim=
mung. Man begann sie in Volks= und Regierungskreisen als lästige
Eindringlinge, ja als Schmarotzer zu empfinden. Es wurde das Schlag=
wort geprägt, das man dann immer wieder unter den Russen hörte,
sobald auf die Kolonisten die Rede kam: Sie hätten die ihnen zu=
gedachte Lehrmeisterrolle schlecht gespielt und sich vielmehr zum Scha=
den der Einheimischen bereichert (als ob es nicht auch an den Russen
lag, wenn sie von den mustergültigen deutschen Siedlern nicht mehr
lernten, als was etwa einige russische Arbeiter ihnen absahen).

Nationalistische Leidenschaft machte blind gegen die von den Kolo=
nisten geschaffenen wirtschaftlichen wie auch gegen die in ihnen dar=
gestellten sittlichen und kulturellen Werte. Es galt nur das Eine
Rußland den Russen, die russische Erde den russischen Bauern (und
diese lernten in ihrem Landhunger nun neidisch auf den Besitz der
Deutschen sehn). In den Augen der Nationalisten blieb der deutsche
Kolonist — auch wo er bereits durch mehrere Geschlechter russischer
Untertan, treuester russischer Untertan war — „Ausländer"; ein
Ausländer, dem man mißtrauen mußte, und der besonders in der
Nähe der Grenze verdächtig und gefährlich war. Da wurden die

aberwitzigen Fabeln erdacht und geglaubt, Deutschland hätte die Kolo=
nisten an der großen wolhynischen Heerstraße auf Staatskosten an=
gesiedelt, um sich im Kriegsfall auf sie stützen zu können! Und an
dem allen änderte es nichts, daß die Kolonisten ihre Treue während
der russischen Revolution aufs glänzendste bewährten.

All dies lief zusammen in eine Reihe über Jahrzehnte verteilter
sich stetig steigernder Maßnahmen, deren Höhepunkt jetzt der Krieg
brachte, und die darauf aus waren, einerseits die Kolonien in ihrem
wirtschaftlichen Dasein zu beschränken, andererseits aber ihr völkisches
Sonderdasein nach Möglichkeit einzuschränken, ihre Verschmelzung
mit dem russischen Volkstum zu fördern.

Es war gleich nach der Gründung des Deutschen Reiches (ob ein
ursächlicher Zusammenhang mit dieser besteht, möchte ich nicht ent=
scheiden), da wurden — noch im Jahre 1871 — die Kolonistengesetze,
die Vorrechte der Kolonisten, aufgehoben, die Kolonisten grundsätzlich
den russischen Bauern gleichgestellt. Auch „deutsche Leute" sollten nun
— das traf besonders empfindlich — „zu den Soldaten", und mußten
sich die russischen Behörden gefallen lassen. Das war von nachhaltiger
Wirkung für die bevorrechteten Kolonisten an der Wolga und in Süd=
rußland. Das Wegfallen der Fürsorgebehörden brachte, wie bereits
angedeutet, die schädlichsten Folgen mit sich. Dann aber fühlten viele
schon jetzt den Boden unter den Füßen wanken. Obgleich zunächst
in den Dörfern äußerlich so ziemlich noch alles beim Alten blieb (die
Russifizierung in Schule und örtlicher Verwaltung setzte erst später
ein), so war ihnen das Geschehene genug, um Rußland den Rücken
zu kehren, nicht mehr bloß neues Land, sondern ein neues Heimat=
land zu suchen. Für die Wolgakolonisten kamen die immer drückender
werdenden Landverhältnisse hinzu. So begann sich dann aus diesen Ko=
lonien ein Auswandererstrom zu ergießen, der seitdem nicht mehr versiegt
ist. Und die Blicke richteten sich in erster Reihe dorthin, wohin um die=
selbe Zeit auch im Mutterlande so vieler Augen sich richteten: nach Ame=
rika, nach den Vereinigten Staaten, dann nach Kanada. Aber bald auch
nach allen möglichen Erdteilen und Ländern, nach Südamerika und
Südafrika, nach Argentinien und Brasilien. Deutschland kann zunächst
nicht in Frage kommen, es galt ja für übervölkert. Wenn man da über=
haupt von diesen Wanderungen der deutschen Kolonisten über See
wußte, so wurden sie womöglich von Deutschland aus noch begünstigt,
und das nicht nur von Agenten der Schiffahrtsgesellschaften.

Wieviel wertvollstes deutsches Menschenmaterial ist dabei durch
planloses in den Tag Hineinwandern, infolge gewissenloser Ausbeu=
tung zugrunde gegangen. Unzählige sind verdorben und gestorben,
verarmt und verkommen, ohne daß jemand danach fragte. Ich habe
selbst während mehrjähriger pfarramtlicher Tätigkeit in Libau (über
diesen Hafen ging ein großer Teil der Auswandererzüge) Gelegen=
heit genug gehabt, aus nächster Nähe das Elend mit anzusehn, das
diese unberatenen oder übel beratenen Auswanderer traf. Ich habe
Fälle erlebt, in denen die Kolonisten — um ihren letzten Pfennig
gebracht — einfach sitzen blieben. Und insbesondere für englische
Häfen ist mir später Ähnliches bestätigt worden. Und wenn es an=
deren glückte — sie waren dem Deutschtum leicht noch mehr verloren,
als vorher in Rußland, wo sie in ihrer Dorfgemeinschaft und auch
in ihrer bestimmten deutschen Artgemeinschaft, dem Kolonistentum,
völkisch Halt und Stütze hatten; — auf den Heimstätten Kanadas, wie
etwa auf einer Stuhlfabrik in Wisconsin, — wenn sie unter den
Buren sich verloren, ebenso, wie wenn sie in Brasilien abenteuerten.

Nach Wisconsin (übrigens auch nach Dakota, Texas) zogen be=
sonders viele Wolgakolonisten. Ich lernte an der Wolga einmal einen
amerikanischen Pfarrer kennen, dessen Gemeinde druben fast durch=
weg aus fruheren Wolgadeutschen bestand. Ein interessantes Beispiel
für mißglückte Auswanderung nach Brasilien, das auch Kaerger in
seinen Brasilianischen Wirtschaftsbildern (Berlin 1889, S. 28, vgl.
desselben Verfassers „Wirtschaft und Kolonisation im Spanischen
Amerika", Leipzig 1901) behandelt, bietet die Auswanderung von
4000 Wolgakolonisten nach dem sudbrasilianischen Staat Parana,
bald nach Aufhebung des Kolonistengesetzes. Auch sonst von den
Regierungsbeamten ubers Ohr gehauen, kauften diese unfruchtbares
Moorland in der Meinung, es sei Schwarzerde, — und mußten nach
wenigen Monaten alles aufgeben: ein Teil kehrte nach Hause zurück,
die übrigen verloren sich in Argentinien und St. Catharina. — Den
südlichsten brasilianischen Staaten mit ihrem deutschen Kolonistentum
konnte man ubrigens von ganz Amerika die deutsch=russischen Kolo=
nisten noch am ehesten gönnen.

In Wolhynien setzen etwas später — um 1885 — ungleich schärfere
Maßnahmen ein. Hier werden nicht bloß Sondergesetze aufgehoben,
vielmehr besondere Gesetze gegen die Deutschen erlassen. Und während
man sonst uberall den wirtschaftlichen Bestand der Kolonien bei allen

staatsrechtlichen oder kulturellen Assimilierungsversuchen unangetastet ließ, trifft man hier die Kolonien wirtschaftlich an der Wurzel. Bemerkenswert genug bewegen sich diese Gesetze und Vorlagen (vor allem die Dumavorlage vom Jahre 1910) in Gedankengängen, in denen die jetzigen Kriegsgesetze wie im Keime vorgebildet erscheinen. Die Kolonisten sollen kein Land mehr kaufen oder pachten. Besonders die Pachtverbote mußten, bei dem großen Umfang des Pachtwesens, die wolhynischen Kolonien auf das empfindlichste treffen. Dazu übernahm — auch hierin werfen die Kriegsgesetze ihren Schatten voraus — bei Beginn der Agrarreform die russische Bauern-Agrarbank die Apanagenländereien. Nun meldete sich auch die nationalistische Landpolitik. Die gerade ablaufenden, noch beim ersten Zuzug abgeschlossenen Pachtverträge wurden mit den Deutschen nicht erneuert (geschweige denn, daß man ihnen das erhoffte Eigentumsrecht darauf gab). Vielmehr jagte man die deutschen Pächter mit rücksichtsloser Härte vom Lande und setzte Russen an ihre Stelle, — in ihre Häuser, auf ihre Felder.

Noch mehr als die anderen Kolonisten sahen sich die wolhynischen Deutschen durch Regierungsmaßnahmen einfach aus dem Lande gedrängt. Ein Teil von ihnen hat es aber doch wieder mit Rußland versucht: im benachbarten Gouvernement Minsk bot man ihnen Sumpfland zu neuer Pionierarbeit (um sie dann vielleicht ebenso wieder zu verjagen), in Sibirien fanden manche neue Wohnsitze. Große Scharen aber wanderten doch aus (die Russifizierung der Schulen mochte mitsprechen), und für diese hatten die Waldgebiete Südbrasiliens besondere Anziehungskraft.

Die Deutschen aus Wolhynien haben aber auch am frühesten und am zahlreichsten den Heimweg nach Deutschland gefunden. Dieser war inzwischen von verschiedenen Händen bereitet worden. Endlich begann man in Deutschland für diese Stammesbrüder Raum zu finden und ein Herz für sie zu haben, sie als „Rückwanderer" aufzunehmen. Am frühesten bei der Ansiedelungskommission. Aus älteren Ansätzen, zumal der Witzenhäuser Kreise, organisierte sich dann in den Jahren 1908 und 1909 der Fürsorgeverein für deutsche Rückwanderer in Berlin als Einheitsstelle für die Wiedergewinnung und Wiederseßhaftmachung der Kolonisten. Seine immer weiter greifende Tätigkeit ist bekannt. Für die Auslandsorganisation und für die Unterbringung und Eingewöhnung der Rückwanderer auf Ar-

beiterstellen ist eine so gut wie restlose Einheitlichkeit erzielt word.
Die einheitliche Regelung der Ansetzung von Ansiedlern ist n
nicht voll durchgeführt.

So ist es gelungen, wenigstens einen Teil des sonst über Deutschla
hinweggehenden Auswandererstroms aufzufangen. Bis zum Krieg
beginn hatte die Ansiedelungskommission gegen 5400 Familien a
gesetzt, der Fürsorgeverein 3320 Familien und 846 Ledige, im ganz
17593 Personen untergebracht. — Alles in allem hat es viellei
50—60000 Rückwandrer gegeben. Aber was ist das gegenüber d
Hunderttausenden, die in den letzten 30—40 Jahren die Koloni
verließen!

VII. Die Kolonisten und der Krieg.

Die Rückwanderung wurde durch den Krieg zunächst unterbroch.
Dann aber warf der Krieg selbst erneut Kolonisten über die Gren:
Kriegsgefangene (bis jetzt etwa 14 000), Kriegsflüchtlinge (geg
4000 Familien). Das Sammeln und die Unterbringung dieser G
fangenen und Flüchtlinge stellte der Fürsorgetätigkeit besondere, we
reichende Aufgaben. Aber über dies alles hinaus weist der Kri
auf kommende größere Bewegungen und größere Aufgaben.

Für die Kolonisten hat der Krieg die Entscheidungsstunde g
bracht. Es kann nicht ohne Einfluß auf das weitere Geschick d
Kolonisten bleiben, daß das Schwerste, was sie in diesem Krieg g
troffen hat, ihnen durch russische Hände und durch die russische R
gierung zugefügt wurde, so daß das viel angeführte Wort des r
sischen Ministerpräsidenten: „Wir führen Krieg nicht nur geg
Deutschland, sondern auch gegen das Deutschtum" am deutsch
Kolonistentum im Übermaß zur Wahrheit wurde. Es war ja ni
nur dies, daß der Krieg — wie in Wolhynien — in die deutsch
Dörfer drang. Wo russische Heere standen, vorrückten, zurückginge
da führten ihn russische Feldherrn auf ihre Art und hausten russisc
Soldaten auf ihre Weise, zum Schaden und Schrecken auch d
eigenen Untertanen. Beim „Räumen" aber und beim Abtranspc
tieren war man gegen die deutschen Kolonisten doppelt hart u
grausam. Nun irrten Unzählige, geflüchtet und verschleppt, kaum n
dem Nötigsten versehen, durchs weite Rußland — viele von ihn
sind unterwegs umgekommen oder doch die Kinder ihnen gestorbe
Und auf der Flucht verweigerte man ihnen Unterkunft und Hilfe,

durch die Popen aufgehetzte Bauern sollen in ruffischen Dörfern durch=
ziehende Kolonisten erschlagen haben.

Es blieb indessen nicht bei diesen Ausschreitungen, ebensowenig
bei den Zwangsmaßnahmen gegen die Reichsdeutschen unter den
Kolonisten oder dem in den Kolonien stellenweise bis zum Einstel=
len der deutschen Predigt gesteigerten Verbot des Deutschsprechens.
Unter den harten Kriegsgesetzen Rußlands gegen die Angehörigen der
feindlichen Staaten stehen an besonderer Stelle die Verordnungen
vom 2./15. Februar 1915, die dann im Dezember desselben Jahres
eine weitere Verschärfung erfuhren. In diese Gesetze nun (eine Zu=
sammenstellung der Gesetze vgl. bei Klibanski, „Rußlands Kriegs=
gesetze gegen die feindlichen Ausländer“, Breslau 1916) hat man
Bestimmungen gegen die Kolonisten gebracht, im Geist der früheren
wolhynischen Kolonistengesetze und =vorlagen, aber über diese weit
hinausgreifend. Als „gewesene deutsche und österreichische oder un=
garische Untertanen“ verlieren die Kolonisten mit den feindlichen
Ausländern das Recht, Land zu kaufen oder zu pachten. Ihre Pacht=
verträge werden ungültig. Und innerhalb einer bestimmten Grenz=
zone (nach Westen auf 150, im Süden und nach dem Schwarzen
Meer hin auf 100 km festgesetzt) wird die Liquidation ihres ge=
samten Grundbesitzes vorgesehen. Damit ist das Kolonisten=
tum recht= und heimatlos geworden. Die unmittelbare Folge
der Gesetze aber mußte die Vertreibung der Kolonisten aus den
noch von den Russen gehaltenen Teilen Wolhyniens, sowie aus
Südrußland sein.

Klar tritt dabei das letzte russische Ziel — das agrarpolitische
Interesse — zutage in der Rolle, die der Bauernagrarbank zugewiesen
wird, so weit, daß nicht nur bei Zwangsverkäufen, sondern auch bei
jedem Verkauf an Privatpersonen sie das Vorkaufsrecht hat, ja sogar
den Preis, wenn er ihr zu hoch erscheint, herabdrücken kann. Unter
einem erbärmlichen Schein des Rechtes und des Staatsinteresses
wird also nicht nur dem blindesten Deutschenhasse freier Lauf ge=
lassen, sondern auch nach dem sauer erworbenen Besitz des Kolonisten
gegriffen. Man benutzt die durch den Krieg gebotene Gelegenheit,
um — in kaum verhülltem Landraub — das lange angestrebte Ziel
zu erreichen: die Kolonisten von ihrem kultivierten Land und aus ihren
Dörfern zu verdrängen und sie wieder auf Unland zu versetzen, ihr
Land aber den russischen Bauern (oder wie es heißt, auch russischen

Edelleuten und Exzellenzen) zu möglichst günstigen Bedingungen z[.]
zuschieben.

Die unerhört kurz bemessenen Liquidationsfristen sind längst ve[.]
strichen und wenn die Gesetze auch nur halbwegs streng durchgefüh[.]
worden sind, was muß das für die Kolonisten im Westen und Südo[.]
zu bedeuten gehabt haben. Wir wissen ja nicht alles, was hinter de[.]
eisernen Vorhang drüben vorgeht. Nur vereinzelte Notschreie dringe[.]
zu uns. Aber wir können uns die entstandene Not (wie das ganze Ma[.]
der Kriegsnot der deutschen Kolonisten) gar nicht groß genug vorstelle[.]
mag auch nach den vorliegenden Nachrichten das Schicksal nicht f[.]
alle Koloniegebiete und nicht für alle Kolonistenklassen dasselbe sei[.]
Wie wird da auch durch die Enteigneten die Zahl der ins Elend G[.]
stoßenen, der heimatlos Umherirrenden, vielleicht der Zugrund[.]
gegangenen vermehrt worden sein. Im besten Falle wurden sie na[.]
entlegenen Teilen Rußlands zur Ansiedelung abgeschoben, viele na[.]
Sibirien — und auch dort will man sie neuerdings nicht dulden. –

Im Krieg hat Rußland den Kolonisten sein wahres Gesicht gezeig[.]
Kann man nach alledem noch annehmen, daß je das Kolonistentu[.]
wieder seinen Frieden machen könnte mit dem russischen Zaren un[.]
dem russischen Slawentum? Daß nicht je eher je lieber die Koloniste[.]
alle den Staub von ihren Füßen schütteln möchten und das Lan[.]
verlassen, das ihre und ihrer Väter Arbeit und Treue mit Unda[.]
lohnte? Daß nicht auch sie jetzt ebenso fühlen, wie jener Balte, d[.]
mir schrieb: „Man kann jetzt nicht mehr Deutscher sein und russisch[.]
Untertan." Und wenn sich jemand unter ihnen auch jetzt noch de[.]
vollen Ernst der Lage verschließen sollte im Gedanken, „es sin[.]
Kriegsmaßnahmen und Kriegsgesetze, und nach dem Kriege wird e[.]
wieder anders sein", die Zukunft wird ihn eines anderen belehre[.]
Waren es doch von russischer Seite nicht Übergriffe in der Leide[.]
schaft des Krieges, sondern es war der letzte Schritt auf längst be[.]
tretener Bahn, der Schlußstein Jahrzehnte alter russischer Koloniste[.]
politik.

Es ist nicht daran zu zweifeln, daß nach dem Krieg
unter den Kolonisten eine gewaltige Auswanderung ein[.]
setzen wird, die die Auswanderungsbewegung der letzte[.]
Jahrzehnte weit in den Schatten stellen wird.

Und nun darf es uns nicht zum zweitenmal geschehen, daß d[.]
Auswanderungszug der Kolonisten — diesmal gewiß nicht bloß ei[.]

noch so großer Prozentsatz, sondern die Mehrzahl, vielleicht die Ge=
samtheit — in der Hauptsache über uns hinweggeht, etwa wieder
nach der neuen Welt zu den Engländern und Anglo=Amerikanern.
(Rußland macht jetzt schon Anstrengungen, um die verjagten und ent=
eigneten Kolonisten nach Kanada zu schieben).

Es muß dafür gesorgt werden, daß zugleich mit der Erbitterung
über das Ausgestandene und mit der Erbitterung gegen Rußland
auch das Gefühl in ihnen wach und übermächtig werde, dem einst
noch mitten im Frieden ein bestgestellter Kolonist im Süden mir
gegenüber mit den Worten Ausdruck gab: „Ein deutscher Mann
gehört nach Deutschland", daß ihr Entschluß zur Auswanderung ein
solcher zur Rückwanderung werde. Schon die Kriegsfürsorge jetzt
wird viel dazu beitragen.

Aber wir müssen auch gerüstet sein, sie bei uns aufzunehmen und
ihnen die Brücken herüber bauen, soviel es irgend in unserer Macht
steht. Es ist nicht genug, wenn vielleicht in unseren Herzen Zorn und
Empörung auflodern über das, was unseren deutschen Volksgenossen
durch russische Gewalttat zugefügt ward. Wir müssen uns darüber
klar werden, daß hier für uns Deutsche ein „Kriegsziel" liegt und
Friedensziele für die Zukunft nach dem Kriege. Es wird unsere
Aufgabe beim Friedensschluß mit Rußland sein, den Kolonisten durch
besondere Vereinbarungen den Fortgang von Rußland und den Über=
gang nach Deutschland zu erleichtern, sie vor Verlusten und vor
weiterer Vergewaltigung zu schützen. Wie eine Antwort auf die
herausfordernde Rede des russischen Ministers muß es da von
unserer Seite heißen: „Wir verteidigen nicht nur Deutschland, son=
dern auch das Deutschtum". Hierzu sind bereits bestimmte, ins
einzelne gehende Vorschläge gemacht worden, die wohl als Grund=
lage für künftige Verhandlungen geeignet erscheinen können. (Vor=
chardt in den „Preuß. Jahrbüchern" 1915 Heft 1, v. Gayl im
„Archiv für innere Kolonisation" 1915 Heft 10).

Wir werden aber auch nach dem Krieg innerhalb der — wie wir
hoffen — dann erweiterten Grenzen mehr Platz haben für die Kolo=
nisten; neue Siedelungsmöglichkeiten (und dabei Land nach der
Kolonisten Sinn: weite Flächen, Neuland) und mehr Arbeitsgelegen=
heit. Vor allem, wenn das alte deutsche Land ohne deutsche Bauern,
wenn die Ostseeprovinzen wieder in unsere Hand fallen oder davon
auch nur das besetzte Kurland in unserer Hand bleibt. Dem Reiche

angegliedert und von den hiesigen Organisationen mit umfaßt, werden diese Gebiete für die Kolonisten und die ganze Frage eine noch un= gleich größere Bedeutung gewinnen können als bisher.

Es handelt sich für uns bei alledem jetzt weniger denn je ausschließ= lich um wirtschaftliche Augenblicksinteressen; nicht nur um Gewinnung von Arbeitskraft oder Kapitalkraft für Gutsbetrieb oder Ansiedelung — vielmehr vor allem um die Gewinnung oder Wiedergewinnung **deutscher Volkskraft**, auch für die Zukunft. Darum wird es auch nach dem Kriege doppelt gelten, was weiter Blickende schon vorher sagten: Das Wertvollste, was uns die Kolonisten zubringen, sind ihre vielen deutschen Kinder. Um ihretwillen wird auch ein selbst wenig Brauchbarer nicht umsonst zu uns kommen, aber auch des Tüchtigsten Wert für uns gesteigert werden. **Die kinderreichen deutschen Kolonistenfamilien** sollen uns mit dazu helfen, daß unser Volkstum sich nach den Riesenverlusten des Krieges wieder erholt und ergänzt, sie sollen die geschaffenen Lücken füllen — gewiß vornehmlich in den vom Krieg geschädigten Gebieten, aber auch im ganzen Deutschen Reich — das ist die Kriegsbedeutung der Rückwanderung der Kolonisten für das Vaterland.

Wie wir die Heimkehr unserer Heere nach dem Krieg erwarten, so wollen wir auch — von dem jetzt feindlichen Lande her — er= warten die Heimkehr der längst ausgesandten Ostlandpioniere. Damit dann das deutsche Kolonistentum mit seinem Sonderschicksal und seiner Sonderart ein Ende nimmt, wiederaufgenommen vom Mutter= land, wiederaufgegangen in dem zum Staat gefügten Deutschtum — und damit als **Ganzes** wohl geborgen. Mögen die Kolonisten alle den Heimweg finden, sich retten aus dem Slawenland, mitzuschaffen an Deutschlands großer Zukunft, die nun auch ihre und ihrer Kinder Zukunft sein soll.

Nachtrag. Der vorstehende Aufsatz ist vor mehr als einem halben Jahr geschrieben. Unter dem alten Regime hatte man zuletzt die Zügel noch straffer angezogen, die Enteignungsgesetze auf ganz Rußland aus= gedehnt. Die Umwälzung aber scheint keine Änderung der Lage zu versprechen. Schon wird gemeldet, bei der geplanten Aufhebung aller Beschränkungen für die „Fremdstammigen" sollten die „naturalisierten Deutschen" ausgenommen sein: Das neue Rußland tritt den Kolonisten gegenüber genau in die Fußstapfen des alten!

Die kulturpolitische Bedeutung der Deutschen in Rußland.

Von Alexander Hermann in Berlin.

Bis vor wenigen Jahrzehnten waren die Deutschen in Rußland auch ein politischer Faktor ersten Ranges, sie wirkten mitbestimmend und nicht selten ausschlaggebend auf die innere und äußere Politik des Reiches ein. Schon Peter der Große, der den Prozeß der „Europäisierung Rußlands" mit der ihm eigenen Gewaltsamkeit ein= leitete, zog viele Deutsche in seine nächste Umgebung und weilte mit Vorliebe unter den Balten der von ihm eroberten Ostseeprovinzen. Ebenso haben seine Nachfolger häufig die verantwortlichsten Posten in Diplomatie, Verwaltung und Heer mit Deutschen besetzt, selbst wenn die Gesamtrichtung ihrer Regierung keineswegs deutschfreund= lich oder überhaupt westeuropäisch orientiert war. Katharina II. be= tonte trotz ihrer deutschen Herkunft (sie war bekanntlich eine geborene Prinzessin von Anhalt=Zerbst) sehr stark die national=russische Ten= denz ihrer Regierung; ebenso war ihr Enkel Nikolaus I. durchaus russischer Despot und ein fanatischer Anhänger der griechisch=ortho= doxen Kirche. Beide Herrscher haben die Rechte ihrer Untertanen deutscher Nationalität vielfach beschränkt und eingeengt, aber dennoch im weitesten Umfange Deutsche zur Mitarbeit an ihrer Regierung oder zur Verwirklichung ihrer Pläne herangezogen. So hat sich Katharina nicht nur häufig von deutschen Ratgebern leiten lassen (es sei hier beispielsweise der sehr einflußreiche Graf Sievers erwähnt), sondern auch in großer Zahl deutsche Bauern zur Kultivierung des Landes herangezogen — dieselben „Kolonisten", deren Nachkommen jetzt von den Nationalrussen als Pfahl im Fleische des russischen Staatskörpers angesehen werden; und unter Nikolaus I. waren Hof, Zivilverwaltung und Offizierskorps so stark mit deutschen, besonders baltischen Elementen durchsetzt, wie nie vorher. Diese auffallende Erscheinung findet ihre Erklärung in der Tatsache, daß damals

nationale Gegensätze zwar nicht ganz fehlten, aber bei weitem nicht
die Schärfe besaßen, wie in unserem schroff nationalistischen Zeit=
alter. Die russischen Zaren brauchten arbeitsame, pflichttreue und
ehrliche Beamte, und die gewünschten Eigenschaften fanden sie mehr
bei ihren Untertanen deutscher Nationalität als bei den Kernrussen;
sie brauchten für das Heer, das ganz nach preußisch=deutschem Vor=
bilde geschaffen wurde, höhere und niedere Offiziere, denen dieser
militärische Geist nicht erst künstlich eingeimpft werden mußte, sondern
schon im Blute lag, und naturgemäß entsprachen wiederum die Deut=
schen, unter ihnen vorwiegend baltische Edelleute, am vollkommensten
solchen Ansprüchen. Endlich ist es sicher nicht ohne Bedeutung
gewesen, daß die russische Herrscherfamilie selbst deutscher Her=
kunft war. Seit Peter III. hatte die Dynastie der Holstein=Gottorp
den russischen Thron bestiegen und wie Peters Gattin und Nach=
folgerin Katharina II. waren alle späteren Zarinnen deutsche Prinzes=
sinnen, wodurch die Prädisposition für deutsches Wesen am Hofe
noch erhöht wurde. Erst Alexander III. heiratete eine dänische Prin=
zessin, die noch jetzt als „Kaiserin=Mutter" eine sehr einflußreiche
Persönlichkeit ist, und es ist allbekannt, daß sie auf den schroff deutsch=
feindlichen Regierungskurs ihres Gatten und später ihres Sohnes
Nikolaus II. stark eingewirkt hat.

Bis zu den 80er Jahren des 19. Jahrhunderts wehte in den
höheren Sphären Rußlands ein den Deutschen günstiger Wind.
In diesem Zeitraume finden wir zahlreiche Deutsche als Vertreter
der Zentralregierung in Petersburg, in den verschiedensten wichtigen
Posten bis zu den Ministern hinauf, ebenso aber auch unter den
Gouverneuren und anderen höheren Provinzialbeamten im ganzen
weiten Reich. Gleichzeitig konnte man im Militär dieselbe Erschei=
nung beobachten: fast sämtliche Regimentskommandeure und oft die
Hälfte aller Offiziere in den privilegierten Garderegimentern waren
Deutsche, Heerführer wie Barclay de Tolly und Totleben, beide Liv=
länder von Geburt, gehören zu den gefeiertsten Namen der russischen
Kriegsgeschichte des 19. Jahrhunderts. Und dabei handelte es sich
in den allermeisten Fällen um wirkliche Deutsche, nicht etwa um
verrußte Träger deutscher Namen. Wer damals als Deutscher in
den russischen Staats= oder Militärdienst trat, geriet durch seinen
Beruf keineswegs in eine „Kollision der Pflichten", in einen Wider=
spruch zu den Traditionen seines Volkstums. Niemand verlangte

von ihm die Verleugnung seines deutschen Wesens oder seines reli=
giösen Glaubensbekenntnisses, und in seinem Pflichtenkreis brauchte
er nirgends mit „inneren Hemmungen" zu kämpfen. Seit dem sieben=
jährigen Kriege hatten die Russen mit den Deutschen nie mehr die
Waffen gekreuzt, auf dem Gebiete der hohen Politik herrschte zwischen
Rußland und Preußen=Deutschland ein nur selten getrübtes Ein=
vernehmen, und in der inneren Politik wurden den Staatsbeamten
deutscher Herkunft stets solche Aufgaben übertragen, bei denen die
zweckmäßige Organisierung der Kräfte des Landes, nicht aber speziell
nationale Tendenzen zu verwirklichen waren. Wie wenig der jahr=
zehntelange Aufenthalt im Innern des Reiches und der ständige Um=
gang mit Russen das Wesen dieser Deutschen umzugestalten ver=
mochte, wird durch die Tatsache erhärtet, daß viele Balten als
pensionierte Staatsbeamte und Offiziere a. D. ihren Lebensabend im
Baltenlande verbrachten, ohne sich von ihren deutschen Heimatgenossen
durch Lebensanschauungen und Gewohnheiten wesentlich zu unter=
scheiden.

Ausnahmen gab es freilich auch damals: Deutsche von minder
entwickelter völkischer Widerstandskraft, die sich in der russischen Um=
gebung dauernd wohl fühlten und deren Nachwuchs, aus Mangel
an Anschluß, schon ganz dem Deutschtum verloren ging. Solche ver=
rußte Deutsche fand man übrigens häufiger in den Kreisen, die
unmittelbar aus Deutschland eingewandert waren, als unter den
Balten. Aus leicht erklärlichen Gründen. Der in Rußland ein=
gewanderte Reichsdeutsche suchte in der Regel gerade den Anschluß
an die russische Umwelt, weil die Erlernung der Landessprache für
ihn eine wichtige Existenzfrage war. Hatte er dieses nächste Ziel er=
reicht (oft erst nach Jahren, denn das Russische gehört bekanntlich zu
den schwierigsten europäischen Sprachen), so hielt ihn die Macht der
Gewöhnung oft in den alten Verkehrskreisen fest. Dazu kam noch
die weite räumliche Entfernung vom Mutterlande und die bekannte
Anpassungsfähigkeit des Deutschen. Oft plätscherte die nächste Gene=
ration schon ganz fröhlich und selbstverständlich im Fahrwasser des
Russentums. Hielt eine solche Familie trotzdem noch gewisse Be=
ziehungen zur deutschen Heimat aufrecht, so wurde die Umbildung
ihres Wesens dort selten als völkischer Verrat gebrandmarkt: für
den Deutschen ist ein gewisser „exotischer Duft" meist ein pikantes
Parfüm. Unter anderen Verhältnissen kam der Balte nach Rußland.

Auch ihm war das Russische eine Fremdsprache, aber er brachte doch
durch die Schule schon gewisse Sprachkenntnisse mit, und auf dieser
Grundlage ließ sich dann leicht weiter bauen. Ferner besaß er als
Kolonialdeutscher einen scharf ausgeprägten Rasseninstinkt. In jahr=
hundertelangem zähem Kampf hatte sich sein Stamm in fremdvölkischer
Umwelt behauptet — durch die Überlegenheit der deutschen Kultur.
Nicht nur die Esten und Letten, auch die Russen betrachtete er als
Vertreter einer niederen Rasse, denen man sich nicht assimilieren
könne, ohne sein Bestes preiszugeben.

Echte und verrußte Deutsche bildeten jedenfalls längere Zeit hin=
durch einen so starken und wichtigen Bestandteil des russischen Re=
gierungsapparats, daß man mit gewissem Recht von einer „Deutschen=
herrschaft" in Rußland reden durfte. Dagegen empörte sich das er=
starkende Selbstbewußtsein im russischen Volke. Etwa seit der Mitte
des 19. Jahrhunderts eröffneten die mächtigen Parteien der Alt=
moskoviter und der Panslawisten in ihrer Presse eine erbitterte Fehde
gegen den verderblichen Einfluß der „privilegierten Fremdlinge" im
Lande. Diese Angriffe richteten sich zunächst gegen die Balten und
die deutsche Landesverfassung ihres Gebiets, erweiterten sich aber
allmählich zu einem systematischen Feldzug gegen das gesamte
Deutschtum in Rußland. Die Bewegung fand leidenschaftliche An=
hänger in weiten Kreisen des Volkes und gewann auch Boden
unter den russischen Mitgliedern des Hofes. Aber noch wider=
standen die Zaren. Neue Nahrung und ein sehr effektvolles Propa=
gandamaterial erhielt der Deutschenhaß durch den Krieg von 1870/71
und die ihm folgenden Ereignisse. In diesem Kriege waren bekannt=
lich die Sympathien der Russen ausgesprochen auf französischer Seite,
während die Balten und auch viele hohe deutsche Würdenträger in
Petersburg aus ihrer deutschfreundlichen Gesinnung kein Hehl mach=
ten, ja sogar die deutschen Siege und die Gründung des neuen deut=
schen Kaiserreichs mit Jubel begrüßten. Dieser Umstand wurde
natürlich von den russischen Nationalisten nach Kräften ausgenutzt,
und je mehr das Deutsche Reich unter Bismarcks genialer Leitung
an weltgebietendem Ansehen gewann, desto erbitterter wurden die
Angriffe gegen die deutschen Machthaber in Rußland, die geradezu
des verräterischen Einverständnisses mit dem mächtigen, eroberungs=
gierigen Nachbar geziehen wurden. Als nun gar nach dem russisch=

türkischen Kriege von 1877/78 der Berliner Kongreß unter Bismarcks
Vorsitz eine Entscheidung fällte, welche alle russischen Patrioten tief
enttäuschte, nahm die deutschfeindliche Stimmung in Rußland solche
Dimensionen an, daß an ihrem endgültigen Siege nicht mehr zu
zweifeln war. Immerhin hat der humane und gerechte Zar Alexan=
der II. die Entwickelung noch etwas aufgehalten. Er begnügte sich
mit gewissen Konzessionen an die erregten Volksleidenschaften, machte
aber gegen den Verleumdungsfeldzug entschieden Front. Schon
1867 hatte er den Vertretern der baltischen Ritterschaften über die
Hetzereien der russischen Presse wörtlich gesagt: „Je comprends par-
faitement que vous soyez blessés par les menées de la presse.
Aussi ai-je toujours blamé, moi, cette presse infame, qui, au lieu de
nous unir, tache de nous désunir. Je crache sur cette presse . . . . .
j'estime votre nationalité et j'en serais fier comme vous."
Diesen Worten getreu hat er sich auch später nie zu einem entschieden
deutsch=feindlichen Regierungskurs bestimmen lassen.

Im Jahre 1881 bestieg aber mit Zar Alexander III. ein entschie=
dener russischer Nationalist den Zarenthron, und jetzt entwickelten sich
die Verhältnisse in der vom Volk gewünschten Richtung mit der
äußersten Schnelligkeit. Durch ein Revirement in den hohen
Staatsämtern wurden überall die Deutschen durch Nationalrussen
ersetzt, und diese neuen Würdenträger sorgten dann weiter für eine
Besetzung der anderen Ämter mit ihren Gesinnungsgenossen. Etwas
länger hielt sich noch eine deutsche Partei am Hofe, aber sie verlor
sichtlich an Einfluß und wurde endlich ganz bedeutungslos. Den=
selben Kurs verfolgte Alexanders III. Sohn und Nachfolger, der jetzt
regierende Zar Nikolaus II. Wenn man in diesem Zeitraum noch
deutsche Namen unter den Vertretern hoher Staats= und Hofämter
findet, so sind es fast ausnahmslos verrußte Deutsche, die schon durch
ihr griechisch=orthodoxes Glaubenbekenntnis den Stempel echten
Russentums tragen. Als Beispiel diene einer der bekanntesten rus=
sischen Politiker der letzten Jahrzehnte, der Finanzminister und spätere
Ministerpräsident Witte. Aus einer ursprünglich reichsdeutschen
Familie stammend, war er nach Gesinnung und Konfession Kernrusse.
Wenn er trotzdem in der inneren und äußeren Politik einen mehr
deutschfreundlichen oder wenigstens national=neutralen Kurs ver=
folgte und sogar beim Ausbruch des Weltkrieges in dem Sinne einer

Verständigung mit Deutschland gewirkt haben soll, so entsprang sein
Verhalten ausschließlich sachlichen Motiven und hatte mit seiner
deutschen Abstammung nichts zu schaffen. Nebenbei bemerkt unter=
schied er sich dadurch von den meisten anderen verrußten Deutschen,
die den „Makel ihrer Geburt“ nach Renegatenart gerade durch eine
ausgesprochen aggressive Tendenz gegen ihr ehemaliges Volkstum zu
verdecken pflegen. Ein typischer Vertreter dieser Gattung ist z. B.
der spätere Ministerpräsident Stürmer, von dem die Blätter sogar
zu berichten wußten, daß er seinen „fatalen“ deutschen Familiennamen
mit einem „echtrussischen“ vertauschen wolle.

Etwas langsamer vollzog sich der Prozeß der „Entdeutschung“ im
Militär. Die Zahl der höheren Offiziere deutscher Herkunft war
dort so groß, daß ein radikaler Bruch mit der Vergangenheit von
verhängnisvollen Folgen gewesen wäre. Seit Alexander III. wurde
aber sehr deutlich der Grundsatz durchgeführt, bei Beförderungen
nicht die militärische Tüchtigkeit, sondern die Nationalität der Aspi=
ranten als ausschlaggebend anzusehen, und die höheren Posten wurden
bei eintretender Vakanz fast ausschließlich mit Vollrussen oder noto=
risch russifizierten Deutschen besetzt. Infolgedessen verminderte sich
auch der Zudrang der Deutschen zur militärischen Karriere, besonders
da auch ein Zukunftskrieg mit Deutschland im Bereich der Möglich=
keit lag — wenn auch zunächst noch niemand im Ernst daran glauben
mochte. Nur in der Marine blieben die Balten noch verhältnis=
mäßig stark vertreten. Als Anwohner der Küste sind sie begeisterte
Seeleute, und sie wurden als Seeoffiziere nach Gebühr geschätzt und
„vorurteilslos“ behandelt; die Regierung mußte auf diesem Gebiete
Konzessionen machen, denn der binnenländische Russe besitzt in der
Regel weder Neigung noch Geschick für den seemännischen Beruf.
Immerhin wird man es auch in der Marine selten finden, daß unter
dem russischen Uniformrock ein deutsches Herz schlägt. Früher war
das keine außergewöhnliche Erscheinung, jetzt ist der Gesamtgeist des
russischen Offizierskorps in Heer und Marine streng national; wer
ihm angehört, muß auf die Dauer sein deutsches Nationalbewußtsein
einbüßen.

Auffallend groß ist die Zahl der Deutschen im diplomatischen
und Auslandsdienst geblieben. Nach jüngst angestellten Berech=
nungen eines russischen Blattes waren noch während dieses Krieges
im russischen Ministerium des Äußeren unter 133 Beamten 44 deut=

scher Herkunft und unter den 694 Konsuln trugen gar 350, also über
die Hälfte, deutsche Namen. Trotzdem kann natürlich auch in diesem
Ressort von deutschem Einfluß nicht die Rede sein. Diese „russischen
Diplomaten deutscher Herkunft" sind tatsächlich weder Russen noch
Deutsche, sondern Glieder der internationalen Aristokratie mit den
dieser Menschenklasse eigenen Anschauungen und Lebensformen. Sie
treiben die Politik ihres Staates, der nationale Faktor spielt in ihrem
Leben keine Rolle. Was endlich die Konsuln anlangt, so ist ihre
Stellung an manchen Orten von nicht zu unterschätzender politischer
Bedeutung; dort wird die Regierung sicher für Vertreter mit un=
zweifelhaft russischer Gesinnung sorgen. In allen übrigen Fällen
haben die Konsuln nur gewissenhafte Bureauarbeit nach genau an=
gegebenen Direktiven zu leisten; daß dabei die Wahl meist auf
Deutsche fällt, weil man sich auf ihre Zuverlässigkeit am meisten ver=
lassen kann, ist bei den russischen Verhältnissen selbstverständlich. In
diesem Zusammenhange sei auch als Kuriosum erwähnt, daß ein rus=
sisches Hetzblatt zu Beginn des Krieges die Liste sämtlicher Beamten
des Petersburger Zollamts veröffentlichte; es waren, wie schaudernd
festgestellt wurde, fast ausschließlich deutsche Namen; sogar ein —
Hindenburg war darunter, glücklicherweise in ganz untergeordneter
Stellung. Der Grund dieser auffallenden Erscheinung, die erprobte
Ehrlichkeit der Deutschen, wurde natürlich verschwiegen, dagegen von
allerhand geheimnisvollen Beziehungen zum Landesfeind gefabelt ...

Seit über drei Jahrzehnten ist also der politische Einfluß der
Deutschen in Rußland endgültig gebrochen, aber ihre Bedeutung im
Gesamtorganismus des russischen Reiches ist immer noch ungeheuer
groß geblieben. In dem buntscheckigen Nationalitätengemisch der so=
genannten „Fremdvölker" Rußlands sind die Deutschen zweifellos
das Volk, das auf allen Gebieten des wirtschaftlichen und kulturellen
Lebens am stärksten hervortritt. Das ist um so auffälliger, als sie
an Zahl (2—2½ Millionen) nur einen kleinen Bruchteil der Ge=
samtbevölkerung bilden und darin auch durch andere Kulturvölker
unter den „Fremdstämmigen" Rußlands übertroffen werden. Aber
während beispielsweise die Polen (ungefähr zehn Millionen stark)
nur ihrem Stammlande sein charakteristisches Gepräge verleihen und
im übrigen Rußland vorwiegend in bestimmten Berufsarten (als
Akademiker, Ingenieure und Techniker, besonders im Eisenbahn=

wesen) merklich hervortreten, haben die Deutschen nicht nur den
baltischen Land, sondern auch weiten Gebieten im Innern des rus
sischen Reiches den Stempel ihres Volkstums aufgedrückt, und auch
sonst allerorten trifft man tiefe Spuren ihrer Wirksamkeit. Wer Liv=
Est= und Kurland besucht, findet in Riga, Reval und Mitau charakte
ristische deutsche Städtebilder; wer das dortige Land durchstreift, sieh
bei den deutsch=baltischen Gutsherren ebenso wie bei den lettischen
oder estnischen Bauern dieselben Wirtschaftsprinzipien angewandt
wie im ostelbischen Deutschland. Aber auch der Reisende auf den
Wolgadampfer fährt tagelang an wogenden Kornfeldern und frucht=
strotzenden Obstgärten vorüber, die deutschen Bauern gehören uns
von ihnen nach deutscher Art kultiviert werden; allenthalben tönt ihn
dort aus dem Munde der mitreisenden Landleute ein unverfälschte
deutscher Dialekt entgegen. Und diese deutschen Bauernkolonien um=
fassen noch andere Riesengebiete Rußlands: im Kaukasus und in der
Krim, in Beßarabien, Wolhynien und Polen, ja sogar einzelne ver=
streute Ansiedelungen bis tief nach Asien hinein, in Sibirien und
Turkestan. Beim Besuch von Fabriken und anderen industrieller
Anlagen wird man überall im weiten Reiche Deutsche auf den ver=
antwortlichsten Posten finden, als Ingenieure und Techniker, als
Meister und Vorarbeiter. Überraschend groß ist auch die Zahl der
deutschen Großkaufleute, besonders in den Hauptstädten und wichtig=
sten Handelsplätzen des Reichs. Die charakteristische Gestalt des
deutschen Apothekers fehlt wohl in keiner russischen Stadt, und fas
ebenso verbreitet ist der deutsche Arzt; beide erfreuen sich beim russi=
schen Publikum eines sehr guten Rufes, denn die sonst so verspottete
deutsche Pedanterie und Gründlichkeit wird von den Russen sehr ge=
schätzt, wenn sie sie für die Erhaltung der eigenen Gesundheit nutzbar
machen können — wie ja auch die Heilbäder Deutschlands selbst von
den verbissensten russischen Chauvinisten gern besucht werden.

Die weite Verbreitung der Deutschen widerspricht nur scheinbar
ihrer verhältnismäßig geringen Zahl. Wir dürfen nicht vergessen,
daß Rußland das klassische Land der Analphabeten ist. Den Grund=
stock der Bevölkerung bilden die Bauern, die zu 80—90 % des
Lesens und Schreibens unkundig sind, und unter den städtischen
Fabrikarbeitern sind die Bildungsverhältnisse nur wenig günstiger.
In einem solchen Lande hat jeder Gebildete zehnfache Gel=
tung — und die Deutschen Rußlands gehören durchweg den gebil=

deten Gesellschaftsklassen an. In ihrer Art auch die Kolonisten=
bauern. Zwar sind die geistigen Bedürfnisse dieser Leute nicht sehr
stark, aber neben Bibel und Gesangbuch findet man Volkskalender
und Schriften ähnlichen Inhalts sowie eine deutsche Kolonistenzeitung
jetzt wohl bei jedem deutschen Bauernwirt Rußlands. Und die führen=
den Männer der Gemeinde geben sich damit nicht zufrieden. Sie
sind sich des hohen Vorzugs bewußt, durch ihre Muttersprache den
Zugang zu den geistigen und wirtschaftlichen Errungenschaften eines
der größten Kulturvölker zu besitzen; sie lesen deutsche Bücher und
Fachzeitschriften, verfolgen aufmerksam den Gang der Welt da draußen
und verbreiten — oft langsam, aber mit sichtlichem Erfolge — fort=
schrittliche Ideen unter der schwerfälligen, von Natur konservativen
Bauernschaft. Dagegen lebt der russische Muschik noch immer gleichsam
im Urzustande, und die Regierung hält ihn bewußt im Banne der
„Macht der Finsternis".

Ferner sind die Deutschen Rußlands reich an ausgesprochenen
Herrennaturen, und das erklärt sich durch ihre Vergangenheit.
Die baltischen Deutschen sind als Eroberer und Kolonisatoren ins
Land gekommen, und wenn sie auch in späteren Jahrhunderten ihre
politische Selbständigkeit eingebüßt haben, so sind sie doch in sozia=
ler Hinsicht die führende Oberschicht des Landes geblieben. Diese
Vormachtstellung der Deutschen im Baltenlande ist während der letzten
Jahrzehnte stark angefochten, stellenweise (besonders in einigen Städten)
erschüttert, aber noch keineswegs gebrochen worden. Die Tradition der
Jahrhunderte wirkt in jenem Gebiete noch mächtig nach, gestützt durch
die kulturelle und wirtschaftliche Überlegenheit des Deutschtums; „Herr"
und „Deutscher" sind dort noch immer nahezu identische Begriffe. —
Ähnlich betätigen die deutschen Kolonistenbauern ihre Herrennatur.
Auch sie sind als Kolonisatoren ins Land gekommen, als Pioniere
der Kultur unter einer halbwilden oder wenigstens gänzlich unzivili=
sierten Bevölkerung. Ganz auf sich selbst gestellt, von derselben Re=
gierung, die sie einst ins Land gerufen, angefeindet und auf Schritt
und Tritt gehemmt, haben sie sich doch überwiegend zu Wohl=
stand emporgearbeitet. Der Vergleich mit der andersstämmigen Um=
welt, die in dumpfer Stagnation weiter verharrt, läßt sie erkennen,
daß sie die Erfolge einzig der Kraft ihres deutschen Volkstums ver=
danken. Daher betrachten sie den Russen als Vertreter einer min=
derwertigen Rasse, der wohl als Knecht in ihren Diensten arbeiten

kann, aber ihnen nicht ebenbürtig an die Seite treten darf. Ver=
schwägerungen mit russischer Sippe gelten dort stets als Mißheiraten,
denn sie tragen zur Verschlechterung der Rasse bei. Bäuerlicher Herren=
stolz auf Grundlage der Rassenüberlegenheit: so könnte man diesen
Standpunkt definieren — und die übrigen Hunderttausende von
Deutschen, die im weiten russischen Reiche zerstreut wirken, ohne zu
den Balten oder Kolonisten zu gehören, finden wir deswegen so häufig
in verantwortungsvollen Stellungen, weil auch ihnen die Gabe zu
leiten, zu organisieren im Blute steckt. Sie verstehen zu befehlen, da=
her finden sie auch überall willigen Gehorsam, und der Russe ist,
richtig geleitet, nicht selten ein vortrefflicher Diener, aber meist ein
schlechter Herr. Diese auffällige These zu begründen, ist hier nicht der
Ort. Wer aber die Verhältnisse in Rußland aus eigener Anschauung
kennt, wird die Richtigkeit des Satzes bestätigen können.

Vor allem aber verdankt der Deutsche seine hervorragenden Er=
folge in Rußland dem Umstande, daß er gerade die Eigenschaf=
ten besitzt, die dem Russen fehlen. Der gebildete Russe ist in=
telligent, phantasie= und ideenreich; aber seine Intelligenz bleibt un=
fruchtbar, weil er sie nicht in stetiger Arbeit zur Erreichung eines be=
stimmten Zieles anwendet; seine Ideen reichen nur zum Aufbau
theoretischer Konstruktionen, versagen aber bei der Ausführung. Er
ist Gefühls= und nicht Willensmensch. Oratorisch stark begabt, ver=
steht er in Wort und Schrift sich und andere zu begeistern, — aber
den Worten folgen keine Taten. Treue Pflichterfüllung ist seinem
Wesen fremd, ebenso Ordnungsliebe und Gerechtigkeitsgefühl. Ruß=
land ist kein Rechtsstaat und wird auch nicht so bald einer werden,
weil die Regierung sich über die Gesetze nach Belieben hinwegsetzt
und ihre Wirksamkeit ständig durch „Ausnahmebestimmungen" auf=
hebt, und weil das Volk die Gesetze nur als drückende Fesseln
empfindet, zu deren Beseitigung alle Mittel erlaubt sind; das ist
auch der Hauptgrund für die ungeheuer verbreitete Bestechlichkeit.
Die Korruption erstreckt sich aber nicht nur auf die Regierungs=,
sondern auch auf die Selbstverwaltungsorgane, besonders in den
Städten, wodurch die Unfähigkeit der Russen zu selbstloser kommu=
naler Arbeit erwiesen wird, — trotz allen schönen volksbeglückenden
Phrasen der russischen Patrioten. Und auch im eigenen Hause ist der
Russe meist ein schlechter Wirt, selten versteht er Einnahmen und
Ausgaben in das richtige Gleichgewicht zu bringen. Wohl in keinem

anderen Lande Europas wird ſo leicht Geld verdient und auch ſo
leichtſinnig wieder ausgegeben, wie in Rußland. Sparſamkeit wird
dort geradezu verſpottet und der Ruſſe rühmt ſich ſeiner „breiten
Natur" (schirokaja natura), die allerdings in der ſchrankenloſen Gaſt=
lichkeit und Freigebigkeit ſympathiſche Züge aufweiſt, aber im Grunde
nur auf ungeſunden wirtſchaftlichen Prinzipien beruht. Wenn außer=
dem das ruſſiſche Haus, trotz ſeiner berühmten Gaſtfreiheit, auf den
Weſteuropäer einen wenig behaglichen Eindruck macht, wenn dort
Unordnung und Unſauberkeit ſelbſt in höheren ſozialen Schichten
herrſchen, ſo zeigt ſich darin der Einfluß der ruſſiſchen Frau. Die
gebildete Ruſſin iſt eine intereſſante und pikante Erſcheinung; ſehr
welt= und redegewandt, geiſtig regſam und beleſen, lebt ſie vor allem
der Geſelligkeit, aber die Pflichten der Hausfrau und der mutterlichen
Erzieherin „liegen" ihr nicht, wenn ſie auch über wirtſchaftliche und
pädagogiſche Fragen, ganz beſonders aber über ihr Lieblingsthema,
die „Frauenrechte", ſehr „anregend" zu plaudern verſteht. Daß die
ruſſiſche Frau die wahren Frauenpflichten nicht kennt, iſt ſicher ein
Hauptgrund für die Verlotterung der ruſſiſchen Jugend, über die all=
gemein geklagt wird und der man durch alle möglichen pädagogiſchen
Experimente im Schulweſen zu ſteuern ſucht, während die Wurzel
des Übels im Hauſe ſteckt.

Etwas anders als die gebildete „Oberſchicht" erſcheint der ruſ=
ſiſche Bauer, aber der tiefer dringende Blick erkennt auch bei ihm
dieſelben Grundeigenſchaften, die ſich nur unter den verſchiedenen
Exiſtenzbedingungen anders entwickelt haben. Der ruſſiſche Bauer iſt
ein Menſch von guten Anlagen, bei richtiger Leitung ſehr geſchickt
und anſtellig, aber mit ſehr wenig eigener Initiative begabt. Von der
Regierung grundſätzlich im Zuſtande gänzlicher Unbildung gelaſſen,
durch die Inſtitution der „Gemeindewirtſchaft" bisher vom wirtſchaft=
lichen Dauererwerb abgeſchloſſen, lebt er im weſentlichen noch unter den=
ſelben Verhältniſſen, wie vor tauſend Jahren. Ihm fehlt der mächtig
vorwärtsdrängende Wille, der die W.derſtände niederzwingt; fata=
liſtiſch nimmt er ſein Schickſal hin und ſchöpft Troſt aus einer entſa=
gungsvollen, myſtiſch gefärbten Religioſität. Seine Willensſchwäche
beweiſt er auch im Alkoholgenuß, dem er bei jeder ſich bietenden Ge=
legenheit ſchrankenlos fröhnt. Überhaupt iſt die, auch in den gebildeten
Schichten weit verbreitete Trunkſucht das typiſche ruſſiſche National=
laſter, ohne daß der Alkoholkonſum quantitativ größer wäre als in

den anderen europäischen Ländern. Beim Russen wird aber das an
sich geringe Pflichtgefühl durch den Rausch und seine Folgeerschei=
nungen stärker beeinträchtigt, weil die sittlichen Hemmungen schwächer
sind. So kommt es, daß der russische Bauer auf gutem, zum Teil vor=
trefflichem Boden nicht zu gesichertem Wohlstand gelangt. Der Ertrag
guter Erntejahre wird restlos verausgabt, bei Mißernten muß die
Regierung aushelfen und darüber hinaus werden noch überall im
Reich Sammlungen für die „armen Bauern" veranstaltet. Erst seit
einigen Jahren hat die Regierung den Versuch gemacht, den „Ge=
meindebesitz" allmählich durch den „Individualbesitz" zu ersetzen und
dadurch der Bauernschaft eine gesundere wirtschaftliche Grundlage
zu schaffen. Aus den Bauern rekrutiert sich auch die Arbeiter=
schaft in den Industriegegenden, da bei der Jugend der russischen
Industrie ein Arbeiterstand mit festen Traditionen sich noch nicht ent=
wickelt hat. Mehr als in anderen Ländern herrschen daher hier die
„ungelernten" Arbeiter vor. Wegen ihrer Unbildung und Stumpfheit
vermögen sie sich nur selten zu „Qualitätsleistungen" emporzuarbeiten
und müssen sich daher ihr Leben lang mit Minimallöhnen begnügen,
die nur beim absoluten Verzicht auf alle Kulturbedürfnisse zum Unter=
halt ausreichen. Aus den tüchtigeren, aufwärts strebenden Elementen
entwickelt sich aber selten ein solider, leistungsfähiger Stamm, weil
der „gebildete" russische Arbeiter sich mit Feuereifer der sozialpoli=
tischen Tätigkeit widmet, durch seine Maßlosigkeit und seinen Mangel
an Organisationstalent der von ihm vertretenen Sache wenig nützt,
aber die eigene Arbeit vernachlässigt.

In solcher Umwelt lebt der Deutsche Rußlands, und es ist
ohne weiteres klar, daß er durch die Überlegenheit seiner alten Kultur
und die Gesamtheit seiner völkischen Eigenschaften auf diesem Boden
die günstigsten Existenzbedingungen finden muß. Wenn der Deutsche
im Reich durch Arbeitsamkeit und Pflichttreue, durch solide geschäft=
liche Grundsätze, durch Organisationstalent, durch glückliche Verbin=
dung wissenschaftlicher und praktischer Tüchtigkeit sich auf dem Welt=
markt, in zähem Wettbewerb mit den alteingesessenen Kulturvölkern,
eine führende Stellung erworben hat, so hat der Deutsche in Ruß=
land durch dieselben Eigenschaften — mögen sie bei ihm auch weniger
„herausgearbeitet" sein — infolge der Untüchtigkeit seiner Mitbe=
werber ein verhältnismäßig leichtes Spiel. Mit Entsetzen sieht der
Russe den verhaßten Fremdling, den er als politischen Faktor in

seinem Lande glücklich ausgeschaltet hat, wirtschaftlich immer mehr an
Boden gewinnen, denn dieselbe Summe von Arbeitskraft und
Energie, die der Deutsche früher im russischen Staats= und
Militärdienst anwandte, betätigt sich jetzt in den verschie=
densten „freien" Berufen. Seitdem ertönt durch die russische Ge=
sellschaft und Presse das ständige Wehgeschrei von der „deutschen
Gewaltherrschaft" auf wirtschaftlichem Gebiet, doch diese Erschei=
nung konnte durch Regierungsmaßregeln nicht so einfach beseitigt
werden, weil es sich um schwer zu formulierende Rechtseingriffe in
private Verhältnisse gehandelt hätte. Erst der Krieg mit Deutsch=
land bot den willkommenen Anlaß, alle Bedenken fallen zu lassen
und mit brutaler Faust zuzuschlagen. Seitdem ist der Deutsche in
Rußland ein recht= und schutzloses Freiwild. Nicht nur die deut=
schen Staatsangehörigen (was an sich begreiflich wäre), sondern auch
die russischen Untertanen deutscher Nationalität werden allenthalben
rücksichtslos aus ihren Stellungen verdrängt, ihr Grundbesitz wird
versteigert, Tausende von ihnen schmachten als angebliche Staats=
verräter im Gefängnis oder sind in die Einöden Sibiriens verbannt.
Daß für alle diese zwangsweise ausgeschalteten Kräfte des Wirt=
schaftslebens kein auch nur halbwegs geeigneter Ersatz zu finden ist,
verkümmert zunächst noch nicht den Triumph der russischen Natio=
nalisten. Erst wenn die Kriegshypnose verflüchtigt ist, wird ihnen die
selbstmörderische Wirkung ihrer Tätigkeit klar werden.

Aber schon lange vor dem Ausbruch des Krieges befanden sich
die Deutschen dem Russentum gegenüber in einer ausgesprochenen
Defensivstellung. Nicht wegen der Angriffe gegen ihre wirtschaft=
liche Vormacht, denn in der Friedenszeit blieb das chauvinistische
Wutgeschrei im wesentlichen ohne sachliche Folgen. Viel wichtiger
war der Selbstschutz der Deutschen gegen den Einbruch des
Russentums in ihre eigenen Reihen. Im russischen Wesen liegen
viele bestechende Züge von werbender Kraft, und manche jener Eigen=
schaften, die wir im wirtschaftlichen Minuskonto gebucht haben, üben
eine starke Anziehungskraft auf ungefestigte Charaktere aus. Die
„breite Natur" des Russen mit allem, was drum und dran hängt,
wirkt ansteckend auf die Umgebung und vermag selbst die anererbten
Eigenschaften des Deutschen durch die Macht der Gewöhnung um=
zumodeln. Stark wirkt auch der prickelnde Reiz der russischen Frau,
besonders auf das heiße Blut der Jugend, und bei Mischehen zwischen

Deutschen und Russinnen siegt in der zweiten Generation meist das russische Element, weil die Frau den Geist des Hauses bestimmt. Aus demselben Grunde wirken die Ehen von Russen mit deutschen Frauen durchaus als Rassenverbesserung, denn die Mutter bringt in ihren Kindern das ererbte deutsche Blut durch die Macht der häuslichen Erziehung zum Siege. Wer den Stammbaum leistungsfähiger Männer mit echtrussischen Familiennamen daraufhin untersucht, wird sicher oft auf deutsche Mütter und Großmütter stoßen. Auch das ist ein Beitrag zum traurigen Kapitel des Auslandsdeutschen als „Kulturdünger" für fremde Völker, denn hier geht das deutsche Blut nicht nur dem eigenen Volksstamm verloren, sondern stählt oft noch die Kräfte des Gegners im Kampfe gegen dasselbe Deutschtum. Gegen diese Gefahr des Ertrinkens im Russentum haben die Deutschen schon längst, rein instinktiv oder in sicherer Erkenntnis der Gefahr, Schutzwehren errichtet. Es sind Organisationen verschiedener Art; manche von ihnen sind nicht mit dieser Zweckbestimmung geschaffen, sondern aus anderen Bedürfnissen organisch emporgewachsen, — letzten Endes dienen sie aber der Erhaltung des deutschen Volkstums.

Eine trennende Scheidewand zwischen Russen und Nichtrussen bildet die Kirche. Wer als „Fremdstämmiger" zur griechisch=orthodoxen Staatskirche übertritt, dokumentiert damit öffentlich den Abfall von seinem Volkstum, denn die russische Staatskirche hat eine ausgesprochen nationale Tendenz. Ein solcher Konfessionswechsel kommt bei den Deutschen Rußlands verhältnismäßig selten vor, fast nur bei niedrigen Strebernaturen, deren Verlust der deutschen Gesamtheit nur willkommen sein kann. Viel häufiger und gefährlicher sind die schon erwähnten „Mischehen", weil nach russischem Staatsgesetz (das seit 1906 formell aufgehoben, tatsächlich aber immer noch in Wirksamkeit ist) die Kinder aus solchen Ehen der griechisch=orthodoxen Kirche angehören müssen. Daher betrachtet es die evangelische Kirche, der die größte Mehrzahl der Deutschen Rußlands angehört, als eine ihrer wichtigsten Aufgaben, den engen Zusammenschluß ihrer Gemeindeglieder zu fördern und sie dadurch vor der kirchlichen Absplitterung möglichst zu bewahren. Durch ganz Rußland bis an seine äußersten asiatischen Grenzgebiete zieht sich ein Netz von evangelischen Gemeinden. Ihren Grundstock bilden Deutsche, und die wenigen andersstämmigen Evangelischen treten gegen sie gänzlich zurück. Das Deutsche ist die evangelische Amtssprache und wird im ganzen kirchlichen Schrift-

wechsel ebenso angewandt wie in den Predigten und auf den Ge=
meindeverfammlungen. Deutsche sind auch die allermeisten Pastoren.
Die wenigen Letten und Esten, die im Innern des russischen Reichs
als Geistliche tätig sind, stammen aus den baltischen Provinzen, also
aus ganz deutscher Kulturatmosphäre, und sind ausnahmslos auf der
Universität Dorpat, der einzigen russischen Hochschule mit einer evan=
gelischen Fakultät, von deutschen Professoren für ihren geistlichen
Beruf vorgebildet worden. Wenn nun diese evangelischen Pastoren
ihre Gemeindeglieder vor dem Aufgehen im Russentum schützen wollen,
ist das einzige wirksame Mittel dazu die Pflege der deutschen Kultur;
kirchliche und nationale Bestrebungen fallen hier zusammen.
Die Geistlichen finden dabei in ihren Gemeinden meist verständnis=
volle Unterstützung, und die Glieder des „Kirchenrats", dessen Zu=
sammensetzung gerade aus diesen Gesichtspunkten erfolgt, wirken gern
und opferwillig in demselben Sinne, indem sie vor allem die dazu
nötigen, oft recht beträchtlichen Mittel durch Selbstbesteuerung und frei=
willige Spenden aufzubringen haben. Neben der Pflege der Gesellig=
keit und der Gründung deutscher Gemeindebibliotheken und Journal=
lesezirkel handelt es sich besonders um die zweckmäßige Gestaltung
des Schulwesens, denn die Beeinflussung der Jugend ist richtung=
gebend für das ganze spätere Leben. Bis vor wenigen Jahrzehnten
gab es im Innern des russischen Reichs zahlreiche evangelische
Kirchenschulen mit deutscher Unterrichtssprache, die ausschließlich
aus Gemeindemitteln unterhalten wurden und eine Bildung im
deutsch=evangelischen Geiste vermittelten. Seit dem Regierungsantritt
Alexanders III. wurde überall (außer den Petersburger und Mos=
kauer Kirchenschulen, von denen später noch die Rede sein wird) das
Deutsche als Unterrichtssprache verboten, doch die meisten Gemeinden
hielten es für zweckmäßig, diese Schulen auch unter den veränderten
Verhältnissen weiter bestehen zu lassen. Auch die russifizierten evan=
gelischen Schulen haben durch die Persönlichkeit des Schulleiters,
durch die starke Betonung des evangelischen Religions= und deutschen
Sprachunterrichts, endlich durch sorgfältige Auswahl des Lehrperso=
nals der Verbreitung des russischen Geistes erfolgreich entgegenge=
wirkt. Sehr wichtig ist auch der Umstand, daß die evangelische Jugend
durch ihre isolierte Erziehung in eigenen Schulen dem Einfluß der
russischen Altersgenossen entrückt wurde, denn Schulkameraden sind
bekanntlich „geheime Miterzieher" von nicht zu unterschätzender Be=

deutung. Nach der Revolution von 1905 wurde zwar durch ein neues liberales Schulgesetz die Eröffnung deutscher Privatschulen im ganzen Reich wieder gestattet, aber die Kirchenschulen in der Diaspora haben tatsächlich von dieser Vergunstigung nichts gespürt, da sie durch willkurliche Gesetzesinterpretationen und die Chikanen der Unterbehörden an der Rucklehr zum alten Zustande behindert wurden. Seit dem Ausbruch des Krieges haben sich dort die Verhältnisse natürlich noch verschlimmert, und viele dieser Schulen sind „wegen ihrer schädlichen Richtung" von der Regierung einfach geschlossen worden.

Eine besondere Betrachtung erfordern die deutschen Kirchenschulen in Petersburg und Moskau, weil sie sich aus bescheidenen Anfängen (sie bestehen teilweise schon seit dem 18. Jahrhundert) zu Riesenorganisationen entwickelt und ihren deutschen Charakter am längsten rein erhalten haben. Es gibt ihrer in Petersburg vier und in Moskau zwei, aber jede dieser Anstalten umfaßt unter einheitlicher Oberleitung klassische Gymnasien, Realschulen (mit technischen und Handelsabteilungen) und höhere Mädchenschulen, außerdem meist noch Elementar= und Volksschulen für die niederen sozialen Schichten der Gemeinden. Die Unterrichtssprache ist mit Ausnahme weniger Fächer (russische Sprache und Literatur, Geographie und Geschichte Rußlands) die deutsche, sogar die Schlußprüfungen werden in dieser Sprache abgehalten, und die von der Schule ausgestellten Reisezeugnisse gewähren alle Rechte der entsprechenden staatlichen Lehranstalten. Diese privilegierte Stellung ist durch ein Spezialgesetz gesichert, und alle wütenden Ansturme der antideutschen Propaganda gegen diese „Hochburgen des Deutschtums" in den beiden Hauptstädten des russischen Reichs sind immer siegreich zurückgeschlagen worden — bis zum Ausbruch des Weltkrieges. Dann allerdings wurde von der Regierung die sofortige Russifizierung verlangt und schonungslos durchgeführt. Damit ist ein sehr bedeutender Kulturfaktor Rußlands wohl für immer zerstört worden, denn die Aussichten für eine Rückbildung in den früheren Zustand sind sehr gering. — Den Grundstock der nach Tausenden zählenden Zöglinge dieser Anstalten bildeten Deutsche aus den betreffenden evangelischen Gemeinden, dazu kamen deutsche Katholiken (da diese keine entsprechenden eigenen Anstalten besaßen), Vertreter aller anderen evangelischen Völkerschaften, wie Schweden, Dänen, Norweger, Finnländer, Letten, Esten, Holländer,

Schweizer usw., endlich auch Russen in recht beträchtlicher Anzahl. Der Religionsunterricht wurde natürlich den Bekennern der verschiedenen Konfessionen getrennt erteilt, aber alle übrigen Lehrstunden waren gemeinsam. Deutsche Unterrichtssprache und deutsche Lehrbücher, nicht zum wenigsten auch der Geist der deutschen Pädagogen prägte der bunt zusammengewürfelten jugendlichen Schar den einheitlichen Stempel deutscher Kultur auf. Die Erfolge waren vortrefflich und standen in krassem Gegensatz zu den Resultaten der staatlichen Schulen, denn der Russe ist bekanntlich in Schule und Haus ein spottschlechter Erzieher: selbst eine haltlose Natur, vermag er auch der Jugend keinen sicheren Halt zu geben. So erklärt sich der starke Andrang der griechisch-orthodoxen Russen zu den evangelischen deutschen Schulen. Sogar fanatische russische Chauvinisten waren oft einsichtig genug, ihre Kinder den verhaßten Deutschen anzuvertrauen, denn sie erhielten dadurch außer einer guten Erziehung auch infolge ihrer Beherrschung des Deutschen, also einer weit verbreiteten Kultursprache, erhebliche Vorteile für ihr späteres Berufsleben auf den verschiedensten Gebieten. Wohl mögen manche russische Väter daran gedacht haben, daß ihre Söhne die von den Deutschen geschmiedeten Bildungswaffen einst zum Kampfe gegen ihre eigenen Lehrmeister gebrauchen sollten, aber solche theoretische Zukunftskonstruktionen lassen sich nicht leicht in die Praxis des Lebens umsetzen. Tatsächlich haben viele Russen als ehemalige Zöglinge der Kirchenschulen der Stätte ihrer Jugendbildung eine pietätvolle Erinnerung bewahrt, die dort angeknüpften kameradschaftlichen Beziehungen auch im späteren Leben aufrecht erhalten und sich vor allem nicht in das breite Fahrwasser des deutschfeindlichen Kurses hineinziehen lassen. Daß manche von ihnen hohe Staatsämter, sogar Ministerposten, bekleidet haben, ist auch nicht ohne Einfluß auf die dauernde Erhaltung der privilegierten Stellung dieser Schulen gewesen. Noch stärker war die Dauerwirkung der Kirchenschulen auf ihre Zöglinge unter den nichtdeutschen Evangelischen. Man trifft in Petersburg und Moskau manche Familien nichtdeutscher Herkunft, etwa Skandinavier und Holländer, ja sogar französische Schweizer, die durch ihre deutsche Schulbildung in der deutschen Kulturwelt dauernd heimisch geworden sind und das Deutsche als ständige Umgangssprache verwenden, — also recht eigentlich auf russischem Boden germanisiert worden sind! Eine der Petersburger Kirchenschulen, die „Schule der reformierten Gemeinden", ist

gemeinſamer Beſitz von drei reformierten Kirchen: der deutſchen, hol=
ländiſchen und franzöſiſchen, — und hat die deutſche Unterrichts=
ſprache. Hier haben alſo Nationalitäten, die ſich ſonſt fremd oder
feindſelig gegenüberſtehen, eine gemeinſame Kulturarbeit unter deut=
ſcher Hegemonie friedlich geleiſtet. Hier ſehen wir das Deutſchtum
durch eine geſchickte Schulpolitik über die Defenſive hinausgehn. Es
gewinnt an Boden auf fremdem Gebiet, — freilich nur unter ſolchen
Nationalitäten, deren Volkscharakter dem deutſchen Weſen verwandte
Züge aufweiſt.

Ähnliche friedliche Eroberungen hat auch das baltiſche Deutſch=
tum gemacht. In Liv=, Eſt= und Kurland, dieſem alten deutſchen
Kolonialgebiet, fielen bekanntlich Jahrhunderte hindurch ſoziale und
nationale Schichten zuſammen. Alle Gebildeten und Beſitzenden waren
Deutſche, das Landvolk und die Vertreter der niederen Berufsſtände
waren Eſten und Letten, die Nachkommen der unterworfenen Urbe=
völkerung des Landes. Der Aufſtieg auf der ſozialen Leiter war den
unteren Volksſchichten nicht verwehrt, aber an die Germaniſierung
gebunden, die auch hier zunächſt durch die Schule erfolgte. Die den
Bedürfniſſen der Landbevölkerung dienenden Volksſchulen hatten
nämlich die lettiſche und eſtniſche Unterrichtsſprache, in allen ſtädtiſchen
Lehranſtalten, — Bürgerſchulen, Gymnaſien, Realſchulen, mittleren
und höheren Töchterſchulen uſw. — wurde der geſamte Lehrſtoff (mit
Ausnahme des von der Regierung verlangten ruſſiſchen Sprachunter=
richts) deutſch vermittelt. Dieſe letzteren Schulen mußte nun der empor=
ſtrebende Lette und Eſte beſuchen, dort erhielt er eine Bildung von
rein deutſcher Prägung, und trat er dann ins Berufsleben ein, ſo
wurde ſeine endgültige Germaniſierung durch den ſtändigen Verkehr
in deutſchen Kreiſen raſch vollendet. So ſind Tauſende und Aber=
tauſende von ihnen im Laufe der Zeit gleichſam automatiſch zu Deut=
ſchen geworden, und das Bewußtſein der undeutſchen Abſtammung
ging in den folgenden Generationen meiſt ganz verloren. Derſelbe
Prozeß vollzog ſich übrigens auch oft an den nicht zahlreichen Ruſſen,
die in dem Gebiet dauernd anſäſſig waren. Wir finden dort jetzt
manche Träger echt ruſſiſcher Namen, die ſich ganz als Deutſche
fühlen und den Zuſammenhang mit ihrem urſprünglichen Volkstum
reſtlos eingebüßt haben. So waren die Verhältniſſe bis zu den 80er
Jahren des vorigen Jahrhunderts. Die dann einſetzende Zwangs=
ruſſifizierung der baltiſchen Schulen trieb ſehr erfolgreich einen Keil

zwischen die Deutschen und die anderen Völkerschaften des Landes.
Die Waffe der Jugendbildung war den Deutschen entwunden, denn
die andersstämmigen Kinder wurden durch die Schule der russischen
Kultursphäre zugeführt, und gleichzeitig verstand die Regierung durch
eine geschickt geschürte Hetzpolitik die sozialen Unterschiede der Be=
völkerung zu nationalen Gegensätzen zuzuspitzen. Seitdem mußten
die baltischen Deutschen ihre Eroberungen auf dem Gebiete fremden
Volkstums aufgeben und sich auf die völkische Defensive beschränken.
Diesen Kampf führten sie mit einer Zähigkeit und Überzeugungstreue,
die sich nur durch ihre geschichtlichen Traditionen erklären läßt. Die
Nachkommen der kolonialen Eroberer des Landes hätten es als eine
Schmach angesehen, auf den Kulturzustand eines niedriger stehenden
Volkes — in diesem Falle des russischen — hinabzusinken. In jedem
echt baltischen Hause war dieser Geist so lebendig, daß die heranwach=
sende Jugend trotz dem Gegendruck russischer Schul= und Hochschul=
bildung ihr Deutschtum rein bewahrte, — während zweier Jahrzehnte
(1885—1905). Als die Regierung nach der Revolution von 1905
wieder die Eröffnung von Privatschulen mit deutscher Unterrichts=
sprache gestattete, überzogen die Balten in unglaublich kurzer Zeit
ihr gesamtes Land mit einem engmaschigen Netz deutscher Lehranstalten.
Dabei wurde der Grundsatz durchgeführt, daß in jedem baltischen
Städtchen oder Flecken wenigstens eine deutsche Schule vorhanden
sein müsse, um allen deutschen Kindern der örtlichen Bevölkerung
und näheren Umgebung den Unterricht in ihrer Muttersprache zu
sichern, während in den mittleren und größeren Städten mehrere
Schulen verschiedener Bildungstypen konzentriert wurden. Auf diese
Weise entstanden dort im Laufe weniger Jahre 94 deutsche
Schulen, und zwar: 8 klassische Gymnasien, 4 Oberrealschulen,
18 höhere Mädchenschulen, 14 Progymnasien, 3 Bürgerschulen,
37 Elementarschulen, 6 „Winterschulen" für die in Kurland ange=
siedelten deutschen Kolonisten und 4 Lehrlingsheime. Wenn man nun
bedenkt, daß die Gesamtzahl der baltischen Deutschen nur etwa 200000
beträgt, daß diese vielen Schulen daher nur schwach besucht waren
und zu ihrem Unterhalt gewaltiger Zuschüsse bedurften, daß alle diese
Summen ausschließlich von den baltischen Ritterschaften und durch
freiwillige Selbstbesteuerung der übrigen baltischen Bevölkerung auf=
gebracht wurden, — so erhält man einen Maßstab für den hohen
Grad völkischen Idealismus, der sich in dieser großzügigen Schul=

politik dokumentierte. Die Früchte blieben auch nicht aus. Ganz all=
mählich, aber in sichtlich wachsender Zahl begannen auch Kinder der
andersstämmigen Bevölkerungsgruppen, sogar Russen, in diese Schulen
einzutreten, denn die Werbekraft deutscher Pädagogik siegte über die
nationalen Gegensätze, und sicher hätte das Deutschtum im Laufe der
Zeit auf dieser Grundlage wieder seine kulturelle Einflußsphäre er=
weitert, — wenn nicht der Krieg alle diese verheißungsvollen Keime
mit einem Schlage vernichtet und der russischen Regierung den will=
kommenen Anlaß zur vollständigen Zertrümmerung des deutsch=balti=
schen Schulwesens gegeben hätte.

Seit dem Jahre 1905, das den Balten ihre deutsche Schule wieder=
geschenkt hatte, richteten sich die glühendsten Wünsche der deutsch=
baltischen Patrioten auf das Wiedererstehen ihrer edelsten Kultur=
stätte, der deutschen Universität Dorpat, die seit 1890 in die rus=
sische Dressuranstalt „Jurjew" verwandelt worden war. Die Wünsche
blieben unerfüllt. Diese Position gaben die Russen nicht wieder aus
den Händen. Von ihrem Standpunkt aus mit Recht, denn in der
Dorpater Hochschule hatte die deutsch=baltische Kultur ihre schönste
Verkörperung, der „deutsche Gedanke" in Rußland seine festeste Stütze
gefunden. „Nirgends," sagt Engelhardt[1]), „war studentisches Leben
stärker mit allen Idealen unseres Volkstums verwachsen als in Dorpat,
nirgends wurden Vaterlands= und Burschenlieder mit größerer In=
brunst gesungen, nirgends klirrte der Schläger stolzer, war der Bursch
mannhafter, fühlte er deutscher als hier. Wahrlich, wer das alte
Dorpat gekannt hat, mußte es lieben, konnte es nie vergessen, es
blieb ihm eine geistige Heimat, blieb verwachsen mit seinem Herzen."
Adolf Wagner, selbst ein ehemaliger Dorpater Universitätslehrer, hat
einmal diese Hochschule „die deutscheste aller Universitäten" genannt,
und dieses paradoxe Wort trifft den Nagel auf den Kopf. Bei den
Universitäten im Deutschen Reiche ist das Deutschtum die selbstver=
ständliche, von niemand bestrittene Voraussetzung; sie sind in erster
Linie Stätten der Wissenschaft, und nebenher sucht die akademische
Jugend in Korps, Landsmannschaften und Burschenschaften, in
schlagenden und nichtschlagenden Verbindungen, in Turner= und
Sängervereinen usw. ihre Jugendideale zu verwirklichen. Anders

---

1) A. v. Engelhardt, „Die deutschen Ostseeprovinzen Rußlands".
2. Aufl. München 1916, Georg Müller. S. 223.

war es in Dorpat. Auch dort wurde echte deutsche Wissenschaft hin=
gebend gepflegt und manche wissenschaftliche Höchstleistung erzielt;
auch dort lebten sich die Jugendideale, nach deutscher Art, haupt=
sächlich im korporativen Zusammenschluß von Gesinnungsgenossen
aus. Aber alle verschiedenen und oft auseinander wirkenden Einzel=
bestrebungen mündeten in das eine, der gesamten deutschen Studenten=
schaft gemeinsame Ideal: die Pflege mannhafter deutscher Ge=
sinnung. In diesem Sinne wirkten auch die Dorpater Studenten=
verbindungen. Nicht die scharfe Klinge oder die trinkfeste Kehle,
nicht die elegante Umgangsform oder der große Geldbeutel, nicht
einmal hohe geistige Fähigkeiten — so sehr sie an sich geschätzt wur=
den — gaben dort den Ausschlag; Einfluß und Ansehen errang sich
nur die gefestigte, charaktervolle Persönlichkeit. So wurde in
Dorpat eine feste Lebensanschauung geschmiedet zum Kampfe für das
Deutschtum in einer fremden und zum großen Teil feindlich gesinnten
Umwelt. Die gewaltige Stoßkraft dieser männlichen Jugenderziehung
wirkte fort durch das ganze spätere Leben hindurch und zog ihre
Wellenringe über das ganze russische Reich hin. Denn die Jünger
Dorpats bekleideten nicht nur alle wichtigen Ämter in der baltischen
Heimat, an der Spitze der Landesverwaltungen und in den städtischen
Kommunen, sie waren nicht nur das Salz der dortigen gebildeten
Gesellschaft, sondern sie waren auch als Professoren, Ärzte, Pastoren,
Oberlehrer und in unzähligen anderen Berufen über ganz Rußland
verbreitet und bildeten dort eine große, durch gemeinsame Traditionen
und Ideale verbundene Gemeinde, eine ecclesia militans des Deutsch=
tums. Wer irgendwo im weiten Reiche, in Petersburg oder Moskau,
in Odessa oder Tiflis, in Irkutsk oder Taschkent ein Haus betrat, wo
im Zimmer des Hausherrn Dorpater Burschenbilder an den Wänden
hingen, vielleicht noch mit der verblichenen Farbenmütze und den ge=
kreuzten Schlägern darüber — der wußte, daß er auf deutschem
Boden war, wie der Reisende, der in fremden Zonen die Planken
eines deutschen Schiffes betritt. In diesen Häusern blieb der Zu=
sammenhang mit der baltischen Heimat immer lebendig, die Jugend
wurde in der Väter Geist erzogen, und nicht selten besuchten die
Söhne, selbst wenn sie ihre Schulbildung in echtrussischen Gymnasien
erhalten hatten, die Dorpater Universität und streiften dort alles, was
sich ihrem äußeren und inneren Wesen aus der slawischen Umwelt
angeheftet haben mochte, bald völlig ab. So hat der Dorpater Geist

unendlich viel zur Stärkung und Erhaltung des Deutschtums bei=
getragen, er hat aber auch darüber hinaus völkische Eroberungen ge=
macht. Manche Russen, die auf der baltischen Hochschule studierten,
gewannen dort Achtung und Verständnis für deutsches Wesen, wie
z. B. der berühmteste russische Chirurg Pirogow, in dessen Selbst=
biographie das Kapitel über seine Dorpater Erinnerungen sich durch
besondere Wärme auszeichnet. Viele Letten und Esten wurden durch
das Studium in Dorpat endgültig für das Deutschtum gewonnen
und traten sogar den deutschen Studentenverbindungen bei. An der
Petersburger Universität schlossen sich die dort studierenden Deutschen
nach dem Dorpater Vorbild korporativ zusammen, und wenn auch
die meisten dieser Verbindungen auf dem ungeeigneten Boden ver=
kümmerten und bald wieder eingingen, so hat doch eine von ihnen,
die „Nevania", sich als lebenskräftig erwiesen und jetzt schon viele
Jahrzehnte hindurch ein Stück deutschen Studententums auf dem
Boden der russischen Hauptstadt lebendig zu erhalten verstanden. Das
Wichtigste aber war, daß auch in der jüngeren Schwester Dorpats, der
1863 begründeten technischen Hochschule in Riga, die Dorpater
Traditionen aufgenommen und sehr erfolgreich gepflegt wurden. Je
mehr das zum russischen „Jurjew" degradierte Dorpat an Ansehen
verlor, desto stärker wuchs die Anziehungskraft Rigas, teilweise ge=
wiß wegen der höheren Bedeutung der technischen Wissenschaften in
unserem Zeitalter, vor allem aber weil diese Hochschule von der Re=
gierung unabhängiger war und daher noch eine große Anzahl tüch=
tiger deutscher Professoren, trotz der aufgezwungenen russischen Lehr=
sprache, bewahren konnte. Auch hier war die Bedeutung der deut=
schen Studentenverbindungen sehr groß; sie haben ihre Dorpater
Vorbilder nicht sklavisch nachgeahmt, sondern das korporelle Leben
auch durch manche wertvolle, den Forderungen der Zeit angepaßte
Reformen bereichert. Schon seit Jahrzehnten bewähren sich die Rigaer
Polytechniker in ganz Rußland; als Ingenieure, Baumeister, Land=
wirte, Industrielle und Kaufleute verstärken sie die ecclesia militans
ihrer Dorpater Kollegen.

Im Kampfe für das Deutschtum hat auch die deutsche Presse
Rußlands nicht geringe Verdienste. In den 70er und 80er Jahren
des vorigen Jahrhunderts, als die deutschfeindliche Stimmung im
russischen Volke mächtig anschwoll, haben die baltischen Blätter und
die deutsche Petersburger Zeitung die Rechte ihres Volkstums mann=

haft verteidigt und in erbitterten Polemiken mit den nationalistischen russischen Zeitungen schneidig die Klingen gekreuzt. Das war auch die Glanzzeit der „Baltischen Monatsschrift", in der Gelehrte und Publizisten ersten Ranges, wie Hehn, Schirren, Bertholz, Eckardt u. a. stilistisch und inhaltlich meisterhafte Beiträge zur Zeitgeschichte veröffentlichten. Als mit Alexander III. (1881) der russische Nationalismus zum Siege gelangte und die gleichzeitig einsetzende Reaktion durch strengste Zensur alle freie Meinungsäußerung erdrosselte, war die deutsche Presse zu einer fast ganz passiven Rolle verdammt. Sie mußte sich darauf beschränken, das Weltbild in deutscher Beleuchtung widerzuspiegeln, ihre Leser im Zusammenhang mit den politischen und geistigen Strömungen im deutschen Mutterlande zu erhalten. An dem Existenzkampf für das Deutschtum in Rußland vermochte sie kaum mehr teilzunehmen; was sich darauf bezog, mußte verschwiegen oder ohne Kommentar registriert werden, die eigene Stellungnahme konnte nur hin und wieder in halb verschleierten Wendungen zu Worte kommen. Erst das Sturmjahr 1905 löst die Fesseln der Zensur und haucht dadurch auch der deutschen Presse neues Leben ein. Die Neuorientierung der inneren Politik mit ihren Folgen für das Deutschtum Rußlands wird leidenschaftlich diskutiert. Die großen Tageszeitungen Rigas und Petersburgs wachsen an Umfang und Bedeutung; die kleineren baltischen Blätter werden zum belebten Tummelplatz bei der Besprechung lokaler Fragen und finden viele freiwillige Mitarbeiter aus dem Leserkreise. Besonders stark macht sich die neue Zeit bei den Kolonisten bemerkbar. Dort bestand bisher eigentlich nur eine kirchliche deutsche Presse; sie war sehr verbreitet und hatte bei dem engen Zusammenhang zwischen Kirche und Volkstum auch nationale Bedeutung, räumte aber „weltlichen" Fragen naturgemäß einen bescheidenen Platz ein. Nur die in den 60er Jahren begründete „Odessaer Zeitung" nahm auch Rücksicht auf den Interessenkreis der umwohnenden Kolonisten. Nach 1905 entwickelte sich aber eine richtige deutsche „Kolonistenpresse", die sich die kräftige Vertretung der einzelnen deutschen Kolonistengebiete Rußlands zur Aufgabe machte. In diesem Sinne wirkten z. B. die „Volkszeitung" im Wolgagebiet, die „Bürgerzeitung" im Dnjeprgebiet, die „Kaukasische Post" im Kaukasus und neben der evangelischen „Odessaer Zeitung" die katholische „Deutsche Rundschau" im Schwarzmeergebiet. Alle diese Zeitungen betonten ihren deutschen Standpunkt, traten kräftig für

kulturellen und wirtschaftlichen Fortschritt ein und strebten darüber
hinaus nach dem engeren Zusammenschluß aller Deutschen Rußlands,
indem sie vor allem Anschluß an die Balten suchten als die Vertreter
der ihnen fehlenden „Oberschicht". Die Ansiedelung deutscher Kolo=
nisten in Liv= und Kurland, die Gründung der aus Kolonisten be=
stehenden Studentenverbindung „Teutonia" in Dorpat und noch
manche andere Wechselbeziehungen zwischen den Stammesgenossen
im Norden und Süden sind großenteils der aufklärenden Arbeit der
Presse zuzuschreiben. Ihr Hauptverdienst erwarb sich aber die ge=
samte deutsche Presse Rußlands als Sprachrohr der wichtigsten Neu=
schopfung dieses Zeitraums, der „Deutschen Vereine".

Das Vereinswesen steht unter den Deutschen der ganzen Welt
in hoher Blüte, besonders im Auslande bietet ihnen diese, mit ihrem
Volkscharakter eng verwachsene Art des Zusammenwirkens gleich=
strebender Kräfte einen starken nationalen Halt. Auch in Rußland
trat das zutage, obgleich die Angst der absolutistischen russischen Re=
gierung vor allen Vereinigungen, die nur irgendwie „politische" Ziele
verfolgen könnten, die Betätigung dieses Triebes stark eindämmte.
Immerhin haben in den baltischen Provinzen die wissenschaftlichen
und literarischen Vereine, deren Mitglieder ein gutes Stück ehrlicher
Arbeit leisteten, in den Zeiten der schwersten Reaktion viel zur Be=
lebung des Heimatgefühls und zur Vertiefung der baltischen Sonderart
beigetragen, während die zahlreichen Gesangvereine durch die Pflege
des deutschen Liedes auch die andersstämmigen Bevölkerungsschichten
in den Bannkreis deutscher Kunst zogen. Außerdem gab und gibt
es dort noch eine Unzahl von Vereinen auf geselliger oder fach=
genossenschaftlicher Grundlage. Auch in den Kulturzentren Inner=
rußlands, wo Deutsche in größerer Zahl zusammen lebten, waren
dieselben Kräfte am Werk, nur trat dort die Pflege der Wissenschaft
hinter der Kunst zurück. Die großen deutschen Gesangvereine Peters=
burgs und Moskaus hatten eine imponierende Mitgliederzahl und
spielten im Musikleben der beiden Hauptstädte eine nicht unwesentliche
Rolle; die Petersburger „Deutsche dramatische Gesellschaft" suchte
mit einem gewissen Erfolge die Lücke auszufüllen, die seit Alexander III.
durch die Schließung des deutschen Hoftheaters entstanden war, und
hat manches neuere deutsche Drama in nahezu künstlerischer Vollen=
dung auf ihrer kleinen Bühne zur Darstellung gebracht. Daß durch
die enge gesellschaftliche Fühlung der Mitglieder und die gemeinsame

künstlerische Arbeit auch der nationale Zusammenhalt gefördert wurde,
war eine erfreuliche Tatsache. Anders lagen die Verhältnisse bei den
Kolonisten. Ihre Vereine waren fast ausschließlich wirtschaftlicher
Art; nur hin und wieder bildete sich ein deutscher „Schulverein“,
wenn die landesübliche Zentrale für Schulangelegenheiten, der kirch=
liche Gemeindevorstand, aus irgendwelchen Gründen versagte. Als
aber im Jahre 1905 die Gründung von Vereinen aller Art, selbst
mit ausgesprochen politischer oder nationaler Tendenz, von der Re=
gierung gestattet wurde, beginnt für die Deutschen Rußlands eine
neue Ära des Vereinslebens. Allenthalben im Reich bildeten sich
deutsche nationale Schutzvereine, meist schlechtweg „Deutsche Ver=
eine“ genannt, zur Pflege und Erhaltung des Deutschtums in allen
seinen verschiedenen Erscheinungsformen. Die Idee entstand auf bal=
tischem Boden, in der nördlichsten Provinz Estland, während der
lettisch=estnischen Revolution, als die fanatisierten Volksmassen, von
russischen Demagogen aufgehetzt und von der russischen Regierung
zunächst nicht gehindert, mit einem Schlage die ganze deutsche Ober=
schicht hinwegfegen und sich zu den Herren des Landes machen wollten.
In dieser hochkritischen Zeit, während rings umher die deutschen Guts=
höfe in Flammen aufgingen, trat in Reval am 30. September 1905
ein kleiner Kreis weitblickender deutscher Männer und Frauen zu=
sammen und gründete den ersten „Deutschen Verein“. Seine Auf=
gabe sollte sein, alle deutschen Volksgenossen zu einer Gesamtorgani=
sation zu verbinden, um mit vereinten Kräften die bedrohten Volks=
güter zu verteidigen und die seit sieben Jahrhunderten in diesem
Lande herrschende deutsche Kultur vor dem Untergang zu bewahren.
Der Gedanke wirkte zündend, Mitarbeiter und Geldmittel strömten
dem neuen Verein von allen Seiten zu, Livland und Kurland folgten
bald nach, und die „Deutschen Vereine“ der drei Provinzen — in
manchen Einzelgestaltungen verschieden, aber in der Grundrichtung
einig — bildeten schon nach wenigen Jahren einen kulturpolitischen
Faktor ersten Ranges. Ihre nächste und wichtigste Aufgabe sahen
die „Deutschen Vereine“ in dem Wiederaufbau des deutschen Schul=
wesens, und die bereits geschilderte Riesenarbeit auf diesem Gebiet
ist hauptsächlich von ihnen geleistet worden. Darüber hinaus wirkten
die Vereine für die Stärkung deutscher Kultur durch Fortbildungs=
kurse, Gründung von Büchereien, Veranstaltung von Volksvorträgen
und billigen deutschen Theatervorstellungen, endlich durch gesellige

Abende, an denen Vertreter aller Berufsklassen und sozialen Schichten
in persönliche Berührung kamen. Besonders das letzte Moment war
von großer Wichtigkeit, da während der letzten Jahrzehnte, begünstigt
durch das Eingehen der deutschen Schulen, in den unteren Schichten
des Bürgertums die Entnationalisierung deutscher Elemente zugunsten
der Letten und Esten bedenkliche Fortschritte gemacht hatte. Von den
baltischen Provinzen sprang der Gedanke auch ins Innere des russischen Reiches über und allmählich entstanden überall, wo Deutsche
in größerer Zahl zusammenlebten, Vereine mit ähnlicher Tendenz,
von dem lebhaften Interesse der Bevölkerung getragen und von der
deutschen Presse mit allen Kräften gefördert. Natürlich wurde diese
ganze Bewegung von der russischen Regierung mißtrauisch beobachtet
und nach Möglichkeit gehemmt, denn sie witterte dahinter eine „politische" Gefahr. Völlig mit Unrecht. Die Deutschen waren stets loyale
Staatsbürger und hatten das noch zuletzt während der Revolution
deutlich bewiesen. Daß sie ihre völkische und kulturelle Eigenart
zu wahren suchten, lag — kühl erwogen — sogar im Interesse des
russischen Reichs, denn durch Preisgabe ihres Volkstums und Aufgehen in ihrer russischen Umgebung konnten sie nur auf eine kulturell
niedrigere Stufe hinabsinken und zugleich wirtschaftlich untüchtiger
werden — also die Gesamtheit des Reichsorganismus schädigen. In
derselben Lage waren die meisten anderen „Fremdvölker" des Landes.
Rußland mit seinem bunten Völkergemisch, in dem die herrschende
Rasse der Großrussen nicht einmal numerisch — geschweige denn
kulturell — das Übergewicht hat, ist tatsächlich ein „Nationalitäten-
staat", wie etwa Österreich=Ungarn. Die ganze russische Regierungs-
politik ist aber auf der fiktiven Voraussetzung des einheitlichen
„Nationalstaats" aufgebaut und sucht das, was dem Russentum
an werbender kultureller Kraft und wirtschaftlicher Tüchtigkeit fehlt,
durch brutale Vergewaltigung der andersstämmigen Völker zu ersetzen. Deswegen wurde auch die, durch die Revolution erzwungene
liberale Ära mit ihren weitgehenden Zugeständnissen an die „Fremdvölker" sehr bald wieder durch die Rückkehr zum alten Gewaltregime
abgelöst. Schon nach wenigen Jahren spürten die Deutschen und
vor allem ihre nationalen Schutzverbände den wiederkehrenden alten
Kurs. Er fand seinen Ausdruck, nach bewährtem russischem Brauch,
nicht in Gesetzesänderungen, sondern in den berüchtigten „Ge-
setzeserläuterungen" und „administrativen Verfügungen". Zuerst

kamen die wehrloseren Deutschen in der Diaspora an die Reihe — großes Aufsehen erregte z. B. die gänzlich unmotivierte Auflösung des „Deutschen Vereins" in Odessa — dann ging man langsam den mächtigen Organisationen der Balten zu Leibe. Noch war es ein versteckter Kampf — offiziell blieb alles beim Alten — aber die bis aufs Blut peinigenden Chikanen der Unterbeamten zeigten deutlich, welche „Direktiven von oben" sie erhalten hatten. Die Balten, durch jahrhundertelange Erfahrung im völkischen Defensivkampf geübt, hielten zäh aus, verteidigten jeden Fuß breit Boden im Kampf um ihr Recht, sahen aber dennoch den Zeitpunkt ihrer völligen nationalen Entrech-tung immer näher heranrucken. Der Weltkrieg brachte die unerwartete schnelle Entscheidung. Durch ihn sind die deutschen Vereine, die deutschen Schulen, die deutsche Presse wie von einem Sturmwind hinweggefegt, alle Äußerungen nationalen deutschen Lebens ver-nichtet; selbst der öffentliche Gebrauch der deutschen Muttersprache gilt als strafwurdiges Vergehen!

Todesstille lagert sich jetzt über den Millionen Deutschen in Ruß-land. Reden dürfen sie nicht mehr, aber über die schmachvolle Gegen-wart hinaus schweifen ihre Gedanken in eine ungewisse Zukunft. Im-mer klarer wird ihnen die Erkenntnis, daß sie als echte Deutsche in Rußland nicht mehr leben können. Der Krieg hat die Kluft zwischen Russen und Deutschen noch mehr vertieft, und je länger er dauert, desto mehr wird der Deutschenhaß zu einem unerschütterlichen Dogma des russischen Volkes. Wie sollte es auch anders sein, wenn dieses Gefühl jahrelang, Tag für Tag, durch Regierung und Presse immer wieder dem Volksbewußtsein eingehämmert wird? Bei dieser ein-mutigen Stellung von Regierung, Volk und Presse haben die Deut-schen Rußlands sicherlich nicht die geringste Aussicht, die im Kriege verlorenen Positionen später wieder zu gewinnen. Die freie Betäti-gung ihres Volkstums in Schule, Presse und Vereinswesen wird ihnen dauernd verwehrt bleiben. Selbst ihr letzter Hort, die evange-lische Kirche, soll ihres deutschen Charakters gewaltsam entkleidet werden; der erste Schritt in dieser Richtung ist bereits getan, indem die evangelische Fakultät in Dorpat zur Einführung der russischen Lehrsprache gezwungen worden ist. Nun stehen die Deutschen vor der Zukunftswahl: entweder auf ihre kulturelle und nationale Sonder-entwickelung endgültig zu verzichten und dadurch allmählich im Russen-tum aufzugehen, oder — das Land zu verlassen. Die Entscheidung

wird nicht einheitlich ausfallen. Außer den bereits verrußten Deut=
schen sind viele schwankende Elemente schon jetzt während des Krieges,
unter dem gewaltigen Druck der öffentlichen Meinung oder auch aus
rein materiellen Interessen, dem Russentum in die Arme getrieben
worden. Andere werden einen schweren inneren Konflikt durchkämpfen,
und die Wagschale wird sich bald auf die eine, bald auf die andere
Seite senken. Wie in früheren, vorwiegend religiös orientierten Jahr=
hunderten sich die erschütternde Tragödie von "Glaube und Heimat"
abgespielt hat, so wird in unserem nationalistischen Zeitalter gerade
auf dem Boden Rußlands die erzwungene Wahl zwischen „Volkstum
und Heimat" schwere tragische Konflikte erzeugen. Bei den wurzel=
festesten deutschen Bevölkerungsgruppen Rußlands, den Balten
und den Kolonisten, ist aber dieser Kampf schon jetzt im wesent=
lichen entschieden — zugunsten ihres Volkstums. Nie werden die
Balten die Schmach vergessen, daß sie, die ehemaligen Herren des
Landes, als Deutsche von jedem Gassenbuben straflos beschimpft und
bespieen werden durften; nie werden sie auf die Dauer ein Leben er=
tragen können, in dem ihr teuerstes Gut, ihr Deutschtum, überhaupt
nicht mehr öffentlich in die Erscheinung treten darf. Eine Zukunft
können sie sich nur denken als Glieder des Deutschen Reichs. Geht
ihr heißester Wunsch, daß das Baltenland durch diesen Krieg deut=
scher Boden wird, nicht in Erfüllung, so werden sie in das alte
Mutterland zurückstreben — wohl kaum in ihrer Gesamtheit, aber
sicherlich alle maßgebenden, führenden Elemente unter ihnen, die das
echte Baltentum repräsentieren. Und man wird sie in Deutschland
brauchen können: nicht nur die gewaltigen Lücken zu füllen, die der
Krieg gerissen, sondern vor allem als Vorkämpfer des Deutschtums
auf dem erweiterten Territorium „Neudeutschlands", denn deutsche
Kulturarbeit in undeutscher Umwelt gehört zu ihren traditionellen
Aufgaben. Noch klarer liegen die Verhältnisse bei den Kolonisten.
Hunderttausenden von ihnen ist buchstäblich der Boden unter den
Füßen weggerissen worden. Für ihr Deutschtum haben sie gelitten,
das Land, in dem sie ein neues Leben beginnen und von neuem
Wurzel fassen können, darf nur deutscher Boden sein. Und Deutsch=
land wird auch diese versprengten Söhne von kernigem Bauernstamm
sicher brauchen können!

Aus der Gesamtheit der Deutschen in Rußland heben sich die
Angehörigen des Deutschen Reichs nach verschiedenen Rich=

tungen hin besonders hervor.[1]) Nach der letzten russischen Volks=
zählung von 1897 gab es in Rußland 158103 deutsche Reichs=
angehörige, sie umfaßten weniger als ¹/₁₀ aller in Rußland lebenden
Deutschen (nach derselben Zählung: 1719000). Unter den Ausländern
Rußlands bildeten sie einen recht bedeutenden Bestandteil, nämlich
26,1 % der Gesamtzahl, während Franzosen (9421) mit 1,6 % und
Engländer (7481) mit 1,2 % sehr viel schwächer vertreten waren. Von
diesen Reichsdeutschen waren die Erwerbstätigen in den Haupt=
berufsklassen folgendermaßen verteilt:

		Prozentuales Verhältnis der Gesamtbevölkerung Rußlands
1. Landwirtschaft, Fischerei usw.	22,6 %₀	69,7 %
2. Industrie, Bergbau usw.	52,1 %	11,8 %₀
3. Handel, Verkehr usw.	11,3 %	5,5 %

Deutlich springt hier die starke industrielle Betätigung der Reichs=
deutschen in dem vorwiegend agrarischen Rußland hervor. Auch am
Handel und Verkehr sind sie verhältnismäßig doppelt so stark beteiligt,
als die übrige Bevölkerung Rußlands.

Wie die Berufsstellung der Reichsdeutschen sich auf diesen Ge=
bieten der russischen Volkswirtschaft gliedert, zeigt uns die folgende
statistische Tabelle:

	Selbständige	Angestellte	Arbeiter
1. Landwirtschaft	35,2 %₀	4,5 %	60,3 %
2. Industrie	22,4 %	6,8 %	70,8 %
3. Handel	40,7 %	24,8 %	34,5 %
4. Verkehr	30,3 %	8,8 %₀	60,9 %

Bedeutsam ist in dieser Statistik die sehr große Zahl der selb=
ständigen Elemente, — ein Beweis dafür, daß unter den Reichs=
deutschen Rußlands die erwerbstätige gebildete Oberschicht stark
hervortritt.

Beide Tatsachen zusammen — das Überwiegen der Industriellen
und der starke Prozentsatz der selbständigen Berufstätigen — weisen
darauf hin, daß der industrielle Unternehmer unter ihnen eine
wichtige Rolle spielen muß. Die Richtigkeit dieser Annahme wird

---

1) Die folgenden Daten größtenteils nach B. Ischchanian, Die auslän=
dischen Elemente in der russischen Volkswirtschaft. Berlin 1913. Das kurz
vor dem Kriege erschienene Buch bietet ein sehr reichhaltiges Material für
die einschlägigen Fragen.

auch durch die Geschichte der russischen Volkswirtschaft im vorigen Jahrhundert bestätigt, denn eingewanderte Reichsdeutsche sind in der Industrie Rußlands die Bahnbrecher und Lehr=meister gewesen, — nicht nur für die eigentlichen Russen, sondern auch für die dortigen „Fremdvölker"; also auch für die bodenständi=gen deutschen Elemente (Balten usw.).

Besonders die Industrialisierung Polens ist zum größten Teil reichsdeutschem Kapital und Unternehmertum zu verdanken. Dadurch hat dort am Ende des vorigen Jahrhunderts „in nicht ganz zwei Dezennien die Eisengießerei rund 400 % und die Kohlenindustrie gar 1025 % Zuwachs zu verzeichnen gehabt" (Ischchanian a. a. O. S. 144). Allein in dem Sosnowitz=Dombrowo=Becken sind auf zwei großen Landgütern, welche Reichsdeutschen (dem Grafen Renard und dem Major von Kramsta) gehörten, etwa ein Dutzend leistungsfähiger industrieller Großbetriebe entstanden, fast ausschließlich durch reichs=deutsche Initiative. L. Geyer aus Zittau in Sachsen und K. Scheibler aus dem Rheinland sind die Schöpfer der modernen Textilindustrie in Russisch=Polen. Geyer hat (1835) „die erste Dampfmaschine aus England in Polen eingeführt und damit das Fundament des fabrik=mäßigen Großbetriebes gelegt" (a. a. O. S. 163). Scheibler war ein großzügiger Organisator. Er gründete in Lodz zahlreiche Fabriken, die er später alle in eine Aktiengesellschaft mit einem Grundkapital von 9 Millionen Rubel verwandelte. „Der Betrieb von Scheibler, der 1897 einen Produktionswert von 13 290 600 Rubel, einer Arbeiter=zahl von 6487 Personen und einen Gesamtwert der ganzen Unter=nehmung (Aktiva) von 27 127 827 Rubel hatte, bildet gegenwärtig einen der riesigsten Betriebe auf dem Kontinent überhaupt. Die Scheiblersche Unternehmung wurde aber zugleich eine technisch=prak=tische Schule; sehr viele von den Angestellten wurden später selb=ständige Fabrikanten" (a. a. O. S. 162). Außer in Lodz entwickelte sich im selben Industrierayon die Textilmanufaktur auch in vielen kleinen Städten und Dörfern, die dadurch einen gewaltigen Aufschwung nahmen. „Krusche und Ender (aus Sachsen) spielten mit ihren Grün=dungen in Pabianitzi beinahe dieselbe technisch=industrielle Rolle wie einst K. Scheibler in Lodz. Die Baumwollspinnerei von Krusche und Ender hatte im Jahre 1897 einen Produktionswert von 3 627 000 Rubel und beschäftigte eine Arbeiterzahl von 2640" (a. a. O. S. 163). Die von Deutschen geleitete polnische Industrie wurde allmählich so

mächtig, daß die Moskauer Fabrikanten in einer Bittschrift an den
Zaren um eine schützende Zollgrenze gegen Polen baten, — freilich
vergeblich, da die russische Regierung, von ihrem Standpunkt aus mit
Recht, die ganze Bewegung begünstigte und von dem schärferen Wettbewerb und dem Vorbilde westeuropäischer Produktionsmethoden eine
Belebung der Gesamtindustrie Rußlands erwartete. Prof. J. Janschul,
ein guter Kenner der Industrieverhältnisse Innerrußlands, der als
Kommissionsmitglied zur Untersuchung der Produktionsbedingungen
in Polen abdelegiert worden war, charakterisierte die Tätigkeit der
Ausländer in diesem Gebiet mit folgenden Worten: „Versorgt mit
großen Kapitalien, mitunter Aktiengesellschaften für die Unternehmungen in den Grenzen des russischen Reiches bildend, gründen und eröffnen diese Ausländer in Polen außerordentlich rasch, bisweilen in
einigen Monaten, solche ungeheure Einrichtungen, für deren Organisation und allmähliche Entwickelung im Innern Rußlands man
vielleicht ganze Jahre nur für die Vorbereitung brauchen würde"
(a. a. O. S. 173).

Aber auch an der Entwickelung der innerrussischen Industrie
sind Reichsdeutsche in hervorragendem Maße beteiligt. Ein besonders
charakteristisches Beispiel bietet die Tätigkeit des Bremers Ludwig
Knoop, der als Organisator allergrößten Stils gewirkt hat. Als in
den vierziger Jahren des vorigen Jahrhunderts von der russischen
Regierung die Einfuhr englischer Maschinen gestattet wurde, vermittelte Knoop, damals Vertreter einer englischen Firma, den Ankauf
einer größeren Partie englischer Spinnmaschinen für die große Baum-
wollmanufaktur von Morosow in Moskau. Die Neueinrichtung erzielte glänzende Resultate, und daraufhin wandten sich zahlreiche andere russische Fabrikanten mit Maschinenbestellungen an Knoop. Er
nutzte die Konjunktur sehr geschickt aus, gründete nun eigene Kontore
in verschiedenen Städten Rußlands und erwarb sich bald eine Art
von Monopol für die Lieferung englischer Spinn- und Webemaschinen,
da er in England unbegrenztes Vertrauen genoß und die russischen
Fabriken seine Kreditvermittelung brauchten. Gleichzeitig gründete
er selbst eine geradezu unwahrscheinlich große Zahl von Fabriken (es
sollen im ganzen 122 gewesen sein!), so daß in Rußland das geflügelte
Wort entstand: „Keine Kirche ohne Pop, keine Fabrik ohne Knoop"
(Gde zerkow — tam pop, a gde fabrika — tam Knoop). „Ludwig
Knoop war also im blühenden Zentrum der russischen Textilindustrie

Fabrikant, Organisator, Kreditvermittler und Monopollieferant. Er
verfolgte gewiß seine eigenen Interessen und häufte große Reichtümer
auf, aber er ist zugleich ein organisatorischer Faktor für die rus=
sische Textilindustrie geworden, deren Entwickelungstempo
durch ihn um ein paar Jahrzehnte beschleunigt wurde"
(a. a. O. S. 179). Knoops großartigste Schöpfung ist übrigens nicht
in Zentralrußland entstanden, sondern auf baltischem Boden, in Est=
land: es ist die Fabrik Kränholm am Narvafluß. Sie beschäftigt
etwa 10 000 Arbeiter an über ½ Million Spindeln und gilt als eine
der leistungsfähigsten und besteingerichteten Baumwollmannfakturen
der Welt.

Diese Stichproben mögen genügen, um die Bedeutung der Reichs=
deutschen als „Geburtshelfer" der modernen russischen Industrie zu
beleuchten. Erwähnt sei nur noch, daß in den letzten Jahrzehnten das
reichsdeutsche Unternehmertum in Rußland besonders auf den Ge=
bieten der Elektrizitäts= und chemischen Industrie die Führung ge=
habt hat.

Nun erhebt sich aber die weitere Frage, ob diese Reichsdeutschen
mit ihrer erfolgreichen Pionierarbeit auch die Interessen ihres
Volkstums und ihres Staats mit entsprechendem Erfolge geför=
dert haben. Bekanntlich machen sich die Folgen des Exportkapitalis=
mus und Exportindustrialismus immer in zwei verschiedenen Rich=
tungen geltend. Einerseits fließt ein Teil der im fremden Lande er=
worbenen Summen als Zinsen ins Stammland zurück und trägt zu
dessen Bereicherung bei; auch die ausgewanderten Menschen kehren
teilweise nach getaner Arbeit als Rentner wieder zurück und verzehren
das im Ausland Erworbene daheim in einem otium cum dignitate.
Anderseits hat das Exportkapital die Neigung, im fremden Lande zu
bleiben und seine Überschüsse zur Erweiterung der dort begonnenen
Unternehmungen zu verwenden; ebenso faßt ein Teil der ausgewan=
derten Menschen in dem neuen Boden feste Wurzeln und geht —
manchmal schon in der ersten Generation, häufiger in der Deszen=
denz — zusammen mit dem erworbenen Besitz dem Mutterlande ver=
loren. Beide Erscheinungen laufen stets nebeneinander her, verschie=
den ist nur das Übergewicht der einen oder anderen, je nach der
Eigenart der einzelnen Völker.

Das stärkste staatliche und nationale Selbstbewußtsein besitzt der
Engländer. Alle Länder der Welt, auch die anderen europäischen

Kulturstaaten, betrachtet er gleichsam als Kolonialgebiete, die durch geschickte Ausnutzung England tributpflichtig gemacht werden sollen. Nie wird ein Engländer seine Staatszugehörigkeit aufgeben, nie wird er dem fremden Lande, in dem er seine Kapitalien investiert hat oder durch eigene Arbeit wirkt, mehr pekuniäre Vorteile zufließen lassen, als das geschäftliche oder politische Interesse unbedingt erfordert. Alle entbehrlichen Überschüsse seiner Unternehmungen fließen restlos nach England zurück. — Etwas schmiegsamer ist der Franzose. Im Gegensatz zum Engländer, der überall in der Welt fest an eigener Sprache und Art haftet, paßt er sich leichter den fremden Sitten und Bräuchen an, sucht auch nach bestem Vermögen die Landessprache sich anzueignen. Aber in seinen geschäftlichen Auslandunternehmungen tritt der politisch-nationale Gesichtspunkt deutlich hervor; in diesem Sinne wird er auch von der Regierung und den führenden Finanz= kreisen seines Vaterlandes beraten und beeinflußt. — Ganz anders der Deutsche. Er sucht im Auslande für sein Kapital und seine Arbeits= kraft ein weiteres Betätigungsfeld; das Ziel fest im Auge, läßt er sich auf nationale und politische Sonderbestrebungen ungern ein. Seine Fähigkeit, dem Geschmack und den Bedürfnissen fremder Völker Rech= nung zu tragen, sowie seine zähe Arbeitsenergie sichern ihm oft glän= zende geschäftliche Erfolge. Und je mehr er im fremden Lande schafft und arbeitet, je mehr Kraft und Liebe er in sein Werk hineingelegt hat, desto fester verwächst er mit dem Boden der Fremde, — sie wird ihm zur zweiten Heimat. Daher kostet es ihn meist keine besondere Überwindung, wenn es durch äußere Anlässe geboten erscheint, end= lich auch den letzten entscheidenden Schritt zu tun und durch den Akt der Naturalisation zum Vollbürger des fremden Landes zu werden oder wenigstens für seine Kinder dieses Recht zu erwerben. Dadurch ist aber das Gesamtresultat eines Menschenlebens — Gut und Blut — dem heimischen Staatsorganismus dauernd entzogen und zirkuliert nun im Kreislauf eines fremden, vielleicht dem Mutterlande feind= lichen Staates.

Alle diese Erscheinungen sind in Rußland ganz besonders charak= teristisch ausgeprägt. Die Engländer haben dort in der Montanindu= strie des Ural und Altai große Summen angelegt, die Ausbeutung der gewaltigen Petroleumquellen des Kaukasusgebiets liegt großen= teils in ihren Händen und auch in der südrussischen Eisen= und Kohlenindustrie arbeitet viel englisches Kapital. Aber alle diese Unter=

nehmungen werden vom Mutterlande aus planmäßig geleitet, das
in Rußland lebende englische Fabrikpersonal hält sich streng abgesondert von der einheimischen Bevölkerung, und steht ihren Interessen
völlig gleichgültig gegenüber.[1]) Sie sind deshalb sehr „unbeliebt",
genießen aber doch großen „Respekt". Von der Beteiligung an den
russischen Anleihen hat sich das englische Kapital Jahrzehnte lang
grundsätzlich fern gehalten, weil sich die russischen und englischen
Interessen in Asien kreuzten. Erst als eine politische Verständigung
zwischen den beiden Reichen erzielt war und die geplante Nieder-
ringung Deutschlands eine Stärkung des neugewonnenen „Entente-
genossen" forderte, haben die russischen Staatsanleihen den Londoner
Markt offen gefunden. — Noch viel stärker dienten die französischen
Kapitalanlagen in Rußland der aktiven Reichspolitik Frankreichs.
Es ist allbekannt, daß die großen russischen Staatsanleihen zum aller-
größten Teil auf dem Pariser Markt untergebracht worden sind. Auch
andere russische Werte haben in Frankreich stets willige Abnehmer
gefunden, viel französisches Kapital steckt in der russischen Industrie,
und stets wurde der große Strom der anlagebedürftigen Summen des
„Rentnervolkes" ganz bewußt von den führenden Regierungs- und
Finanzkreisen nach Rußland geleitet, um den Alliierten für die große
Abrechnung im künftigen „Revanchekrieg" gegen Deutschland zu stärken.
Im Verhältnis zur Kapitalmenge ist die Menschenkraft, die die Franzosen zur aktiven Mitarbeit in Rußland gestellt haben, auffallend
gering. Unter den in Rußland ansässigen Franzosen überwiegen Pädagogen, Friseure, Köche, Modistinnen usw., deren Tätigkeit wirtschaftlich nicht sonderlich ins Gewicht fällt. Daneben sind natürlich auch
manche wichtige Posten in Banken und industriellen Unternehmungen
mit ihnen besetzt, aber immerhin nur in beschränkter Zahl. Persönlich
erfreuen sie sich, im Gegensatz zu den Engländern, überall der größten

---

1) Schreiber dieser Zeilen hatte einmal Gelegenheit, auf einer Eisenbahn-
fahrt in Rußland einem Engländer als Dolmetscher zu dienen, weil er sich
mit dem Schaffner nicht verständigen konnte. Aus einem späteren Gespräch
ergab sich, daß der Mann als Werkmeister an einer Fabrik schon ein Jahrzehnt in Rußland lebte. „Es geht auch so", meinte er lakonisch. Als bezeich-
nendes Kuriosum sei ferner erwähnt, daß manche Angehörige der englischen
Kolonie in Petersburg sogar ihre Wäsche in London waschen lassen, denn
nur dort werde solche Arbeit „richtig" gemacht und außerdem solle man den
Ausländern keinen „unnötigen" Verdienst zukommen lassen.

Beliebtheit, sie betonen ostentativ die großen Sympathien, die sie mit dem wahlverwandten Russenvolk verbinden, stehen aber innerlich ihm doch so fern, daß eine wirkliche Verschmelzung mit dem russischen Volkstum, die zur Verrussung und zur Naturalisation führt, nur äußerst selten vorkommt.

Charakteristisch für die Reichsdeutschen ist es, daß sie ihr Kapital und ihre persönliche Arbeitskraft reichlich Rußland zur Verfügung gestellt haben, und zwar meist ohne irgendwelche „politische Orientie= rung". Russische Staatsanleihen sind besonders in den 90 er Jahren des vorigen und im Anfang dieses Jahrhunderts in Deutschland sehr stark gekauft worden. Ebenso fanden die von der russischen Regierung garantierten Eisenbahnobligationen bei uns stets — bis in die allerletzte Zeit hinein — willige Abnehmer. In beiden Fällen wurde der russische Staat, dessen deutschfeindliche Außenpolitik immer klarer hervortrat, durch deutsches Kapital für seine aggressiven Zwecke ge= stärkt, denn die Staatsanleihen dienten vorwiegend den Kriegsrüstun= gen des ewig expansivlüsternen Zarenreiches und auch die Eisen= bahnen wurden in Rußland fast ausschließlich nach strategischen Gesichtspunkten erbaut. Diese Tatsache hat sogar Graf Witte, der langjährige Leiter der russischen Finanzpolitik, offen zugegeben. Im Jahre 1910 veröffentlichte er im offiziellen „Westnik Finansow" (Nr. 6) einen Aufsatz: „Die Ursachen der Unrentabilität der russischen Eisen= bahnen", in dem er ausführlich darlegt, daß die meisten russischen Eisenbahnen nicht zu wirtschaftlichen, sondern zu militärischen Zwecken erbaut seien und daß sich dadurch ihre mangelhafte Ertragsfähigkeit erkläre. (Vgl. Ischchanian a. a. O. S. 219.) Dabei wurde natürlich — außer den asiatischen Bahnen — nur ein Krieg gegen Deutschland und seinen österreichisch=ungarischen Bundesgenossen ins Auge ge= faßt. — Wie groß das in privaten Unternehmungen angelegte reichsdeutsche Kapital ist, läßt sich nicht einmal annähernd schätzen. Die letzte amtliche Zusammenstellung (Sonderheft der Marine=Rund= schau 1905) beschränkt sich auf die inhaltschwere allgemeine Bemer= kung: „In Rußland steckt eine größere Menge deutscher Kapi= talinteressen als in irgend einem anderen Lande" und gibt dann einige Stichproben, z. B. seien in Odessa in fünf Betrieben über 50 Millionen Mark und in Warschau in verschiedenen Unternehmun= gen über 150 Millionen Mark deutsches Kapital investiert. Wenn es dann zum Schluß heißt: „In den der Grenze benachbarten Industrie=

bezirken, vor allem Lodz, finden sich ferner Dutzende von Millionen
Mark ausmachende deutsche Interessen", — so ist die hier angedeutete
Summe im folgenden Jahrzehnt jedenfalls noch sehr bedeutend über=
schritten worden. — Die während des Krieges angestellten amtlichen
Erhebungen, deren Ergebnis zunächst natürlich noch nicht veröffent=
licht wird, werden der Regierung einen tiefen Einblick in diese Ver=
hältnisse erschließen und sicherlich der äußeren Reichsfinanzpolitik der
Zukunft neue Richtlinien geben.

Die gefährlichen Folgen des deutschen Exportkapitalismus sind
schon öfter von fachmännischer Seite beleuchtet worden, besonders im
Hinblick auf Rußland. Auf Grund eingehender Untersuchung der
Frage schrieb Sartorius[1]) vor etwa einem Jahrzehnt: „Es ist das
Wesen einer großzügigen Politik, daß sie einheitlich das ganze Wirt=
schaftsleben umfaßt, indem sie den Zielen des nationalen Gesamt=
wohles folgt. Demgemäß sollte die Kapitalanlage in fremdstaatlichen
Finanzwirtschaften ..... auch diesem Gedanken mit vollem Bewußt=
sein unterstellt werden. Wie die Dinge heute bei uns in Deutschland
liegen, ist das Verständnis für eine solche Aufgabe bisher keineswegs
Gemeingut der besitzenden Klassen geworden, und was in Harmonie
mit der auswärtigen und der Handelspolitik hier und da erreicht
worden ist, ist mehr den glücklichen Instinkten einzelner unternehmen=
der Männer zu danken gewesen, welche das Geschäft in der Hand
gehabt haben. Die fremden Anleihen kommen überwiegend auf den
Markt lediglich gemäß den Bedürfnissen der borgenden, ausschließ=
lich ihre eigenen Interessen verfolgenden Staaten, die möglicher=
weise den unseren, wenn auch zur Zeit verdeckt, feindlich entgegen=
stehen ..... Die deutschen Geldgeber müssen erst nach englischem
Muster erzogen werden, und da vorderhand auf sicheren natio=
nalen Takt bei uns nicht zu rechnen ist, so können wir
des Führers nicht entbehren" (S. 313, 314). Eine solche natio=
nalpolitische „Führung" verlangt Sartorius von der Regierung,
besonders aber von den Banken, die sich bei der Beratung ihrer
Klienten des nationalen und staatlichen Verantwortlichkeitsgefühls
bewußt sein müßten.

Wie die großen deutschen Kapitalanlagen in Rußland dem Zu=

---

1) A. Sartorius Freiherr von Waltershausen, Das volkswirt=
schaftliche System der Kapitalanlage im Auslande. Berlin 1907.

kunstsfeinde Deutschlands die Waffen schmieden halfen, so haben auch nicht wenige Reichsdeutsche, die persönlich ihre Arbeitskraft und Intelligenz auf russischem Boden betätigten, durch ihren Man= gel an nationaler Widerstandskraft mittelbar zur Stärkung unserer Gegner beigetragen. Warum der eingewanderte Reichsdeutsche im allgemeinen der Gefahr der Verrussung mehr ausgesetzt ist, als der in langer Geschlechterfolge dort ansässige Balte oder Kolonist, ist bereits früher dargelegt worden. Hier sei nur noch besonders darauf hingewiesen, daß die berühmte „Anpassungsfähigkeit" des Deutschen, die ihm so reiche wirtschaftliche Früchte getragen hat, gerade von den Vertretern des Handels und der Industrie unwillkürlich auch auf das nationale Gebiet übertragen worden ist. Diese kapitalkräftigen Kreise opferten oft große Summen für Wohltätigkeits= und Wohlfahrtszwecke, die der Gesamtheit des Landes zugute kamen; es braucht nur bei= spielsweise an die musterhaft eingerichteten deutschen Krankenhäuser erinnert zu werden, welche ihre Entstehung und ihren Unterhalt zum großen Teil reichsdeutschen Kapitalisten verdanken. Als aber seit dem Jahre 1906 die „Deutschen Vereine" entstanden, um für die Erhal= tung und Stärkung des deutschen Volkstums zu wirken, beobachteten dieselben Kreise dieser nationalen Bewegung gegenüber eine deutliche Zurückhaltung. Nicht wenige Reichsdeutsche lehnten ihren Beitritt mit der Begründung ab, sie dürften sich als Ausländer nicht in die innerpolitischen Angelegenheiten des Staates mischen, in dem sie Gastfreundschaft genössen, und seien zu einer streng neutralen Haltung verpflichtet. Daß eine solche neutral=nationale Stellung auf die Dauer unhaltbar ist, haben viele Reichsdeutsche — gewiß oft mit Schmerz, aber zu spät — in ihren eigenen Familien erfahren, wenn die in national=indifferenter Umgebung aufgewachsenen Kinder sich später ruckhaltlos zum Russentum bekannten und die entsprechenden Folge= rungen daraus zogen. Für die stark betonte „Korrektheit" und „Loya= lität" der Deutschen hat dem Russen sicherlich jedes Verständnis ge= mangelt, Anerkennung oder gar Dank haben sie sich dadurch nicht erworben. Im Gegenteil. Das Wehgeschrei über die „deutsche Ge= waltherrschaft in Rußland" hat sich von Jahr zu Jahr verstärkt, — nicht zu reden von den wilden Ausbrüchen des Deutschenhasses wäh= rend des Krieges!

Da es sich bei dieser „nationalen Anpassungsfähigkeit" des Deut= schen offenbar um eine tief eingewurzelte Eigenart des Volkscharak=

ters handelt, war ein rascher Wandel nicht vorauszusehen. Wie auf vielen anderen Gebieten, wird auch hierin der Weltkrieg mit seinen bitteren Lehren die Wendung zum Besseren beschleunigen. Der Deutsche wird jetzt einsehen, daß er auf diesem Wege nicht weiter fortfahren kann und darf. Die gewaltige Kraftentfaltung des Deutschen Reiches, die nicht nur für die ganze übrige Welt, sondern auch für viele seiner eigenen Bürger eine Überraschung war, wird auch den Auslandsdeutschen das nationale Rückgrat steifen. Erfreuliche Anzeichen dafür sind schon vorhanden!

Die Ostjudenfrage.

Von G. Fritz, Berlin-Friedenau.

Der Goluth, das Leben in der Fremde, ist das Schicksal der Mehrheit des hebräischen Volkes nicht erst seit der Zerstörung Jerusalems
durch die Römer (70 n. Chr.), sondern seit dem Beginn seiner noma-
denhaften Geschichte, welche nur für größere oder geringere Teile, die
im Ackerbau ihren Unterhalt suchten, von Perioden der Seßhaftigkeit
unterbrochen wurde. Seit Esra und Nehemia das Volk Zions unter
das strenge Rassengesetz der Thora stellten, ist damit der Grund
gelegt für den Ewigkeitsbestand dieses merkwürdigen Volkes, das
entwurzelt und in alle Welt zerstreut, verbunden und vergrundet
ist im Glauben und in der Rasse, dessen Heimat eine Sehnsucht
ohne Wirklichkeit, dessen Nährboden nicht die Erde ist, sondern
die Völker, unter denen es fortan hauste, rechtlos infolge seiner
hartnäckig bewahrten Sonderstellung, gehaßt wegen der Art seines
Erwerbes von den werteschaffenden und verachtet von den helden-
haften Söhnen der Wirtsvölker, allgemein gefürchtet und beneidet
um seinen Reichtum, von den Mächtigen heute benutzt und geschützt, morgen verfolgt und vertrieben: ein einzigartiges Volk, das
man mit Unrecht einen bloßen Schmarotzer auf der Kultur und dem
Wirtschaftsleben nennt. Denn vielfach haben die Juden aus dem
Untergang der Völker, unter denen sie wohnten, deren Kulturgüter
gerettet, sie — in Babylon, Ägypten, Cordoba — eigenartig weiter-
gebildet und der Menschheit vermittelt; sie haben durch ihren Handel
friedliche Beziehungen zwischen den Nationen geschaffen, das Wirtschaftsleben durch ihre Vermittelungstätigkeit und scharfen Wettbewerb
angeregt und befruchtet. Sie waren aber andrerseits ein Keim der
Zersetzung für alles Bodenständige und Erhaltende, Zerstörer und
Auflöser völkischer Eigenart und Entwicklung; durch die von ihnen
geforderte Unterwühlung des Wirtschaftsbodens Veranlasser der
wirtschaftlichen und durch ihre Skepsis, ihre Beeinflussung der Politik

und des Kulturlebens, dessen Erzeugnisse sie monopolisierten und zur Handelsware machten, die Vernichter heimischer Kultur; Feinde jeder Autorität, Schürer in den Klassenkämpfen, Parteigänger und Führer des Umsturzes.

Diese zersetzende Wirkung des jüdischen Elements muß bei ihrer, von der jeweiligen Lage der Judenheit unabhängigen Allgemeingeltung als eine Rasseneigentümlichkeit angesprochen werden. Die persönliche Rechtschaffenheit und Achtbarkeit des Juden sei hierbei nicht in Frage gestellt. Seine den Durchschnitt übersteigende Kriminalität in Eigentumsvergehen ist seiner Berufstätigkeit zuzuschreiben. So müssen wir die Juden hinnehmen als ein Schicksal, als ein Rad im Getriebe der Entwickelung und, nicht tatenlos, aber ohne Haß und Eifer, unsere Stellung zu ihnen suchen je nach den Umständen des Ortes und der Zeit, nach den Bedürfnissen und Geboten des Volkswohles.

Nun ist es eine besondere, in der Geschichte der Juden stets wiederkehrende Erscheinung, daß sie überall da, wo ihrem wirtschaftlichen und gesellschaftlichen Aufstieg keine Hindernisse gelegt werden, zumal in den Kulturländern, wo sie die leidenschaftlich erstrebte politische Gleichberechtigung erlangt haben, nach den Brennpunkten des wirtschaftlichen und Kulturlebens, vom Lande und aus der Kleinstadt nach den Industriebezirken und in die Großstädte ziehen, daß sie dort mit ihrem orthodoxen Glaubensleben auch die Eigenart ihrer Rasse abzustreifen und sich den höheren Schichten des fremden Volkes anzupassen, sich, wenn möglich, mit ihnen zu vermischen suchen; ohne Zweifel in dem aufrichtigen Bestreben, alle Gegensätze zu überwinden, die sich aus Rasse und Religion trennend erhoben und aufzugehen in dem Volke, unter das sie ihr Schicksal gestellt hat. Dieses Aufgehen bedeutet aber ein Untergehen. Untergegangen sind die Juden Babylons, versickert im mittelländischen Völkergemisch die zwei Millionen ägyptischer Juden, verschwunden bis auf spärliche Reste die spanischen Juden.

Wie Ägypten der Mittelpunkt der westlichen Diaspora und das Ausfalltor für die Sephardim, den westlichen Zweig des Judentums, so war Babylon und Mesopotamien der Brenn- und Ausgangspunkt für die Aschkenazim, den ostjüdischen Wanderstrom, der sich schon in vorchristlicher Zeit über Kleinasien, die Länder am Schwarzen Meere bis nach Rußland ergoß. Dort wäre er wie im mesopotamischen und kleinasiatischen Quellgebiet im fremden Volkstum versickert,

wenn nicht befondere Umstände in der Ukraine geradezu ein Sam=
melbecken für das Oftjudentum gefchaffen hätten. Denn dort traf es
auf Völkerfchaften, die ihm an Kultur unterlegen waren, alfo zur An=
gleichung nicht reizten. Umgekehrt aber muß es den Juden gelungen
fein, die Raffefremden wirtfchaftlich und politifch zu unterwerfen und
religiös zu bekehren, um fie dann — vermöge ihrer ftärkeren Raffen=
kraft — ihrem Volkstum einzufchmelzen; ein Vorgang, der fich troß
Efra nicht nur in der vorexilifchen Gefchichte, fondern befonders auch
in der ägyptifchen, römifchen und fpanifchen Diafpora zeigte. Die auf
diefe Weife in das Judentum Aufgenommenen waren von nun an
den Lebensbedingungen, dem geiftigen und — durch die Blut=
mifchung — dem körperlichen Einfluß der Juden ausgeliefert, deren
Raffekraft auch dem Fremden die jüdifchen Merkmale aufprägte und
fie durch fortgefeßte Inzucht feftigte. So wurde jüdifches Raffentum
der fremden Unterlage aufgepfropft, und es erklärt fich die Erfcheinung,
daß die Juden neben den eigenen, ftets und überall unverkennbaren
Eigentümlichkeiten des Körpers und Charakters auch Raffenmerkmale
ihrer Wirtsvölker tragen: germanifche in Deutfchland und England,
romanifche in den Ländern des Mittelmeeres, arabifche in Yemen,
äthiopifche in Abeffynien, indifche in Indien, mongolifche und fla=
wifche in Ofteuropa. Im 8. nachchriftlichen Jahrhundert trat nach=
weisbar der Tatarenftamm der Chafaren zum Judentum über und gab
mit die Grundlage für das heute auf über 7 Millionen angewachfene
Volk der Oftjuden. Es dehnte fich über Polen aus, erhielt dort einen
ftarken Zuwachs von wefteuropäifchen Juden, die im 12., 13. und
14. Jahrhundert infolge der Verfolgungen befonders aus Deutfch=
land nach Polen wanderten, wo fie große Begünftigungen und Vor=
rechte genoffen: fie ftanden unter dem Schuße des Königs und ge=
wannen eine immer größere Autonomie in Rechtfprechung und Ver=
waltung, die fchließlich in der Vierländerfynode (1580—1764) zu
einer feften rechtlichen Organifation aller Juden Polens führte. Diefe
Autonomie ficherte dem polnifchen Judentum feine Sonderftellung
im Staate, die ungeftörte Entwickelung feiner Kultur und bewahrte
es vor der Anpaffung und dem Aufgehen in das polnifche Volk.
Selbft die Landesfprache blieb ihnen fremd; fie fprechen vielmehr bis
zum heutigen Tage die deutfche Sprache in einer eigentümlichen
Mundart, dem „Jiddifch“, die im Laufe der Zeit zur Umgangsfprache
aller Oftjuden wurde. Die Bevölkerungszahl diefes „Judenpara=

dieses" stieg erheblich, sowohl durch die eigene starke Vermehrung
unter der Zucht des Religionsgesetzes, als auch durch fortgesetzte
Zuwanderung aus der Ukraine. Ende des 18. Jahrhunderts gab es
in Polen an 900000 Juden, fast der gesamte Handel und die Hälfte
des Handwerks lag in ihren Händen, Schänken und Wirtshäuser
standen in ihrer Pachtung. Mit dem Verfall Polens als Staat be=
gann der Niedergang. Der Chassidismus, eine Sekte, die statt des
Thora= und Talmudstudiums und der Werkgerechtigkeit die lebendige
Gemeinschaft mit Gott verlangt, welche durch die Zaddikim (Priester)
vermittelt wird, brachte die religiöse Spaltung, die Einzelgemeinden
brachen wirtschaftlich und mit ihnen die Autonomie politisch zusammen.
Die Polen versuchten die Juden zu assimilieren und forderten, daß
sie statt des Jiddisch die polnische Sprache annähmen. Diese Versuche
scheiterten jedoch an dem national=jüdischen Bewußtsein, das ein mehr=
hundertjähriges Sonderleben gefestigt hatte. Ende des 19. Jahrhun=
derts entstand in dem erstarkenden polnischen Bürgertum eine anti=
semitische Bewegung mit dem Ziel, die Juden aus Handel und In=
dustrie zu verdrängen; sie bediente sich nicht nach russischem Vorbilde
der Pogrome, sondern beschränkte sich auf den organisierten gesellschaft=
lichen und wirtschaftlichen Boykott. In den 80er Jahren trat die russische
Judengesetzgebung in Kraft, nach welcher Polen und 15 andere west=
russische (d. h. fremdvölkische) Gouvernements als sogenannte „Rayons"
den Juden Rußlands zum Aufenthalt bestimmt wurden mit der weite=
ren Beschränkung, daß sie auch dort nur in den Städten, nicht auf dem
Lande wohnen durfen. Land können sie weder erwerben noch pachten.
Die Zahl der jüdischen Schüler an Mittelschulen ist auf 5—15%,
in den Rayonstädten, wo sie zum Teil 60—80% der Bevölkerung aus=
machen, auf 15%, ihre Zahl auf den Hochschulen auf 3—5% beschränkt.
Daher wurden deutsche, französische und schweizerische Universitäten
von russisch=jüdischen Studenten überschwemmt. Russische Minister
(Plehwe, Bobrinsky) bezeichneten als Zweck dieser judenfeindlichen
Gesetzgebung, man wolle sie durch Beschränkung der Erwerbsmög=
lichkeit zur Auswanderung oder zur Taufe zwingen. Der Umstand
jedoch, daß man ihnen (mit geringen Ausnahmen, Kaufleute erster
Gilde, akademische Berufe usw.) das eigentliche Rußland verschloß
und sie in den Städten der fremdvölkischen Provinzen zusammen=
pferchte, läßt vermuten, daß eine vorsorgliche Regierung vor allem
den russischen Bauernstand vor der geschäftlichen Überlegenheit der

Juden bewahren wollte, während ſie in ihnen andererſeits ein Mittel erblickte und benützte, den polniſchen, litauiſchen und ukrainiſchen Mittelſtand durch die jüdiſche Überſchwemmung des Wirtſchaftslebens niederzuhalten. In Polen aber iſt trotz dem jüdiſchen Wettbewerb ein ſtarker polniſcher Mittelſtand herangewachſen, der die Juden aus dem Handwerk in die Hausinduſtrie hinabdrückte, wahrend nur ver= hältnismäßig wenige in den Fabriken arbeiten. Das Bekleidungs= (Konfektions=)gewerbe und die Tabakverarbeitung liegen faſt ganz in ihrer Hand; vor allem natürlich auch der Zwiſchenhandel und der Beruf der Reiſenden, Agenten und Handlungsgehilfen.

1913 gab es in Kongreßpolen 1957000 Juden = 15 % der Geſamtbevöl= kerung.
(Nach Friedemann, Bedeutung
der Oſtjuden für Deutſchland. Südd. Monatshefte Februar 1916.)

1912 gab es in Warſchau 298000 Juden = 36,3 %
1915   „   „   „ Lodz   196000   „   = 35,8 %
1908   „   „   „ Lublin   31721   „   = 50,8 %
(Nach Hirſch, Die wirtſchaftliche Lage in Polen, ebendort.)

In mittleren und kleinen Städten ſteigen die Verhältniszahlen der Juden zur Geſamtbevölkerung, z. B. in Wodislaw auf 75 %, in Zſcholkewka auf 89,2 %, in Edwabno auf 92,5 %.

In Litauen (d. h. den Gouvernements Kowno, Grodno. Wilna, Minsk, Witebsk und Mohilew) leben 473000 Juden = 12,6 %, die nach der Angliederung des Landes an Polen von dort zuwanderten. Sie ſind religiös liberaler geſinnt und der Aſſimilation geneigter, als ihre polniſchen Volksgenoſſen, Kaftan und Paies (Schläfenlocken) haben ſie abgelegt und ſind vielfach als Agenten und Angeſtellte in die pol= niſchen Induſtriebezirke eingedrungen, daher bei den Juden Polens wenig beliebt. Im übrigen iſt ihre Bedrängnis die gleiche, wenn es auch in Litauen keinen politiſchen und wirtſchaftlichen Antiſemitismus gibt.

In Kurland gab es vor dem Krieg (nach Broedrich, Sdd. M.) 40 000, nach Friedemann (ebda) 51 000 Juden, von denen etwa 30 000 durch die Ruſſen auf ihrem Rückzug verſchleppt wurden. Sie ſind urſprünglich aus Litauen eingewandert und „deutſch kulti= viert"; politiſch ſchloſſen ſie ſich feſt an die Deutſchen an und för= derten die vom Großgrundbeſitz 1908—1913 tatkräftig angebahnte Beſiedelung Kurlands mit deutſchen Koloniſten nach Kräften. Einen Antiſemitismus gab es in Kurland nicht, aber bei der orthodoxen

Richtung der Juden, auch keine Mischehen. Als Libau durch sein
Bahnverbindung zu einem bedeutenden Handelshafen heranwuchs
wanderten zahlreiche russische Juden dorthin, die zu den kurländische:
in einen gewissen Gegensatz traten. Broedrich erwartet, daß dies
ebenfalls verschleppten russischen Juden nicht in das befreite Kurlan
zurückkehren werden, wünscht aber die Heimkehr der kurländischen Juder

Hier sei zur Ergänzung des Bildes auf die Bewegung des Juden
tums in den deutschen Ostmarken hingewiesen; denn es ist ein Zwei
des polnisch-jüdischen Stammes, der sich nur durch die politische Los
trennung und den größeren Lichtraum, den ihm die Emanzipatio
von 1812 gewährte, anders entwickelte. „Mit der 1847 gewährte
Freizügigkeit setzte eine starke Abwanderung nach dem Westen ei
die einen auffallenden Geburtenrückgang zur natürlichen Folge hatte
denn die Abwandernden waren meist Handwerker, die ihr unlohnen
gewordenes Gewerbe den Polen überließen. Der arme, kinderreiche Jud
verschwand, und im deutschen Bürgertum standen die Juden bald a
erster Stelle und vertraten den politischen Liberalismus. In den 70e
Jahren nahm die Auswanderung ab, während Einwanderer aus Ruß
land angelockt wurden. Seitdem ist aber, mit dem Erstarken des preußi
schen Polentums, eine neue Wendung eingetreten: auf der einen Seit
erhebt sich das polnische Gemeinwesen und Wirtschaftsleben, polnisch
Banken, Genossenschaften, Berufsvereine; immer neue Zweige de
Handels und Geldverkehrs werden von den Polen in Beschlag ge
nommen. Auch der gegen diese national-polnischen Bestrebungen si
richtende Widerstand der Regierung und der Deutschen, die Siede
lungspolitik und das Genossenschaftswesen schädigt zugleich die Jude:
so daß heute eine bürgerliche Auswanderung an die Stelle der pro
letarischen getreten ist. In den Landgemeinden ist bald kein Jud
mehr, in den Städten treten die Polen an ihre Stelle. 1846 ware
in der Provinz Posen 81000 Juden, 1905 nur noch 30000 (na
Wassermann, Ztschr. f. Politik 1909, S. 608). Von 1880—191
hat sich ihre Zahl in den östlichen Provinzen Preußens um 6000
vermindert, während Brandenburg (Groß-Berlin) 85000, Hessen
Nassau (Frankfurt a. M.) 10500, Rheinland-Westfalen (Industrie
bezirke) 16000, das ganze Königreich Preußen 52000 gewannen."
In der russischen Ukraine leben 2½ Millionen Juden, und zwe

---

1) Fritz, Die Ostjudenfrage, Zionismus und Grenzschluß. München 191

bilden ſie im Lande weſtlich des Dnjepr 12%, öſtlich nur 4% der Bevölkerung; in Cholm 14% neben 53% Ufrainern und 6% Deut= ſchen, Wolhynien 13% Juden, 6% Deutſche, 6% Polen, Kiew 12% Juden neben 79% Ufrainern, 2% Polen, Podolien 12% neben 82% Ufrainern. Den Reſt bildet eine ſehr dünne, zwiſchen 2% und 6% ſchwanfende Schicht von Großruſſen. Die wirtſchaftliche Lage der Juden iſt faum anders als in Polen, trotzdem von einem Antiſemitismus des ufrainiſchen Bürgertums nicht die Rede ſein fann. Die von den Ruſſen durch Aufſtachelung der unterſten Volks= ſchichten veranſtalteten Pogrome haben tauſende ufrainiſcher Juden zur Auswanderung nach Polen (jährlich i. D. 24000), vor allem aber nach Amerifa veranlaßt.

In Öſterreich=Ungarn gibt es 2 163 000 Juden (4% der Bevölfe= rung), die wohl durchweg oſteuropäiſcher Herfunft ſind. Nach Kultur, völfiſchem Bewußtſein, Sprache und Lebensweiſe ſind jedoch nur die 1 Million galiziſcher und bufowiner Juden dem Oſtjudentum zuzurech= nen, ſoweit es mit dem ruſſiſch=polniſchen zuſammen als ein Volfsförper mit gleichgerichtetem Streben zwiſchen den übrigen Völfern ſich geltend macht. Von der anſäſſigen Bevölferung Galiziens und der Bufo= wina machen ſie 12½% aus, ihre Beſchäftigung iſt Handel, Handwerf und Schanfgewerbe. Trotz ihrer politiſchen Gleichſtellung hat die ge= ſetzliche Einſchränfung des Wanderhandels und Schanfbetriebes ihre wirtſchaftliche Lage ſo ungünſtig geſtaltet, daß eine ſich verſtärfende Wanderung in Fluß fam. Schon 1902—1909, noch vor jenen Ge= werbebeſchränfungen betrug der Jahresdurchſchnitt der öſterreichiſch= jüdiſchen Zuwanderung in die Vereinigten Staaten 16000, von 1902 bis 1913 überſteigt ihre Geſamtzahl 200000 = 10% der öſterreichiſch= ungariſchen Judenheit. Die Freiheit des Studiums und der Be= rufswahl hat eine jüdiſche Überfüllung des Ärzte= und Anwaltſtandes bewirft und ein gebildetes Judenproletariat geſchaffen. Der ruſſiſche Einbruch in Galizien und der Bufowina hat natürlich weitere, noch viel bedeutendere Verſchiebungen gebracht; trotz der behördlich an= geordneten Rückfehr werden zahlloſe Flüchtlinge im Weſten, beſon= ders in Wien haften bleiben, wo einzelne Stadtteile bereits ein oſt= jüdiſches Gepräge tragen.

In der folgenden Überſicht ſind als „Oſtjuden" nur die geſchloſſen in Oſteuropa wohnenden und als ſolche politiſch für uns in Betracht fommenden Juden, nicht aber ihre Abfömmlinge in Weſteuropa,

Amerika und der übrigen Welt bezeichnet. Auch ist zu bedenken, daß
der Krieg unter den Juden Rußlands sehr bedeutende Verschiebungen
bewirkt hat, die aber das Gesamtbild kaum verändern. Die Zahlen
geben im allgemeinen den Stand von 1911. Die Prozente beziehen
sich auf das Verhältnis zur Gesamtbevölkerung.

		%			%
Deutsches Reich . .	615 000	0,95	1913 Kongreßpolen	1 975 000	15
Großbritannien . .	258 000	0,55	russische		
Niederlande . . .	106 000	2,00	Ukraine	2 500 000	12
Frankreich . . .	95 000	0,24	Litauen . .	473 000	12,6
Italien	50 000	0,15	Außerhalb		
			der Ansiede=		
			lungsbezirke	177 000	—
Österreich=Ungarn . .	1 163 000	2,28	Rußland	5 125 000	4,23
(ohne Galizien und			Galizien und Bu=		
Bukowina)			kowina . .	1 000 000	12,5
Sonstiges Europa . .	133 000	—	Rumänien . . .	250 000	5,3
			Balkan	350 000	2,00
Westeuropa . . .	2 400 000	0,98	Ostjuden	6 725 000	
Amerika	2 250 000	1,24			
Afrika (Südafrika und			alle Juden der		
Mittelmeerländer)	355 000	1,00	Erde .	12 125 000	
Australien	20 000	0,3			
Asien	375 000	0,04			
Gesamteuropa . . .	9 125 000	2,1	Davon Ostjuden .		55,5

Seit jeher hatten natürlich Beziehungen dieser Ostjuden zu ihren
Glaubensgenossen in Deutschland bestanden, waren jährlich Familien
aus den immer drückender werdenden Verhältnissen nach Westeuropa
und Amerika gewandert. Sehr viele, wenn nicht die Mehrzahl unserer
deutschen Juden stammen aus den Ghetti des Ostens. Diese Aus=
wanderung verstärkte sich in dem Maße, wie die russische Gesetz=
gebung und Verwaltung judenfeindlicher wurde. Besonders seit Mitte
der 90er Jahre vorigen Jahrhunderts wuchs die Abwanderung und
erreichte ihren Höhepunkt 1906 nach der Niederwerfung der Revolu=
tion, als deren Schürer mit Recht oder Unrecht die Juden bezeichnet
wurden; jedenfalls entlud sich die Rache der Reaktion gegen sie und
die Judenstädte der Ukraine wurden zum Schauplatz der Pogrome.
In Polen äußerte sich die Judenfeindschaft entsprechend ihrer nicht
politischen, sondern wirtschaftlichen Ursache nur in wirtschaftlichem
und gesellschaftlichem Boykott. Ja Tausende ukrainischer Juden wan=
derten jährlich in Polen zu und trugen — neben der hohen Geburten=
ziffer — bei zu dem Anwachsen des polnischen Judentums, das von

11,4 % der Bevölkerung im Jahre 1850, auf 16 % im Jahre 1913 anwuchs. Der Hauptſtrom der oſtjüdiſchen Auswanderung ergoß ſich jedoch nach den Vereinigten Staaten von Amerika; von 1880 bis 1912 ſind dort 2 258 000 Juden eingewandert, von 1898—1912 allein 1 246 000 Juden aus Rußland, von 1902—1909 126 000 öſterreichiſche (galiziſche) Juden. In New=York wohnen heute über 1 Million meiſt öſtliche Juden und zwar zuſammengedrängt in freiwilligen Ghetto= bezirken. Ihr religiöſes, geſellſchaftliches und Wirtſchaftsleben ſetzen ſie zunächſt in der gewohnten Weiſe fort, ſind arm und fromm, han= deln und monopoliſieren einzelne Berufe. Ihre Kinder aber füllen zu 75 % die Seminare und Colleges und überſchwemmen das Ge= werbe der Ärzte und Rechtsanwälte. Auch Kanada, Südafrika, Ar= gentinien und Auſtralien ſind Ziele der oſtjüdiſchen Auswanderung, London und Paris haben ihre Ghetti, von wo indeſſen in den letzten Jahren Tauſende nach Amerika abſtromten.

Gegen dieſe Maſſeneinwanderung bedürfnisärmer und daher lohn= drückender, auch geſundheitlich und ſittlich nicht einwandfreier Elemente erhob nun die Arbeiterſchaft der Einwanderungsländer Widerſpruch. Insgeheim mögen bei vielen Amerikanern auch raſſenhygieniſche Be= denken mitſpielen, die W. Sombart in die Worte faßt: „Wenn die Zu= wachsziffern der verſchiedenen Völker dieſelben bleiben, ſo erſcheinen die Vereinigten Staaten nach 50 bis 100 Jahren als ein Land, das nur noch von Negern, Slawen und Juden bewohnt iſt und in dem die Juden natürlich die wirtſchaftliche Hegemonie an ſich geriſſen haben werden." Man könnte unter Anerkennung dieſes Satzes auch den weiteren Schluß ziehen, daß ein ſtarker jüdiſcher Einſchlag, der in ſeinen raſſen= haften Anlagen dem Amerikanertum in Wirtſchaft und Politik kon= genial iſt, vorzüglich geeignet wäre, unter ſeiner Hegemonie das Völkergemiſch zu vereinigen und zu einer bisher nicht vorhandenen Volkseinheit zu verſchmelzen. Bei dem raſchen Aufſtieg und der anders gerichteten Erwerbsbetätigung der oſtjüdiſchen Einwanderer ſind die Löhne der Arbeiterſchaft dauernd nicht ſo ſehr gefährdet, wie die Spekulationsgewinne und — infolge ihrer Kinderarmut — die Zukunft der heute noch herrſchenden Geldariſtokratie. — Welcher Art dieſe Bedenken auch ſein mögen, jedenfalls haben ſie zu einer Verſchärfung der Einwanderungsgeſetze geführt, die auf eine Ein= dämmung des oſtjüdiſchen Wanderſtromes abzielten. Es wurden aus= geſchloſſen: Menſchen von geſellſchaftsfeindlichem oder unſittlichem

Lebenswandel, solche, die mit einer ansteckenden oder abstoßenden Krankheit behaftet sind; Arme und Erwerbsunfähige, die voraussichtlich der öffentlichen Armenpflege anheimfallen würden, Vertragsarbeiter. Als Mindestbesitz müssen 200 Mark und als Mindestbildung Schreib= und Lesekunde einer europäischen Sprache nachgewiesen werden. Diese Bestimmungen sind zumeist leicht zu umgehen und erwiesen sich als unwirksam, die ostjüdische Zuwanderung wesentlich einzuschränken. Das australische Gemeinwesen hat unter der Regierung der Arbeiterpartei den Grundsatz „Australien für die Weißen" aufgestellt und alle Farbigen von der Einwanderung ausgeschlossen. In Wahrheit ist aber der Rassengedanke nur ein Vorwand, um Chinesen, Japaner und andere Menschen niedrigerer Lebenshaltung vom Arbeitsmarkt fern und die Löhne hoch zu halten. Folgerichtig wird darum seit einigen Jahren auch dunkelhäutigen Südeuropäern und den Ostjuden der Eintritt verwehrt. Auch in Australien wird die Schreiblesekenntnis einer europäischen Sprache verlangt, „Jiddisch" aber nicht als solche anerkannt. Übrigens war bisher die ostjüdische Auswanderung nach Australien unbedeutend.

Diese Einwanderungserschwerungen werden, auch wenn sie bei der Art ihrer Ausführung die gewollte Wirkung nicht erzielten, immerhin dazu beitragen, den ostjüdischen Wanderstrom auf das Deutsche Reich abzulenken. Der Krieg wird über die politische Gestaltung des Ostens und damit auch über das Schicksal der Ostjuden entscheiden. Es ist selbstverständlich, daß wir auch bei dieser Frage nur das deutsche Interesse zu vertreten haben.

Mindestens die Hälfte, nämlich die litauischen und polnischen Juden, werden unter eine andere politische Herrschaft kommen. Auch in Kongreßpolen hat sich, wie einst in Posen, ein kräftiger polnischer Mittelstand gebildet, Genossenschafts= und Kassenwesen hat den jüdischen Geldleiher und Mittler ausgeschaltet, im scharfen wirtschaftlichen Boykott sucht das Bürgertum das jüdische Monopol in Handel und Handwerk zu brechen. Die politische Stellungnahme des durchweg sozialistisch oder zionistisch gesinnten Judentums zu dem nationalen Polentum hat diesen Gegensatz verschärft, der nach der vorübergehenden Räumung Polens durch die deutschen Truppen sich in häßlicher Weise äußerte: die Juden wurden von polnischer Seite als Begünstiger der Deutschen hingestellt und der Rache der Russen ausgeliefert. Es ist mit Sicherheit zu erwarten, daß dieser wirtschaftliche und poli-

tifche Antijemitismus in einem politijch jelbftändigen Polen zunehmen
wird. Der Verluft des ruffifchen Abjatzgebietes für die Lodzer Textil=
induftrie wird ferner viele Taujende jüdifcher Angeftellter, Agenten
und Heimarbeiter brotlos machen und zur Auswanderung drängen;
wenn nicht den Juden andere, jeither verjchloffene Erwerbsmöglich=
keiten geöffnet werden. Die Aufhebung des Wohnzwanges in Städten,
die Freizugigkeit in Polen, das Recht des Grunderwerbes würde
folche Möglichkeiten fchaffen. Nur müßten diefe Maßnahmen fchon
von der vorläufigen deutfchen Verwaltung getroffen und dem pol=
nifchen Gemeinwefen bindend auferlegt werden, da von ihm frei=
willige Einräumungen diefer Art nicht zu erwarten wären.

Von jüdifcher Seite wird allgemein die nationale oder kulturelle
Autonomie der Oftjuden verlangt. (Dr. Fr. Oppenheimer im Oftjuden=
heft der Sdd. M., Dr. Bodmer „Ein neuer Staatenbund und das
Oftjudenproblem“, Stuttgart 1915 u. a. m.) Die Oftjuden haben fich
in ihrer freiwilligen oder erzwungenen Abgefchloffenheit das Bewußt=
jein ihrer Volksgemeinfchaft erhalten und fich kulturell eigenartig
entwickelt. Sie lehnen das Aufgehen im Polentum ab und bean=
jpruchen — im Rahmen des polnifchen Staatswefens — die auto=
nome Ordnung ihrer Kulturangelegenheiten. Ebenfo wie heute in
allen Kulturftaaten das religiöfe Bekenntnis und die Kirchenzuge=
hörigkeit, jo joll in nationalgemifchten Staaten — hier in Polen —
die nationale Zugehörigkeit in die freie Wahl jedes Erwachfenen ge=
ftellt werden. Auf Grund diefer freiwilligen Erklärung werden alle
wahlberechtigten Burger in die Matrikel ihrer Sprach= und Kultur=
gemeinfchaft eingetragen. Diefe bildet eine Wahlkurie, die ihre eigenen
Abgeordneten in die Vertretungskörper, den Stadtrat oder das
Parlament wählt. — Diefe Grundfätze, die fich in der Bukowina und
in Mähren bewährt haben, befeitigen die nationalen Reibungsflächen
auf den Gebieten, auf denen fie am gefährlichften find, und fchaffen
die Möglichkeit einer fachlichen, aus wirtfchaftlichen und fozialen Be=
weggründen entfpringenden Auseinanderfetzung in den Parlamenten.
Dadurch, daß jede Volksgemeinfchaft gefondert wählt, ift beim Wahl=
kampf die nationale Parole ausgefchaltet. Dadurch, daß jede Natio=
nalität ihre kulturellen Einrichtungen aus ihren eigenen Mitteln und
Steuerquellen zu fchaffen hat, wird das Beftreben nach kultureller
Unterdrückung der Minderheiten verfchwinden. An ihre Stelle tritt
ein friedlicher Wettbewerb um kulturelle Hebung. Diefes Syftem der

nationalen Matriken und Kurien ist von dem bekannten (sozialdemo=
kratischen) Nationalökonomen Renner wissenschaftlich begründet worden.
Der Rektor der Wiener Universität, Professor Bernartzick sagt in
seiner Inaugurationsrede: Maßgebend für die Nationalität kann nur
das Bekenntnis sein. Die Nationalmatriken sind mit jeder Volks=
zählung aufzustellen. Alle nationalen Rechte und Pflichten wären
von der Eintragung in die Matriken abhängig, das Recht auf den
Verkehr in einer bestimmten Sprache, die nationale Ämterfähigkeit,
das nationale Wahlrecht und das Recht, nicht aber die Pflicht, die
nationalen Anstalten zu benutzen. (Bodmer a. a. O.) Die nationalen
Körperschaften regeln ihre Sprach= und Kulturangelegenheiten autonom
nach den vom Staat allgemein erlassenen Vorschriften, insbesondere
das Schulwesen von den Volks= bis zu den Hochschulen, die Unter=
haltung von Museen und Theatern, die Rechtshilfe bei Prozessen
vor Gerichten mit anderer Sprache. Sie haben für die Erfüllung
ihrer Kulturzwecke Steuerhoheit innerhalb ihrer nationalen Gemein=
schaft. (Oppenheimer a. a. O.) Also nicht die Religion oder Rasse
sondern der freie Wille entscheidet über die Zugehörigkeit zu einer
bestimmten nationalen Kurie. Polnisch assimilierte Juden sollen nicht
in die jüdische Kurie gezwungen werden. Da in Kongreßpolen 697 000
Deutsche wohnen, so gäbe es außer der polnischen und jüdischen auch
eine deutsche Kurie, in die nach den angegebenen Grundsätzen auch
Juden lediglich auf Grund ihrer Erklärung eintreten könnten. Das
wäre insofern nicht unbedenklich, als durch einen Masseneintritt von
Juden das Wesen und die Ziele der deutschen Körperschaft verändert
und in den Dienst fremder Interessen gestellt würden. Auch könnten
sich auf diesem Weg über die deutsch=polnische Kurie die Juden den
Eintritt in das Deutsche Reich öffnen, von dem sie ja gerade durch
diese wirtschaftliche und politische Besserstellung in Polen abgelenkt
werden sollen. Daher wäre ein Mitbestimmungsrecht der Korpo=
ration über den Eintritt völkisch fremder Elemente nicht zu entbehren.

Jene Vorschläge der nationalen Autonomie haben vieles für sich.
Der gewaltsamen Polonisierung, etwa durch eine polnische Zwangs=
volksschule, der Deutschland schon mit Rücksicht auf die wirtschaftliche
und militärische Bedeutung des jiddischen Dialektes nicht zustimmen
könnte, wäre vorgebeugt.

Sowohl in den jiddischen als den deutschen Schulen kann unter
diesen Umständen das Polnische zum Unterrichtsgegenstand gemacht

werden, als Unterrichtsſprache dürfte es nicht in Betracht kommen. —
Die Autonomie bei ſonſtiger Gleichberechtigung wurde die Oſtjuden
als Volk erhalten, ihnen die wirtſchaftliche und nationale Entwicke=
lung ſichern und die aufſtrebenden Elemente unter ihnen an ihre pol=
niſche Heimat feſſeln. Gegen ein übermächtiges, ihnen unfreundliches
Polentum würden ſie — wie in Kurland — Anlehnung an das
Deutſchtum ſuchen, andererſeits aber durch ihre Beziehungen zu dem
ukrainiſchen Judentum und zu dem ruſſiſchen Wirtſchaftsleben die
Brücke ſchlagen, deren wir für die Ausdehnung unſres Handels nach
dem Oſten bedürfen. In ähnlicher Weiſe wäre auch das Verhältnis
der Judenſchaft in den feindlichen Landesteilen zu regeln, die wie
Litauen dem Reiche enger angegliedert werden. Die nichtdeutſchen Be=
wohner treten hier zum Reich in das Verhältnis von Schutzbefohlenen,
nicht von Reichsangehörigen. Eine weitgehende Autonomie könnte
ihnen für die Regelung ihrer kulturellen Angelegenheiten zugebilligt,
die Freizügigkeit im Deutſchen Reiche mußte ihnen aber verſagt
werden.

Von nicht minderer Wichtigkeit für eine Löſung der Oſtjudenfrage
im deutſchen Sinne iſt neben der Verhinderung eines Abſtrömens der
zuſammengepreßten jüdiſchen Maſſen nach Weſten, gerade die Er=
leichterung einer Abwanderung und Verteilung derſelben nach Oſten.
Der jüdiſchen Zuſammenballung ſo nahe der deutſchen Grenze muß,
wenn ſie nicht eine ſchwere Gefahr für die Zukunft bleiben ſoll, ein
Abfluß nach Oſten ermöglicht werden. Die zukünftige Lage der unter
ruſſiſcher Herrſchaft verbleibenden Oſtjuden wird einen wichtigen Gegen=
ſtand der Friedensverhandlungen bilden müſſen. Schon früh während
des Krieges mußte Rußland unter dem Zwang der Verhältniſſe und
dem Druck der in England und Frankreich einflußreichen Kreiſe eine
freiere Behandlung ſeiner Juden zuſichern. Die Revolution berechtigt
zu noch größeren Hoffnungen und das Intereſſe des deutſchen Volkes
verlangt eine Verbeſſerung der Lage des Oſtjudentums und Aufhebung
der Beſchränkungen auch dort, wo dieſes nicht unter die Botmäßigkeit
oder den Einfluß des Deutſchen Reiches gelangt. Daher muß in Rußland
das Rayongeſetz fallen, Freizügigkeit und freie Berufswahl und das
Recht des Grunderwerbes für die Juden eingeführt werden. Wenn un=
haltbare Zuſtände im Nachbarland das Wohl des eigenen Volkes und
Staates bedrohen, muß von dem Grundſatz der Nichteinmiſchung ab=
gewichen werden. Zumal dem Sieger ſteht es wohl zu, dem Beſiegten

solche Bedingungen aufzuerlegen und eine Gefahr künftiger Verwicke=
lungen zu beseitigen. Die Forderung kann sich stützen auf die Zustimmung
aller, auch der heute feindlichen Mächte und auf die im Kriege be=
reits erteilte Zusage des russischen Kaisers. Dabei ist nicht notwendig,
daß der Juden wegen Ausnahmeabmachungen mit Rußland verein=
bart werden, sondern es wird genugen, wenn sämtlichen früheren ruf=
sischen Staatsangehörigen, also auch den Juden, auf eine längere
Frist, vielleicht zehn Jahre, das Recht der Option für ihren alten
Staat eingeräumt wird. Nach dem auch für den Abfluß von Men=
schen geltenden Gesetz, daß der Strom sich stets nach der Richtung
geringsten Widerstandes bewegt, wird ein sehr großer Teil der Juden,
denen es in Polen=Litauen an dem nötigen Lebensraum fehlt, diese
Möglichkeiten, das noch völlig brach liegende Feld Großrußlands in
Angriff zu nehmen, benutzen. Die ungestörte Ausübung jeder Er=
werbstätigkeit im ganzen russischen Reiche muß ihnen zu diesem Zwecke
gesichert werden. Auch das Verbot des Erwerbes und der Pachtung
von Land in Rußland ist aufzuheben. Hiermit würde nicht nur der
Überfluß der litauischen und der vom wirtschaftlichen Antisemitismus
bedrängten polnischen Juden seine Blicke auf Rußland statt auf West=
europa richten, sondern auch den unter russischer Herrschaft verblei=
benden Juden die Lebens= und Ausdehnungsmöglichkeit gesichert,
und die Ursache ihrer Auswanderung nach dem Westen beseitigt.
Rußland mit seiner unbegrenzten Entwickelungsmöglichkeit bedarf
solcher rührigen Vermittler, um die Volkswirtschaft zu heben und sie
dem Kreislauf europäischen Wirtschaftslebens anzuschließen. Auch nach
Asien werden die gegebenen Vermittler und Wegebahner deutschen
Handels infolge mannigfacher Beziehungen und Fähigkeiten, vor allem
auch vermöge ihrer vielverspotteten „jiddischen" Sprache, die Juden
sein. Diese auf fremder Grundlage fortentwickelte und deshalb seltsam
wirkende deutsche Mundart wird von jedem Deutschen ohne weiteres
verstanden; sie ist die Muttersprache fast aller Juden in Polen, Ruß=
land, Galizien, Rumänien, auf dem Balkan bis nach Vorderasien, der
nach England, Amerika, Australien ausgewanderten, im ganzen von
über 10 Millionen Juden. Es gibt zahllose jiddische, mit hebräischen
Schriftzeichen gedruckte Zeitungen und eine nicht unbedeutende Lite=
ratur; jiddische Übersetzungen vermitteln der Judenheit die Erzeug=
nisse deutschen Geisteslebens. Hiermit sei nicht gesagt, daß die Ost=
juden „deutsch kultiviert" seien, sie haben — als selbständiges, in sich

geſchloſſenes Volk ihre eigene, in ihrer Raſſe begründete Kultur.
Aber es wäre Torheit, ſie als Helfer und ihre Sprache als Vermitt=
lerin bei der notwendigen Ausdehnung unſeres wirtſchaftlichen und
politiſchen Einfluſſes abzulehnen. Auch das jedem Überſeereiſenden
bekannte, ebenſo komiſch wirkende „Pitchin=Engliſch" der Neger, Inder,
Chineſen, Ozeanier hat engliſchen Handel und Einfluß in der Welt
geſtützt und verbreitet. — Vielleicht wird, nach einer Aufhebung des
Grundbeſitzverbotes, ein Teil der Oſtjuden ſich der Landwirtſchaft zu=
wenden. Die geſchichtliche Erfahrung im nachbibliſchen Zeitalter ſcheint
allerdings dieſe Hoffnung nur wenig zu rechtfertigen, aber in neueſter
Zeit haben die jüdiſchen Ackerbaukolonien in Paläſtina doch beſſeren
Erfolg gehabt. Auch in Rußland verſuchte Nikolaus I., einen Teil
der Juden zur Landwirtſchaft zurückzuführen; er gründete 327 dörf=
liche Niederlaſſungen in Litauen und der Ukraine, indem er Staats=
ländereien unter jüdiſche Anſiedler verteilen ließ. Der teilweiſe Miß=
erfolg dieſer Koloniſation iſt in der Hauptſache nicht den Juden,
ſondern der ruſſiſchen Verwaltung und veränderten Judenpolitik zu=
zuſchreiben.

Das deutſche Intereſſe erfordert, daß für die Juden in Polen und
Rußland erträgliche Lebensbedingungen geſchaffen werden. Auch der
Zionismus verdient aus denſelben Gründen reindeutſchen Intereſſes
unſere Aufmerkſamkeit und Förderung. Er erſtrebt für das jüdiſche
Volk eine öffentlich rechtlich geſicherte Heimſtätte in Paläſtina als
freies, allen übrigen ottomaniſchen Völkern gleichgeſtelltes Volk unter
türkiſcher Oberhoheit, eine zuſammenhängende jüdiſche Bevölkerung
mit der Landwirtſchaft als Grundlage und dem Hebräiſchen als natio=
nale Sprache.

Es iſt nicht wahrſcheinlich, daß dieſes Programm in abſehbarer
Zeit zur Erfüllung gelange; möglich aber immerhin, daß ſich aus
den kleinen Anfängen jüdiſcher Koloniſation mit Hilfe der großen
zur Verfügung ſtehenden Mittel und bei geſchickter Ausnutzung der
politiſchen Umſtände ein autonomes Gemeinweſen beſcheidenen Um=
fanges in Paläſtina bilde, gewiſſermaßen als ein Rom des Judentums.
Die Mehrzahl der Oſtjuden iſt zioniſtiſch geſinnt und einem neu=
erſtandenen Judäa würden ohne Zweifel Tauſende begeiſterter Bürger
zuſtrömen. Die Lebensfähigkeit des Gemeinweſens hinge freilich von
der Zahl und Tüchtigkeit ſeiner Ackerbauer ab. Für die Türkei könnte
die Zuwanderung einiger Hunderttauſende rühriger und ſtrebſamer

Bürger und Bauern nur vorteilhaft sein; auch politische Bedenken
könnten im Ernst nicht erhoben werden. Wohl aber wäre es für die
Türkei von großer Bedeutung, wenn die Teilnahme des internationalen Judentums mittelbar an das Gedeihen des Osmanischen
Reiches gebunden würde.

Wie auch immer man sich als Mensch zum Judentum stellen
möge — auf jeden Fall bedingt das deutsche Interesse möglichste
Fernhaltung des ostjüdischen Zuflusses von unserem Wirtschafts- und
Kulturleben. Wenn Nachum Goldmann (Sdd. M. S. 821) sagt: „Man
braucht bloß an die Rolle zu denken, die die Juden in Westeuropa seit
ihrer Emanzipation spielen, um sich vergegenwärtigen zu können,
von welcher Bedeutung diese Millionen Juden besonders für Deutschland werden können", so durfte er bei sehr vielen Deutschen Vorstellungen erwecken, die zu dem festen Entschluß führen, diese Millionen von unserem Vaterlande fernzuhalten. Unter Wehen und
Kampfen ist eine notdürftige Angleichung der 615000 Juden an
unser deutsches Volk erreicht worden. Beide Teile haben dabei
Schaden erlitten an ihrer Seele, und die Juden haben in ihrer Mehrheit mit dem gewollten Aufgehen im deutschen Volk den Weg ihrer
westjüdischen Vorfahren beschritten. Theilhaber und Wassermann
haben nachgewiesen, daß die deutschen Juden mit ihrem Zuge vom
Lande zur Stadt, vom Osten nach dem Westen, mit ihrem wachsenden
Wohlstand, ihrer Abkehr vom religiösen Leben der Rassenentartung,
dem Maltusianismus, dem allmählichen Untergang verfallen sind.
Nur dem Zuzuge aus dem Ostjudentum verdanken sie eine geringe
absolute Zunahme (1871—1910: 97000). Ihr Anteil an der Einwohnerzahl des Deutschen Reiches ist von 1,25 % in 1871 auf 0,95 %
in 1910 gesunken. Der judische Geburtenüberschuß in Preußen,
Bayern und Hessen sank stetig von 13,8 ‰ in 1876,80 auf 9,3 ‰ in
1881/90, 6,4 ‰ in 1891/1900, 4,4 ‰ in 1901 05, 3,7 ‰ in 1906/10.
Der Geburtenuberschuß der deutschen Gesamtbevölkerung schwankt
von 1885—1907 zwischen 13 und 15 ‰ und betrug 1910: 13,6 ‰.
(Fritz, Ostjudenfrage, Zionismus und Grenzschluß. Munchen bei
Lehmann 1915.) Anpassung an und Aufgehen in das deutsche Volk bedeutet also für die deutschen Juden als besondere Rasse ein allmäh-
liches Verschwinden. Eine Massenzufuhr ostjüdischen Blutes würde diesen Vorgang hemmen, sehr zum Schaden der angesessenen Judenheit ihre
Eindeutschung unterbrechen, für das deutsche Volk die Judenfrage zu

neuem Leben anfachen und ihre Löfung nur im Sinne einer Ausnahme= gefeßgebung ermöglichen. Unfere deutfchen Affimilationsjuden find fich diefer Gefahr wohl bewußt, und zahlreiche Stimmen, jüdifche wie nicht= jüdifche, verlangen, daß rechtzeitig, d. h. noch vor dem Friedensfchluß, Vorkehrungen, wenn auch vorläufiger Art, getroffen werden, um der zu erwartenden Maffeneinwanderung von Oftjuden vorzubeugen.

Seitdem dies gefchrieben wurde, ift die Revolution in Rußland ausgebrochen und hat mit der Zwingherrfchaft des Zaren auch die Ghettomauern geftürzt. Selbft eine fiegreiche Reaktion könnte fie dauernd nicht wieder aufrichten. Wahrfcheinlich aber werden aus dem Umfturz die befreiten Völker Rußlands fich mehr oder weniger felbftändige Einzelftaaten aufbauen, in denen auch die Juden wirt= fchaftliche Bewegungsfreiheit, in Weftrußland vielleicht auch die po= litifche und kulturelle Autonomie erlangen werden. Wir würden eine folche Entwicklung begrüßen; denn jede Befferftellung der Oftjuden, befonders ihre Freizügigkeit in Rußland und Polen, vermindert die durch ihre Zufammenpferchung bewirkte elementare Spannung, die troß des — in jedem Falle erforderlichen — Grenzfchluffes die Ge= fahr erzeugt, daß diefe Millionen von Oftjuden fich auf heimlichen Schleichwegen oder bei einem politifchen Dammbruch als Maffenflut über unfer Vaterland ergießen.

Agrarfrage und Agrarreform in Rußland.[1]

Von W. D. Preyer in Straßburg i. E, z. Z. in Bukarest.

Die Agrarfrage in Rußland, die in den letzten Jahrzehnten sich immer mehr zuspitzte, bis die Revolution 1905—1906 mit erschreckender Deutlichkeit den tatsächlich bestehenden gefährlichen Zustand enthüllte, war rein bäuerlicher Natur. Ihre Ursachen reichen bis zur Bauernbefreiung vom 19. Februar 1861 zurück: diese brachte die persönliche Freiheit, blieb im übrigen aber auf halbem Wege stehen, da die Eigentumsverhältnisse am Grund und Boden keine zweckmäßige Regelung fanden. Die sachliche Grundlage der Produktion war damals nicht genügend festgelegt worden; mit diesem Punkte ausschließlich beschäftigt sich die 1906 eingeleitete Reform. Die Regelung der Eigentums= und Nutzungsverhältnisse am Grund und Boden ist ihre einzige Aufgabe.

Daher ist hier zuerst die Entstehung der Bauernfrage klarzulegen: aus welchen Ursachen ist die Lage der Bauern so geworden, daß die große, umwälzende Reform unabweislich wurde? Die Gründe liegen in den bei der persönlichen Befreiung begangenen Fehlern und in der Agrarverfassung, der eigentümlichen Feldgemeinschaft, ganz besonders aber in der Gemengelage und den von ihr verursachten Folgen. Eine Reihe von Momenten, teils ökonomischer, teils rechtlicher Art, haben zusammengewirkt, um eine derart schlechte Lage der Bauern zu schaffen, daß sie schlechter überhaupt kaum gedacht werden kann.

I. Die historischen Grundlagen.

Drei Kategorien von Bauern gab es zur Zeit der Leibeigenschaft: die gutsherrlichen, die Apanage= und die Domänenbauern;

---

[1] Auf dem kurzen, zur Verfügung stehenden Raume können nur andeutungsweise die wichtigsten Punkte knapp hervorgehoben werden. Ausführliche Darstellung in: W. D. Preyer, Die russische Agrarreform. Jena 1914, Gustav Fischer, XIV u. 415 S.

Bei der Befreiung schnitten die ersten am schlechtesten ab: die Ab=
grenzung des ihnen zugewiesenen Landes fiel durchweg zugunsten der
Gutsbesitzer aus, so daß die den Bauern als Gegenleistung für die
Befreiung auferlegten Lasten für ihre Leistungsfähigkeit zu hoch waren.
Die Apanage= und Domänenbauern waren nicht so schlecht ge=
stellt: ihr Landanteil war größer und das ihnen zugewiesene Land
von besserer Qualität. Im ganzen erhielten in den Jahren 1861—63
die Freiheit: 22,4 Millionen Bauern, die mit 116,9 Millionen Deß=
jatinen Land ausgestattet wurden. Die gutsherrlichen Bauern, die
an Zahl 45% ausmachten, erhielten nur 29% des Landes; bei den
Domänenbauern sind die Zahlen 43 und 49, woraus der erwähnte
Unterschied klar erhellt; der Rest verteilt sich auf die Apanagebauern
und sonstige Kategorien.

Die Bewirtschaftung des den Bauern bei der Befreiung über=
wiesenen Landes fand auf Grund der Feldgemeinschaft statt, die,
schon vorher in ganz Groß= und einem Teil von Kleinrußland be=
stehend, durch die neue Gesetzgebung nicht berührt wurde, obwohl
diese unverkennbar zeigt, daß die Verfasser von ihrem allmählichen
Absterben überzeugt waren.

Das Gesetz vom 19. Februar 1861 unterscheidet: Feldgemeinschaft
mit Gemeindebesitz und mit Einzelbesitz, wobei unter der erste=
ren nach dem Text jenes Gesetzes zu verstehen ist: „diejenige alt=
hergebrachte Nutzungsart, bei welcher das Land durch Gemeinde=
beschluß unter die Bauern nach Seelen oder einem anderen Modus
umgeteilt oder verteilt wird, die für den Nießbrauch des Landes
auferlegten Verpflichtungen aber unter solidarischer Haft getragen
werden."

Von den beiden früheren Hauptarten der Bauernschaft, staatlichen
und gutsherrlichen, bevorzugten die Staatsbauern, besser gestellt, mit
höheren Erträgen als Zahlungen, fast ausschließlich die Feldgemein=
schaft mit Umteilungen; bei den Gutsbauern dagegen zeigte sich eine
mindestens gleich starke Tendenz zum Einzelbesitz ohne periodische Um=
teilungen. Trotz dieses Hauptunterschiedes und einer Reihe weniger
wichtiger war doch im allgemeinen durch die Befreiung ein im ganzen
einheitliches Fundament geschaffen worden, auf dem die nunmehr
persönlich freien Bauern ihr wirtschaftliches und soziales Leben auf=
bauen sollten. Für die gesamte weitere Entwicklung bis zur Revo=
lution ist neben der grundlegenden Bedeutung der Feldgemeinschaft

eine Reihe von treibenden Momenten ausschlaggebend gewesen, deren
Einflüsse kurz anzudeuten sind.

1. Landversorgung. Das Anteilland (Nadjel), d. h. das durch
die, Befreiung überwiesene, feldgemeinschaftlich zu nutzende — im
Gegensatz zum käuflich erworbenen und in Privateigentum stehendem
oder gepachtetem Land — betrug im Durchschnitt des europäischen
Rußlands:

6,7 Deßjatinen bei den Staatsbauern,
4,9   „   „   „ Apanagebauern,
3,2   „   „   „ Gutsbauern.

Die absolute Zahl der Ausdehnung des Anteillandes gibt aber
keine genügende Vorstellung über die Landversorgung der Bevöl=
kerung; man muß sie in Verbindung bringen mit dem Bedarf, der
ihr gegenübersteht, und den Arbeitskräften, die zur Verfügung
sind, d. h. man muß sie unter dem Gesichtspunkt der Konsumtions=
und Produktionsnorm betrachten. Seit dem Beginne der 70er Jahre
kehrt in allen Schriften die Angabe wieder, daß das Anteilland nach
beiden Gesichtspunkten hin nicht ausreicht; in der letzten Zeit heißt
es sogar, daß in der Mehrzahl der Fälle auf ihm nicht einmal das
Existenzminimum erzielt werde, das in Rußland mit 19 Pud = etwa
316 kg Getreide pro Kopf angegeben wird Also erste Tatsache: viel
zu geringe Landversorgung der Bauern.

Die Grundlage einer gesicherten Wirtschaft, die ausreichende Ver=
sorgung mit Land, hat dem Bauern von vornherein gefehlt und konnte
trotz alles Bestrebens der Bauern weder durch Zukauf noch durch
Pacht hinreichend vergrößert werden. Namentlich hielt die erreichte
Vergrößerung — bei gleichbleibender Produktivität — nicht Schritt
mit der Bevölkerungszunahme.   .

Die durch das Leibeigenenrecht zurückgehaltene natürliche Volks=
vermehrung zeigte sich nach der Emanzipation in normalem Umfange:
in 40 Jahren hat die bäuerliche Bevölkerung um etwa 90% zugenom=
men: sie wuchs von 45 auf 85 Millionen. Hier liegt der Kernpunkt
des Problems und der letzte Grund der Bauernfrage: Bevölke=
rungszunahme um das Doppelte — Landvermehrung nur um Ge=
ringes, ein Fünftel etwa, wie die Berechnungen ergeben. Ganz
natürlich, daß die Lage äußerst empfindlich wurde, und daß im Land=
mangel der wesentlichste, wenn nicht einzige Grund der ländlichen
Not erblickt wurde.

2. Ein sehr wichtiges Moment war ferner der Mangel der landwirtschaftlichen Technik. Zugegeben, daß ein absoluter Landbedarf bestand — konnte nicht durch Anwendung verbesserter Anbaumethoden, durch Intensivierung des Betriebs das Mißverhältnis zwischen Bevölkerungszahl und vorhandenem Lande ausgeglichen werden? Hier tritt als unüberwindliches Hindernis die eigenartige Dorfverfassung, die Feldgemeinschaft, entgegen: die Versammlung der männlichen Mitglieder, der „Mir", verfügt über den Grund und Boden und der einzelne ist nur zeitweiliger Nutznießer der ihm zugewiesenen Parzelle. Mannigfaltig sind die Folgen dieses Zustandes.

1) Der einzelne gerät in völlige Abhängigkeit vom Mir; da er sein Land nur zeitweise besitzt, fehlt der Anreiz zu sorgfältiger Bearbeitung; persönliche Initiative und Unternehmungslust fehlen völlig. 2) Da absolute Gleichheit in Größe und Güte des Bodens den Hauptgrundsatz bei der Zuteilung bildeten, war die nächste Folge eine außerordentlich zersplitterte Gemengelage. Oft zerfiel der Anteil eines Bauern in 100 und mehr Teile. Mit der Gemengelage sind natürlich zahlreiche gegenseitige Servituten verbunden, wie Weide, Viehtrieb, Wegegerechtigkeiten u. dgl. Besonders schädlich ist die gegenseitige Brachweide, deren Bestehen jede Intensivierung der Landwirtschaft ausschließt. 3) Da die einzelnen Siedelungen in der Mehrzahl sehr volkreich waren, hatte ihr Land einen großen Umfang, oft tausende von Deßjatinen. Die Gemengelage führte daher bei solcher Ausdehnung zu übermäßiger Entfernung der Anteile von der Wohnung: 3—5 Werst galten als normal, häufig stieg sie aber auf 10, ja 20 und noch mehr. Sachgemäße Bearbeitung so entfernten Bodens ist natürlich ausgeschlossen. 4) Die Feldgemeinschaft mit den Folgen der Dreifelderwirtschaft und der allgemeinen Viehweide auf der Brache verursachte naturgemäß strengsten Flurzwang: es mußte überall das Gleiche und zur selben Zeit angebaut werden; die Pflege von Handelsgewächsen und höheren Kulturen war unmöglich. Jahr für Jahr werden durch die Brache 30% dem Anbau entzogen. Trotz des Landbedarfs und der ewig wiederholten Klagen über Landmangel vergrößert sich andauernd das unbebaut gelassene Land dadurch, daß der Bauer im Raubbau aus den entferntesten Teilen herauszieht, was sie hergeben und sie dann liegen läßt. So geht Mangel an Land mit Nichtausnutzung des zur Verfügung stehenden Hand in Hand.

Infolge dieser Zustände befindet sich die technische Leistungsfähigkeit der Bauernwirtschaft auf einem sehr niedrigen Niveau. Die
Erträge des bäuerlichen Landes stehen weit hinter denen von Gutsländereien zurück, ein Unterschied, der im allgemeinen auf 20% geschätzt wird. Im Vergleich zu Westeuropa erreichen die meisten Ernten
noch nicht die Hälfte der dort erzielten: der Hektarertrag an Roggen
betrug im Durchschnitt der Jahre 1901—1905 in Rußland 7,4 dz
gegen 15,6 in Deutschland, 17,0 in England und 21,3 in Belgien.

3. Ein weiterer Fehler entstand aus der Agrargesetzgebung.
Durch die Emanzipationsgesetze hatte der Mir nicht nur in wirtschaftlicher, sondern auch in administrativer Hinsicht unbeschränkte Gewalt
über die Gemeindemitglieder erhalten. Dies führte bei der völligen
Autonomie der Dorfgemeinde natürlich zu vielen Mißbräuchen. Die
erste Beschränkung trat im Jahre 1889 (Periode der allgemeinen Reaktion unter Alexander III.) ein, und zwar durch die Schaffung des
Landhauptmanns. Er hatte alle Beschlüsse des Mir zu bestätigen,
ehe sie rechtskräftig wurden. Während aber bei den leitenden Stellen der Regierung die Ansicht herrschte, daß die Überführung des
Gemeindebesitzes in Privateigentum trotz aller Schwierigkeiten erforderlich sei, standen die ausführenden Organe, eben die Land-
hauptleute, größtenteils auf entgegengesetztem Standpunkt. Diesem
Gegensatz der Meinungen entsprechend, ist auch die neuere Gesetzgebung für die Bauern vom Jahre 1893 von völlig sich widerspre-
chenden Tendenzen beherrscht: das erste Gesetz, vom 8. Juni 1893,
bedeutet einen großen Fortschritt in der Richtung des Einzeleigentums, während das zweite, nur ein halbes Jahr später, am 14. Dezember erlassene, das gegenteilige Ziel verfolgt.

4. Von unheilvoller Bedeutung endlich war die sich mehrfach dia-
metral gegenüberstehende schwankende Auswanderungspolitik,
die von besonderem Einfluß auf die Lage der Bauern gewesen ist.
Unter Nikolai I. wurde planmäßig die Auswanderung aus über-
völkerten in wenig angesiedelte Gouvernements gefördert; sie kam
aber, der Lage der Dinge entsprechend, nur für die Staatsbauern
in Frage. Mit der Emanzipation tritt ein völliger Umschwung ein:
die Auswanderung liegt nicht im Interesse des grundbesitzenden
Adels, dem vor allem daran lag, billige Arbeitskräfte und solche
Pächter zu haben, die wegen ihrer Landnot unter allen Bedingungen
Land zu pachten geneigt waren. Daher wurde die Auswanderung

ſyſtematiſch unterdrückt. Trotz dieſes Verhaltens nahm ſie einen gro=
ßen Umfang an, ſo daß ſie ſchließlich (1885) geſetzlich geregelt und
durch das Geſetz von 1904 und den Ukas von 1906 nach Sibirien
völlig freigegeben werden mußte. Es ergoß ſich ein ſtarker Strom
in den Oſten, dem aber ein erhebliches Rückfluten folgte; denn Sibi=
rien iſt zwar unermeßlich groß, aber der größte Teil ſeines Terri=
toriums unwirtlich und unbebaubar.

Verſuchen wir nunmehr, uns zu vergegenwärtigen, wie ſich die
wirtſchaftliche und ſoziale Lage der Bauern geſtaltet hat: auf der
Grundlage der Befreiungsgeſetzgebung, ſowie der ſo mannigfache
Formen aufweiſenden Feldgemeinſchaft und unter dem Einfluß der
vier erwähnten Momente: Landverſorgung und Bevölkerungs=
zunahme; Technik der Wirtſchaftsführung; Geſetzgebung;
Auswanderungspolitik der Regierung.

a) Differenzierung des Bauernſtandes. Trotz des angeblich
durch die Feldgemeinſchaft einem jeden zugeſicherten Anrechts auf
ein Stück Land zeigt ſich eine ſtarke, deutlich bemerkbare Differenzie=
rung: eine kleine vermögende Minorität arbeitet ſich in die Höhe (im
Durchſchnitt über 15 Deßjatinen Beſitz); es folgt ein breiter Mittel=
ſchlag, der Kern der Dorfbevölkerung, die ihren Boden zwar ſelbſt
beſtellt, aus ihm aber nicht ihren ganzen Unterhalt ziehen kann;
ſchließlich entſteht eine Rieſenſchicht ländlichen Proletariats, die ihren
Anteil in der Regel nicht mehr ſelbſt beſtellt und ihr kümmerliches
Daſein nur durch Lohnarbeit friſtet. Iſt es auch als ein wirtſchaft=
licher Fortſchritt zu bezeichnen, daß eine Anzahl von Bauern durch
Tatkraft und Umſicht ihren Landbeſitz vergrößern können, ſo war
infolge der rechtlichen Hemmniſſe, die von der Feldgemeinſchaft aus=
gehen, doch nur eine verhältnismäßig geringe Zahl dazu in der Lage.
Ein großer Teil mußte immer ärmer werden, verließ aber trotzdem
die Gemeinde nicht, da er durch etwaige Neuumteilung wieder
in den Beſitz zu gelangen hoffte und friſtete ſo ein kümmerliches Da=
ſein, anſtatt zu einem lohnenden Erwerb in anderen Berufsarten über=
zugehen. Das durch die Feldgemeinſchaft gewahrte Recht auf einen
gleichen Landanteil „wird ſchließlich nur zum gleichen Anrecht aller
auf den Hungertod“.

Mit der ſozialen Differenzierung, die ſonſt den Beginn des wirt=
ſchaftlichen und ſozialen Fortſchritts bedeutet, ſind alſo große Ge=
fahren verbunden: die wohlhabenderen Bauern nutzen oft die Not=

lage der ärmeren in schamloser Weise aus und die Existenz von Millionen, die dem Namen nach Grundbesitzer, tatsächlich aber völli; besitzlose Proletarier sind, nur durch die Dorfverfassung an die Ge meinde gefesselt, bildet eine große, bei Mißernten und Notständen sich stets steigernde Gefahr für den Staat.

b) Verarmung. Infolge der Differenzierung verliert der Ge meindebesitz als solcher seine Bedeutung und die Umteilungen werden seltener; es ist klar, daß die wohlhabenderen Bauern auf das ener gischste gegen sie kämpfen; denn bei unverändertem Landbesitz und zunehmender Bevölkerung muß einmal der Moment eintreten, in der eine Umteilung keinen Nutzen, sondern nur Schaden bringt. Wo abe der Gemeindebesitz mit Umteilungen beibehalten worden ist, un die differenzierenden Tendenzen sich nicht merkbar entwickeln konnter da war allgemeine Verarmung die Folge der Feldgemeinschaf besonders der Solidarhaftpflicht. Ein tüchtiger Bauer hat keinen Vor teil von gesteigerter Tätigkeit, denn die Solidarität macht den Mir erbarmungslos. Bleibt jemand mit seinen Steuern oder sonstige Zahlungen im Rückstand, so kann der Mir auf jede Weise versuchen die geschuldeten Gelder einzutreiben.

Aus der Gesamtzahl der Bauern waren gegen Ende des 19. Jahr hunderts nur 62% imstande, ihren Landanteil selbständig zu bebauen 38% haben teilweise schon die landwirtschaftliche Tätigkeit aufgegeben Berechnet nach der obenerwähnten Norm des durchschnittlichen Ge treidekonsums der bäuerlichen Bevölkerung von 19 Pud auf der Kopf und 7½ Pud für Viehfutter, erzielen 45,4 Millionen Bauern oder 70,7% der gesamten Bauernschaft von ihrem Anteilland einer Ertrag, der unter dem Existenzminimum bleibt; 13,1 Millionen ode 20,4% können sich selbst, aber kein Arbeitsvieh ernähren; nu 5,7 Millionen oder 8,9% erzeugen auf ihrem Anteilland mehr al 26½ Pud, sind also imstande, über den Selbstverbrauch hinaus Ge treide auf den Markt zu bringen. Die erwähnten 70,7% repräsentiere etwa die bäuerliche Bevölkerung von 40 Gouvernements. Von An teilland und privatem hinzugekauften oder gepachteten erzielen si in etwa 22 Gouvernements einen Ertrag, der imstande ist, ihre Konsum zu decken, in 28 Gouvernements dagegen besteht ein erheb licher Fehlbetrag.

c) Gewerbliche Beschäftigung. Da die Auswanderung nach Sibirien dem Lande eine wirkliche Erleichterung nicht schaffte, könnte ma vielleicht annehmen, daß die Bauern durch Übergang zu gewerblicher Tätigkeit jeder Art versucht hätten, zum Teil ihrer Not zu steuern, insofern als dadurch weniger „Esser" von der Landwirtschaft zu ernähren gewesen wären. Zwei Arten der Beschäftigung kommen hier in Betracht: Hausindustrie im heimatlichen Dorf und Übergang zur Fabrik= arbeit. Die erstere trat regelmäßig als Abhilfe dort ein, wo die Bauern von ihrer Parzelle nicht das Existenzminimum erzielen konnten. Aber auch sie verschärfte wieder in hohem Maße die Differenzierung; denn sowie die Hausindustriellen sich auf ein Gewerbe konzentrieren, spezialisiert sich auch die Landwirtschaft. Eine Abwanderung in die Großindustrie hat hier auch keinen Wandel schaffen können; zwi= schen Bauer und Fabrikarbeiter besteht noch vielfach Personalunion: der Arbeiter hat das Band mit dem Lande noch nicht zerrissen. Er bleibt in erster Linie Bauer und sucht den industriellen Nebenerwerb nur vorübergehend.

Es ist verständlich, daß die Bauern, die sich mehr oder weniger stets der bittersten Not gegenüber sahen, mit allen Mitteln darnach strebten, ihre traurige Lage zu verbessern. Den einzigen Ausweg aus ihrer Lage sahen sie in neuen Landzuteilungen, und der Ruf nach mehr Land wurde immer allgemeiner und erfaßte schließlich das ganze Reich. Die Lage besserte sich aber nicht, und das zeigte sich in be= sonders erschreckender Weise in den fortgesetzt steigenden Rückständen der Steuern und Ablösungszahlungen, die 1892 bereits 62% der schuldigen Jahressumme betrugen, und im Jahre 1901, infolge der mehrfachen Mißernten, auf 122% im ganzen Reich und auf 232% in einzelnen Gouvernements anwuchsen. Die Wurzel alles Unglücks suchten die Bauern ausschließlich im Landmangel, und die Frage nach der erforderlichen Abhilfe konzentrierte sich nur darauf, wie und wo= her das nötige Land beschaffen?

In den Jahren 1901 und 1902 brachen die ersten Unruhen, be= sonders im Schwarzerdedistrikt aus. Sie waren leichterer Natur und wurden von der Regierung ohne Schwierigkeit unterdrückt, riefen aber doch bei ihr die Überzeugung wach, daß die bisher zur Sicherung des Bauernstandes angewandten Mittel unzureichend waren und daß in seinem Organismus Fehler sich befinden mußten, deren Beseitigung unerläßlich erschien.

Um die Bauernrevolution der Jahre 1905 und 1906 richtig zu würdigen, ist zu berücksichtigen, daß sie keine bewußte, planmäßige Er=

hebung darstellt, die ein bestimmtes Ziel verfolgt, sondern den spontanen, leidenschaftlichen Ausbruch eines durch Jahrzehnte hindurch angesammelten Druckes bildet. Eine planmäßige Erhebung war schon deshalb ausgeschlossen, weil die erforderliche psychologische Grundlage fehlte. Die bäuerlichen Unruhen zeitigten eine außerordentliche Wirkung auf die öffentliche Meinung; viel mehr, als die Aufstände in den Städten. Die ersten und nachhaltigsten Eindrucke wurden hervorgerufen durch die überall hervortretenden Klagen über den Landmangel, und daher glaubten die meisten, der Anlaß der Aufstände und damit der Not liege nur in der zu geringen Landversorgung der Bauern. Die Ursachen der bäuerlichen Bewegung liegen aber nicht nur in diesem Grunde: sie sind verankert in der ganzen, fehlerhaften Organisation der bäuerlichen Wirtschaft, wie sie sich unter den geschilderten Umständen entwickelt hat. Es kommt noch besonders hinzu, daß die Bauernpolitik der Regierung in ihrem Kern nicht auf die tatsächliche Hebung des Wohlstandes der Hauptmasse der Bevölkerung gerichtet war, sondern neben dem Interesse des Großgrundbesitzes nur fiskalisch-finanzielle Ziele und die Erhaltung des bestehenden politischen Regimes verfolgte und dadurch schon bei der Befreiung die Grundlage zur Zersetzung der Bauernwirtschaft legte.

Der Charakter der bäuerlichen Unruhen ist nicht überall der gleiche. Im Schwarzerdegebiet trat die wirtschaftliche Seite durchaus in den Vordergrund: "mehr Land" war die einzige Losung. In dem anderen Gebiet ist dagegen die politische Seite der Aufstände mehr bemerkbar: die reine Agrarfrage drängt hier nicht in gleichem Maße die sonstigen Ursachen der Bewegung zurück. Und zwar tritt in dem Teil des Gebiets, in dem die gewerbliche Arbeit besonders entwickelt ist, das politische mehr hervor als dort, wo die Landwirtschaft noch eine wesentliche Rolle spielt. Hiermit soll natürlich nicht gesagt werden, daß dort nur wirtschaftliche, hier nur politische Grunde dem Aufstande seinen Charakter verliehen; im Gegenteil, beide machen sich überall bemerkbar und gehen in einander über. Seit 1901 waren jährlich, bald an der einen, bald an der anderen Stelle Unruhen ausgebrochen; im Sommer 1905 zeigten sie sich fast überall und äußerten sich in der schlimmsten Zerstörungswut. Weniger ausgeprägte Formen nahm die Agrarbewegung in den Gouvernements an, in denen der Haupterwerb auf die Fabrikarbeit entfällt, oder auf diese in Verbindung mit sommerlicher Wanderarbeit, Gebiete, in

denen daher nur der kleinere Teil der Bevölkerung sich mit Land=
wirtschaft beschäftigt. Daß in den industriellen Gouvernements die
Agrarrevolten einen verhältnismäßig ruhigeren Verlauf nahmen, liegt
vor allen Dingen daran, daß für die Bauern hier der Landbesitz eine
geringere Bedeutung hat, daß ferner die männliche Bevölkerung weniger
zahlreich ist, und dazu in vorgeschrittenem Alter steht — die jüngeren
sind in den Fabriken oder auf Wanderarbeit — und schließlich, daß
hier die revolutionäre Stimmung hauptsächlich in industriellen Streiks
zum Ausdruck gekommen ist.

Bei einem allgemeinen Urteil über die Agrarbewegungen der
Jahre 1905 und 1906 ist zunächst ein großer Unterschied gegenüber
den früheren ähnlichen Erscheinungen zur Zeit der Leibeigenschaft
festzustellen, insofern, als die verhältnismäßige Selbständigkeit der
Bauernrevolution der jüngsten Jahre den Beweis eines merkbaren
politischen Fortschritts erbringt. Wie niedrig und gedrückt auch die
Lage der eben befreiten Bauern im Vergleich zu der ihrer Standes=
genossen in den westeuropäischen Staaten sein mochte, sie war auf
jeden Fall bei weitem besser, als die Rechtlosigkeit zur Zeit der Leib=
eigenschaft. Dazu kam die äußere Gleichstellung mit den bisher pri=
vilegierten Schichten, ferner die stets wachsende Unzufriedenheit mit
den bestehenden wirtschaftlichen und rechtlichen Verhältnissen und der
geradezu volksfeindlichen und durchaus reaktionären Politik der Re=
gierung. Die zunehmende Verarmung brachte die Veranlassung, über
die Gründe nachzudenken und Mittel zur Abhilfe ausfindig zu machen.
Das Verhalten der Regierung ließ aber jeden Glauben schwinden,
bei ihr eine Abhilfe zu finden, und bereitete daher den Boden vor,
andere Wege zum gleichen Ziele zu suchen, was psychologisch dadurch
sehr erleichtert wurde, daß die Weltanschauung der Bauern keine feste
Grundlage hatte. Wo aber auch die letzten Ursachen zu suchen sein
mögen, welche die rudis indigestaque moles der russischen Bauern=
schaft in Bewegung setzten: das ist jedenfalls sicher, daß der Aufstand
von nachhaltigem, dauerndem Erfolg begleitet war; denn ohne ihn
würde die Regierung niemals so energisch eine derart umwälzende
Agrarreform begonnen haben, wie sie es tat.

II. Die Agrarreform.

Die bäuerlichen Unruhen mit ihren zahlreichen Greueltaten un[d] ihrer blutigen Unterdrückung hatten in Rußland die öffentliche Meinun[g] aller Schattierungen auf das lebhafteste beschäftigt. Die Überzeugun[g] wurde allgemein, daß die Agrarfrage die wichtigste Lebensfrage für de[n] Staat sei. Nichts natürlicher, als daß sich alle interessierten und un[-] interessierten Kreise auf das eingehendste mit ihr beschäftigten. Ein[e] Unzahl von Lösungen dieses wichtigsten Problems wurde vorgebrach[t] die alle auch nur flüchtig zu streifen hier unmöglich ist.

Lediglich die Hauptpunkte der Lösung in den wichtigsten Ideen[-] richtungen Rußlands seien angedeutet, alle Einzelheiten dagegen bei[-] seitegelassen, um nur die großen, grundlegenden Prinzipien klarzustelle[n] Überall wird der Kernpunkt der Agrarfrage im Landmangel erblic[kt] der aber nicht der einzige, ja nicht einmal der wichtigste Grund de[s] Problems ist. Zu allen Fragen, die aus der einen Tatsache: Ge[-] meindebesitz mit der durch ihn verursachten Gemengelage sich er[-] geben, wird kaum Stellung genommen; mechanische Vergrößerun[g] des bäuerlichen Landes erscheint als Hauptsache.

Hinsichtlich dieses einen Punktes entstehen die Verschiedenheite[n] in der Auffassung der Agrarfrage. Vier hauptsächliche Strömunge[n] lassen sich erkennen:

1. Die konservative: Lösung der Bauernfrage unter wesentliche[r] Schonung des grundbesitzenden Adels, dessen Interessen stets voran[-] gestellt werden.

2. Die liberale: Ausgedehnte Enteignung privaten Grundbesitze[s] zu Gunsten der Bauern auf Grundlage der kapitalistischen Wir[t-] schaftsordnung und des heutigen Rechtsstaates.

3. Die sozialistische: Keine organische Agrarreform; Förderun[g] des Klassenkampfes auf dem Lande durch Maßregeln des strengste[n] Marxismus.

4. Die Narodniki: Spezifisch russische Welt= und Wirtschaftsan[-] schauung; in deren Mittelpunkt: Bauer und Gemeindebesitz; dahe[r] Sozialisierung des gesamten Landes.

Die Hauptstreitfrage für die Reform war: hie Gemeindebesitz – hie Einzeleigentum! Bei diesem Punkt treten fast durchweg Wel[t-] anschauung und theoretische Betrachtung hindernd in den Weg. De[r] Gemeindebesitz ist einmal die „nationale Institution", dann der „Übe[r] gang zu einer künftigen höheren Gesellschaftsordnung"; selten geht man aber seiner tatsächlichen, leicht erkennbaren Wirkung auf den Grund. Regierung und Adel halten ihn für die „Wurzel alles Übels", aber nicht, weil er die wirtschaftliche Entwicklung hemmt, sondern weil er die Brutstätte des „Sozialismus" und der „Revolution" ist.

Das Ergebnis der bloßen Gedankenkonstruktion und des absoluten Mangels an Rücksichtnahme auf praktische Durchführbarkeit hat sich folgerichtig darin gezeigt, daß von allen prinzipiellen Gedanken der Hauptströmungen nichts in die tatsächliche Reform übergegangen ist; kleinere Vorschläge, Einzelheiten, sind wohl benutzt worden, allein die großen Richtlinien und Grundlagen sind völlig andere und bringen etwas durchaus Neues in das Bestehende herein.

Auf das Zustandekommen der Reform, die Kämpfe der Inter= essenten, die parlamentarischen Schwierigkeiten usw. ist hier nicht einzugehen; es soll nur kurz die tatsächliche Reform geschildert werden, wie sie durch den Ukas vom 9. November 1906 eingeleitet und durch die Gesetze vom 14. November 1910 und 29. Mai 1911 festgelegt worden ist.

Der Grundgedanke der großen Reform ist: Begründung des persönlichen Einzeleigentums.

Um das Ziel zu erreichen, ist eine doppelte Tätigkeit zu entfalten; die Besitz= und Betriebsverhältnisse auf dem Anteillande sind zu reformieren: Auflösung des Gemeindebesitzes und Verkoppe= lung der Grundstücke. Beides zusammen bezeichne ich als Agrar= reform im engeren Sinne. Ergänzt wird sie durch das Streben, den bäuerlichen Landbesitz zu vergrößern, was durch lebhafte innere Kolonisation in unserem Sinne geschieht, nämlich durch Ankauf von Gütern in größtem Maßstabe, ihre Parzellierung und das Ansetzen von Bauern. Das Wichtigste vom Ganzen ist der erste Teil. Man hatte endlich erkannt, daß zur Lösung der Bauernfrage die bisher an= gewandten Mittel nichts taugten. So führte der Zwang der Verhält= nisse dazu, den in der Bauernbefreiung enthaltenen, aber in Vergessen= heit geratenen Gedanken wieder aufzunehmen, nämlich daß der Feld= gemeinschaft nur vorübergehende Bedeutung inne wohnen solle, und daß privates Eigentum der Bauern an ihrem Lande das zu erstrebende Ziel sein müsse. Die vielfachen, hieraus sich er= gebenden Probleme machen den Inhalt der russischen Agrarreform im weiteren Sinne aus; ihre Durchführung stellt eine außerordent=

lich große Leistung dar. Dabei waren im einzelnen folgende Punkte zu berücksichtigen.

1. Bei Auflösung der Feldgemeinschaft besteht ein Haupt=unterschied zwischen Gemeinden mit und ohne Umteilung. Bei den Gemeinden mit Umteilung wurde jedem Einzelnen gestattet, ohne weiteres aus der Gemeinschaft auszuscheiden und die Überführung seines Landanteils in privates Eigentum zu verlangen. Außerdem können die Gemeinden auf Mehrheitsbeschluß im Ganzen die Ge=meinschaft auflösen und zum Eigentum übergehen; es ist ihnen aber freigestellt, bei der alten Nutzungsweise zu bleiben.

Ganz anders ist die Regelung bei den Dörfern ohne Umteilung: hier erlischt der Gemeindebesitz im Augenblick des Inkrafttretens des Gesetzes und die Bauern werden sofort Eigentümer ihrer bisher nur genützten Landanteile. Diese Regelung ist von großer Bedeutung für den Verlauf der Reform: es entstehen sofort viele Tausende von kleinen Eigentümern, deren Beispiel auf die anderen anregend wirkt; das private Eigentum weckt das persönliche Interesse und damit den wirtschaftlichen Fortschritt; in politischer Hinsicht ist es schließlich gün=stig, eine Menge kleiner Eigentümer zu haben, denn diese sind mehr oder weniger konservativ. In die beiden ersten Parlamente hatten die Bauern nur Vertreter der radikalsten Richtungen entsandt.

2. Als Rechtssubjekt für das neu begründete Eigentum wurde der einzelne Bauer bestimmt. Es erschien zwar zunächst schwierig, auch nicht unbedenklich wegen der vielen wirtschaftlichen Gefahren, denen ein kleines Bauerngut ausgesetzt ist; es war aber unbedingt erforderlich, hier eine absolute Klarheit zu schaffen, da die bisherige Gesetzgebung über diesen Punkt sehr widerspruchsvoll war. Trotz vieler, namentlich auf dem ideologischen Gebiet liegenden Wider=sprüche wurde das persönliche Eigentum des einzelnen Bauern ein=geführt.

3. Wieviel Anteilland sollte aber der einzelne erhalten? Diese Frage war um so schwieriger zu lösen, als im Laufe der Zeit — wie oben bereits angedeutet — erhebliche Verschiebungen in der Land=versorgung eingetreten waren. Die Entscheidung war deshalb so wichtig, weil jetzt ein für alle Mal die zukünftigen Grundbesitzver=hältnisse der Bauernschaft festgelegt werden sollten. Eine weitere Schwierigkeit liegt in der Verschiedenheit der Feldgemeinschaften: ihrer Stellung zur Umteilung. In den Gemeinden, in denen nie

oder verhältnismäßig lange keine Umteilungen stattgefunden hatten, war die Lage verhältnismäßig einfach, da sich bereits ein gewisses eigentumsähnliches Verhältnis herausgebildet hatte. In diesen Dörfern erhielten die Bauern die Menge Landes zu Eigentum, die sie zur Zeit im tatsächlichen unbestrittenen Besitz hatten. Undenkbar, weil zu krassester Ungerechtigkeit führend, wäre die Anwendung dieses Prinzips auf die andere Kategorie von Gemeinden. Hier wurden sehr eingehende Erwägungen angestellt, deren Resultat darin gipfelte, daß die Zuteilung von der letzten Umteilungseinheit abhängig gemacht wurde. War sie gleich geblieben, erhielt der Bauer das bei der letzten Umteilung überwiesene Land; war sie dagegen vermindert, dann mußte er für den Überschuß an den Mir eine Zahlung leisten oder ihn an die Gemeinde zurückgeben.

4. Das letzte, aber nicht unwichtigste Problem war die Frage der wirtschaftlichen Freiheit. Sollten irgendwelche Beschränkungen eingeführt werden oder nicht? Sie konnten sich einmal auf den Erwerb beziehen, d. h. sollte eine Maximalgrenze für das Bauerngut eingeführt werden? Ferner auf die Verfügung, d. h. sollten dem Bauern alle sonst mit dem Eigentum verbundenen Rechte — Verkauf, Verpfändung usw. — zugestanden werden?

Das wichtigste war, die Existenz der eben geschaffenen kleinen Bauerngüter auch zu schützen, sie davor zu bewahren, von kapitalkräftigen Leuten zusammengekauft zu werden. Eine einheitliche Norm für die Maximalgrenze war bei den großen Verschiedenheiten innerhalb des Reichs unmöglich festzusetzen. So beschränkte man sich darauf, den Erwerb von Anteilland zu begrenzen: niemand durfte mehr Anteilland eigentümlich besitzen als ein bestimmtes Mehrfaches der 1861 festgesetzten Maximalanteile, während dem Erwerb privaten Landes in keiner Weise eine Schranke gesetzt wurde. Ähnlich wurde die Frage der Verfügungsfreiheit geregelt: neues Eigentum, das aus früherem privaten oder aus diesem und Anteilland bestand, wurde keiner Beschränkung irgendwelcher Art unterworfen; neues Eigentum dagegen, das nur aus früherem Anteilland zusammengesetzt war, unterlag auch weiter den früheren gesetzlichen Beschränkungen.

Dies ist der Hauptinhalt des ersten Teiles der großen Reform, der die verwickelten Besitzverhältnisse der Gemeinden auflöst und sie auf klare, sichere Grundlagen stellt. Allein hiermit war noch nicht viel erreicht: der bäuerliche Betrieb wäre bei seinen archaischen Methoden geblieben. Es handelte sich noch um die Verbesserung der technisch=wirtschaftlichen Seite, in erster Linie um die Beseitigung der entwickelungsfeindlichen Streulage. Während für den ersten Teil der Reform keine Vorbilder vorhanden waren, da es sich um die Auflösung eines Zustandes handelte, der in seiner Eigenart und Kompliziertheit nur in Rußland bestand, konnten für den zweiten Teil die Erfahrungen westeuropäischer Staaten, wenn auch nicht direkt zum Muster, so doch zum Anhaltspunkt für die zu erlassenden Vorschriften dienen.

1. Die wichtigste Frage bestand in der Schaffung der rechtlichen Grundlage: der Vereinheitlichung der Verschiedenheiten im Rechte des Landes und der Rechte Dritter am Lande. Ursprünglich wollte die Regierung nur das frühere Anteilland und das mit Hilfe der Bauernbank käuflich erworbene der Zusammenlegung unterwerfen; anderes dagegen sollte ausgeschlossen sein. Diese Absicht war undurchführbar; denn es gab in Rußland eine Menge Land, das in seinem Charakter und seiner Ausdehnung sich vom bäuerlichen nicht unterschied, dabei kein Anteilland war, aber ebenso durch die Gemengelage litt. Es wurde hier ganz radikal alles bäuerliche und seiner Größe nach dem bäuerlichen ähnliche Land der Reform unterworfen, Land von Gutsbesitzern indessen nur dann einbezogen, wenn es in Streulage mit bäuerlichem sich befand. Wie sollten aber Hypothekengläubiger, Pächter und sonstwie Berechtigte abgefunden werden? Die Hypothekarschuld eines einzelnen folgt dem Subjekt, d. h. sie ging vom alten Land auf das neue über, wogegen der Gläubiger nicht protestieren konnte. War aber die Schuld von der Dorfgemeinde als ganzer aufgenommen worden, dann war eine Verkoppelung nur mit Zustimmung des Gläubigers zulässig. Bei bestehenden Pachtverträgen ging die Pacht auf das neue Grundstück über, der Pächter konnte aber vom Vertrage zurücktreten; auf keinen Fall aber durfte eine Verpachtung ein Hindernis der Zusammenlegung bilden. So wurde stellenweise zwar etwas gewalttätig, im ganzen aber recht zweckmäßig eine einheitliche Grundlage für die Reform gelegt.

2. Die Zusammenlegung selbst schließt sich vielfach an das preußische Muster an, bietet aber infolge der Besonderheiten des bisherigen bäuerlichen Lebens manches Eigenartige. Zur Beseitigung der durch die frühere Wirtschaftsart entstandenen Schäden boten sich für die neu zu schaffenden Formen vier Möglichkeiten, die alle in verschiedenen Ländern bereits erprobt waren.

a) Feldbereinigung im engeren Sinne: Anlage von Wegen, aber keine Änderung der Parzellenlage; b) Konsolidation: Verringerung der Parzellenzahl; c) Verkoppelung: Zusammenlegung aller Grundstücke oder doch wenigstens jeder Kulturart in ein Ganzes; das Wohnhaus bleibt aber im Dorfe; d) Abbau, Vereinödung: dasselbe wie zu c), verbunden mit Übersiedlung des Eigentümers auf sein Land, Hofsystem. Trotz aller Schwierigkeiten geht die Reform sehr radikal vor: nur Verkoppelung und Vereinödung ist gestattet; die Vereinigung im engeren Sinne ist gänzlich ausgeschlossen.

Die sofortige Durchführung des Einzeleigentums unter Anwendung nur der beiden letzten Formen erweist sich aber verschiedentlich von vornherein als unmöglich, und zwar hauptsächlich in zwei Fällen. In erster Linie bei den einplanigen Dörfern, das sind solche Fälle, wo bei der Emanzipation mehrere Dörfer durch einen Akt (Plan) die Freiheit erhielten und bei denen daher nicht nur Gemengelage der einzelnen, sondern auch der Dörfer stattfand. In zweiter Linie bei den sehr volkreichen Dörfern, die — besonders in den östlichen und südlichen Gouvernements — oft viele Tausende von Einwohnern haben und über einen dementsprechenden Landbesitz verfügen. Infolge der komplizierten Verhältnisse ist es natürlich in beiden Fällen ausgeschlossen, sofort zum Hofsystem überzugehen. Hier ist eine Zwischenstufe erforderlich, die zunächst einen Übergangspunkt erreichen will.

Entsprechend den beiden zu erreichenden verschiedenen Zielen wird daher die Reform in zwei große Gruppen geteilt. Die erste will, dem Hauptzweck entsprechend, sofort lebensfähige Einzelbauernwirtschaften gründen, was auf doppelte Weise geschieht: durch Ausscheiden einzelner Wirte aus der Feldgemeinschaft, verbunden mit Zusammenlegung ihres Landes oder durch völlige Auflösung des Gemeindebesitzes und dessen Aufteilung in Einzelhöfe; diese Reformen nenne ich, der russischen Bezeichnung entsprechend, Einzelorganisation. Die zweite Gruppe dagegen kann wegen der besonderen Verhältnisse das Hauptziel nicht direkt erreichen; es sind erst neue kleinere Gemeinschaften zu gründen, um einen späteren Übergang zur Einzelwirtschaft zu ermöglichen. Die in der zweiten Gruppe enthaltenen Reformen nenne ich Gruppenorganisation.

Nachdem die einzuführenden Formen festgestellt sind, handelt es sich darum: soll die Reform von Staatswegen durchgeführt werden oder der Initiative der Interessenten überlassen bleiben? Unter An-

paſſung an die beſonderen Verhältniſſe des Landes folgte man dem
Muſter Preußens: die Vornahme der Reform wurde von einem Ge=
ſuch der Bauern abhängig gemacht und unter beſtimmten Bedingun=
gen zwangsweiſe durchgeführt, um zu verhindern, daß die Hartnäckig=
keit einzelner Mitglieder den landwirtſchaftlichen Fortſchritt des ganzen
Dorfes unmöglich mache. Bei der Landausgleichung war neben der
quantitativen eine qualitative und ſogar pekuniäre zugelaſſen.

Für die Bildung des Einzeleigentums werden fünf Formen als
anwendbar bezeichnet, die ſich in zwei Gruppen zuſammenfaſſen laſſen,
je nach dem, ob das Haus des Bauern ſich auf ſeinem Lande ·be=
findet oder von ihm getrennt iſt.

1. Chutor: a) Wohnhaus und alle zu ihm gehörigen Felder in
einem Stucke, das nach Möglichkeit ein Quadrat iſt, und in deſſen
Mitte ſich das Haus befindet; b) dasſelbe, nur in Form eines Recht=
ecks, bei dem die ſchmale Seite nicht kleiner als ein Fünftel der lan=
gen ſein darf; c) Beſitzung in mehreren Stücken, aber Wohnhaus
und Ackerland vereinigt.

2. Otrub: a) Alle Felder in einem Stück, aber das Wohnhaus
von ihm getrennt, noch im Dorfe, jedoch nach Möglichkeit genähert;
b) Ackerland in einem Stück, die anderen Nutzländereien von ihm ge=
trennt und das Wohnhaus auch für ſich, in der Regel im Dorfe.

Von den fünf verſchiedenen Arten der Flurverfaſſung ſucht man die
geſchloſſenen Höfe am meiſten zu verwenden, aber die natürlichen Be=
dingungen, namentlich die Frage der Waſſerverſorgung, zwingen oft
zur Annahme der weniger vollkommenen, und man muß ſich mit
Otrubs begnügen.

Faſſen wir die grundlegenden Prinzipien der großen Beſitz= und
Betriebsreform kurz zuſammen: für das Ausſcheiden aus der
Feldgemeinſchaft wurde ein Unterſchied gemacht hinſichtlich der
Stellung der Dörfer zu dem ihnen verliehenen Recht periodiſcher
Landumteilung. In ſolchen mit Einzelbeſitz und denen, die nie
eine Umteilung vorgenommen hatten, erloſch die Feldgemein=
ſchaft ſofort; alle Bauern wurden ipso jure Eigentümer. In den
anderen dagegen durften die Bauern zu jeder Zeit ausſcheiden
und ihr Anteilland zu Eigentum erklären laſſen; auch war es ganzen
Dörfern erlaubt, mit Mehrheitsbeſchluß zum Eigentum überzugehen.
Der Charakter des Eigentums war grundſätzlich perſönliches —
ausſchließliches — des Bauernwirts; gemeinſames Eigentum mehrerer

war nur in genau bestimmten Ausnahmefällen zulässig. In den Dör=
fern ohne Umteilung erhielt der Bauer das in seiner tatsächlichen
Nutzung befindliche Land; bei denen mit Umteilung fand eine Aus=
gleichung statt. Ferner wurde eine Maximalgrenze für die neuen
Bauerngüter eingeführt und die früher auf dem Anteilland ruhenden
Beschränkungen für dieses beibehalten.

Das so in Eigentum überführte, in zersplitterter Streulage be=
findliche Land wird nunmehr zusammengelegt, und zwar nach folgen=
den Prinzipien: die Reform wird nicht zwangsweise vom Staate
durchgeführt, sondern nur auf Antrag der Interessenten eingeleitet.
Hier ist indessen das Majoritätsprinzip eingeführt, d. h. eine
widerstrebende Minderheit kann unter gewissen Bedingungen gezwun=
gen werden, die Reform vorzunehmen. Die Majoritäten sind für die
verschiedenen vorzunehmenden Reformakte verschieden festgesetzt. Beim
Austausch soll jeder nach Möglichkeit gleich gutes und großes Land
erhalten, wie er vorher gehabt hat; wenn erforderlich, tritt aber quan=
titative, selbst Geldausgleichung ein.

Bei der Einzelorganisation wird nach Möglichkeit alles um=
geteilt: nicht nur das Ackerland, sondern auch die bisherigen Ge=
meindewiesen und andere in gemeinsamer Nutzung befindliche Kul=
turen. Fünf verschiedene Formen der neuen Höfe sind zulässig,
indessen die geschlossenen Arten zu bevorzugen. Bei der Gruppen=
organisation ist für die Trennung einplaniger Dörfer die scharfe
Scheidung des jedem Dorfe zukommenden Landes vom andern zu
erstreben; bei der Teilung großer Dörfer sollen die Ausscheidenden
möglichst am Rande der Feldmark angesiedelt werden. Beides ist
bewußt nur als Vorstufe für den späteren Übergang zum Hofsystem
gedacht. —

Diese Reform, so großartig sie auch angelegt war, half aber dem
so stark empfundenen bäuerlichen Landmangel in keiner Weise ab:
ihr Besitz vermehrte sich auch nicht um eine Deßjatine. Daher bedurfte
die Agrarreform einer Ergänzung, der Zuführung neuen Landes.
Eine solche geschah durch die gleichzeitig auf breitester Grundlage ins
Werk gesetzte innere Kolonisation in unserem Sinne.

1. Für diese erhoben sich keine besonderen Schwierigkeiten, da —
wenn auch in kleinerem Maßstabe — früher von der Bauernbank Güter
erworben und parzelliert weiter verkauft worden waren, man also
über eine gewisse Summe von Erfahrungen verfügte. Die einzige

prinzipielle Frage von Bedeutung, die es zu entscheiden galt, be
stand darin, auf welche Weise das erforderliche Land zu beschaffen
war: durch Enteignung oder freihändigen Ankauf? Ein Problem
von ganz außerordentlicher grundsätzlicher Bedeutung! Die erste und
zweite Duma, die öffentliche Meinung, die Agrarpolitiker — alles
befand sich auf dem Standpunkte, der private Großgrundbesitz müsse
enteignet werden! Die Betroffenen selbst waren von der Durchführung
der Maßregel fest überzeugt; die Konsequenz war ein überaus großes
Angebot von Gütern an die Bauernbank, und gerade deshalb konnte
man — von der Enteignung absehen. Nicht eine Deßjatin e Landes ist
für Zwecke der inneren Kolonisation expropriiert worden; freihändige
Ankauf von Gutsländereien und entgeltliche Überweisungen aus
den Domänen und Apanagegütern lieferten mehr als ausreichendes
Gebiet.

2. Bei der Festsetzung der für die innere Kolonisation maßgebenden
sachlichen und persönlichen Grundsätze hat das preußische Beispiel
wiederum verschiedentlich als Muster gedient — allerdings mehr für
die Art der vorzunehmenden Reform, als für das Tempo der Durchführung. In sachlicher Hinsicht, d. h. bei Gestaltung des neuen
Bauerngutes, ist das zu erstrebende Ziel der Verkauf der vermessenen
Ländereien in einem einheitlichen Stück. Die zugrunde zu legenden
Formen sind die gleichen, wie sie für die Zusammenlegung angewendet werden. Wenn auch nach Möglichkeit das H offsystem durchzuführen ist, so wird jede theoretische Gleichmacherei verworfen; Ab-
weichungen sind stets gestattet, sowie sie der Hauptforderung Genüge
tun, nämlich eine selbständige lebensfähige Bauernstell e schaffen.

Die Bildung von Einzelhöfen in persönlichem Eigentum
der Bauern war der Hauptinhalt der inneren Kolonisation, genau wie
bei der Reform der Nutzung des Anteillandes.

Mit der gleichen Sorgfalt, mit der die sachlichen Bedingungen zu
erfüllen sind, ist die Person der anzusetzenden Bauern auszu=
wählen. Hierbei war doppelte Vorsicht geboten. Denn es kam darauf
an, die verkauften Parzellen nicht durch schlechte Wirtschaft ruinieren
zu lassen, damit sie nicht später, infolge Zahlungsunfähigkeit der Bauern,
in ihrem Wert vermindert, an die Bank zurückfielen, die sie dann er=
neut hätte verkaufen müssen. Über die Auswahl der Käufer wurde
vorgeschrieben, daß in erster Linie solche berücksichtigt werden sollten,
die bisher nur über wenig Land verfügten, die dauernd den land=

wirtschaftlichen Beruf ausübten und so die Gewähr dafür boten, eine
tatsächlich leistungsfähige Bauernwirtschaft bilden und leiten zu
können.

Die Bewertung des Landes für den Verkauf geschah bei Zer=
schlagung eines Gutes entsprechend dem Ertragswerte der einzelnen
Teile. Die Zahlungsbedingungen wurden nach Möglichkeit er=
leichtert, aber für sie feste und bestimmte Regeln aufgestellt, von
denen nicht abgewichen werden durfte. Als Hauptgrundsatz wurde
immer von neuem der Kauf betont: jeder, der Eigentümer werden
will, hat sein Stück zu erwerben. Um dies besonders zu unterstreichen,
wurde stets eine Anzahlung verlangt oder wenigstens, daß der Käufer
selbst die Kosten des Hausbaus und der Einrichtung trug.

Die innere Kolonisation schließt sich also eng an die Ziele der
Agrarreform im engeren Sinne an: auf gleiche Weise soll auch
sie kleine selbständige Eigentümer auf abgerundeten, möglichst in einem
Stück zusammengefaßten Höfen schaffen. Die beiden Teile der großen
einheitlichen Aufgabe — der landwirtschaftlichen Neuschaffung Ruß=
lands — sind durchaus selbständig, haben aber zugleich manchen
gemeinsamen Berührungspunkt. Daher wurde ihre Durchführung
zwei verschiedenen, von einander unabhängigen, selbständigen Be=
hördenorganisationen übertragen, die sich aber in ihren Arbeiten gegen=
seitig zu unterstützen haben.

Die Zusammenlegung und Auseinandersetzung des bäuerlichen
Anteillandes war eine völlig neue Aufgabe; für sie wurde ein neuer
Behördenkreis in mehrfacher Gliederung ins Leben gerufen, die
Agrarkommissionen. Die innere Kolonisation dagegen, Erweite=
rung einer bereits ausgeübten Tätigkeit, wurde dem mit ihr schon be=
trauten staatlichen Institute: der Bauernbank, auch weiter belassen.

III. Die Ergebnisse der Reform.

Um der Reform eine einheitliche Richtung zu verleihen, wurde bei
der Ministerialinstanz ein „Zentralkomitee für landwirtschaftliche An=
gelegenheiten" geschaffen, das den Mittelpunkt aller Reformarbeiten
bildete. Deren Ausführung selbst blieb dezentralisiert. Die Agrar=
kommissionen (zerfallend in Kreis= und Gouvernementskommissionen)
weisen den gemischten Typus von beamteten und gewählten Mitglie=
dern auf (wie Bayern, Hessen, Norwegen). Je nach der Dringlichkeit

der vorzunehmenden Reformen wurden die Kommissionen gebildet. Es traten zusammen:

1906 . . . 188 Kreiskommissionen   1910 . . . . 11 Kreiskommissionen
1907 . . . 186 „   1911 . . 15 „
1908 . . . . 36 „   1912 . . 17 „
1909 . . . 10 „

Die mannigfachen, den verschiedenen Kommissionen überwiesenen Aufgaben können in drei Gruppen zusammengefaßt werden:

1. Reform der Bauernwirtschaft auf dem bereits in ihrem Be=sitz befindlichen Anteillande (Zusammenlegung, Auseinandersetzung); 2. Verkauf und Verpachtung der staatlichen Domänen und Unter=stützung der Bauernbank bei An= und Verkauf ihrer Ländereien; 3. Ma=terielle und agronomische Unterstützung der Bauern bei ihrer Einrichtung.

1. Die Haupttätigkeit der Kommissionen lag in der ersten Gruppe; hier ist eine geradezu erstaunliche Arbeitsmenge geleistet worden:

Gesamte Reformtätigkeit bis zum 1. Januar 1912.

Jahr	Eingelaufene Gesuche		Angefertigte Pläne		
	Zahl der Gemeinden	Zahl der Wirte	Zahl der Gemeinden	Zahl der Wirte	Fläche in Deßjatinen
1907	4 522	221 679	1 244	51 984	616 330
1908	8 786	385 810	3 266	119 861	1 105 684
1909	23 826	711 553	9 143	329 392	3 004 650
1910	26 804	651 011	12 188	419 044	3 936 296
1911	—	683 149	11 034	407 041	3 739 965
Zusammen	—	2 653 202	36 875	1 327 322	12 402 925

Jahr	Ausgeführte Vermessungsarbeiten			Von der Bevölkerung angenommene Arbeiten		
	Zahl der Ge=meinden	Zahl der Wirte	Fläche in Deßjatinen	Zahl der Ge=meinden	Zahl der Wirte	Fläche in Deßjatinen
1907	895	27 449	287 683	700	14 613	148 834
1908	2 573	94 087	863 787	1 949	63 126	588 507
1909	6 704	274 830	2 567 412	5 546	212 300	1 913 948
1910	9 595	376 162	3 447 297	7 583	271 676	2 372 005
1911	10 664	397 766	3 609 796	9 381	330 315	3 043 745
Zusammen	30 431	1 170 299	10 775 975	25 159	891 030	8 067 039

Es wurden also im ganzen von 2653202 Bauernwirten Gesuche eingereicht und für 891030 ein Gebiet von 8067039 Deßjatinen in Eigentum überführt und zusammengelegt — und das von 1907 bis 1911, also in nur 5 Jahren!

Die von den Kommissionen auf diesem Gebiete geleistete Arbeit zerfällt nach dem oben gegebenen Schema in Einzelorganisation und Gruppenorganisation.

a) Die Einzelorganisation.

Das in den fünf Jahren 1907—1912 hier erzielte Resultat geht aus der folgenden Tabelle hervor:

Einzelorganisation bis zum 1. Januar 1912.

Jahr	Eingelaufene Gesuche		Angefertigte Pläne		
	Zahl der Gemeinden	Zahl der Wirte	Zahl der Gemeinden	Zahl der Wirte	Fläche in Deßjatinen
1907	2546	81291	895	20999	272707
1908	6040	194144	2330	64914	637904
1909	18603	343014	6959	170696	1685887
1910	21920	344745	8932	217766	2254761
1911	—	411326	8128	220380	2296073
Zusammen	—	1374520	27244	694755	7147332

Jahr	Ausgeführte Vermessungsarbeiten			Von der Bevölkerung angenommene Arbeiten		
	Zahl der Gemeinden	Zahl der Wirte	Fläche in Deßjatinen	Zahl der Gemeinden	Zahl der Wirte	Fläche in Deßjatinen
1907	657	14088	155471	562	8241	88942
1908	1886	55918	574380	1528	42110	436522
1909	4931	140286	1436407	4150	118529	1222444
1910	7196	197383	1977967	5819	150268	1459389
1911	7834	220936	2252276	7106	204260	2050873
Zusammen	22504	628611	6396501	19165	523408	5258170

Der relative Anteil der einzeln ausgeschiedenen Höfe an der Gesamtzahl der Einzelorganisation beträgt 28,9%, das zu ihnen gehörende Land 30,4%. Das Prozentverhältnis ist von großer Bedeutung für die Reform. Zunächst dienen die Einzelausscheidungen als Mittel, der Bevölkerung die neuen Formen vor Augen zu führen, und der mit ihnen erzielte Erfolg läßt andere nachfolgen. Wie wertvoll sie auch für den Beginn sind, so ist ihre Verminderung doch erwünscht; denn bei ihnen ist jedesmal eine Neuumteilung der in der Feldgemeinschaft Verbliebenen erforderlich, wodurch eine große Beunruhigung des Dorfes hervorgerufen wird. Gesamtverkoppelungen sind erwünschter.

Welchen Umfang in der Einzelorganisation die verschiedenen Arten der Verteilung in den Jahren 1907—1911 annehmen, ist aus der folgenden Tabelle ersichtlich:

Einzelorganisation nach Arten.

Art der Arbeit	Eingelaufene Gesuche		Angefertigte Pläne		
	Zahl der Gemeinden	Zahl der Wirte	Zahl der Gemeinden	Zahl der Wirte	Fläche in Deßjatinen
Zerlegung ganzer Dörfer	14 271	703 472	11 199	506 860	5 209 671
davon:					
a) mit Gemeindebesitz	8 440	469 881	6 804	339 385	3 785 747
b) mit Einzelbesitz .	5 831	233 591	4 395	167 475	1 423 924
Ausscheiden einzelner Anteile	34 838	259 722	16 045	187 895	1 937 661
Zusammen	49 109	963 194	27 244	694 755	7 147 332

Art der Arbeit	Ausgeführte Vermessungsarbeiten			Von der Bevölkerung angenommene Arbeiten		
	Zahl der Gemeinden	Zahl der Wirte	Fläche in Deßjatinen	Zahl der Gemeinden	Zahl der Wirte	Fläche in Deßjatinen
Zerlegung ganzer Dörfer .	9 939	458 824	4 608 883	8 905	394 155	3 874 007
davon:						
a) mit Gemeindebesitz	5 979	305 070	3 336 392	5 450	265 569	2 843 780
b) mit Einzelbesitz . . .	3 960	153 754	1 272 491	3 455	128 586	1 030 227
Ausscheiden einzelner Anteile	12 565	169 787	1 787 618	10 260	129 253	1 384 163
Zusammen	22 504	628 611	6 396 501	19 165	523 408	5 258 170

Aus der Tabelle geht hervor, daß, auf die Gesamtzahl der beteiligten Bauernwirte bezogen, in den fünf Jahren 78,4 % auf Verteilung ganzer Dörfer entfallen und nur 21,6 % auf das Ausscheiden einzelner Genossen. Bei der Auflösung ganzer Dörfer entfallen wiederum 72,3 % auf solche mit Gemeinde= und nur 27,7 % auf solche mit Einzelbesitz.

b) Die Gruppenorganisation.

Die hier geleistete Arbeit geht aus der folgenden Tabelle hervor:

Gruppenorganisation bis zum 1. Januar 1912.

Jahr	Eingelaufene Gesuche		Angefertigte Pläne		
	Zahl der Gemeinden	Zahl der Wirte	Zahl der Gemeinden	Zahl der Wirte	Fläche in Deßjatinen
1907	1976	140388	349	30985	343623
1908	2746	191666	936	54947	467780
1909	5223	368539	2184	158696	1318763
1910	4884	306266	3256	201278	1681535
1911	—	271823	2906	186661	1443892
Zusammen	—	1278682	9631	632567	5255593

Jahr	Ausgeführte Vermessungsarbeiten			Von der Bevölkerung angenommene Arbeiten		
	Zahl der Gemeinden	Zahl der Wirte	Fläche in Deßjatinen	Zahl der Gemeinden	Zahl der Wirte	Fläche in Deßjatinen
1907	238	13361	132212	138	6372	59892
1908	687	38169	289407	421	20016	151985
1909	1773	134544	1131005	1396	93771	691504
1910	2399	178779	1469330	1764	121408	912616
1911	2830	176830	1357520	2275	126055	992872
Zusammen	7927	541683	4379474	5994	367622	2808869

Die Bedeutung der Gruppenorganisation liegt, wie bereits erwähnt, darin, daß sie den späteren Übergang zur Schaffung von Einzeleigentum dort vorbereitet, wo es noch nicht sofort eingerichtet werden kann.

Den weitaus größten Teil aller hier ausgeführten Arbeiten, nämlich ungefähr 90 %, nimmt die Auflösung einplaniger Dörfer ein, während die anderen sehr dahinter zurückstehen.

Das am 15. Oktober 1911 in Kraft getretene Gesetz vom 29. Mai desselben Jahres erweiterte die Tätigkeit der Kommissionen in erheblichem Maße. Es macht sich von nun an eine Verschiebung gegen

die früheren Jahre insofern geltend, als die Einzel= und Gruppenorgani=
sation, soweit sie die Auflösung ganzer Dörfer betreffen, nicht mehr einen
solchen Unterschied aufweisen, sondern sich ziemlich nahekommen.

2. Das Gebiet, das im Jahre 1912 der Reform unterzogen wurde,
übertrifft alle vorhergehenden Jahre um ein bedeutendes; die ver=
schiedenen Arten gehen aus der folgenden Tabelle hervor:

Gesamte Reformtätigkeit des Jahres 1912.

Art der Reform	Zahl der Bauernwirte	Fläche in Deßjatinen
A. Einzelorganisation:		
Zerlegung ganzer Dörfer	126 193	1 242 058
Ausscheiden einzelner Anteile	72 501	782 756
Zusammen	198 694	2 024 814
B. Gruppenorganisation:		
Trennung einplaniger Dörfer	151 331	1 223 266
Teilung zu großer Dörfer	9 795	100 042
Aufhebung gegenseitiger Gemengelage .	23 692	51 460
Teilung gemeinsamer Nutzungen . .	4 713	6 357
Sonstige	45 296	299 623
Zusammen	234 827	1 680 748
Gesamtsumme	433 521	3 705 562

Neben der Überführung in Eigentum und Zusammenlegung fand
außerdem die Ausstellung von Beglaubigungen für die Angehörigen
der Feldgemeinschaften mit Einzelbesitz statt, die ohne weiteres Eigen=
tümer wurden. Hiervon wurden bis zum 1. Januar 1913 im ganzen
284 112 Bauernwirte mit 1 715 336 Deßjatinen ergriffen.

2. Neben dieser gewaltigen Arbeit hatten die Kommissionen noch
Verkauf und Verpachtung der staatlichen Domänen ins Werk zu
setzen und der Bauernbank Unterstützung zu erweisen. Die durch
Vermittelung der Kommissionen an Bauern verpachteten Domänen
weisen folgenden Umfang auf:

Verpachtete Domänen.

Jahr	Deßjatinen
1907	853 231
1908	745 122
1909	888 515
1910	1 287 405
1911	757 410
Zusammen	4 531 683

Der Umfang der Domänenver=
käufe betrug bis 1912 rund 329 000 Deß=
jatinen.

Die der Bauernbank geleistete Unter=
stützung bestand hauptsächlich darin, daß
die der Bank von privaten Besitzern
zum Ankauf angebotenen Güter begut=
achtet wurden. Von 7,3 Millionen Deß=

jatinen bis zum 1. Januar 1912 angebotener Ländereien wurden auf diese Weise 5,1 Millionen angekauft und 2,0 Millionen abgewiesen, während der Rest noch unentschieden blieb. Wenn wir das Gesamt= gebiet zusammenfassen, auf das sich die Tätigkeit der Agrarkommissionen bis zum 1. Januar 1913 erstreckte, so ergibt sich folgendes:

Gesamtgebiet aller Reformtätigkeit.

Art der Tätigkeit	Zahl der Bauernwirte	Fläche in Deßjatinen
1. Überführung in Eigentum und Zusammen= legung in der Einzelorganisation	827305	8421315
2. Zusammenlegung in der Gruppenorgani= sation mit geringfügiger Überführung in Eigentum . . .	776510	6060222
3. Ausstellung von Eigentumsbeglaubigungen, teilweise verbunden mit Zusammenlegung .	284142	1715336
4. Verkauf staatlicher Domänen	58293	329005
5. Verpachtung desgleichen .	—	4531683
Zusammen	1945250	21057561

Das Gesamtgebiet des in der einen oder anderen Weise der Re= form unterworfenen Landes übersteigt also bei weitem zwanzig Mil= lionen Deßjatinen.

Die wichtigsten Zweige der Kommissionstätigkeit, die auch zugleich die meiste Arbeit verursachen, sind die beiden ersten. Allerdings ist das ganze, 14,4 Millionen Deßjatinen umfassende Gebiet noch nicht völlig zusammengelegt worden.

Definitiv beendet wurden bis zum 1. Januar 1913 die Ar= beiten auf

7413064 Deßjatinen, im Besitz von 738980 Bauernhöfen in Einzelorganisation; und auf

4359537 Deßjatinen, im Besitz von 585571 Bauernhöfen in Gruppenorganisation; im ganzen also auf

11772601 Deßjatinen.

Umfang und Erfolg der hier geleisteten Arbeiten übertrafen nicht nur alle Erwartungen in Rußland, sondern auch alles, was bisher auf gleichem Gebiete in anderen Staaten geleistet worden war. Die Gründe für solche Ergebnisse sind mannigfaltig. Als wichtigsten darf

man wohl den betrachten, daß die Art der Reform den Bedürfnissen
entsprach, und daß die angewandten Maßnahmen das beste Mittel
darstellten, die Bauernfrage ihrer Lösung entgegenzuführen. Dazu
kommen neben der Energie der Regierung bei der Durchführung noch
zwei Punkte, welche die Arbeiten wesentlich erleichterten: die einfachen
Anbauverhältnisse der bäuerlichen Landwirtschaft und das große,
durch die häufigen Umteilungen ausgebildete Geschick der Bauern
in praktischer Bonitierung des Bodens und seiner gerechten Verteilung.

3. Von besonderer Bedeutung für das Gelingen des Reform-
werkes ist schließlich die Sorge für die materielle und agronomische
Unterstützung der neuangesiedelten Bauern. Bis zum 1. Januar 1913
wurden 21 Millionen Rubel an Darlehen und Beiträgen gewährt;
vielfach wurden die nötigen Meliorationsarbeiten von den Kommissionen
vorgenommen; das zum Hausbau erforderliche Holz wurde aus den
staatlichen Waldungen zu ermäßigtem Preise oder gar umsonst abgegeben; schließlich aber, und das ist das wichtigste, es wurden umfassende Maßregeln getroffen, um die Technik des Betriebes zu heben.
Versuchsfelder und Musterwirtschaften wurden in beträchtlicher Anzahl angelegt; landwirtschaftliche Unterweisung durch Agronomen,
Wanderlehrer u. a. zweckmäßig organisiert; verbessertes Saatgut eingeführt, kurz in größtem Stile auf dem gesamten landwirtschaftlichen
Gebiete gearbeitet. Die ländlichen Selbstverwaltungsorgane (Semstwos) traten vielfach mit den Kommissionen in Verbindung und unter-
stützten sie in erfolgreicher Weise. —

Die gesamte, durch die innere Kolonisation veranlaßte Tätigkeit
wurde, abgesehen von der Domänenparzellierung, der Bauernbank
überwiesen. Gegründet am 18. Mai 1882, ist sie ein Staatsinstitut
und ressortiert vom Finanzministerium. Ein Jahr vor Beginn der
großen Reform wurde sie ermächtigt, in unbegrenztem Umfange, ohne
Rücksicht auf das eigene Vermögen, Land anzukaufen und zu dem
Zweck, entsprechend den für die Ankäufe erforderlichen Summen,
Pfandbriefe auszugeben. Der Ukas erging zur Zeit der Revolution,
als die Frage über die zwangsweise ja sogar unentgeltliche Enteignung der privaten Güter anscheinend im bejahenden Sinne entschieden war; denn die Agrarunruhen hatten viele Besitzer von ihrem
Lande vertrieben, und die Dauer der bestehenden Regierung erschien
höchst unsicher.

Zur Erleichterung der Ankäufe wurde die Barzahlung der Dar=
lehen sistiert und die Bank ermächtigt, den Verkäufern als Kaufpreis
wie den Bauern als Darlehn 5%ige Pfandbriefe eigener Emission
zum Nennwerte auszugeben. Sie wurde jetzt in den Händen der
Regierung ein machtvolles Instrument zur Durchführung der neuen
Agrarpolitik. Wenn man ihre Tätigkeit mit der der entsprechenden
preußischen Behörden zu vergleichen sucht, so ist sie:

1. — und hauptsächlich — Ansiedlungskommission: sie kauft
Güter, parzelliert sie und setzt Bauern an. 2. Generalkommission —
und zugleich Rentenbank: sie unterstützt Bauern beim direkten Er=
werb des Landes von Großgrundbesitzern, denen sie den Kaufpreis
auf einmal in Pfandbriefen auszahlt. Die Güter werden parzelliert,
die Teilstücke nach Möglichkeit arrondiert und mit dem Anteilland
zusammengelegt. 3. Außerdem Hypothekenbank: sie beleiht das
in Eigentum übergegangene bisherige Anteilland oder früher bereits
freihändig angekauftes; schließlich gewährt sie, wenn man — nicht
ganz zutreffend — so sagen will, Meliorationskredit. Ihre Auf=
gaben haben gegen früher eine erhebliche Erweiterung erfahren; mit
großer Energie ging sie an ihre Lösung und hat glänzende Erfolge
aufzuweisen. Der Landerwerb der Bank nahm in den Jahren seit
1906 einen außerordentlichen Umfang an und betrug bis 1911
nicht weniger als 5 760 254 Deßjatinen. Der Gesamtpreis, den die
Bank hierfür zu zahlen hatte, betrug 505 746 560 Rubel, oder im
Durchschnitt 87 Rubel pro Deßjatine. Die Preise bei den verschie=
denen Arten des Erwerbs sind aber sehr ungleichartig.

Die Überweisungen der Apanageverwaltung begannen erst im
Jahre 1907 und machten bis 1912 rund 1 220 800 Deßjatinen aus,
zum Kaufpreise von 68 381 740 Rubel.

Jahr	Fläche Deßjatinen	Kaufpreis im ganzen Rubel	pro Deßj. Rubel
1907	353 713	17 167 529	49
1908	784 122	44 522 918	57
1909	57 627	5 067 170	88
1910	7 562	763 844	101
1911	17 798	860 279	48
Zuf.	1 220 822	68 381 740	56

Der bei weitem überwiegende
Teil der Verkäufe der Bank ge=
schah mit gleichzeitiger Darlehns=
gewährung an Bauern; nur ein
geringer Bruchteil wurde gegen
bar veräußert, früheren Eigen=
tümern zurückgegeben oder für
gemeinnützige Einrichtungen —
Kirchen, Schulen und dgl. — um=
sonst abgetreten:

Gesamter Landverkauf der Bank:

Jahr	Verkauft insgesamt	Verkauft an Bauern mit gleichzeitiger Darlehnsgewährung		Verkauft gegen Barzahlung, früheren Eigentümern zurückerstattet, umgetauscht, unentgeltlich abgetreten	
	Deßjatinen	Deßjatinen	%	Deßjatinen	%
1906	39 634	39 244	99,0	390	1,0
1907	190 799	180 148	94,4	10 651	5,6
1908	331 757	324 956	98,0	6 801	2,0
1909	562 983	551 307	97,9	11 676	2,1
1910	791 646	764 771	96,7	26 875	3,3
1911	721 034	679 658	94,3	41 376	5,7
Zusammen	2 637 853	2 540 084	96,4	97 769	3,6

Neben ihrem neuen Tätigkeitszweig, dem Verkauf ihres eigenen Besitzes, pflegte die Bank auch weiter durch Darlehnsgewährung die Unterstützung der Bauern beim direkten Ankauf von Gutsbesitzern. Auch hier ging Land in bedeutendem Umfang in die Hände der Bauern über.

Fassen wir die ziffernmäßigen Resultate der Tätigkeit der Bank von Beginn der Reform bis zum 1. Januar 1912 zusammen, so ergibt sich:

Ihr eigener Landerwerb betrug 5 760 254 Deßjatinen, für die sie 505 746 560 Rubel zahlte. Aus dem kolossalen Gebiete verkaufte sie an Bauern 2 540 084 für 309 224 758 Rubel, wobei Darlehen im Betrage von 292 124 277 Rubel gewährt wurden; außerdem veräußerte sie noch 97 769 Deßjatinen. Im gleichen Zeitraum vermittelte sie durch Darlehnsgewährung von 447 683 745 Rubel den direkten Ankauf von 4 109 101 Deßjatinen, deren Kaufpreis 567 135 773 Rubel betrug. Im ganzen vergrößerte sich also der bäuerliche Besitzstand unter Mitwirkung der Bank um 6 649 185 Deßjatinen im Werte von 876 360 531 Rubel. Außerdem gewährte sie Darlehn: auf 367 513 Deßjatinen privaten Landes 27 858 910 Rubel und auf 191 351 früheren Anteillandes 4 688 110. Insgesamt erreichten also ihre Darlehnsgewährungen 772 355 042 Rubel.

Vom Beginn ihrer Tätigkeit im Jahre 1883 bis zum 1. Januar 1912, also im Laufe von 29 Jahren, hat sich der bäuerliche Besitzstand durch Ankauf von Gütern der Bank oder von Privaten mit ihrer Vermittlung um 14 925 280 Deßjatinen vergrößert, und zwar bis zur Reform, d. h. in 23 Jahren um 8 276 095; seit der Reform, d. h. in 6 Jahren um 6 649 185. Die hierfür zu zahlende Summe betrug 1 521 039 928 Rubel; die von der Bank gewährten Darlehen beliefen sich auf 1 227 178 867 Rubel oder 81,0% des Kaufpreises.

Die ungeheuren Zahlen sprechen für sich selbst. Wie die Agrarkommissionen, so ging auch die Bank mit außerordentlicher Energie an die Lösung ihrer Aufgabe heran: in den wenigen Jahren der großen Reform ist ein Territorium in Eigentum der Bauern übersührt worden, ausgedehnter als ein Zehntel des Deutschen Reichs!

Schließlich drängt sich von selbst die Frage auf: wie sind die große Agrarreform und die von ihr erzielten Resultate zu beurteilen? Die Agrarfrage bestand, wie dargestellt, darin, daß die Bauern nicht imstande waren, vermittelst der aus ihrem Anteillande gezogenen Erträge die stark sich vermehrende Bevölkerung zu ernähren, ja daß sie häufig nicht einmal das Existenzminimum herauswirtschaften konnten. Eine zweifache Möglichkeit bot sich, diesem Zustande abzuhelfen: entweder man vergrößerte das von ihnen genutzte Land, oder man versuchte seine Erträge zu steigern, die Wirtschaft intensiver zu gestalten. Der einzig gangbare Weg war der zweite. Die wirtschaftspolitischen Gründe waren aber nicht allein maßgebend; rein politische Erwägungen spielten eine große Rolle bei Anlage und Durchführung der Reform. Die neu zu bildende Schicht mußte vor allen Dingen politisch konservativ sein. Konservativ ist aber nur der Besitzende; also war es unbedingt nötig, ihnen Besitz zu verschaffen. Damit schließlich der für das Reich und die Nation unbedingt nötige landwirtschaftliche Aufschwung in größtem Umfange erzielt würde, war erforderlich, daß die neue Schicht nicht nach Tausenden, sondern nach Millionen zählte; gleichzeitig konnte sie dann eine zuverlässige Stütze der Regierung bilden. Es erhebt sich also die Frage: hatte bei der Anlage der Reform der von der Regierung gegen das Bestehen des Mir begonnene Kampf Aussicht auf Erfolg? War es wahrscheinlich, daß die Bauern von ihrer sozialen Verfassung abließen, um in das Fahrwasser des Individualismus einzulenken?

Die Anlage der Reform schließt einen Zwang zum Auflösen der Feldgemeinschaft in sich: einen direkten, formal-juristischen für die Dörfer mit Einzelbesitz und einen indirekten, auf die wirtschaftliche Lage einwirkenden für die Dörfer mit Gemeindebesitz. Beide müssen natürlich einen erheblichen Einfluß auf die Austrittsbewegung aus der Feldgemeinschaft ausüben. Der Grundgedanke der Reform, die Auflösung des veralteten Agrarkommunismus und die Einführung des Individualeigentums, ist richtig. Es ist nicht möglich, zum mindesten sehr unwahrscheinlich, eine Entwickelungsstufe, die in allen anderen Ländern sich gezeigt hat, überspringen zu können. Die so vielfach verbreitete Vorstellung, aus dem Mir der Vergangenheit in eine sozialistische Produktionsorganisation der Zukunft direkt übergehen zu können, ist phantastisch. Letzten Endes beruht aber die Stellungnahme zu diesem Problem auf Gesichtspunkten der Weltanschauung: wer von der Eigenart der russischen wirtschaftlichen Entwicklung und ihrer Verschiedenheit von der in den Ländern Westeuropas im Innern durchdrungen ist, der wird die Auflösung des Mir und die Einführung des Agrarkapitalismus für schädlich und verderblich halten und den Grundgedanken der Reform verurteilen.

Die Reform stützt sich auf die Starken und nimmt dabei auf die wirtschaftlich Schwachen keine große Rücksicht. Man könnte das als ein anti-ethisch wirkendes Prinzip verurteilen. Allein vom Standpunkt des wirtschaftlichen Fortschritts — und der ist augenblicklich das Wichtigste! — ist der Grundsatz richtig.

Dagegen die soziale Gefahr! Es ist sicher ein Risiko, Millionen bisher mit dem Boden verknüpfter Menschen völlig zu entwurzeln, aber — für viele war der Boden nur eine Fessel. Jetzt bildet sich eine kräftige Bauernschicht und daneben eine Landarbeiterklasse im westeuropäischen Sinne. Ihre wirtschaftliche Lage wird voraussichtlich sogar günstiger sein als früher, da sie die Gegend der höchsten Löhne aufsuchen können, während sie bisher — durch ihren Landanteil an die Heimat gebunden — die gebotenen niedrigen Löhne der benachbarten Gutsbesitzer annehmen mußten und dadurch zu einem proletarischen Dasein verurteilt waren. Die zu erwartende Intensivierung der Wirtschaft auch der bäuerlichen Betriebe wird die Nachfrage nach Arbeitskraft erhöhen und einer großen Zahl von Landarbeitern, die bisher Jahr für Jahr das Ausland aufsuchten, lohnende Beschäftigung verschaffen.

Von diesem Standpunkte aus kann die Anlage der russischen Agrarreform — trotz mancher Bedenken im einzelnen — als großzügig und durchaus richtig und zweckentsprechend bezeichnet werden.

Die Hauptaufgabe fiel den Agrarkommissionen zu. Absolut be=
trachtet, ist eine außerordentliche Arbeitsmenge von ihnen ge=
leistet, aber das eigentliche Ziel noch nicht erreicht worden. Das
Ausscheiden aus der Feldgemeinschaft hat den größten Umfang in
den extensiv bewirtschafteten Gouvernements angenommen und geht
mit der Auswanderungsbewegung parallel: beide steigen bis Mitte
1909, um dann merkbar nachzulassen. Die Erwartung, daß vor allem
die wirtschaftlich stärkeren Bauern von der Möglichkeit des Aus=
scheidens Gebrauch machen würden, ist nicht voll eingetroffen; es sind
im Gegenteil vorzugsweise die mittleren ausgeschieden. Weiter ist zu
bemerken, daß 53% aller eingelaufenen Gesuche nicht die Einzel=
organisation bezwecken, sondern daß die Antragsteller bei der alten
gemeinsamen Nutzung bleiben wollen; die von der Bevölkerung an=
genommenen und daraufhin ausgeführten Arbeiten sind allerdings
bei der Einzelorganisation ausgedehnter.

Das Hauptziel: die Vereinödung, Bildung von Chutors, ist bis
jetzt nur in kleinerem Maßstab verwirklicht, da die natürlichen
Bedingungen in großen Gebieten ungünstig dafür liegen. In weit
überwiegender Anzahl sind die neuen Höfe als Otrubs entstanden
und in kleinen dorfähnlichen Siedlungen zusammengefaßt. Auf jeden
Fall ist ein vielversprechender Anfang gemacht worden. Die
größten Schwierigkeiten waren zu überwinden, aber mit unbeirrbarer
Energie haben die Agrarkommissionen ihres Amtes gewaltet und den
sicheren Grundstein für die Entwicklung der bäuerlichen Land=
wirtschaft gelegt. Ein ähnlich günstiges Urteil läßt sich über die
Tätigkeit der Bauernbank fällen. Zwar zeigt sich auch bei ihr,
daß weit weniger Einzelhöfe als Weiler und Dörfer gebildet werden,
das eigentliche Ziel also nicht erreicht wird. Die Gründe hierfür wer=
den nicht angegeben; vielleicht liegen sie in den bestehenden natür=
lichen Bedingungen. Die Hauptschwierigkeit bildet die Wasserversor=
gung. Was nützt die schönste Vereinödung, wenn man zur nächsten
Wasserstelle mehrere Werst gehen muß? Bis zum 1. Januar 1912
hat man nur etwa 50000 bis 60000 Chutors, dagegen 130000 bis
140000 Höfe in Form der Otrubs, im ganzen also etwa 200000 neue
Bauernstellen, geschaffen, wobei Ansiedelungen von 60 bis 70 Höfen
die Regel bilden.

Wie beim Verlassen der Feldgemeinschaft die landärmeren das
größere Kontingent stellen und die wohlhabenderen in geringerer Zahl

ausscheiden, so zeigt sich beim Landerwerb von der Bank die gleiche
Erscheinung: die Mehrzahl der Käufer gehört zu den Landarmen.
In der folgenden Tabelle sind die Käufer des Banklandes in den
Jahren 1909—1911 nach ihrer früheren und jetzigen Landversorgung
zusammengestellt:

Landversorgung der Käufer vor und nach dem Ankauf.

	1909			
Kategorien:	Vor Ankauf		Nach Ankauf	
	Zahl	%	Zahl	%
Ohne Land	13616	19,4	—	—
Unter 1,5 Deßjatinen .	11113	15,9	1276	1,8
Von 1,5—3 „ .	13257	18,9	3623	5,2
„ 3—6 „ .	15514	22,1	9959	14,2
„ 6—9 „ .	6567	9,4	11627	16,6
„ 9—15 „ .	5225	7,5	20008	28,5
Über 15 „ .	1685	2,2	17231	24,6
Zusammen	**70088**	**100,0**	**70088**	**100,0**
	1910			
Ohne Land	17968	13,4	—	—
Unter 1,5 Deßjatinen .	13905	10,4	3207	2,4
Von 1,5—3 „ .	24220	18,1	9067	6,8
„ 3—6 „ .	36451	27,2	26540	19,8
„ 6—9 „ .	20963	15,7	28776	21,5
„ 9—15 „ .	14529	10,9	39831	29,8
Über 15 „ .	5839	4,3	26454	19,7
Zusammen	**133875**	**100,0**	**133875**	**100,0**
	1910			
Ohne Land	13773	25,1	—	—
Unter 1,5 Deßjatinen .	7110	12,9	1141	2,1
Von 1,5—3 „ .	8942	16,3	1562	2,8
„ 3—6 „ .	12173	22,2	5166	9,4
„ 6—9 „ .	6091	11,1	6816	12,4
„ 9—15 „ .	4702	8,5	13599	24,8
Über 15 „ .	2124	3,9	26631	48,5
Zusammen	**54915**	**100,0**	**54915**	**100,0**

Die Hauptaufgabe der Bauernbank bestand aber gerade in der
Vergrößerung des bäuerlichen Landbesitzes, und diese Aufgabe hat
sie glänzend gelöst.

So standen die Dinge, als der Krieg ausbrach. Die Anhänger
der Reform erwarteten mit Recht von ihr mächtige Wirkungen für

Rußlands wirtschaftliche und soziale Entwicklung, für seine politische Machtstellung.

Der auf eigener Scholle wirtschaftende Bauer wird ihr größere Erträge abgewinnen, der heimischen Industrie den bisher fehlenden ergiebigen Binnenabsatz darbieten und durch Steigerung der Ausfuhr die Zahlungsbilanz der russischen Volkswirtschaft stärken. Aus der ländlichen Bevölkerung wird sich eine industrielle Arbeiterschaft aussondern, die sich mehr als bisher auf ihre gewerbliche Arbeit spezialisiert und Höheres leistet. Kein Zweifel, daß nach Durchführung der Reform Rußland für viele Jahrzehnte die Möglichkeit bietet, einen ähnlich starken Bevölkerungszuwachs aufzunehmen, wie in den letzten 20 oder 30 Jahren.

Was das in politischer Beziehung bedeuten, welch ein Druck auf die Umwelt, zumal gegen Westen, die Folge davon sein kann, das bedarf nach den Erfahrungen, die wir schon mit dem bisherigen Rußland gemacht haben, keiner Ausmalung.

Aber der Krieg und die Revolution haben die Reformarbeiten unterbrochen, und es ist nicht abzusehen, wie namentlich die Wirkungen der Revolution die russischen Agrarverhältnisse noch beeinflussen werden.

Literaturverzeichnis.

Finnland.

Atlas de Finlande. Helsingfors 1910 (1 Band Karten und 2 Bände Text).

Schybergson, Geschichte Finnlands. Gotha 1896.

Erich, Das Staatsrecht des Großfürstentums Finnland. Tübingen 1912.

Annuaire statistique de Finlande. XII. Helsingfors 1914.

Finnland im 19. Jahrhundert. Helsingfors 1899.

Oehquist, Das politische Leben Finnlands. Leipzig 1916, Hirzel.

Wir aus Finnland. Preußische Jahrbücher 1916, Heft 3.

Zilliacus, Revolution und Gegenrevolution in Rußland und Finnland. München 1912.

Finnland und Rußland. Leipzig 1911, Duncker & Humblot.

Habermann, Finnland und die öffentliche Meinung Europas. Ebenda 1910.

Die finnländische Frage im Jahre 1911. Ebenda 1911.

Penck, Politisch-geographische Lehren des Krieges. Berlin 1915, Mittler & Sohn. (Meereskunde, Heft 106.)

Grotenfelt, Sockerbetan och dess Odlingsmöjlighet i Finland. Helsingfors 1915.

Die baltischen Provinzen.

Rathleff, Skizze der orographischen und hydrographischen Verhältnisse von Liv-, Est- und Kurland. Reval 1852.

Kupfer, Baltische Landeskunde, Band I Text, Band II Atlas. Riga 1911.

Th. Schiemann, Rußland, Polen und Livland bis ins 17. Jahrhundert. Berlin 1887.

O. Harnack, Livland als Glied des Deutschen Reichs vom 13. bis 16. Jahrhundert. Berlin 1891.

E. Seraphim, Livländische Geschichte. II. Aufl. Reval 1897—1904.

Paul Rohrbach, Der Kampf um Livland. München 1917.

Tobien, Die Agrargesetzgebung Livlands im 19. Jahrhundert. Berlin 1899.

Litauen.[1])

L. Wasilewski, Litwa i Bialorus (Litauen und Weißrußland). Krakau o. J.

M. Römer, Litwa. Lemberg 1908.

E. Czynski, Etnograficzno-statystyczny zarys liczebosci i rozsiedlenia ludnosci Polskiego (Ethn.-stat. Abriß der Zahl und Ausbreitung des polnischen Volkes). Warschau 1909.

1) Während des Druckes erschien: Werbelis, Russisch-Litauen. Statistisch-ethnographische Betrachtungen. J. Schrader, Stuttgart.

E. Maliszewski, Polacy i Polskosc na Litwie i Rusi (Polen und Polen=
tum in Litauen und Ruthenien). Warschau 1914.

Studnicki, Stosunki społeczne i ekonomiczne na Litwie i Rusi (Soziale
und wirtschaftliche Verhältnisse) in Polska, Obrazy i opisy II., 733ff., und
die einschlägigen Aufsätze in der Wielka Encyklopedya Powszechna
Illustrowana und im Słownik geograficzny.

In deutscher Sprache die allerdings nur knappen Bemerkungen von Hoetzsch,
Rußland S. 452ff., und im „Ostland", Jahrb. f. ostdeutsche Interessen
1912 und 1913, ferner Bezzenberger, die litauische Literatur in „Die
osteuropäischen Literaturen usw." Leipzig 1908

Gaigalat, Baltisch=litauische Frage. Berlin 1914. In russischer Sprache·
Arbeiten des Zentralstatistischen Komitees. Statistik des Grundeigentums,
Heft 29 (Kowno), Heft 11 (Grodno), Heft 34 (Wilna). St. Petersburg 1906.

Polen.

A. v. Guttry, Die Polen und der Weltkrieg. München 1915, Georg Müller.

R. F. Kaindl, Polen. Leipzig 1916, B. G. Teubner.

Feldman, Deutschland, Polen und die russische Gefahr. Berlin 1915,
Curtius.

Fr. Graf v. Kwilecki, Polen und Deutsche gegen Rußland Berlin 1916,
Germann.

W. von Massow, Wie steht es mit Polen? Stuttgart 1916, Deutsche Ver=
lagsbuchhandlung.

H. v. Revelstein, Die Not der Fremdvölker unter russischem Joch. Berlin
1916, Georg Reimer.

Dm. Donzow, Groß=Polen und die Zentralmächte. Berlin 1915, E. Kroll.

Dr. M. v. Straszewski, Die polnische Frage. Wien 1916, H. Goldschmidt.

Dr. E. Zechlin, Die Bevölkerungs= und Grundbesitzverteilung im Zartum
Polen Berlin 1916, Georg Reimer.

H. Tennenbaum, Polens Handelsbilanz Separatabdruck aus dem Jahrb.
für Nat.=Ökonomie u. Statistik

Lewinski, Bilans handlowy królestwa polskiego Warschau 1916.

Dr. Z. Daszynska-Golinska, Die wirtschaftliche und politische Lage Polens·
Separatabdruck aus Archiv für Sozialwissenschaft.

Ukraine.

St. Rudnickyj, Ukraina. Wien 1916, Wilhelm Freid.

Dr. E. Lewicky, Ukraine, Ukrainer und die Interessen Deutschlands. Berlin
1915, K. Curtius.

Dr. Karl Nötzel, Die Ukraine als einzige Rettung vor der russischen Gefahr,
München u. Leipzig 1915, Hans Sachs=Verlag.

Kriegspolitische Einzelschriften Nr. 12, die Ukraine. Berlin 1916, Schwetschke
& Sohn.

Professor M. Hruschewskyj, Die ukrainische Frage in historischer Entwicklung. Wien 1915, Verlag des Bundes zur Befreiung der Ukraine.
Dr L. Cehelskyj, Die großen Aufgaben des Krieges im Osten und die
ukrainische Frage. 1915. Manuskript.
Der Koloß auf tönernen Füßen. Herausgegeben von Axel Ripke. München
1916, J. F. Lehmann.
Dmytro Donzow, Die ukrainische Staatsidee und der Krieg gegen Rußland. Berlin 1915, C. Kroll.

Das deutsche Kolonistentum in Rußland.

Die wichtigste Literatur über die deutschen Kolonien in Rußland hat
Dr. Keup-Frankfurt a. O. im Anschluß an seinen Aufsatz „Die deutsch-rus-
sischen Kolonisten im Wandel der russischen Politik" zusammengestellt (Schriften zur Förderung der inneren Kolonisation. Berlin 1916, D. Landbuchhandlung, Heft 22, vgl. 5. 53 f.). Dazu wäre u. a nachzutragen. 1. „Kennen Sie
Rußland?" von „zwölf russischen Untertanen". Berlin 1916, Puttkammer
& Mühlbrecht. S. 187—195. 2. Die sehr interessante, auf gründlichsten For-
schungen beruhende Aufsatzreihe von E. Schmid in der Osteuropäischen Zukunft 1916 (Nr. 5, 6, 9, 10, 12, 13): „Das wirtschaftliche Zentrum der deutschen Bauernschaft in Rußland" und die Schrift desselben Verfassers „Die
deutschen Bauern in Südrußland". Berlin 1917, Dtsche Landbuchhandlung.
50 S. mit 1 Karte.) — Viel Aufschluß im einzelnen gibt das im Auftrag
des „Zentralkomitees der Unterstützungskasse für evangelisch-lutherische Gemeinden in Rußland" herausgegebene Werk „Die evangelisch-lutherischen
Gemeinden in Rußland" (über die Kolonien vgl. Bd. I, St. Petersburg
1909). Über die Kolonie Riebensdorf handelt Bruno Adler im Globus 1905, Nr. 2 u. 5. — Ich selbst habe außer dem von Keup angeführten
sowie einigen Veröffentlichungen im „Auswanderer" (Vereinsblatt des
Evangelischen Hauptvereins für deutsche Ansiedler und Auswanderer in
Witzenhausen) geschrieben: „Die Lage der Rückwanderer in der alten und in
der neuen Heimat" („Deutschtum im Ausland 1913", Heft 15) und (ohne
Namensnennung), „Das Gesetz gegen die deutschen Ansiedler in den russischen Gouvernements Wolhynien, Kiew und Podolien" (Alld. Blätter 1911,
Nr. 7—11).

Die meisten Werke über die deutschen Kolonisten sind in Rußland,
oft im Selbstverlage, erschienen und in Deutschland schwer zu beschaffen.
Über die einzelnen Kolonistengruppen unterrichtet eine Reihe von Aufsätzen in
der Zeitschrift „Deutsche Erde" (Gotha). Über die Wolgadeutschen H. Pokorny
(VIII, 138 ff.), A. Faure (VIII, 53 ff.), A. Lane (IX, 18 ff. u. 53 ff.), K. Keller
(IX, 184 ff.); über die deutschen Kolonien in Südrußland K. Keller (VII, 213 ff.,
VIII, 206 ff.; IX, 104 ff.); H. Hauff (VIII, 107 ff.); J. Stach (VIII, 122); F. Isaak
(VIII, 188); C. Gleye (IX, 24); A. Lane (X, 50 f., 91 f, 102 f.); über die deutschen
Ansiedler in Turkestan C. C. Gleye (X, 142 f) und derselbe über die Deutschen
in Sibirien (XI, 22 ff.)

Die kulturpolitische Bedeutung der Deutschen in Rußland.

Die Abschnitte über Rußland in den Werken über das Auslanddeutschtum, z. B.:

A. Geiser, Deutsches Reich und Volk. Ein nationales Handbuch. 2. Aufl. München 1910, J. F. Lehmann.

Handbuch des Deutschtums im Auslande. Herausgegeben vom Allgemeinen Deutschen Schulverein zur Erhaltung des Deutschtums im Auslande. 2. Aufl. Berlin 1906, D. Reimer.

R. Hoeniger, Das Deutschtum im Auslande. (Bd. 402 der Sammlung „Aus Natur und Geisteswelt".) LeipzigBerlin 1913, B. G. Teubner.

R. F. Kaindl, Die Deutschen in Osteuropa. (Bd. 1 der „Bibliothek des Ostens".) Leipzig 1916, Werner Klinkhardt.

H. Wrek, Das Deutschtum im Ausland. 2. Aufl. München 1916, Georg Müller.

Die Literatur über die Balten ist sehr umfangreich. Eine Übersicht über die wichtigsten älteren Werke findet sich in der Schrift: „Zur baltischen Frage". Ein Bücherverzeichnis aus dem Verlag von Duncker & Humblot in München und Leipzig 1916 (vom Verlag kostenfrei zu beziehen). — Einen Sammelbericht über die bedeutendsten Neuerscheinungen während des Weltkrieges bietet M. H. Boehm in einem Aufsatz der „Grenzboten" („Zur baltischen Frage" Nr. 16. 18. April 1917).

Die Ostjudenfrage.

Süddeutsche Monatshefte (Ostjudenheft) Februar 1916.

Ekkehard Ostmann, Rußlands Fremdvölker. München 1915, Lehmann.

Benjamin Segel, Der Weltkrieg und das Schicksal der Juden. Berlin 1915, Georg Stilke.

Hermann Cohen, Deutschtum und Judentum. Gießen 1915, Töpelmann.

Dr. Nathan Birnbaum, Den Ostjuden ihr Recht. Wien 1915, Löwit.

Dr. M. J. Bodmer, Ein neuer Staatenbund und das Ostjudenproblem. Stuttgart 1916, Deutsche Verlagsanstalt.

Georg Fritz, Die Ostjudenfrage, Zionismus und Grenzschluß. München 1915, Lehmann.

Dr. W. Heinze, Ostjüdische Einwanderung. Preußische Jahrbücher 1915, Bd. 162, Heft 1.

Dr. E. Bischoff, Klarheit in der Ostjudenfrage. Dresden 1916, „Globus".

Leon Wasilewski, Judenfrage in Kongreßpolen. Wien 1915.

Jüdische Organisationen in Deutschland:

Deutsche Vereinigung für die Interessen der osteuropäischen Juden zu Berlin.

DeutschIsraelitischOsmanische Union in Berlin.

Komitee für den Osten in Berlin. Es besteht aus leitenden Mitgliedern großer jüdischer Organisationen in Deutschland und will die Interessen der Juden im Rahmen der Interessen des deutschen Vaterlandes wahrnehmen.

Agrarfrage und Agrarreform in Rußland.

I. In deutscher Sprache.

Auhagen, Zur Beurteilung der russischen Agrarreform. In Rußlands Kultur und Volkswirtschaft. Aufsätze u. Vorträge, herausgegeben von Sering. Berlin 1913.

Claus, Die Grundbesitzverteilung in Rußland. In Schmollers Jahrbuch 1909, IV.

Hollmann, Die Agrarreform und innere Kolonisation in Rußland.

— Fortschritte der russ. Agrarreform. Beides im Archiv für innere Kolonisation 1913 Nr. 10.

Oganowsky, Die Agrarfrage in Rußland seit 1905. Im Archiv für Sozialwissenschaft XXXVII, 1913.

Preyer, Die russische Agrarreform. Jena 1914.

Stolypin u. Kriwoschein, Die Kolonisation Sibiriens. Berlin 1912.

v. Wrangell, Die agrare Neugestaltung Rußlands. In Schmollers Jahrbuch 1912, I.

II. In russischer Sprache.

Die Agrarbewegung der Jahre 1905 u. 1906. Enquete der Kais. freien ökon. Gesellschaft. 2 Bände. Petersburg 1908.

Die Agrarfrage. Aufsätze u. Vorträge, herausgegeben von Dolgorukoff u. Petremkeritsch. 3 Bände. Moskau 1906 u. 1907.

Baschajeff, Die bäuerliche Pacht in Rußland. Moskau 1910

Bilimowitsch, Die Aufgaben der Agrarorganisation und die Gesetzgebung. Kiew 1907.

— Die gesetzlichen Grundlagen der Agrarorganisation. Kiew 1910.

Bruskus, Agrarorganisation und Ansiedlung in Rußland und im Ausland. Petersburg 1909

Bjelskij, Das neue ländliche Rußland. Petersburg 1910.

Weniaminoff, Die bäuerliche Feldgemeinschaft. Petersburg 1909.

Witte, Denkschrift zur Bauernfrage. Petersburg 1904.

Wolkoff, Das Gesetz über das Ausscheiden aus der Feldgemeinschaft. Moskau 1910.

— Die neuen Gesetze über die Agrarorganisation. Moskau 1912.

Hermann, Die Neuordnung der Bauernfrage. Moskau 1909.

Heymstein, Die Agrarfrage in den Programmen der verschiedenen Parteien. Moskau 1907.

Drosdoff, Ums Land. Skizzen zur Agrarorganisation. Moskau 1909.

Jermoloff, Unsere Landfrage. Petersburg 1905.

Sack, Die Bauernbank von 1883—1910. Moskau 1910

Snoßko-Boroßskij, Die gesetzliche Grundlage der Agrarorganisation. Petersburg 1912.

Isgojeff, Das Recht der Feldgemeinschaft. Petersburg 1906

Kablukoff, Die Bedingungen der Entwicklung der bäuerlichen Wirtschaft in Rußland. Moskau 1908.

Kaufmann, Entstehen und Wachstum der ruff. Feldgemeinschaft. Moskau 1907.
— Die Agrarfrage in Rußland. 2 Bände Moskau 1908
Katschoroffskij, Die russische Feldgemeinschaft. Petersburg 1900
Kofod, Die ruff. Agrarorganisation. Petersburg 1914.
Krassik, Die Bauernbank und ihre Tätigkeit von 1883—1905. Jureff 1910.
Lesitzkij, Die Agrarfrage in Rußland. Charkoff 1906.
Ljaschtschenko, Die agrarische Entwicklung Rußlands. Petersburg 1908
Maßloff, Die Agrarfrage. 2 Bände. Petersburg 1908
Matwjejeff, Das bäuerliche Erbrecht. Petersburg 1911.
Migulin, Die Agrarfrage. Charkoff 1906.
Mißlaffskij, Die Feldgemeinschaft in Rußland. Moskau 1912.
Oganaffskij, Die Gesetzmäßigkeit der Agrarentwicklung Saratoff 1909.
Die Bauernfrage. 2 Bände. Aufsätze, herausgegeben von Manniloff. Moskau 1905.
Prokopowitsch, Die Agrarkrisis u. die Maßnahmen der Regierung. Moskau 1912.
Pjeschschonaff, Das Agrarproblem in Verbindung mit der Bauernbewegung. Petersburg 1906.
Rittell, Die Abhängigkeit des Bauern von Feldgemeinschaft und Mir. Petersburg 1908.
Sssyromjatnikoff u. Jureffskij, Umschau auf dem Gebiet der Agrarorganisation. Petersburg 1912.
Sskorohoff, Agrarfrage und Duma. Petersburg 1906.
Tugau-Baronoffskij, Die Nationalisierung des Landes. Peterburg 1906.
Chaufe, Die Gesetzgebung über die Agrarorganisation. Moskau 1910.
Tschuproff, Die Bauernfrage. Moskau 1905.
— Reden und Aufsätze. 2 Bände. Moskau 1909.

Die hier angeführten Werke sind die wichtigsten privaten Publikationen wissenschaftlichen Charakters, die für die Agrarreform in Frage kommen. Außerdem sind noch zu erwähnen:

1. Die sehr zahl- und umfangreichen amtlichen Veröffentlichungen: Ministerium für Landwirtschaft, Denkschriften und Statistiken über die Tätigkeit der Agrarkommissionen. Regelmäßige Übersichten der Bauernbank über ihre Geschäftsführung, namentlich Ankauf von Land und Ansiedlung von Bauern Tätigkeitsberichte und Enqueten vieler Kommissionen. Erläuterungen des Landwirtschaftsministeriums zu den Gesetzen über die Agrarorganisation und Entscheidungen des Senats (als obersten Gerichtshofs) über strittige Fragen. Die amtliche (besonders Semstwo-)Statistik im weitesten Umfang: Grundbesitzveränderung, Auswanderung (nach Sibirien), Steuern usw.

2. Die fast unübersehbar angeschwollene Aufsatzliteratur Hier einige namentlich anzuführen hat keinen Zweck, ihre Anzahl ist Legion. Unter sehr vielen pamphletartigen, tendenziosen, daher für die wissenschaftliche Erkenntnis mehr oder weniger wertlosen, findet man aber einzelne, die vorzüglichen Aufschluß bringen. In den Aufsätzen machen sich alle Richtungen geltend,

von der äußersten rechten bis zur sozialrevolutionären — die radikalen überwiegen aber am meisten, dem Charakter der Zeitschriften entsprechend. Diese
sind die sogenannten „dicken Journale": monatlich im Umfang von 20 oder
mehr Bogen erscheinende Zeitschriften belletristischen, politischen, wissenschaftlichen und kritischen Inhalts. Die wichtigsten sind:

Europäischer Bote (liberal im westlichen Sinne);

Verheißungen (sozialrevolutionär; Standpunkt der Monaroduiki);

Russischer Reichtum (sozialdemokratisch);

Russischer Gedanke (Standpunkt der Kadetten);

Zeitgenössische Welt (sozialdemokratisch);

Zeitgenosse (gemäßigt liberal);

Bildung.

BIBLIOLIFE

Old Books Deserve a New Life
www.bibliolife.com

Did you know that you can get most of our titles in our trademark **EasyScript**[TM] print format? **EasyScript**[TM] provides readers with a larger than average typeface, for a reading experience that's easier on the eyes.

Did you know that we have an ever-growing collection of books in many languages?

Order online:
www.bibliolife.com/store

Or to exclusively browse our **EasyScript**[TM] collection:
www.bibliogrande.com

At BiblioLife, we aim to make knowledge more accessible by making thousands of titles available to you – quickly and affordably.

Contact us:
BiblioLife
PO Box 21206
Charleston, SC 29413

Printed in Great Britain
by Amazon